“润育”课程实践

昌平第二实验小学20载
教育教学案例集

李小平　王建平　主编

河北大学出版社
·保定·

出 版 人：刘相美
选题策划：杨显硕
责任编辑：张梦雪
装帧设计：杨艳霞
责任校对：李 易
责任印制：常 凯

图书在版编目（CIP）数据

“润育”课程实践 ：昌平第二实验小学 20 载教育教学案例集 / 李小平，王建平主编．-- 保定 ：河北大学出版社，2024．7．-- ISBN 978-7-5666-2179-5

Ⅰ．G622.0

中国国家版本馆 CIP 数据核字第 2024U15E46 号

出版发行：河北大学出版社
地址：河北省保定市七一东路 2666 号　邮编：071000
电话：0312-5073019　0312-5073029
邮箱：hbdxcbs818@163.com　网址：www.hbdxcbs.com
印　　刷：涿州市般润文化传播有限公司
幅面尺寸：170 mm×240 mm
印　　张：29.75
字　　数：500 千字
版　　次：2024 年 7 月第 1 版
印　　次：2024 年 7 月第 1 次印刷
书　　号：ISBN 978-7-5666-2179-5
定　　价：148.00 元

如发现印装质量问题，影响阅读，请与本社联系。
电话：0312-5073023

目　　录

概述——“润育”课程的研究与实践

北京市昌平第二实验小学　李小平

一、课程背景

北京市昌平第二实验小学现有教学班 65 个，2700 名学生。自 2022 年以来，学校课程改革进入“新课程、新课标”时代，“高质量发展”和“创新人才培养”成为学校建设的关键词和目标。学校多年来“守正创新，传承发展”，通过课程建设秉承“做润泽生命的教育，让每一个生命都精彩”的办学理念，逐步形成了符合回龙观地区教育需求的“润育”课程体系。

二、课程原则与结构

（一）基础性原则

全校课程分为“六大课程群”，涵盖了“德智体美劳”五个方面，严格落实国家课程方案，从顶层设计上保障课程基础性无偏差。

（二）丰富性原则

我们认为每一个生命都能精彩，都有精彩的可能，所以在六大课程群中，除了国家课程以外，拥有丰富多彩的校本课程。

（三）实践性原则

以“实践”为育人的重要形式，促进学生所学内容的综合与融通。实践形式包括：体育节、读书节、艺术节、科技节、劳动周、成长课程、西游课程、跨学科“1＋N”素养课程、入学适应课程、学长课程、校庆 20 年实践活动、各学科的项目式学习和 10％的学科实践活动等。

（四）目标性原则

将“有理想、有本领、有担当”的育人目标，具体成“一份责任感、一身正能量、一腔诚信意、一颗仁爱心、一袭书卷气、一种好思维、一副好身体、一项好才艺、一生好习惯”的“九个一”培养目标，清晰描绘走出“实验二小”

孩子的模样，使学校层面素养目标和育人目标清晰可见，有的放矢。

由图1可见，“润育”课程是一个“三层六域”的结构，即基础课程、拓展课程和综合课程。三个基本课程层次维度与“六大课程群”不同领域巧妙融合形成有机统一体。

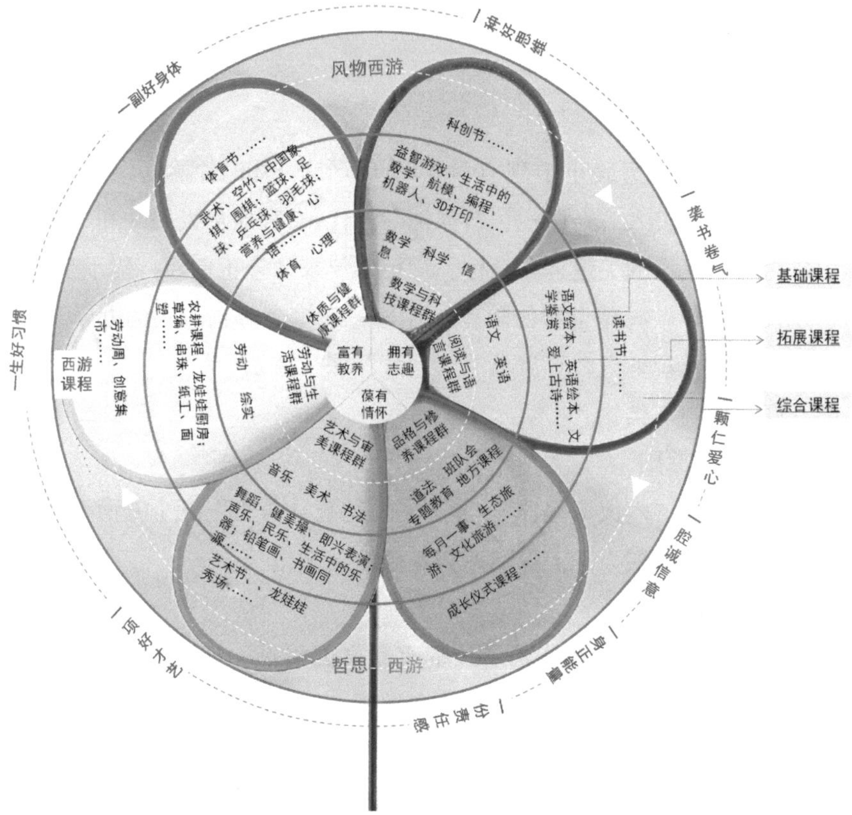

图1 “三层六域”结构

三、课程实施

课程是“润泽生命的教育”开展的主要路径，它是让生命得以完善和进步的坚实力量。实验二小将“润泽生命的教育”落实到课程这一核心育人载体上，通过六大课程群的设计，建立起“五育并举”的立交桥。

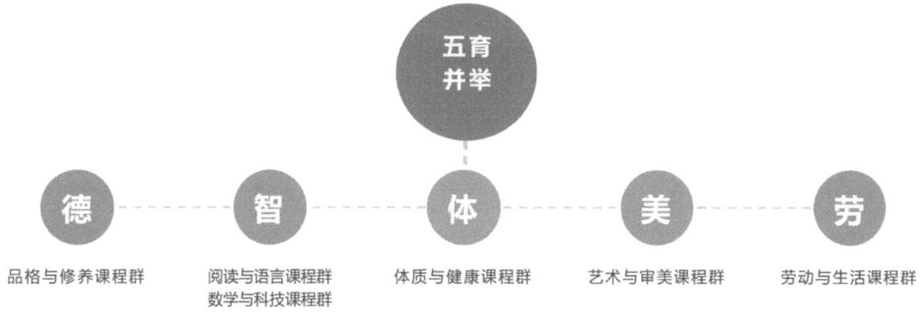

图 2　“五育并举”的课程领域

（一）完善课程规划，打造六大课程群

学校的六大课程群，不只是概念上的划分，而是切实的工作分工。每个课程群由主管和相关教师组成，负责国家课程、校本课程、实践课程的“一体化”建设工作，每个领域都有正在实施的完整课程群内容。例如体育方面是《“311”体育学习框架》，将足球、篮球、乒乓球、健美操专项课教学融入日常体育课中，确保完成国家课程内容的同时，实现学生体育项目的多样性发展。

（二）加强校本研修，增强教师课程意识

为使学校课程落地，达成育人目标，学校将教师队伍建设放在第一位。开办了“三叶草”教师研修学院，为教师提供“以骨带新”青蓝课程、“四融”项目研修课程、“四专”教师共研课程；将传统的教研组转化为“小课题课题组”，使教师日常教研转化为小科研；每学期期末举办全体教师参与的教育教学研讨，加强不同学科之间的学术交流。通过这些方式，不断加大校本研修力度，传递国家教育方针，解读学校办学理念，提升教师育人能力，为课程的有效实施奠定基础。

（三）狠抓课堂落实，确保课程基础性的发挥

国家课程的课堂以“211”生命课堂模式为主，即 20 分钟在情景下提出问题，激活意识，激发兴趣，学习新知；10 分钟学生围绕核心问题独立思考、小组合作探究、归纳总结；10 分钟学生在新情景中解决新问题，尝试迁移学习。

新入职教师遵循“211”课堂模式，落实课堂教学任务。有经验的教师在此基础上创新丰富多样的课堂教学策略和方法，例如：《“合作探究重思明辨”学

思课堂》《“习惯＋方法＋能力”的语文阅读课型》《“1＋4”的思政育人策略》《“双优”艺术课堂模式》《“个性化＋递进式”的体育专项课》等。

四、课程评价

学校以《表现性评价的三定模型》为方法对学校的课程建设和实施进行评价。该评价方法曾在2023年12月北京市基础教育课程教学改革工作会上做典型交流。

五、课程效果

“润育”课程的研究与实践促进了学校办学质量的提升，学校连续18年被评为“昌平区小学教育教学质量综合评价优秀学校”，2023年被评为北京市科技示范校，是北京市金帆民乐团、金帆书画院，是足球、田径、乒乓球重点项目校；2022—2023学年教师各级各类评优课获奖104节，论文获奖260篇，各类课题立项14个，学生获各级各类奖3000余项，真正实现了让每个孩子都精彩的育人目标。

第一章　品格与修养课程群

本部分以道德与法治学科、班队会、专题教育、地方课程为主阵地，将“四史”教育、爱国主义教育、价值观教育、理想信念教育与班队会、社区服务、研究性学习等内容进行整合，提倡在实践中开展德育，通过系列社会实践项目及活动的设计，让学生在实践活动中成长，收获一份责任感、一颗仁爱心、一身正能量、一腔诚信意。

正确认识广告

北京市昌平第二实验小学　于欢

一、年级学科

四年级　道德与法治

二、背景分析

（一）聚焦《义务教育道德与法治课程标准（2022年版）》

本课选自四年级上册第三单元《信息万花筒》，本单元包括三个课题："健康看电视""网络新世界""正确认识广告"。本单元紧扣时代主题，旨在引导学生能够有意识地辨别和筛选信息，健康看电视，合理使用网络，正确认识广告，高效、规范、文明地使用媒体，从而提升学生的媒介素养。本单元的学习内容指向《义务教育道德与法治课程标准（2022年版）》中的"法治观念"和"道德修养"两大核心素养的培养，在学习过程中主要聚焦"守法用法意识和行为"和"个人品德"，提升学生素养内涵的同时辅助学段目标的实现。

（二）关注《中小学文科类作业指导手册》

本单元在作业设计方面主要依据《中小学文科类作业指导手册》，教师要将作业与教学、学生评价等联系在一起，将作业作为备课的重要组成部分，从教学系统整体设计、统筹规划、合理安排作业各环节和全过程。同时在作业评价反馈方面对学生的作业进行分层指导，并通过有效的作业评价促进学生学习的提质增效。

（三）运用"建构主义"和"生活即教育"理论

在教学设计与实施过程中，本单元以建构主义和"生活即教育"为理论基础，通过音视图、案例、故事等教学素材的运用，结合学生小组合作探究，逐步建构起学生对广告的正确认识。

"生活即教育"是陶行知生活教育理论的核心，本单元设计侧重密切联系学生生活经验和学生生活中无处不在的广告进行选材教学，关注学生实际生活体验，使学生树立正确的价值观、消费观和媒介素养观。

本单元在整套教材中与其他单元的关系：在二年级下册《我们好好玩》、三年级上册《安全护我成长》中了解生活中的基本安全常识，在掌握常用求救信息的基础上，将逻辑提升到本单元懂得法律能够保护自己的生活上。因此，本单元的主旨为：辨别和筛选信息，提高学生的媒介素养和信息素养，增强学生的法治意识。

三、教学目标

1. 通过探究广告的宣传特点及作用，懂得商业广告有真有假，学会辩证地看待广告。

2. 通过案例分析，了解制作虚假广告给消费者及生产者带来的危害。

3. 通过了解广告中的“秘密招数”，知晓商家使用“秘密招数”所要达成的目的，学会抵制广告诱惑的方法。

4. 通过正确识别广告，树立正确的价值观、消费观和媒介素养观。

四、教学重点

通过探究广告的宣传特点及作用，不要让广告误导消费，学会做聪明的消费者。

五、教学难点

通过正确识别广告，树立正确的价值观、消费观和媒介素养观。

六、教学过程

（一）复习导入　引思考

通过上节课的学习，我们了解到生活中的广告无处不在，广告具有传递信息、提高知名度、劝说购买等多种功能。那这节课我们再次走进《正确认识广告》中，继续了解广告，学会识别广告，做个聪明的消费者。

你对生活中哪些广告词印象比较深刻，说来听听？

老师也找到一则广告，它的广告词很有意思，我们一起来看一看。你会不会买这款商品呢？说一说你的理由。出示央视新闻《好记忆学习枕忽悠消费者》新闻报道。

在生活中你有接触过类似的广告吗？

总结：从同学们的分享中，我们了解到这类广告存在一些虚假成分，购买这类商品会给我们带来不好的购物体验。

【设计意图】复习上节课的知识，分享熟悉有趣的广告词，通过视频引发学生思考，广告的真假需要识别和了解，激发学生对本课学习的兴趣。

（二）虚假广告　危害多

那由此看来广告的内容不一定都可信，虚假广告就更不可信了。它会给消费者和商家造成怎样的危害呢？我们一起来看一个视频。

小组探究：思考视频中的案例会给消费者和商家两方带来怎样的危害呢？

确实，如同学们所说，虚假广告不仅会给消费者带来财产损失，还会危害消费者的健康，不仅破坏了商家的形象，还会使其触犯法律，从而带来严重的后果。

除了法律的保护我们国家还在其他平台上展示曝光这类现象，同学们知道吗？

一起来看看这段视频，说说你的感受。是呀，多么惊人的数字，无论是对于消费者还是商家而言，虚假广告都是百害而无一利的。

（三）广告秘招　招招破

我们要学会识别广告，不被广告牵着走。要想摆脱广告的控制，就需要了解广告的“秘密招数”，让我们听听广告先生的自述吧！

通过广告先生的自述，你了解广告的“秘密招数”了吗？

当我们了解了广告的“秘密招数”后，就能慢慢看清广告的真面目了。不过广告还有一个“大招”，就是面向儿童进行广告宣传，在少儿频道插播儿童用品广告，低龄儿童对广告抵抗力差就会被这些广告诱惑产生购买欲望了。

同桌探究：在生活中看见广告先生说的“秘密招数”你们会怎样应对呢？

在购物、消费的过程中，国家的法律法规也在保护着我们，就拿打折这件事来说吧。（出示资料）你有什么感受？

小结：在国家法律法规的保护下我们健康成长，我们应该学好它、遵守它，更应该保护它不被他人破坏。

【设计意图】尊重学生，融入生活。从学生的生活实际入手，引出广告的“秘密招数”，学会用自己的方法认识广告。

（四）抵御诱惑　理消费

面对当前广告的现状，你认为什么样的广告才是你们心目中的好广告？给商家提出一些小建议吧！

小结：能够传递真实的信息，并通过合理的买赠活动和新奇的广告词吸引人的眼球，就是一则不错的广告。

（五）总结提升　慧生活

这节课我们一起讨论学习了“广告都可信吗”“学会识别广告”两个话题，了解了“虚假广告”的特点，学会了识别广告的方式、方法。其实我们在日常生活中，要不断增强对广告信息基本的辨别和判断能力，学会理性地对待社会中的商业广告，才不会被广告牵着走。有些广告虽然像“彩色蘑菇”一样，有“美丽的外表”，但其实不一定是我们需要的，甚至还有“毒”。因此，我们一定要学会正确认识广告，不要盲目相信，成为一名聪明的理性消费者。

课后任务：采访身边的大人，看看他们都有什么抵制广告诱惑的小妙招，可以通过小组交流进行分享。

人人受法律保护

北京市昌平第二实验小学　陈凤

一、年级学科

六年级　道德与法治

二、背景分析

（一）教学内容

本教学设计主要涉及引导学生知法、用法、守法的观念，培养学生正确的法治观，并从我国法律体系不断完善和细化的过程中，体会中国人民站起来了，使学生感受到生活中处处有法可依，增强学生的民族自豪感。

（二）学生情况

我校六年级学生有一定的搜集和整理信息的能力，具备初步的实践能力和小组合作能力。

课前，通过对全年级300名学生的调查发现，本校六年级学生开始有法律意识，知道生活中有法律法规的存在了，但学生对法律的普遍性、专业性、平等性、公正性等特点理解不足，需要通过课上系统学习融会贯通。学生通过感受我国法律法规的不断完善，体会我国依法治国的方针政策，增强民族自豪感。

三、教学目标

（一）知识目标

了解我国法律正在逐步发展与完善，知道生活中处处离不开法律法规，法律面前人人平等，且未成年人是受法律特殊保护的。

（二）能力目标

学会用法律知识保护自己，初步掌握运用资料分析问题、解决问题的能力。

（三）情感态度价值观目标

逐步树立正确的法治观，做知法、用法、守法的小公民。从我国法律体系不断完善和细化的过程中，体会中国人民站起来了，增强民族自豪感。

四、教学重点

学会用法律知识保护自己，初步掌握运用资料分析、解决问题的能力。

五、教学难点

从我国法律体系不断完善和细化的过程中，体会中国人民站起来了，增强民族自豪感。

六、教学过程

（一）热点新闻，导入新课

教师谈话：孩子们，最近发生的重庆公交坠江事件，谁能来说说事件经过？

学生：公交车上乘客与司机激烈争执互殴，导致车辆失控坠入江中，造成13人死亡，2人失踪的后果。

教师追问：大家有什么感想吗？

学生：严重。

教师谈话：他们已经涉嫌《中华人民共和国刑法》中的危害公共安全罪，对社会造成了极其恶劣的影响，可见触犯法律可真不是小事。我国都有哪些法律呢？这些法律给我们带来了什么？今天让我们一起去了解法律吧。

（二）创设活动，感受发展

1. 生活处处有法律

教师过渡：利用课下时间，同学们通过搜集资料一定已经了解了不少生活中的法律。接下来，以小组为单位，进行一次法律知识大比拼活动。

活动一：衣食住行离不开法（合作探究）

教师提问：思考我们在生活中衣食住行四大方面都受到哪些法律法规的保护？这些法律法规分别又是从哪些角度出发制定的呢？结合主题，小组合作完成手中的学习单，交流并推荐学生代表汇报。

小组汇报，教师适时评价。

教师补充：这些是老师课下搜集的与衣食住行相关的法律，它们还只是其中很小的一部分，你有什么感受？

学生：法律真多、全面、专业……衣食住行都离不开法律。

教师小结：通过大家的汇报，我们知道了生活中衣食住行都离不开法律。

【设计意图】通过“法律知识大比拼”的形式，使全班学生参与进来，横向体会生活中衣食住行各个方面的法律具有范围广、全面、形象直观的特点。

活动二：一生离不开法

教师谈话：我们在不同的人生阶段，有哪些法律保护着我们的权益呢？

学生代表汇报：（出生—上幼儿园—上学—找工作—结婚—退休—去世）不同人生阶段对应不同的法律。

教师提问：听了这些你有什么感受呢？

学生：人的一生离不开法律，法律很多，无处不在……

教师小结：原来我们的一生都离不开法律，始终受到法律的保护，可见法律的重要性啊！

【设计意图】通过教师讲述人生各个阶段所受到的法律保护，使学生纵向认识人的一生都离不开法律，知道生活中处处离不开法律法规。

活动三：专业人士现身说法

教师过渡：这么多保护我们的法律是怎么形成的呢？我国到底有多少法律？今天从事法律行业的家长也来到了咱们班里，有请他给咱们讲讲法律的专业知识。

教师提问：听了专业讲解，你对法律有什么新的认识？

学生：宪法是根本大法，法律无处不在，社会的进步促进了法律不断细化。

教师小结：我们国家的发展离不开法律的保驾护航，同时法律的每一步完善和细化也反映出了国家的进步。刚刚无论是从横向上的衣食住行，纵向上的人的一生，还是从法律专业人士角度分析，我们都感受到法律真是无处不在啊，我们的生活中真是处处都有法律的保护。

【设计意图】通过“专业人士现身说法”，请律师家长从专业角度为学生讲解法律，充分体会法律的严谨性和权威性。

2. 法律面前人人平等

活动一：时代进步，性别平等

教师提问：下面是咱们班同学采访家中三代女性的生活经历，听听她们是怎么说的。你对我国的法律有什么新的了解吗？

学生：新中国成立，女性地位提高了，男女平等了。

教师小结：随着新中国的成立，我们在法律面前真正做到了男女平等。

活动二：法律健全，地位平等

教师谈话：咱们班同学还在网上找到了一则新闻，让她来给大家讲一讲。

通过她的讲述，你又知道了什么呢？

学生代表讲解新闻，提问：肇事者为什么强调“我爸是李刚”？

学生：爸爸是局长，有特权可以让他免受法律制裁。

学生代表追问：那肇事者目的达到了吗？为什么？

学生：没达到。法律面前人人平等，没有特权。

教师小结：这说明了，无论什么社会地位，在法律面前都不能搞特权。我国法律就是这样，在法律面前没有性别之分，也没有地位之差，人人都是平等的，同时这也印证了我们人人都受到法律的保护。

3. 未成年人特殊保护

教师过渡：我们作为特殊群体，还受到法律的特殊保护呢。下面我们就通过一个小游戏看看我们究竟受到哪些法律法规的特殊保护。看看谁能够迅速从下列法律法规中挑出其中专门保护未成年人的法律。

学生挑法律，教师适时追问。

教师小结：我们未成年人受法律的特殊保护，这体现了我国法律已经细化到对专门的人群设定专门的法律法规以保障他们的合法权益。此时，大家是不是特别安心？我们真为生活在这样的法治国家感到踏实。

4. 人人都是小法官

教师过渡：在日常生活中，你会合理地运用这些法律知识吗？

活动一：演一演

学生情景剧：《不再随意听的歌曲》。

教师提问：小法官们，你遇到过这种情况吗？为什么以前能听，现在不能听了？

学生：《中华人民共和国著作权法》。

教师小结：没错，《中华人民共和国著作权法》中对此有明确规定，所以我们应该尊重作者的著作权。以前能听说明法律法规还不健全，没有专门保护著作权的法律，现在不能听了说明随着法律的进步和完善，使得著作人的权利得到了保障。

活动二：法治漫画

学生代表自创漫画：《微信群传播不当言论》。

学生代表提问：这幅漫画说了什么？你该怎么处理？为什么？

学生：违反网络管理的法律。

学生代表小结：他违反了《互联网群组信息服务管理规定》，第十条明确要求：“互联网群组信息服务提供者和使用者不得利用互联网群组传播法律法规和国家有关规定禁止的信息内容。”

（三）梳理总结，提高认识

教师追问：除了法律法规以外，我们还应该遵守什么？

学生：《中小学生守则》。

教师：那就让我们一起重温一下《中小学生守则》。

师生：拍手吟唱《中小学生守则》。

教师总结：通过今天这堂课，我们走近法律，不仅懂得了要知法、用法，还学会了守法。新时期，习近平总书记在党的十九大报告中指出：我们要继续贯彻依法治国的方针，建设社会主义法治国家。相信今后，我们生活中法律的保障必将更加完善，我们为此感到深深的自豪。

【设计意图】通过对全课的梳理总结，使学生逐步树立正确的法治观，做知法、用法、守法的小公民。

附：板书设计

人人受法律保护

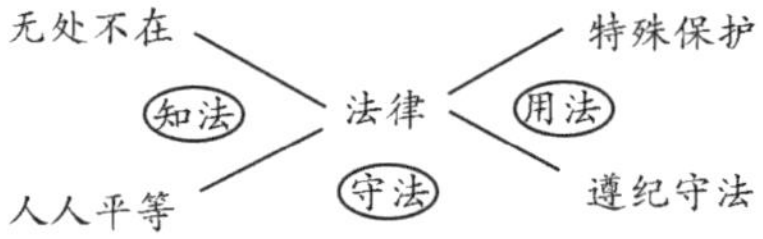

依法治国　民族自豪感

我们是未成年人

北京市昌平第二实验小学 叶武跃

一、年级学科

六年级 道德与法治

二、背景分析

六年级上册第四单元的主题为“法律保护我们健康成长”，由《我们受特殊保护》和《知法守法 依法维权》两课内容组成，以“法律对未成年人的特殊保护”和“知法守法、依法维权”为逻辑主线。

本课时内容为本单元第一课《我们受特殊保护》的第一课时，其内容主要涉及未成年人的特殊之处、认识自我以及理解法律对未成年人予以特别保护的重要意义，为学生了解后两课时涉及的未成年人专门法律和社会特殊关爱内容起到学习铺垫的作用。

三、教学目标

1. 通过了解不同年龄节点的法律意义，使学生树立规则意识。

2. 通过对未成年人相关法律资料的整理，培养学生资料搜集和分析问题的能力。

3. 认识未成年人的特殊之处，了解不同年龄在法律中可以享受的权利以及承担相应的义务或责任。

四、教学重点

引导学生体会未成年人的特殊之处，激发学生认识自我。

五、教学难点

通过了解我国不同年龄节点的法律意义，使学生树立规则意识。

六、教学过程

（一）新课导入

在社会生活中我们每个人都有不同的身份，在学校中我们的身份不仅是学生，有的同学还是少先队员、班干部。在宪法中符合条件的我们还被赋予了中华人民共和国公民的身份。今天，我们要走近了解的是我们另一种特殊的法律身份——未成年人。

（二）认识自我

1. 未成年人的定义

课前要求学生进行相关法律资料的查阅，课上学生之间进行交流。

预设1：查阅《中华人民共和国未成年人保护法》，在第一章总则第二条中提到了“本法所称未成年人是指未满十八周岁的公民”。

预设2：在最新颁布的《中华人民共和国民法典》中找到关于未成年人的定义，第十七条明确提出了“不满十八周岁的自然人为未成年人”。

小结：同学们通过查阅资料，我们发现在我国未满18周岁的公民都被称为未成年人，18周岁以上的公民称为成年人。

2. 特殊身份自我认知

根据2010年第六次全国人口普查数据，未成年人超过我国人口数量的五分之一。（展示人口普查数据）

表1　2010年第六次全国人口普查数据

年龄（岁）	人口数（人）	占人口总比重（%）
总计	1339724852	100
0—4	75532610	5.67
5—9	70881549	5.32
10—14	74908462	5.62
15—19	99889114	7.49

数据来源：国家统计局官网。

（1）通过阅读这份数据，作为未成年人的你们感受到了什么？

预设：通过计算我发现我国未成年人人口总数将近3亿，这真是一个庞大的群体。

（2）结合预习单说一说，在成年人眼中，未成年人有哪些特殊之处呢？

预设 1：妈妈认为我们未成年人好奇心强，喜欢冒险，什么都想尝试一下。

预设 2：在爷爷看来，未成年人的社会经验少，是非观正在形成中，容易走错路、走弯路，需要大人的正确指引。

（3）作为未成年人的你们，认同他们这些看法吗？

预设 1：比较认同，因为我们现在正处在学习和成长的阶段，很多社会经验还处在积累的过程中，需要老师和长辈给予我们更多正确的引导。

预设 2：比较认同，因为我发现身边很多同学对电子游戏的好奇心很强，但自控力不足，很容易沉迷游戏不能自拔，从而影响学习和生活。

小结：作为未成年人我们有很多特殊之处，如社会经验不足、好奇心强、易受到不良因素影响等，因此未成年人需要家人和社会更多的引导和保护。

【设计意图】结合课前的社会采访以及课堂上对自我认知的探讨，让学生从成年人的角度和自我认知的角度综合分析未成年人的特殊之处，形成较为客观和全面的自我认知。

（三）年龄意义

1. 各国法律关于成年年龄的界定

表 2　各国法律关于成年年龄的界定

国家	法定成年年龄
法国	18 周岁
英国	18 周岁
德国	18 周岁
日本	20 周岁
瑞士	20 周岁
奥地利	21 周岁
意大利	21 周岁

作为特殊的法律身份，不仅是我国，其实世界各国都有对未成年人的法律定义。

（1）通过这组表格内容，你们有什么发现？

（2）为什么很多国家对于成年年龄的规定是不同的呢？

小结：其实这与各国的国情密不可分，很多国家和地区都会根据本国公民的生理、智力发育、习惯和社会要求，对成年人的年龄做出规定。

2. 年龄节点的法律意义

（1）为什么我们国家将成年人的年龄定在18周岁呢，这里面有怎样的法律意义？（播放有关我国成年人年龄意义的视频）

预设1：通过视频内容我了解到，我国法律认为18周岁以下未成年人在认识能力、控制能力和社会阅历方面都没有达到成年人的高度。

预设2：我还发现未成年人在不同的年龄阶段有不同的法律和行为限制，这也是保护我们的一种方式。

小结：同学们观察得都很仔细，在我国很多法律规定中都涉及了具体的年龄节点，不同年龄阶段在法律上具有不同的意义。有些法律规定达到一定的年龄才享有相应的权利，承担相应的义务与责任。

（2）观察图片，你们发现了什么问题？

预设：我们一般未满12周岁，法律中规定不允许在公共道路上骑自行车。

小结：《中华人民共和国道路交通安全法实施条例》第七十二条就明确提出了：准许在道路上驾驶自行车、三轮车的最低年龄是满12周岁。

（3）为什么在生活中未成年人容易走向违法犯罪呢？（播放新闻视频）

预设：通过视频发现未成年人由于思想简单，容易受到社会不良因素的影响，特别是青春期的未成年人好奇心重、开始有自己的想法，在没有家长保护和学校正确引导的情况下很容易走上违法犯罪的道路。

（四）责任担当

法律并不是万能的，生活中很多事情还需要更多的道德意识。

1. 请同学们以小组合作的形式探究下面的案例

案例：王阿姨的儿子今年12周岁，正在读小学六年级，平时孩子学习比较紧张，王阿姨一点家务也不让儿子做。一天，王阿姨和邻居刘律师聊天，她说等到儿子成年以后再让他做家务也不迟。

（1）你如何看待未成年人做家务这一现象？

预设1：在家里经常帮助妈妈做家务，虽然我们是弱势群体，在体力上有时候比较吃力，但会做一些力所能及的家务帮助家人减轻负担。

预设2：虽然平时家长不要求我做家务，但有时候我也会主动帮忙。我认为作为家庭中的一员，也要为家庭尽一份责任。

总结：自古以来，在我们未成年人当中也涌现出了许多优秀的少年儿童代表，如 4 岁让梨的孔融、7 岁临池学书的王羲之、9 岁抗震小英雄林浩、14 岁奥运会跳水冠军伏明霞……所以，作为未成年人的我们要有理由也要有自信为我们的家庭、学校和社会做一些有意义的、力所能及的事情。

（五）课后实践

请同学们结合自己的实际情况，坚持每天至少完成一项家务劳动以及参与至少一个班集体小岗位的志愿者服务。

科技让梦想成真

北京市昌平第二实验小学　张娇

一、年级学科

六年级　道德与法治

二、背景分析

（一）教学内容分析

《科技发展　造福人类》是统编六年级下册《道德与法治》教材第四单元第八课的内容。第八课共有三个话题，分别为“对世界的不断探索”“科技改变世界”和“科技让梦想成真”。

本课教学内容主要是第三个话题“科技让梦想成真”，认识科技帮助人类实现的梦想，了解科技引领未来。课程主要帮助学生了解一些科技成就给世界带来的改变和影响，以及科技帮助人类实现的航天梦、入海梦等诸多梦想。

教学的过程中，以展现科技助力中国航天梦的实现为开端，深刻体会航天人的“四个特别”载人航天精神，进而引申到我国深海技术的发展，了解我国“入海梦”的发展现状。最后拓展思考、讨论，使学生认识到社会的全面发展是助力科学技术发展的动力，人类的许多梦想才能得以实现，人类的生活水平才能有所提升。

（二）学生情况分析

六年级学生虽然对科技发展有一定的了解，但并不全面。六年级学生没有系统的科技史背景知识、对现代科技的发展了解有限，对于科技在过去、现在和未来对人类社会的巨大推动和改变了解得还不够深入。若要通过本课涉及的科学知识及科学精神（包括探索和求真精神、实践和创造精神、人文精神等）激发学生热爱科学的情感、弘扬科学的精神具有一定的难度。

三、教学目标

1. 知道人类对飞行的探索，了解我国的航天发展史。

2. 通过展示图片、播放视频等方式让学生感受科学家的探索精神。

3. 促使学生初步产生探索科学奥秘的热情，激发其为实现理想而奋斗的精神，培养学生弘扬科学精神和传播科学思想。

四、教学重点

激发学生为实现梦想学习更多科学知识，弘扬科学精神，传播科学思想。

五、教学难点

了解人类对飞行的探索，了解我国航天的发展史。

六、教学过程

（一）观看《西游记》片段，激发学生的学习兴趣

1. 观看《西游记》孙悟空片段

学生观看孙悟空大闹天宫和龙宫借宝的片段，使学生初步感知飞上天空、深入海底自古以来就是华夏人的梦想。

（二）探索科学技术奥秘，追寻上天入海梦想

1. 借助“飞天”图片，感知人类飞天梦

教师出示系列“飞天”图片，请学生找出图片中的共同点。

引导学生发现图片中的人物都在追求“飞天”梦想，从而发现世界各国都有飞天梦，这是全人类共同的梦想。

2. 自主学习教材，梳理人类“飞天”历程

（1）自主学习教材

请同学们阅读教材第 64 页活动园中的内容并自主完成学习单，要求：找一找人类“飞天”的关键时间和成就，并把数据填到学习单相应的时间点中。

（2）展示汇报

学生边公布答案，教师边出示答案。教师引导学生从数据中发现人类经过 200 多年才实现了飞天梦想，实属不易。

3. 小组合作学习，整理中国“飞天”历程

（1）以小组为单位阅读学习单

请同学们阅读学习单中的资料，了解我们在实现飞天梦想的过程中都有哪些成就，找到答案后以小组为单位填写学习单。

（2）学生观察、分析学习单，教师进行点拨、提升

请学生对照学习单回顾我国航天事业的发展历史，思考航天梦的逐步实现

有哪些变化。

学生观察发现，最开始我们只是想在太空中留下足迹，后来我们就想去太空看一看，接着我们想尝试在太空驻留，最后我们想建造中国空间站，这些梦想都一步步实现了。

（3）教师总结

实现太空驻留的梦想，是由一个个小的航天梦组成的，更是被一个个航天成就托起的大梦想。科技的发展让我们的航天梦想有了方向，我们从未停止过追求航天梦想的脚步。在梦想和成就的背后，是国家政策的支持、经济的支撑、国泰民安的社会局势，才使我们的航天事业发展越来越迅猛。

4. 讲故事看视频，感受载人航天精神

（1）学习杨利伟的故事

我国一代代航天人无怨无悔地投身到航天事业中，让我们一起走进中国飞天第一人杨利伟的故事。听了这个小故事后，让学生思考故事中哪些细节令人印象深刻，并谈谈感受。

（2）同学们继续分享其他航天工作人员的小故事

教师总结：中国航天梦的实现，离不开国家经济、政策、科技的外在支持，也离不开航天工作者坚持不懈的品格支撑。正是如此，习近平主席提出了载人航天精神（指名读）：“特别能吃苦、特别能战斗、特别能攻关、特别能奉献。”

（三）学生畅谈入地梦，感悟深海领域传奇

1. 学生介绍深海潜水领域的相关知识

科技的进步不仅体现在太空领域，还体现在深海潜水方面。课前班中有一组同学做了调查，请他们给大家介绍一下深海潜水领域的相关知识。

2. 教师总结

从最初的7103号救生艇，到载人深潜器“蛟龙”号、“奋斗者”号、“海斗”号，我们的深海技术不断精进着。

（四）合作探究学习，人们运用科学技术解决多领域问题

1. 学生讨论

人们通过运用科学技术解决了哪个领域的什么问题，实现了怎样的效果？

2. 教师总结

有了科学技术的助力，我们的铁路交通变得越来越快，越来越便捷，我们

的通信也由原来的座机变成了智能手机，不仅能随时随地进行语言通话，还能实现视频通话。

（五）科技助力生活，大胆展望未来

1. 脚踏实地，展望未来

未来，通过我们的努力，科技还会实现更大的进步。在展望未来的同时，我们还需要走好脚下的每一步，请学生畅谈对未来的展望。

【设计意图】通过分别梳理中西方航天梦的发展历程，领会科技成就梦想的力量，感悟航天精神的内涵。在学习航天梦的基础上，使学生了解深潜梦的历程，让学生结合自己的生活实际谈谈对科技的认识和感受，进一步激发学生让科技筑梦的行动力。

（六）总结提升，布置延学

1. 教师总结

科技改变世界，科技让梦想成真，对于我们来说，了解科技、发展科技、创造科技，传承科学精神，是我们的责任和使命。我们这一代人将科技作为学习的必修课，将来一定能为科技的发展做出自己的贡献。

2. 作业设计

（1）阅读凡尔纳的小说《海底两万里》，进一步感受科技的魅力。

（2）创作一幅科幻画，展现你所喜爱领域的科技成果，表达出你对科技的理解，并宣传科技的力量。

【设计意图】通过总结提升，帮助学生深化对科技改变世界、科技让梦想成真的认识，通过布置延学，进一步感知科技的魅力，并在实际行动中表现自己对科技的理解，宣传科技的力量。

附：板书设计

别跑，我的注意力

北京市昌平第二实验小学　李洺钰

一、教育背景

（一）理论背景

注意力是智力的五个基本因素之一，是记忆力、观察力、想象力、思维力的准备状态。注意力是对一定对象的指向和集中，它作为一种心理现象始终伴随着学生学习和生活的全过程，学生学习和生活习惯的养成与注意力的集中性呈正相关，是学生进行有效学习和劳动不可缺少的条件，对促进学生全面发展、顺利完成任务具有重要意义。

（二）实践背景

一年级学生由于初入学校，注意力保持时间较短，无意注意较有意注意多，而注意力的集中对于一年级学生培养良好的学习习惯以及更快适应学校生活非常重要。因此，通过小游戏的方式对学生进行注意力训练，让学生认识到集中注意力的重要性，从而帮助学生更好地完成任务，让学生感受到集中注意力完成任务的成就感，在调动学生积极性的同时促进学生有意注意的发展。

二、学情分析

1. 由于初入学校，课堂听讲时常专注力不够，课堂上经常做小动作，回答老师提出的问题不知所云。

2. 队列意识较为淡薄，存在脱队、落队、东张西望的现象。

3. 课间操时注意力不集中，听不见老师的指令，站在原地发呆。

针对以上问题，教师设计主题班会系列活动，引导学生提高注意力和课堂专注力，在游戏活动中体验和认识集中注意力的重要性。

三、班会目标

1. 认知目标：通过创设情境、情境表演等方式，使学生懂得集中注意力的重要性。

2. 情感目标：通过游戏活动使学生获得感悟，在游戏中感受集中注意力完成任务后所带来的成就感和喜悦感。

3. 行为目标：教会学生在不同时间提高注意力的小技巧和方法，使学生在游戏体验中学会有意识地提高注意力，培养有意注意，养成集中注意力的习惯。

四、班会准备

1. 根据教学需要准备课件PPT。

2. 准备好课程所需要的图片、贴纸和教学用具。

五、班会过程

（一）创设情境，引出问题

1. 提出问题，激发兴趣

教师在班内创设“工作室”这一情境，吸引学生的兴趣。让学生猜想工作室的名称是什么，后出示“解忧工作室”名称，进而教师带领学生分析开设班集体解忧工作室的原因。

（1）帮助同学解决班内存在的问题。

（2）提高学生的沟通能力和解决问题能力。

教师小结：教师总结开设班集体“解忧工作室”的原因，鼓励同学们积极参与“解忧工作室”解决班内各种各样的问题。同时教师发布“招募令”，在班内招募乐于助人、乐意帮助同学的“小小解忧员”，一起帮助大家解决问题，调动学生课堂积极性。

2. 展示图片，发现问题

教师依据解忧工作室开设原因，出示班内学生存在注意力不集中现象的真实图片，请学生说一说这些现象都是什么行为，邀请同学们一起解决问题。

（出示班内注意力不集中的现象图片并请学生演绎）

图片1：课堂中做小动作现象。

图片2：队列中扭头落队现象。

图片3：课间操训练原地发呆现象。

通过演绎，学生抛出问题：同学们，我们应该怎么办才好呢？

教师提问同学们出现以上问题的原因。

原因总结：注意力不集中的表现。

3. 反思自身行为，辨析危害

教师引导学生反思自身行为，开学以来自己是否存在注意力不集中现象，并进一步分析做事情注意力不集中的后果。

学生自主分享并总结：

（1）课堂注意力不集中会听不见老师说的话，知识学习不牢固。

（2）队列当中注意力不集中会使得班集体队伍不整齐。

（3）课间操训练中发呆，注意力不集中会使身体得不到锻炼。

（4）午饭时间注意力不集中随便说话会进食呛到发生危险。

4. 教师总结

教师在总结同学们自我反思与分享结果的同时，告诉同学们集中注意力的重要性，作为新入学一年级的小学生，集中注意力有利于培养学生良好的学习和生活习惯，更快地适应学校的生活，融入班集体这个大家庭中。在此基础上，发布小游戏的活动练习，引出下一环节内容。

【设计意图】联系班集体实际情况创设“解忧工作室”情景导入课程内容，通过情境演绎方式激发学生的课堂兴趣。图片反映的是班集体现状，引导学生意识到注意力不集中的后果，辨析危害，以对比的方式让学生明白集中注意力的重要性。

（二）小游戏，锻炼注意力

教师通过三个小游戏进一步激发学生的兴趣，调动学生课堂积极性，吸引学生的注意力，锻炼学生眼睛、耳朵的配合能力。

1. 眼睛亮找不同

（1）课件出示两组相似照片。

（2）设置规则。

学生观察两幅图片的不同之处，回答问题。

2. 耳朵灵认真听

（1）课件出示水果与蔬菜的照片。

（2）设置规则。

老师选择念蔬菜与水果的名称，学生听到水果的名称时拍一下手，听到蔬菜的名称时拍一下肩膀。

3. 眼睛耳朵齐动员

（1）课件出示5组数字。

（2）设置规则。

同学们根据课件中的数字，边观察每一组数字，边听老师说的数字是不是与屏幕中的数字一样。

【设计意图】一年级学生课堂专注力有限，通过小游戏的方式能够充分调动学生课堂积极性，使全班同学更好地参与课堂活动。同时游戏设计符合班会主题内容，能够为下一环节的开展做铺垫。

（三）分享收获，寻找方法

1. 分享游戏感悟

教师邀请学生分享参与小游戏的感受，答题全部正确的同学分享成功的经验与方法。

2. 正面引导，表扬优秀

（1）出示照片。

课件出示班内课堂认真听讲的同学照片。

（2）引导观察。

教师引导班内同学观察优秀同学的表现，如注意力集中认真听讲、坐姿端正眼神专注等。

（3）创编小儿歌。

学生创编《课堂纪律“我”最棒》。

教师通过带领学生理解儿歌内容，让学生知道并学会课堂专注的小技巧。

（4）全班朗读。

学生根据儿歌内容贴对应的卡片内容。

别跑别跑，注意力。

（眼睛眼睛），看老师。（耳朵耳朵），认真听。

（双手双手），平平放。（小脚小脚），不乱动。

集中我的注意力，课堂纪律，我最棒，我最棒！

3. 学校的一天，寻方法

引导学生说一说：除了在课堂上要注意力集中认真听课，在早进校、排队、做课间操、午餐和午休的时候应该怎么做才能集中注意力呢？

（1）早进班先放书包，收拾整理学习用品，做好课前准备，认真听老师布置的早进班任务。

（2）排队时小眼睛看前面同学的后脑勺，做到队列整齐不落队。

（3）做课间操时认真听老师口令，积极锻炼。

（4）午餐时认真吃饭不讲话。

（5）午休时安静睡觉，集中注意力不受他人影响。

4. 颁发聘书

教师总结课堂学习活动，让学生通过小游戏感受集中注意力完成任务的喜悦，知道在学校的一天应该如何集中注意力，养成良好的学习和生活习惯，解决班内存在的问题。教师及时表扬同学的课堂表现，宣布通过老师的考验，为所有同学颁发聘书，正式聘用同学们为“解忧工作室”的一员，鼓励学生在接下来的时间里能够履行好自己的职责，为老师为班集体分忧。

六、后续计划

1. 口头评价表扬

教师观察学生课堂上课等不同时候的表现，及时进行口头表扬。

2. 班集体之星评比

设置班集体“闪亮之星”和“进步之星”，调动学生积极性，每星期进行班内评比，巩固教学成果。

3. 设置班集体积分榜

利用“班集体优化大师”，设置班集体积分榜，针对学生注意力表现情况进行加分反馈。

用爱浇灌生命之花

北京市昌平第二实验小学　刘丁琪

如果说教育是春天，那么爱就是春日婀娜的一枝杨柳，可以安抚我们躁动的心灵；如果说教育是夏天，那么爱就是夏日清凉的一丝细雨，可以浸润我们的思想；如果说教育是秋天，那么爱就是秋日饱满的一颗果实，可以丰盈我们的世界；如果说教育是冬天，那么爱就是冬日和煦的一缕阳光，可以温暖我们的心灵。因此，我怀着对教育的满腔热血走进了老师这个行业。自参加工作以来，我一直担任小学数学老师和副班主任的工作，接触了许多学生，其中小新的改变令我印象深刻。

一、案例背景

我从五年级开始成为小新的数学教师，刚接班的时候就注意到这个孩子了，小新是一个瘦小、性格内向、爱哭的学生。班中同学几乎不和小新一起玩，常常把他排除在集体之外，一些班集体活动小新也不会积极参与。小新上数学课的时候注意力很难集中，经常在课堂上画画儿、折东西。我向其他学科老师了解到，小新上其他课的状态几乎和数学课是一样的，并且当老师批评他时，他总是用哭来应对。我又询问了小新之前的数学老师，了解到小新之前上课也不听讲，但是他的奶奶是数学教授，会辅导他数学，所以不用担心他的数学成绩。

二、教育目标

1. 加强家校联系，老师和家长相互信任，共同为孩子的成长努力。有主动融入班集体的想法，尝试参与到集体活动中。

2. 开展个性化教育教学，给孩子制定适合的教学方法，形成良好的学习习惯。

三、案例分析

（一）案例分析

为了更有针对性地对小新进行教育，我先从和孩子沟通入手，了解小新内心的想法，并通过电话访问、家长面谈等方式和小新的父母进行沟通。通过分析，我总结出了影响小新状态的一些因素。

1. 家庭因素

小新父母工作特别忙，下班很晚，因此无暇顾及孩子的学习和教育，在日常生活中是爷爷奶奶陪伴孩子，照顾孩子生活起居的。两位老人隔辈亲，对孩子十分宠爱，当小新遇到问题时奶奶就会及时插手，帮助孩子，不让孩子自己解决。因此，小新无法离开奶奶，在学校极度缺乏安全感，脱离群体。

数学方面，奶奶是数学教授，当小新遇到数学问题的时候，奶奶就会直接给他讲解，甚至会多讲教科书后面的很多内容，导致小新学习数学时十分依赖奶奶。

2. 个人因素

由于老人的溺爱，导致小新很难约束自己，很少和别的孩子沟通，逐渐养成了他不健全的性格特点。

小新身体发育比其他孩子略微晚一些，又坐在教室靠后的位置，有的时候会被前面的同学挡住看不到黑板，但是小新没有及时和老师进行沟通，导致老师没有进行适时地调整。

3. 教育因素

在小新犯错误时，老师多是询问一下原因，对他进行严厉的批评教育。当小新屡教屡犯时老师便会把家长叫到学校，通报一下小新的在校表现，并要求家长在家加强教育，但这种方式并未争取到家长的配合和理解。

综上这些我感受到小新的行为和其他同学不同，他个体意识强、集体意识淡薄，爷爷奶奶的溺爱使得他性格孤僻，不懂得关爱和体谅他人。加之小新座位靠后看不见黑板，跟不上老师的进度，所以他慢慢失去了对学习的兴趣，从而表现为上课画画儿、折纸。

（二）教育措施

全面了解掌握了小新的情况后，我深深感受到对他进行正面教育的迫切性和艰巨性。

我将采取的教育措施：

1. 将座位提前，提供良好的学习环境

通过和小新谈话，我了解到他每次上数学课时，由于看不见黑板都是下课抄写老师的板书回家进行学习的。不听老师讲解，他的学习效率和效果比起其他同学肯定是落后的。因此，每次上数学课前我都会提醒小新，让他把桌椅搬到第一排，方便他看清板书，其他同学在我的呼吁下也会主动帮助他一起搬。让小新搬到最前面，我可以在讲课时监督和提醒他多倾听，当表现较好时还会及时给予奖励，增强他的信心。

2. 发现优点，因材施教

小新虽搬到了前面，可有的时候还是对数学提不起兴趣，我在课堂上让他回答问题时，总是一声不吭地低着头。怎么才能让他对数学感兴趣，提升他的自信心呢？

苏霍姆林斯基曾经说过：“如果学生没有学习的积极要求，教师越是把注意局限在知识上，学生对自己学习上的成绩就越冷淡，学习愿望就越低落。”受到这句话的启示，我在之后的教学和看班中发现小新的画画儿、折纸能力很好，动手能力强，所以我打算借助他的兴趣爱好来提高他学习数学的兴趣。我查阅了很多书籍和资料，了解到小新这种能力是对线条、形状、结构、色彩、空间关系很敏感，这是多元智力中的空间智能，那就从他的优势出发。当小新在学习数学遇到一些问题的时候，我会让他通过画图来解决问题，在讲到认识图形的时候，我也会鼓励他大胆发言，说出自己的想法。在查阅作业时，我会给小新写一些鼓励的话，激励他努力学习数学。

3. 创造交流条件

我利用小新反应快，接受能力强的优点，让他与同学结对子，这样做既能够让小新发挥自己的优势帮助同学，还能激发小新学习的积极性。

从人格发展特点来说，这个阶段的发展关键在于勤奋进取与自贬自卑心理的冲突能否化解。所以怎么才能让小新充满自信是十分重要的。正所谓“同学的力量胜过老师的力量”，同学对小新的帮助可能比老师更有力量。所以我给全班制定了新的数学课要求，2—3 人结组学习，互相监督、检查作业和改错，不会的问题互相讲解，最后还有问题可以来找老师询问。

在一次自习课上，我看到了这样一幅画面：小新在检查组里一名同学的作业："某某某，你数学最后一题做错了。""啊？怎么改？"小新说："我来跟你讲……"说着拿起笔和纸讲起题来。

同学之间一旦建立起友谊的桥梁，他们就会亲密无间，能让小新感受同学对他的信任，感受同学是自己的益友，感受同学给自己带来的快乐，让他在快乐中学习和生活，同时在学习生活中感受无穷的快乐！同学的友爱和帮助，促进了小新与同学间的情感交流，同时也增强了他的自信。

4. 加强家校沟通，彼此信任积极配合

教育不仅是学校的事，更是家庭的事，家庭教育对孩子的影响举足轻重。因此，只有加强家校合作才能帮助孩子认识自己的不足，才能扬起希望的风帆。学校要告诉家长，孩子的成长是需要时间的，需要家长的关心、监督和陪伴。家长除了要照顾好孩子的生活外，更要在其性格养成和习惯养成上给予更多的关心。

四、案例反思

在这样的朝夕相处中，我慢慢观察到了小新的改变，他听讲情况有了很大的进步，虽然每节课不一定会频频举手，但是他会时常大声地在下面说出自己的想法，作业的完成情况也越来越好了，每次小新看到我在他的作业本上写的评语后都十分开心。最让我感动的是他在作文《漫画老师》中，把我作为主人公写了一篇文章。他用文字的方式表达了对我的喜爱，让我明白孩子是能够感受到我对他的每一份付出的。那一刻是我成为一名教师以来最幸福的一刻，这件事也激励着我在教师的成长之路上不断前行。

每位学生的实际情况都是不同的，这需要教师深入了解学生的行为、习惯、爱好等，从而确定行之有效的对策，做到因材施教，正确引导。同时孩子需要获得老师的信任，只要老师耐心地对待每一位学生，学生都是能够感受到的。正如著名教育学家巴特尔曾经说过的一句话："爱是一种伟大而神奇的力量，老师承载着爱的目光，哪怕仅仅是投向学生的一瞥，孩子们幼小的心灵都会感光显影，映出美丽的图像……"

家校齐心，智斗情绪“小怪兽”

北京市昌平第二实验小学　高跃

一、案例背景

小A，7岁，一年级男孩。刚开学时我就发现班里有几个特别活泼好动的孩子，其中自控能力最差的就是小A。第一天开学，小A就在地上爬，上课随意大声说话、随便下座位，其他人看到这种情况哈哈大笑，还有孩子学小A的动作，本该安静的课堂瞬间乱成一团。我通过与小A的家长沟通，得知小A在家、幼儿园和学前班也是这样活泼好动、注意集中程度不高、性格敏感、自尊心强、以自我为中心的，甚至小A有时候还会出现情绪和行为不能自控的情况。小A的父母平时工作很忙，都是姥姥带孩子，但是姥姥年龄大了身体也不好，有时说了孩子也不听，在教育孩子方面是有心无力。小A有时候情绪不稳定、自制能力差，会出现随意动别人物品、动手打人的行为，也正是因为这些原因，家长特意让孩子上了两年学前班，希望孩子能“成熟懂事”一些。

一天上课，小A因为听写没有获得100分便不高兴了，于是开始随便下座位拿别人的东西，影响了上课秩序，我当面批评了他：做事情不分时间场合、没有集体意识，只想到自己，没有考虑做事的影响和后果，这样只会让大家不喜欢你。小A听后情绪立刻爆发了，他开始拍桌子、敲柜子，还追着班里劝他的同学打，影响了正常上课秩序，我只好先让他到办公室冷静一下，再单独进行教育。

二、教育目标

1. 初步做到遇事不着急，认真倾听别人讲话。
2. 调动参与班集体活动的积极性，逐渐学会正确的交往方式。
3. 生生互助，发现自己的闪光点和集体的需要，初步改进人际交往能力。
4. 家校配合，培养责任感。

三、案例分析

（一）背景成因分析

1. 学生特点分析

通过观察我发现，小 A 是一个很聪明的孩子，他的思维很活跃，想法很多，学知识也很快，对老师交办的任务能够积极主动地完成，愿意帮老师做一些力所能及的事情。但是他情绪控制的能力相对较弱，且不善于与人交流，和别人发生矛盾时一般都会动手。

2. 家庭教育分析

小 A 的家长具有高学历，也很关心孩子的教育问题，虽然工作较忙，但是会积极主动配合学校的工作，每天关注孩子的情况，经常打电话与老师交流小 A 一天的表现，还会和孩子谈心，表扬他的优点，同时会针对不足提出要求和改进办法。

3. 师生关系分析

学生所在学校具有良好的班集体环境和完善的儿童行为评价制度，具备训练儿童适应社会、掌握今后生活所必需的知识和技能的条件。班主任老师是师范类教育专业老师，已有 10 年的教育经验，在教育心理和儿童心理方面具备一定的实践经验，能够和学生、家长进行良好的沟通，同时学生也愿意主动和老师沟通。

4. 学生关系状况分析

小 A 虽然成绩很好，但由于脾气暴躁易怒，不懂得正确表达，和同学沟通交流时说不通就会动手，所以朋友不多，大部分时间他都是自己看书或者画画儿，和其他同学缺少交流。

（二）教育方式分析

1. 培养做事“静”

解决情绪失控问题的首要目标是培养孩子能“静”下来。小 A 属于“速热型”孩子，老师刚一说话，他就会急着回答，不能进行充分的思考。这时老师要先“静”，轻声细语，音量控制低一些，这样孩子就会挺直身体，瞪大眼睛，侧耳细听，生怕漏掉老师说的每个字了，同时孩子的情绪也就会平静下来。在发生情绪问题时，老师不忙着大声批评，首先要询问原因、情绪平复后再解决问题。对于小 A 这样事事着急的孩子来说“静”下来是十分重要的。

2. 培养责任感

小A很渴望能够积极参与进班集体事务中，所以老师要充分利用这一点。当我发现中午吃饭时，小A常常不能按时收拾自己的东西，于是我就给他分配了一个小任务：让小A每天负责帮其他同学盛汤。小A变得很积极，每天都会主动在吃饭前把自己的东西收拾好，认真担任分餐员。班里选小组长时小A主动竞选组长，担任组长后和组员沟通多了，收作业、提醒同学值日等工作也做得很好。小A与同学之间的交流沟通多了以后，我发现他遇到事情逐渐能够用语言表达自己的想法而不是直接动手了，和同学之间的矛盾也少了。

3. 家校合作，时刻关注

针对小A的情况，我和家长一起制定了一个"家校表现评价表"。

表1　家校表现评价表

日期	在校表现评价及备注	在家表现评价及备注	自我评价及备注
周一	☺	☺	☺
周二	☺	☺	☺
周三	☺	☺	☺
周四	☺	☺	☺
周五	☺	☺	☺

在这个评价表中，老师、家长和孩子根据在校表现涂画笑脸表情，表现好画笑脸，表现一般画嘴角横线，表现不好画哭脸。然后再根据表现突出的地方进行表扬或者提出需要改进的地方，填写备注。在评价表的使用中，小A最初几乎天天是哭脸，也不会写自我评价备注，但是后来随着他在班集体里参与活动次数的增多、大家的帮助以及老师的鼓励，他画的笑脸越来越多了，虽然有时候会出现反复的情况，但总体情绪和表现稳定了很多。

4. 集体力量，促进人际关系

包容与感恩是我们生活中需要感受和给予别人的一种爱的体现，低年级孩子对这一点感知较浅。记得有一次上课时我问了小 A 一个问题："谁是你的好朋友?"他低着头说："没有。"当时我听了他的回答有一点心酸，我想，他只是不懂得表达，所以他会觉得自己在班里没有朋友，我们需要给小 A 机会让大家和他互相了解，于是我又问："谁是小 A 的好朋友?"很多人都举手表示想和小 A 成为朋友。

通过这件事，我结合学校"学会感恩"的活动主题，开了一次特殊的"我们都是好朋友——包容与感恩"的班会。班会中，通过游戏、说心里话、写小纸条、相互拥抱等环节加深了解、增进感情，然后进行找朋友的活动，同时让大家说一说小 A 的优点：诚实、认识很多字、会写很多字、画画儿特别漂亮、跑得特别快……大家说着说着，小 A 突然有些不好意思地趴在桌子上，然后忽然举手说他自己有个缺点就是爱发脾气、爱动手。这次活动让大家对小 A 有了更多的认识，也让他觉得大家其实是渴望了解他和他做朋友的，我们生活在一个集体里，大家需要彼此了解、包容。

慢慢地，我发现小 A 有了很大改变，他从一开始随便下座位到现在能安静地坐在座位上，上课也不再随意大声说话、敲桌椅了，最让我欣喜的是他和同学相处有了很大的改变，在班里开始交到朋友，发脾气和动手的次数也少了很多。一次语文课前三分钟的时候，小 A 在全班同学的鼓掌欢迎下主动给大家讲故事、要求带着大家说课前儿歌，课下也开始发挥自己的优点帮助其他同学了，越来越多的同学开始了解他，愿意和做朋友了。

四、案例反思

1. 教师要亲近学生内心，读懂行为，看见例外

任何人在失败的情况下如果得到的只有指责都不会愉快，甚至反感。作为教师，我们首先应该尊重学生，保护学生的自尊，肯定学生的优点，用鼓励性的语言与学生交流。当学生出现错误的时候，老师可以明确指出错误，让他认识到自己的问题，也可以让同学之间讨论分析；当学生有焦虑不安的情绪状态时，老师利用批评或惩罚的方式指出错误很难让他们心悦诚服，有时还会产生逆反心理，这时，老师和学生之间就要平静下来好好谈谈了。

2. 家校合作是很重要的教育方法

教育学生要善于控制自己的情绪加强意志锻炼、提高自己排除干扰的能力、养成认真的学习态度，培养良好的习惯，这是一个长期的过程。老师要积极和家长沟通交流，这样做既不是家长把责任推给老师，也不是老师反复要求家长如何做，只有老师和家长积极沟通和配合，才能促进学生的成长。

3. 发挥集体的力量，让学生影响学生

在教育孩子的过程中，一个人的力量是微弱的，无论是老师、家长还是同学都要团结起来一起协作。发挥同伴的力量，让孩子互帮互助，在集体中激发孩子的责任感，增加参与度，树立自信心，进而有集体荣誉感，不断改善自身缺点，使同学们在班集体中友善相处、不断进步。

正面管教　助力成长

北京市昌平第二实验小学　杜晶晶

一、案例背景

阳阳是一名五年级的学生，当面对问题时，他总认为是别人的错，从来不从自己身上找原因，所以在各科老师眼里他是一个欺负同学、蛮不讲理、以自我为中心的孩子。阳阳就是班内的不和谐因子，导致班内正常教育、教学活动无法进行。前任班主任无法与之沟通，处理问题中和孩子及家长产生了矛盾。

二、教育目标

引导阳阳在与他人产生矛盾时首先学会控制并管理自己的情绪，帮助阳阳认识自身存在的不足，并教给他如何解决问题的办法。

三、案例分析

（一）学生特点分析

阳阳总喜欢捉弄欺负弱势同学，并以此为乐；上课时无视老师和同学的感受，随意讲话，扰乱课堂秩序；与同学发生矛盾后永远都是不尊重事实，推脱、逃避责任；不屑于老师的教导，对老师不尊重。

（二）家庭情况分析

阳阳的父母 40 多岁才得一子，所以对孩子偏溺爱。家长虽比较重视孩子的学习，但对其情绪管理、心理发展关注不到位，孩子之前与同学发生矛盾时妈妈总是喜欢偏袒孩子，对孩子出现的问题不能给予正确的认识，而是敷衍解决问题。

（三）师生关系分析

在四年的学校生活里，种种原因导致阳阳与老师产生了敌对心理，认为老师总是针对他，所以不服从老师的教导，不听从老师的建议，逆反心理严重，总与老师作对。

（四）学生关系状况分析

据了解从一年级到四年级，班里无论男生还是女生，几乎都被阳阳欺负过，大家对他是敢怒不敢言。阳阳仗着自己体壮、大嗓门、善于狡辩的特点，经常欺负班里的同学。

四、教育策略

我接班后通过了解阳阳的各种情况，首先确定先解决他与老师的关系问题，再解决其集体观念淡漠、凡事都以自我利益为中心、不良情绪控制力不够的问题，从而不断减少阳阳影响他人、影响集体的行为。

（一）以静治暴初见奇效

阳阳属于暴力型性格，强烈的情绪总是容易将他的理智淹没。针对这种易暴躁类型的学生，我通过冷静、少刺激的方式，让孩子的“情绪海啸”逐渐退去，然后再和他沟通交流并给出建议。

开学之初，学校组织观看民间艺术进校园表演，阳阳一开始坐在队伍前面和杨同学说笑，影响了他人观看，我提醒他们俩要么认真看，要么去后面不要影响大家。阳阳选择拿着马扎去后面，杨同学选择在前面认真看。阳阳来到后面，见杨同学没过来，不一会儿就反悔要回前面，我没有同意，然后他就自己直接拿着板凳回前面了，但他时不时会回头看向队伍后面的我，虽然收敛了一些刚才的行为，但还会找杨同学聊天，像是在挑衅老师。为了不影响演出，我没有采取下一步措施。第二天我和他聊天，说：“看演出的事你不想说点什么吗？”他看着我不说话。我接着说：“如果当时我强行把你拽到后面来，你会怎么样？”他说：“会反抗。”“所以我没有拽你，是想给你留面子，你想想，大家都在看演出，我去拽你，你肯定反抗，这一下你可就出名了。到时候校长、老师、同学都得问这同学是谁呀？怎么那么没素质啊？一传十，十传百，说不定传到你们小区，传到你爸妈耳朵里，那你可就臭名远扬了。你自己说说昨天的表现怎么样？”他说：“自己不该一意孤行。”我问他：“应该跟我说点什么呀？”他说“谢谢老师没去前面拽他，以后看演出不乱说话了。”我跟阳阳交流时，要情在先，理在后，要让他感受到老师是为他着想，他就能接受别人的意见了。

李玫瑾教授说：“教育孩子一定是情感在前，约束在后。”当孩子感受到被接纳时，其会更容易感到被尊重，因此也就会配合老师的教育了。

（二）扬长避短规范行为

阳阳课上总是随意说话，扰乱课堂秩序，我想这是他寻求关注的一种表现。如何把阳阳课上的无用语言变为有用语言呢？于是课下我给他安排了监督擦黑板的任务，他来督促5个岗位负责人，每人一天。我每个课间都会来到教室，只要看黑板没擦就找阳阳，这也提示着我课间对他的关注。当时有做操比赛，班里4个男生动作不规范，我就安排阳阳大课间进行指导，他给4个同学喊队列，嗓子都喊哑了，第二天还接着指导。后来我就给他颁了个特殊贡献奖，一下加了5分，他特别高兴。

我利用阳阳平时话语多的特点，引导他文明用语，重新树立阳阳在同学和老师心中的形象。

（三）用心发现学会赞美

为了减少阳阳的不良行为，也为了让阳阳用心去发现周围同学的美，于是我让阳阳和一日班长一起记录“赞美日记”，发现身边美好的人和事。他看见了，就会报告班长好人好事的现象，这样既能给自己进行积分，也减少了自身不良行为的出现。

发现班里的最美身影，消灭不美行为，一美抵一丑。就这样阳阳能主动捡起地上的纸屑，还能主动帮助忘记擦黑板的同学擦黑板，午餐时阳阳更愿意为大家二次分餐了。渐渐地，“赞美日记”上也一次次地出现阳阳的名字。我把记满赞美语言的“心形卡片”贴到“文明有我”的展板上，形成了对阳阳的鼓励与肯定。

（四）聊聊家常指引方向

开学一段时间后，副班主任跟我反馈午休时阳阳不听一日班长的管理，总是招惹周围同学说话，而负责午休的5个一日班长都很认真用笔记录，并在午休后进行加分或减分，提醒最多的就是阳阳，但他却不在乎扣分。于是，我和一日班长商量，既然阳阳不能好好午休影响大家，就试着让他看周三、周五的午休。因为看午休能给别人加分、减分，所以阳阳特别高兴，但前提是整个午休最多不准离开座位三次去提醒同学，否则给自己扣分。阳阳不会因为午休不睡觉和别人聊天扣分了，还能掌管给别人加减分大权，所以他午休看得还是不错的。看午休时我会跟他小声聊聊天，有时聊学习上的事，有时聊班里发生的事，还有时聊聊晚饭妈妈给做什么好吃的了，在聊天中让他感受到老师对他的关心，逐渐从心理上和他拉近距离。

再说说阳阳的一点改变吧，有一阵下午大课间孩子们在教室外面排队时又乱又拖沓，我看到后走回教室进行冷处理。这时我听到阳阳在外面喊，你们还不赶快闭嘴、站好队，没看老师都不管咱们啦，他这一大声嚷，孩子们还真马上安静站好了，然后阳阳就进来示意我大家站好了。我肯定了他的行为，但是我说告诉他不大声嚷就更好了。我来到教室外对大家说：“你们就喜欢嚷吧，阳阳一嚷你们就站好了。”没多说就带下去大课间活动了。第二天，我跟阳阳说：“今天你就像跟你妈妈说话似的，轻声细语地，看看大家什么反应。”这时候明明还在教室磨蹭，他走过去改变语气说：“明明你快点排队啦。”我问明明你听了什么感受？他说：“觉得阳阳怪怪的。”不过明明赶快离开教室排队去了。我们来到教室外，阳阳走到不安静的同学旁一一轻声提醒，排队速度虽比昨天慢，但是大家开心地接受了。我问大家喜欢哪种样子的阳阳，孩子们说今天的。我告诉阳阳如果第三天大家站不好队还可以用这样的方式提醒大家。其实班里的体育委员不是阳阳，但他的这种做法我从来不否定，这对他的改变起到了良好的助推作用。

一道放低的门槛，就能给学生一点希望，一份自信，一种启迪。面对屡屡犯错的阳阳，我用宽容、耐心、智慧、等待，用正面管教逐渐引领孩子跨过优秀的“门槛”，这才是教育的上策。

五、案例反思

作为班主任，我对阳阳的问题转化采取肯定和鼓励的正向引导，这让性格暴躁、自私的他变得学会自我反思了，也肯于接受他人意见了。正面管教让一个个看似棘手的问题正朝着我所期望的方向发展，给我带来了意想不到的惊喜，这对于他的健康成长和发展是至关重要的。

第二章　阅读与语言课程群

本部分以语文、英语为主阵地，兼顾语言学科人文性与工具性的统一，以“阅读”作为语言类课程设计的内容聚焦和实施的主要方式，着重阅读兴趣的激发、阅读方法的掌握、阅读习惯的养成，引导学生乐读、会读、多读，促进学生学科素养的形成，让学生在阅读鉴赏中成长，收获一袭书卷气。

蜘蛛开店

北京市昌平第二实验小学　李红艳

一、年级学科

二年级　语文

二、背景分析

《蜘蛛开店》是一篇有趣的童话故事，它利用孩子们非常熟悉的动物——蜘蛛作为文章的主人公，有利于激发学生的学习兴趣。故事主要讲了一只蜘蛛闲着没事做，于是就想到了开店。蜘蛛首先卖口罩，结果来了一只条河马，让它织了一整天；紧接着，蜘蛛又改卖围巾，结果来了一只长颈鹿，让它织了一个星期；最后，蜘蛛又改卖袜子，结果来了一条长了42只脚的蜈蚣，直接把它吓回了树上。这个故事以简单有趣的情节向我们展示了蜘蛛三次开店都遇到了大困难，从而让学生明白：做任何事情都不会是一帆风顺的，要学会迎难而上，学会动脑筋想办法，相信只要坚持，总有一天会成功。

二年级学生经过一年半的学习后，在识字量、自学能力和讨论思考方面已经有了一定基础，而且他们喜欢听故事、讲故事。本课内容生动、故事性强，容易激发学生的读书欲望。老师要让学生明白"做任何一件事情都不像自己想象中的那么简单"，还需要老师进一步的引导。

三、教学目标

1. 初读课文，会认"店、寂、寞、蹲"等11个生字，会写"店"字。

2. 通过正确、流利地朗读课文，知道蜘蛛开了三次店：口罩店、围巾店、袜子店，初步了解课文的主要内容，理清文章的脉络。

3. 通过抓住"简单"一词，使学生体会到因为蜘蛛想法简单导致了自己自讨苦吃、事与愿违的后果，让学生体会生活中的事情并非都是一帆风顺的，从而培养学生迎难而上、不退缩的良好品质。

四、教学重点

让学生了解蜘蛛开了三次店：口罩店、围巾店、袜子店，了解课文的主要内容，理清文章的脉络。

五、教学难点

培养学生迎难而上、不退缩的良好品质。

六、教学过程

（一）谜语导入，激发兴趣

出示谜语：吐出细银丝，织成天罗网，摆下八卦阵，专捉飞来将。

师：你们对蜘蛛有哪些了解？

今天，我们就来讲一个跟蜘蛛有关的故事，叫《蜘蛛开店》板书课题。

观察“店”字，指导书写、检查预习情况：

出示（1）：招牌　工夫　袜子　星期　简单　编织　顾客　匆忙　决定

出示（2）：长颈鹿　注意“颈”是后鼻音

过渡：从前，有这样一只的小蜘蛛，它每天——学生接读：“蹲在网上等着小飞虫落在上面，好寂寞，好无聊啊”。

（二）初读感知，理清脉络

1. 出示：有一只蜘蛛，每天蹲在网上等着小飞虫落在上面，好寂寞，好无聊啊。

（1）认识：“蹲”，它是左右结构的字，左边是足字旁，说明和什么有关系？请一个小朋友来做一做“蹲”的动作。

（2）小蜘蛛每天都蹲在网上，没有人陪它说话，也没有人跟它玩，闲得没事做，它觉得——好寂寞，好无聊啊。出示词卡“寂寞”，指名读，提问：谁知道寂寞是什么意思？

孤独、单独就是它的近义词，再读一读，读出此时蜘蛛孤单寂寞的心情。

（3）读一读：蜘蛛想啊想，于是做了一个——决定，什么决定呢？（开商店）

【设计意图】抓住关键词语“蹲”“寂寞”，让孩子们体会此时蜘蛛孤单寂寞的心情，帮助孩子们理解蜘蛛为什么要开商店。

2. 小组合作学习：蜘蛛开商店会卖些什么呢？

（1）大声朗读第 2～11 自然段。

（2）用“○”出蜘蛛先后开了哪些店？顾客分别是谁？结果怎样？

（3）组内交流，将答案摆在学习单上。

反馈：仔细想一想蜘蛛开的这三个店，它们有什么相同点？

都是编织店，都开失败了。认识“编”字。先说一说蜘蛛开的什么店，再说一说来的顾客都有谁，最后告诉我们结果怎么样。我们以后写作时也可以按照这样的顺序来写，就能把事情写得更加具体了。

【设计意图】通过拼摆关键词语，帮助学生理清文章脉络。通过对比学习单上词语的摆放方法，使学生体会到摆放有序的好处，并引导学生观察，找到蜘蛛开的三家店的相同点，渗透写作方法，培养学生的逻辑思维能力。

（三）品读课文，研学文本

三家店怎么都开失败了，这是怎么回事呢？

1. 那就让我们先来看看蜘蛛开的第一家店，引读：蜘蛛想——

（1）蜘蛛为什么要开口罩店呢？（因为蜘蛛认为口罩织起来很简单）

（2）顾客是——河马，河马有什么特点？（嘴大）

句子训练：河马的嘴那么大，大得（　　　　）。

（3）采访：小蜘蛛，你觉得给河马织口罩简单吗？为什么之前你会觉得织口罩很简单呢？

（4）小结：原来口罩店开失败的原因是你之前的想法太简单了，如果区分一下大小就有可能成功呢。（板书：想法简单、区分大小）

刚刚我们帮小蜘蛛找到了开口罩店失败的原因，让我们用同样的方法帮小蜘蛛找出开围巾店、袜子店失败的原因吧！

2. 自主学习。

（1）自由读第5～11自然段。

（2）讨论交流：围巾店和袜子店失败的原因是什么？怎样做才能成功？

（3）完成研学单第一题。

反馈1：围巾店——区分长短

没想到来的顾客是长颈鹿，观察长颈鹿有什么特点？从哪些词句中你能体会到长颈鹿的脖子长？在文中用波浪线画一画。

读一读这句话，读出长颈鹿的脖子好长啊！

反馈2：袜子店——区分多少

没想到来了一条 42 只脚的蜈蚣，结果小蜘蛛直接就被吓跑了，如果你是这只小蜘蛛，你会被吓跑吗？为什么？

【设计意图】通过小组合作学习，帮助学生理解蜘蛛开店失败的原因是头脑简单，想法变来变去，并引导学生找到解决的办法，从而提高学生的口语表达能力和分析问题、解决问题的能力。

刚刚我们帮助蜘蛛找到了开三次店失败的原因，就是因为蜘蛛的想法一直很简单。它的思维简单不单单反映在想法上，从招牌上也能看出来，它开的都是按顾客计价的一元店，如果你是蜘蛛，你会怎么做？选择一个店来写一写。完成研学单第二题。

（四）品味人物，升华主题

我们认识了一只非常有趣的小蜘蛛，从它的故事中你懂得了什么呢？

总结：我们做任何事情都不可能是一帆风顺的，总会遇到这样或那样的困难，当我们遇到困难时，要学会动脑筋想办法去克服困难，相信自己，坚持不懈，总有一天会取得成功！

（五）课后延伸

将《蜘蛛开店》这个故事讲给家长听。

海滨小城

北京市昌平第二实验小学　贾茅茅

一、年级学科

三年级　语文

二、背景分析

《义务教育语文课程标准（2022年版）》指出：“学生是学习和发展的主体。语文课程必须根据学生身心发展和语文学习的特点，关注学生的个体差异和不同的学习需求，爱护学生的好奇心、求知欲，充分激发学生的主动意识和进取精神，倡导自主、合作、探究的学习方式。”为了落实“双减”政策，实施学校倡导的“211”课堂，本节课设计了小组合作探究环节，以期培养学生语言建构、口语表达能力，提升学生语文的核心素养。以“单元整体教学”的课堂教学落实学科核心素养为抓手，在新课改背景下，进行单元整体教学是学科教育落实立德树人、发展素质教育、深化课程改革的必然要求，也是核心素养落地的关键路径。

（一）教材分析

《海滨小城》是部编版语文三年级第六单元第三篇精读课文，课文围绕主题“海滨小城”，先介绍了海上和海滩的“海滨”景色，再介绍了“小城”里的庭院、公园、街道，结构清晰明了。本单元的语文要素是“借助关键语句理解一段话的意思”，而本课文第4～6自然段都是围绕关键句写的。关联前一课文《富饶的西沙群岛》第5自然段的写法，结合三年级本学期的小课题“基于单元整体教学提升学生语文核心素养的实践研究”，利用学习单培养学生口头语言表达能力，并在本单元习作中熟练书面语言表达。

（二）学情分析

三年级学生已经具备默读、提取信息的语文学习能力，全班学生能够参与小组合作学习，并乐于分享自己的感受与理解。但学生在理解本单元语文要素，找准关键句方面会表现出能力不足，这也是教学的难点。

三、教学目标

1. 说出课文中“庭院、公园、街道”等主要景物的样子。

2. 找到第 4～6 自然段的关键语句，借助关键语句理解段落的意思。

3. 摘抄自己认为写得好的句子，并与同学交流。

4. 设计海滨小城一日游活动，介绍海滨小城并体会其景色的美丽与整洁，感受祖国的壮美景色。

四、教学重点

1. 说出课文中“庭院、公园、街道”等主要景物的样子，并设计海滨小城一日游活动，感受祖国的壮美景色。

2. 摘抄自己认为写得好的句子，并与同学交流。

五、教学难点

1. 找到第 4～6 自然段的关键语句，借助关键语句理解段落的意思。

2. 设计海滨小城一日游活动，介绍海滨小城并感受其美丽与整洁的景色。

六、教学过程

（一）复习导入，巩固生字生词

1. 导语

孩子们，在第六单元里，我们领略了古人笔下祖国壮美的山河，欣赏了物产丰富的西沙群岛，今天我们继续走进南国小城，感受那里的景色。

2. 齐读课题

3. 复习词语

浩瀚　海鸥　理睬　喧闹　机帆船　胳臂　满载　笼罩　散发　亚热带

4. 这座海滨小城给我们的整体感受是什么呢？齐读最后一段

【设计意图】整体回顾第六单元之前所学，培养学生单元整体意识。关注文中出现的多音字，并指导学生读准字音，达到巩固的目的。

（二）朗读回顾，感受海滨的美丽

1. 导语

上节课我们详细品读了海上和海滩的特点，请你打开书，回忆作者都写了哪些景物呢？

2. 指导朗读

这真是海天一色，船来鸟往，你能读出这种美吗？

3. 那海滩又有哪些呢？

4. 总结

这贝壳和船队为海滩增添了活力，这寂寞和喧闹突出了海滨的美。

【设计意图】回顾抓景物感受海滨特点的学习方法，指导学生通过朗读感受海滨的美，为第4～6自然段自主学习做好准备。

（三）抓关键句，体会小城的景色

1. 过渡

孩子们，仅仅在海滨我们就有了这样美好的体验，作者还写了哪些场景，又有怎样的景物呢？

2. 小组合作

自学：默读第4～6自然段，圈出作者描写了哪些景物，它们有什么特点。

共学：小组交流所画内容及感受。

3. 小组交流第4自然段

（1）树的种类多。（出示图片）

（2）桉树香味浓，凤凰树花开得热闹。

（3）指导朗读，读出美丽。

4. 小组交流第5自然段

（1）体会比喻句：榕树像一把大伞。（出示图片）

（2）想象：如果你走进公园，坐在这棵大榕树下，你会看到什么？听到什么？想到什么呢？

（3）指导朗读。

5. 小组交流第6自然段

（1）从细沙、无落叶等词语中感受小城的整洁。

（2）出示图片。

6. 总结

孩子们，我们通过抓景物及其特点，感受到小城的庭院、公园、街道的景色，请3位同学再来读一读课文，读出小城的美丽与整洁。

7. 学写法

孩子们，再来看看这些自然段，你发现每一段有什么特点？

（1）关键句：每一段的第一句概括了这一段的意思。

（2）每一段的景物都是围绕第一个句子说的。

8. 小结

在这一段开头，概括这个自然段内容的句子，我们说它是这段的关键句。

9. 链接《富饶的西沙群岛》

我们在第十八课中也学到过这样的写作方法。这一段的关键句是第一句，之后围绕着鸟的天下，分别写了树林、海鸟、鸟蛋、鸟粪。

【设计意图】利用小组合作的方式引导学生自主学习，通过抓住景物及其特点，感受小城的美丽与整洁，并引导学生读出这种美。注重培养学生的学习习惯和语言表达能力，落实学校“211”课堂教学。利用单元整体教学，勾连第十八课的写法，达成本单元语文要素“借助关键语句理解一段话的意思”的目的。

（四）总结提升，争做小导游

1. 总结

本节课我们回顾了海上和海滩的景色之美，通过抓景物特点感受到了小城的整洁之美。还发现第 4、5、6 自然段中的第一句是一个关键句，可以概括整段的意思，我们的收获可真不小。

2. 导语

这么美的地方，我真想去看看，你们想吗？我们可以作为小导游把这个地方介绍给别人，让更多的人感受到海滨小城的美丽之处。

3. 活动

请你拿出学习单，如果你在这座海滨小城当导游，你想介绍这里的哪些景物呢？用上这样的句式，说一说。

大家好，我是今天的导游______，我将带领大家游览海滨小城的______。

海滨小城的________________________，________________________。

4. 评一评

（1）声音洪亮。（2）围绕一个意思说。（3）内容精彩、吸引人。

【设计意图】利用学习单培养学生的口语表达能力，开展“我是小导游”的活动，引导学生围绕这一个意思进行表达，这种学习模式一方面可以检测学生本节课的学习效果，另一方面也能够为本单元的习作做好准备。

（五）课后延伸，布置作业

1. 再做小导游，选择海滨小城的其他场景，将那里的景物介绍给家人听，感受祖国的美丽风景。

2. 积累文中的好词好句，摘抄在本上。

【设计意图】开展“我当小导游”的实践活动，巩固课堂所学，并愿意与他人分享，注重“三链接”的意识，结合课后习题做好语言积累。

父亲、树林和鸟

北京市昌平第二实验小学　井泉

一、年级学科

三年级　语文

二、背景分析

（一）教材分析

本篇课文是部编版三年级上册第七单元的第二篇课文，本单元以“我与自然”为主题，语文要素是“感受课文生动的语言，积累喜欢的语句”。

《父亲、树林和鸟》通过童年时代父亲和“我”的对话，展现了父亲对鸟的熟悉与热爱，表达了人与自然和谐相处的主题。作者没有直接写父亲是怎样喜欢鸟的，而是通过父子俩看似不经意的对话，逐渐突显父亲的形象：父亲看动静、闻气味就知道林中有鸟，知道鸟何时爱唱歌，何时最容易受到伤害。

课文语言充满诗意，耐人寻味，尤其是多个修饰语连用的形式，凸显了文章更为丰富的感受。

（二）学情分析

三年级学生能在初读课文后对父亲形象进行判断，但对于课文结构较为不清晰的散文来说，理解起来有一定的难度。由于三年级学生初步具备了小组合作的能力，所以可以在小组合作和老师的引导下对文章进行细细品味。

三、教学目标

1. 理解“我真高兴，父亲不是猎人”的含义，并能够结合课文内容辨析对父亲的各种判断。

2. 体会“幽深的雾蒙蒙的树林”等词语表达的丰富性，简单说出对这些词语的感受并选择句子摘抄。

3. 体会父亲对树林和鸟的爱，激发学生热爱大自然的情感。

四、教学重点

1. 理解“我真高兴，父亲不是猎人”的含义，并结合课文内容辨析对父亲的各种判断。

2. 体会“幽深的雾蒙蒙的树林”等词语表达的丰富性，简单说出对这些词语的感受并选择句子摘抄。

五、教学难点

体会父亲对树木和鸟和爱，激发学生热爱大自然的情感。

六、教学过程

（一）直接导入，揭示课题

孩子们，这节课我们继续走进第二十二课，齐读课题《父亲、树林和鸟》。

作者牛汉以《父亲、树林和鸟》为题，向我们讲述了怎样的故事呢？

（二）感悟形象，品读喜爱

提问：一篇文章通常要有一个中心句，这篇课文是围绕哪句话来写的？

追问：那你从哪个词中读出父亲真的很喜欢树林和歌唱的鸟呢？

“一生”，不是一时半会，程度之深，时间之长；“最”，不是一般喜欢，是超过喜欢其他所有事物。谁能读出这种感情？

正是因为父亲对树林和鸟的热爱，才会每到一处，必去观察树和鸟，就是这样一个春天的黎明，父亲带着我从滹沱河岸的一片树林边走过，他的一举一动都在诉说着对树林和鸟的喜爱，父亲到底是怎么做的呢？

学习提示：默读第3～9自然段，画出描写“我”和父亲的语言、动作、神态的词句，结合这些词句，说说“你从哪里感受到父亲对树林和鸟的喜爱”。

你是从哪里感受到父亲对树林和鸟的喜爱的？

交流汇报：

(1)“父亲突然站定，朝幽深的雾蒙蒙的树林，上上下下地望了又望，用鼻子闻了又闻。”

关键词句：“突然站定”“幽深的雾蒙蒙的树林”“望了又望，闻了又闻”。指导学生体会“幽深的雾蒙蒙的树林”，并指导学生朗读。

(2)“我茫茫然地望着凝神静气的像树一般兀立的父亲。”

关键词句：“凝神静气”“像树一般兀立”。通过动作和朗读进行体会。

(3) 句1：“‘林子里有不少鸟。’父亲喃喃着。”

句 2：“并没有看见一只鸟飞，并没有听到一声鸟叫。”

句 3：“我茫茫然地望着凝神静气的像树一般兀立的父亲。”

句 4：“父亲指着一棵树的一根树枝对我说：“‘看那里，没有风，叶子为什么在动?’”

句 5：“我仔细找，没有找到动着的那几片叶子。”

指导学习对比的写法，感受父亲对树林和鸟的热爱。

【设计意图】“你从哪里感受到父亲对树林和鸟的热爱的?”对于孩子来说，这个问题比较困难，涉及了观察方法、语言的丰富性和联系上下文的对比描写。但是自主学习有助于锻炼孩子的思考能力，先让孩子畅所欲言，再在老师的引导下去学习，从而突破教学难点。

（三）鉴赏观点，形象深探

1. 鉴赏观点

难道父亲熟悉的仅仅是鸟的生活环境吗? 他还熟悉鸟的什么呢? 有一些小读者在读过课文之后有了这样一些看法，其中有一个小读者跟你们的观点一样，父亲还熟悉鸟的什么呢? 你能从书中第 10～22 自然段找出理由来支持这个看法吗? 自主学习两分钟，小组交流三分钟。

(1) 父亲一生最喜欢树林和鸟。

(2) 父亲对鸟的习性十分了解。

(3) 父亲很善于观察。

(4) 父亲热爱自然。

(5) 父亲曾经是个猎人。

2. 小组交流汇报

有哪些理由来支持“父亲对鸟的习性十分了解”这个观点?

(1) “闻味知鸟”

句 1：“‘还有鸟味。’父亲轻声说，他生怕惊动鸟。”

句 2：“我只闻到浓浓的苦苦的草木气息，没有闻到什么鸟的气味。”

句 3：“‘鸟也有气味?’”

句 4：“有。树林里过夜的鸟总是一群，羽毛焐得热腾腾的。黎明时，所有的鸟都抖动着羽毛，要抖净露水和湿气。每一个张开的喙都舒畅地呼吸着，深深地呼吸着。”

结合生活实际，体会“浓浓的苦苦的草木气息”，并对比理解父亲对鸟味的熟悉。“生怕”体会出父亲对鸟的爱护备至。

（2）“听歌忧鸟”

句1：“父亲和我坐在树林边，鸟真的唱了起来。”

句2：“鸟最快活的时刻，飞离树枝的那一瞬间，最容易被猎人打中。”

通过对比朗读，去掉“真的”，体会父亲是研究鸟类的专家。

通过播放视频听鸟歌唱，并再次回读“父亲真的是一生最喜欢树林和歌唱的鸟”。

即使是这样一个知鸟、爱鸟的父亲，也有小读者提出了这样的看法：“父亲曾经是个猎人”，你怎么看呢？

难道父亲不能是猎人吗？他可是具备着一个猎人最好的条件，他那么熟悉鸟、那么了解鸟啊！

父亲那么爱鸟，怎么可能是个猎人？

父亲到底曾经是不是猎人，我们不得而知，我们知道的是，小小的作者被父亲知鸟、爱鸟的心感染了，他看到一个如此热爱树林和鸟的父亲，不由得发出了这样的感叹：“我真高兴，父亲不是猎人。”

父亲不是猎人，即使是猎人，他也不会伤害小鸟，因为“父亲一生最喜欢树林和歌唱的鸟”。

【设计意图】结合“我真高兴，父亲不是猎人”和课文内容进行辨析。在孩子们对文章有了一定了解的基础上，对父亲形象比较清楚的情况下，即父亲对树林和鸟十分喜爱，此时出示课后题“父亲曾经是个猎人”予以辩驳，并结合作者最后一句话让孩子们深刻感悟父亲知鸟、爱鸟的形象。

（四）总结全文，感悟升华

文中的“我”已经被父亲的这种爱深深地感染，老师也从你们深情朗读中高兴地发现，你们也被父亲热爱自然的心感染了，就让我们怀着这颗爱心，传递这颗爱心。

（五）拓展积累，实践运用

课下，老师希望你们也能走进大自然，去看一看鸟是怎么飞的，听一听鸟是怎么叫的，画下一幅爱鸟护林小报，叙写一篇爱的文章。

饮湖上初晴后雨

北京市昌平第二实验小学　刘桂君

一、年级学科

三年级　语文

二、背景分析

《饮湖上初晴后雨》选自部编版语文三年级上册第六单元，本单元围绕“祖国河山”这个主题，写了奔腾的长江、魅力的西湖、秋夜下的洞庭湖、富饶的西沙群岛以及美丽的小兴安岭等几处风景名胜。

第一课《饮湖上初晴后雨》是宋代大诗人苏轼写的同题古诗中的第二首。诗人以生动传神的笔墨描绘了西湖的晴姿雨态。晴方好、雨亦奇是诗人对西湖美景的赞誉，走入晴日、雨天风姿不同而神形俱佳的西湖，感受“淡妆浓抹总相宜”的意境，领略诗人“欲把西湖比西子”的妙喻。

三年级学生通过前两年对古诗的学习，能够初步理解古诗的大意，但是在理解“潋滟”“空蒙”等重点词语以及诗句“欲把西湖比西子”的比喻上仍有一些困难，需要老师通过多种方式引领学生进一步理解感悟。

三、教学目标

1. 正确、流利、有感情地朗读古诗，并背诵古诗。

2. 通过抓住关键词句进行想象，理解诗句的意思，感悟诗的意境，体会诗人的情感。

3. 掌握古诗学习的方法，激发学生学习古诗的热情。

四、教学重点

通过抓住关键词句进行想象，理解诗句的意思，感悟诗的意境，体会诗人的情感。

五、教学难点

掌握古诗学习的方法，激发学生对古诗学习的热情。

六、教学过程

（一）图片导入，解诗题

提问：你们去过杭州西湖吗？你对她有什么印象？

小结：人们都说"上有天堂，下有苏杭"，人们把杭州西湖比作是人间天堂是因为那里美景如画。

展示西湖美景的图片，与学生一起欣赏西湖之美。

（二）印象西湖，解诗题

过渡：西湖这样美，从古至今有好多文人墨客吟诗作画来赞美她。

介绍诗人：苏轼就是其中一位，苏轼是谁？你能给大家介绍一下吗？

预设：他是北宋的大诗人，也是著名的文学家、书法家、画家。与欧阳修并称"欧苏"，为"唐宋八大家"之一，他一生写下了很多脍炙人口的作品。这就是其中一首，齐读课题。

解诗题：题目是文章的眼睛，透过这双眼睛我们能了解到文章的不少内容，古诗也不例外。那么，通过刚才读诗题，你读懂了什么？你了解诗题的意思吗？

"饮"是什么意思？（喝酒）初：起初。后：后来。

谁能完整地说一下诗题的意思？

小结：有一天，苏轼和他的朋友乘坐游船荡漾在西湖上，他们一边饮酒聊天一边欣赏西湖的美景，起初是阳光明媚，后来忽然下起雨来。苏轼诗兴大发写下了这首千古流传的美妙诗篇。

（三）初步感知，读诗文

1. 通读古诗

大诗人笔下的西湖到底怎么美呢？请同学们自由读古诗，注意把拼音读正确，带拼音的生字多读两遍。

2. 检查生字掌握情况

（1）潋滟：你看到三点水想到了什么？

（2）空蒙。

（3）亦。

（4）淡妆浓抹：你知道它是什么意思吗？

3. 读古诗

扫清了字词障碍，你能把整首诗连起来读一读吗？

（四）理解诗意，想画面

赏西湖之晴

过渡：读完了古诗，诗人苏轼如何用区区 28 字来为我们展现西湖美景的呢？我们进一步学习古诗。

1. 说方法

我们之前学过很多古诗，请同学们回忆一下学习古诗都有哪些方法呢？

2. 学习提示

（1）自读古诗，用自己的语言说说诗句的意思。

（2）思考：哪句写晴？哪句写雨？西湖的一晴一雨分别带给诗人怎样的感受呢？

3. 解诗意

（1）说说“潋滟”是什么意思？出示书下注释，并结合注释了解词义。

（2）小结：像这样波光闪动的样子就是潋滟，看来，看书下注释可以帮助我们理解诗句的意思。

（3）扩展：那你能用其他词语来表现“水光潋滟”吗？（亮晶晶、波光粼粼、金光闪闪：金色的阳光照耀着湖面，一闪一闪的，美极了！）

4. 引导想象

金色的阳光照耀着湖面上，一定特别美，你能用语言去描绘一下此时的画面吗？

（1）在一个阳光明媚的日子里，诗人和朋友在船上欣赏西湖的美景，那苏轼的感觉是怎样的呢？

（2）他用了诗中哪一个字来形容？（板书：好）

追问：好在哪？就是像这样波光闪动的样子令诗人感受到西湖“晴方好”。（相机板书）

（3）谁想带着大家感受一下西湖的美景？

预设 1：你读出了色彩美，请你带着想象来读一读。

预设 2：你带我们走进了这个画面，请你来读一读。

预设 3：你让我们在座的每一个人都爱上了阳光下的西湖，请你再来读一读。

小结：这一缕缕金光使西湖的一草一木、一山一水都美得恰到好处，难怪苏轼连连赞叹。

赏西湖之雨

1. 解诗意

（1）过渡：正当诗人和朋友陶醉在这明媚艳丽的美景中时，忽然天气发生了什么变化呢？

（2）雨天的西湖带给诗人什么样的感受？

（3）请同学们打开语文书，看诗中的插图：近处的亭台楼阁、依依垂柳还依稀可见，远处的景物呢？看起来怎么样？

（4）诗人用哪个词语来描述雨天的景色呢？你能说说“空蒙”的意思吗？

2. 引导想象

（1）请同学们闭上眼睛，想象一下蒙蒙细雨中你与苏轼继续同游西湖，你又会看到什么景象？

（2）请读出你的感受。

预设：多么奇妙的画面啊，你再读一读这句话。

（3）引读：这雨中的西湖真是奇妙无比，我们也不禁和诗人赞叹道——

个性赏读“晴雨西湖”

如此仙境般的西湖，此时仿佛我们也置身其中，怎样才能朗诵这美好的画面？请同学们自由练习。

谁愿意来展示？

我们对这首诗的理解不同，想突出的重点不同，朗读的重音也就不同了，我们再用不同的理解来读一读这首诗。

西湖的天气真好啊，无论晴天还是雨天，都好得让人心旷神怡。

西湖的景色真美啊，无论潋滟还是空蒙，都美得让人流连忘返。

诗人的感受真妙啊，无论是好还是奇，都道尽了诗人对大自然风光秀丽的赞叹。

西子与西湖

1. 过渡

你们声情并茂的朗读，把我们带进了优美的湖光山色之中，这么美丽的西湖你想把她比作成什么？

2. 提问

诗人用什么来比喻的呢？

3. 了解西施

提问：你了解西施吗？

提问：诗人怎么赞美西施？西施到底是浓妆美还是淡妆美？

所以说“淡妆浓抹总相宜”。（板书：浓淡皆宜）

小结：无论浓艳还是淡雅都是那么的美。

淡妆浓抹只是用来赞美西施吗？

这句话看似在说西施，其实也是在说西湖，诗人既看到了西湖浓艳的美，也领略到了西湖淡雅的奇妙。把西湖比作西子，这一绝妙的比喻被宋人称为“道尽西湖好处”，为后世所赞扬。

4. 引读

美丽的西子淡妆美，浓妆也美，真是——

美丽的西湖晴天美，雨天也美，真是——

5. 小结

所以诗人把美丽的西湖比作了西子，从此西湖就有一个人景合一、美妙动听的名字——西子湖。那就让我们一起来欣赏画家笔下的美景，边欣赏边细细地品读这首诗吧。

（五）总结提升，悟诗情

1. 过渡

这一幅幅美丽的画卷，不由得让我们心潮荡漾，带着这份理解，带着这份情感，让我们再来诵读这首诗吧。

2. 教师适时引读

晴天，湖水满溢，波光荡漾，这景色真美啊，所以说——

不料又飘起霏霏细雨，云雾迷茫，若隐若现，这景色真奇啊，所以说——

晴雨变幻，互相映衬，这景色真妙啊，所以说——

3. 整体诵读

（六）拓展阅读，析对比

我们今天学习的这首《饮湖上初晴后雨》是对西湖美景的全面评价，是古今描写西湖美景的第一诗，堪称西湖诗中的千古绝唱。刚才我们抓住了“好”和“奇”这两个字来想象画面，通过一晴一雨两种对比写出了西湖不同天气别样的美。其实大诗人苏轼和朋友在西湖上饮酒的时候写下了两首诗，还有一首《饮湖上初晴后雨》其一。

附：板书设计

饮湖上初晴后雨

晴方好————水—潋滟
雨亦奇————山—空蒙 } 西湖之美
西湖—比西子—浓淡皆宜

海底世界

北京市昌平第二实验小学 董晓英

一、年级学科

三年级 语文

二、背景分析

三年级下册第七单元的人文主题是“天地间隐藏着无穷无尽的奥秘，等待我们去寻找”。语文要素是“了解课文是从哪几个方面把事物写清楚的，初步学习整合信息，介绍一种事物”。

《海底世界》是第七单元中的第二篇精读课文，这篇课文用通俗形象的语言，向人们介绍了海底世界奇异的景色和丰富的物产。课文分为三个部分：第一部分（第 1 自然段），以问句开头，既吸引了读者，也点明了课文要介绍的是大海深处的情况。第二部分（第 2～6 自然段），紧扣第一段提出的问题，写出了海底世界景色奇异、物产丰富两大特点。第三部分（第 7 自然段），对全文进行总结，回应了第 1 自然段的问题，形成前后呼应。

课文结构清晰，不仅整体结构清楚，采用总一分一总的结构，而且中间部分的每一个段落也都是明确围绕着一个意思来写的。如第 4 自然段，这一段共 5 句话，第一句总写海里的动物各有各的活动方法，接下来二至五句具体介绍了 5 种动物的活动方法，把第一句的意思说具体了。课文这样的结构使阅读变得十分方便。

课文虽然是介绍海底相关知识的，但语言生动、形象，如运用拟声词描写海底动物声音的句子：“有的像蜜蜂一样嗡嗡，有的像小鸟一样啾啾……”一连串的排比和比喻，让我们对海底世界的声音有了感性的认识。

三、教学目标

1. 正确、流利、有感情地朗读课文。

2. 体会“免费的长途旅行”的表达效果。

3. 说出第 4、5 自然段是如何围绕一句话把一个意思写清楚的。

4. 激发学生热爱大自然、探索大自然的兴趣。

四、教学重点

说出第 4、5 自然段是如何围绕一句话把一个意思写清楚的。

五、教学难点

学会用有代表性的事物，把一个意思写清楚。

六、教学过程

（一）复习旧知，整体感知

1. 回顾课文，整体感知

孩子们，我们跟着作者到海底世界畅游了一番，你可知道，大海的深处是怎样的？你能用文中的一句话说说吗？

作者是从哪几方面来写海底世界的呢？

小结：借助关键语句我们知道课文写了海底的光线、声音、动物、植物和矿产。

2. 配音朗读，感受奇异

学生随着视频朗读第 2～3 自然段，感受景色奇异、物产丰富。

海底光线的变化以及各种各样的声音让人感到奇特。那动物、植物和矿产又是怎样的呢？

（二）品读课文，学习写法

1. 学生活动

默读第 4 自然段，在表格中填写动物名称及活动方法。

表 1　动物名称及活动方法

中心句	动物名称	活动方法
海里的动物，各有各的活动方法		

2. 集体交流

学生交流作者介绍的5种动物以及它们的活动方法，教师引导学生感受动物的活动特点。

（1）聚焦“海参”：活动方法是“靠肌肉伸缩爬行”。联系学过的知识，在《富饶的西沙群岛》一课中：“海参到处都是，在海底懒洋洋地蠕动。”靠肌肉伸缩爬行就是“蠕动”，从它的活动方法以及时速，你能感受到什么？

联系生活：教室的黑板长大约4米，请学生走4米，需要几秒？试一试。请学生再次体验一下海参移动的速度，对比感受海参爬得极慢。

（2）聚焦“一种鱼”：学生无法从文中直接找到它的活动方法。教师引导：你知道梭子长什么样子吗？它是干什么用的？学生观看视频，了解梭子是怎么织布的？梭子在织布机中来回穿梭。这种鱼身体像梭子，所以它的活动方法就是“穿梭”。从这种鱼的活动方法和时速可以感受到它游得极快。

联系生活：哪些学生坐过火车？普通火车的时速是多少？作者把大家不熟悉的事物和熟悉的事物进行比较，让读者能够具体感受到这种鱼游得极快。

仿照《昆虫备忘录》中七星瓢虫的别名“花大姐”，给这种鱼起个别名。

补充资料：

黄鳍金枪鱼的游泳速度可以达到80千米/小时。在游泳时，它们可以通过将鳍折叠在特殊的凹槽中进行加速。

马林鱼具有较长的身体、矛状的上颚和明显的背鳍。它们的游泳速度超过110千米/小时。

剑鱼因其向前延伸的剑状上颚而得名。《自然》杂志曾发表《海中动物速度对比表》一文，显示剑鱼最高时速可达130千米。当剑鱼向前游动时，它有力的尾柄会产生巨大的推力，矛状的下颚会将水劈开。

太平洋旗鱼是吉尼斯世界纪录中速度最快的鱼。它的名字源于背部的帆状鳍，当它游泳时会折叠起来减少水的阻力，其平均时速为110千米，最快时速可达190千米。

（3）聚焦乌贼和章鱼：活动方法是“利用水的反推力迅速后退”。它们的活动特点是向后退。我们在生活中也经常利用水的反推力。请学生说说生活中的例子，如划船和游泳，我们往后拨水，水就会推动我们前进。

（4）聚焦贝类：活动方法是“自己不动，却能巴在轮船底下做免费的长途旅行”。

比较两个句子：作者这样写，有什么好处？

句1：有些贝类自己不动，却能巴在轮船底下移动。

句2：有些贝类自己不动，却能巴在轮船底下做免费的长途旅行。

引导学生体会“免费的长途旅行”这种表达效果：把动物当作人来写，更加生动形象地写出了贝类惬意悠闲的样子，活动方法新奇有趣。

3. 学生合作朗读第4自然段，体会动物活动方法各不相同、新奇有趣

4. 思考

海底的动物成千上万，作者为什么写这几种动物？

引导学生发现：作者选取最有代表性的动物，有快的、有慢的；有前进的、有后退的；有动的、有不动的，对比着写，充分地说明了“海底动物，各有各的活动方法”。

【设计意图】通过填写表格帮助学生梳理信息，发现动物的活动特点。学生通过联系旧知和生活实际，进行交流、表演、朗读等。丰富多样的形式激发了学生的学习兴趣，同时发展了学生的语言表达能力和思维能力。

（三）自主学习，合作探究

1. 学生活动

（1）自主学习：默读第5自然段，思考作者是如何把植物的差异写清楚的？围绕中心句，画思维导图。

（2）小组合作：交流自己的想法，提出自己的疑问。

2. 集体交流

小组汇报：课文分别从“色彩”和“大小”两个方面来写海底植物差异的。通过列举不同颜色，让人感受到色彩的多种多样。列举最大的和最小的植物，通过对比突出植物的差异，表现了海底世界的景色奇异、物产丰富。

3. 以读代讲，感受矿产丰富

4. 仿写练习，运用方法

学生观看视频，围绕“动物园的动物真______”进行说话练习，其他同学根据评价标准进行评价。

表 2　评价标准

评价标准	星级
围绕一个意思说	☆☆☆
选择 2～3 种动物	☆☆☆
用上平时积累的语言	☆☆☆

（四）交流资料，拓宽视野

学生分享搜集的海底世界的资料，可以提出自己感兴趣的话题或疑问。

（五）积累语言，课后延伸

赵 州 桥

北京市昌平第二实验小学 汪袁卉

一、年级学科

三年级 语文

二、背景分析

《义务教育语文课程标准（2022年版）》提出："义务教育语文课程培养的核心素养，是学生在积极的语文实践活动中积累、建构并在真实的语言运用情景中表现出来的，是文化自信和语言运用、思维能力、审美创造的综合体现。"在文化自信方面，教师要注重培养学生认同中华文化，热爱中华文化，继承和弘扬中华传统文化，拥有一定的文化底蕴。

《义务教育语文课程标准（2022年版）》对于语文学习任务群给出了这样的解释："语文学习任务群由相互关联的系列学习任务组成，共同指向学生的核心素养，具有情境性、实践性、综合性。"要探索大单元教学，积极开展主题化、项目式学习等综合性教学活动，促进学生举一反三、融会贯通，加强知识间的内在联系，促进知识结构化。

《赵州桥》一课，属于"实用性阅读与交流"学习任务群，老师应紧扣"实用性"特点，结合日常生活的真实情境进行教学，通过课文辅助学生的综合性探究能力，提升学生自信表达，大胆想象和创新等多方面的综合素养能力，渗透文化自信的核心素养。

三、教学目标

1. 学习作者是怎样围绕一个意思把赵州桥的"美观"写清楚的。

2. 迁移学习方法，学会围绕一个意思把卢沟桥的狮子写清楚。

3. 学会以小导游的身份，清楚流畅地介绍卢沟桥的狮子，把卢沟桥的狮子说清楚。

四、教学重点

1. 学习作者是怎样围绕一个意思把赵州桥的“美观”写清楚的。

2. 迁移学习方法，学会围绕一个意思把卢沟桥的狮子写清楚。

五、教学难点

1. 迁移学习方法，学会围绕一个意思把卢沟桥的狮子写清楚。

2. 学会以小导游的身份，清楚地介绍卢沟桥的狮子，把卢沟桥的狮子说清楚。

六、教学过程

（一）回顾课文，梳理思路

师：同学们，上节课我们走进了世界闻名的石拱桥——赵州桥。回顾课文第 2 自然段，赵州桥给你留下了怎样的印象?

预设：赵州桥非常雄伟。

师：谁能借助思维导图说说作者围绕赵州桥的“雄伟”介绍了哪些方面?

预设：作者介绍了赵州桥的桥身长、桥面宽、跨度大和设计巧。

（二）发布情境，明确要求

师：在北京也有一座桥身长、桥面宽、跨度大和设计巧的石拱桥，它和赵州桥并称为中国古代三大名桥，是哪座桥呢?

预设：卢沟桥。

师：告诉大家一个好消息，学校举办了龙娃娃金牌导游活动，如果你被选中，就可以向全校传播我们的中国文化，想参加吗?

师：参加活动先要读懂征集条件，谁来读一读?

预设：活动要求是围绕卢沟桥两旁狮子，把不同的狮子写清楚。作品要以导游的身份通过短视频提交。

师：看来完成本次活动，不仅要把卢沟桥的狮子形状写清楚，还要拍成短视频说清楚。（板书：写清楚　说清楚）

师：其实成为金牌导游的方法就藏在赵州桥的第 3 自然段，我们一起深入探索吧!

【设计意图】通过发布情景任务，让学生带着任务去学习，在任务驱动下了解课程目标，同时让学生明确本节课的两个学习目标：写清楚和说清楚。

（三）习得方法，升华情感

1. 共同研读，梳理方法

师：读一读并想一想这段话是围绕哪一句话展开的？（PPT 出示课文第 3 自然段）

预设：这座桥不但坚固，而且美观。

师：作者是如何把赵州桥的美观写清楚的？（PPT 上标红三个“有的”）

预设：作者用三个“有的”写了三种姿态的龙。

师：老师查阅资料发现，赵州桥一共雕刻了 56 种不同姿态的龙，作者需要全写出来吗？

预设：不需要，作者只需要挑重点写。

师：是啊，作者通过句式就把赵州桥栏板上千姿百态的龙描写清楚了。谁能概括一下方法一？（板书：排比句式）

2. 想象画面，总结方法

师：谁来朗读这句话，其他同学闭眼想象画面，说说自己的感受。

预设：我感觉画面栩栩如生，活了起来。

师：哪个词让画面活了起来？你能联系生活实际理解这个词吗？

预设：“相互缠绕”让画面活了，我在生活中见过麻花相互缠绕。

师：龙就是这样紧紧缠绕在一起的，你仿佛看到怎样的画面？

预设：我看到了两条龙在一起嬉戏玩耍。

师：正是“相互缠绕”这个动词，让腾云驾雾的龙不仅美在了眼里，更是流淌在我们的想象之中，一起读——“有的刻着两条相互缠绕的龙，嘴里吐出美丽的水花”。

师：谁能概括一下方法二？（板书：巧用动词）

师：这就是相互缠绕的龙，仔细观察，龙嘴里吐出美丽的水花是作者亲眼看见的吗？

预设：这些水花是作者的想象。

师：这水花并非作者亲眼看见，而是根据图案想象的，所以方法三是什么呢？（板书：加入想象）

【设计意图】先引导学生通过文本挖掘出可以完成活动目标的方法，进而再详细引导学生发现方法的路径，为后面的“扶”“放”打下基础。

3. 小组合作，探讨交流

师：课文剩下两幅画面的龙，作者写得也很精美，请同桌之间合作找到关键词和方法。

课件出示：有的刻着两条飞龙，前爪相互抵着，各自回首遥望。

师：哪个小组来汇报这句话？

预设：请大家跟我看这句话，“有的刻着两条飞龙，前爪相互抵着，各自回首遥望”。我写出的关键词是“相互抵着”和“回首遥望”，方法是巧用动词。

师：“回首遥望”是什么意思？

预设：回首遥望是回头看向远方。

师：作者怎么知道它们回头是看向远方呢？

预设：这是作者想象的，这一句运用了想象的手法。

师：谁能做做“相互抵着”和“回首遥望”的动作？

师：你们看，他们的动作和图片上一样吗？

预设：真是和图片一模一样。

师：巧妙的动词、大胆的想象让雕刻鲜活起来了，一起读——“有的刻着两条飞龙，前爪相互抵着，各自回首遥望”。

师：小组继续汇报。

课件出示：还有的刻着双龙戏珠。

预设：请大家跟我看这句话，“有的刻着双龙戏珠”，“戏”是动词，“戏珠”是想象，所以这一句也是巧用动词，加入想象的方法。

师：围绕“戏”字你想象到了怎样的画面？

预设：我看到了两只飞龙围着一个宝珠玩耍。

师：一个动词加入我们的想象，静止的文字成了流动的画面，一起读——“还有的刻着双龙戏珠”。

师：你能用一个词形容作者笔下的飞龙吗？

预设：栩栩如生。

师：这飞龙真是呼之欲出，让我们把赞叹化为朗读，一起合作读出吧！

4. 创设情境，升华情感

师：这栩栩如生的飞龙雕刻在赵州桥什么位置呢？

预设：飞龙雕刻在了赵州桥的石板上。

师：古代没有自动化的设备，古人怎么在硬度极高的石头上雕刻呢?

预设：古人用小刀雕刻。

师：古人只有刀、凿子等简单工具，所以一件完整的雕刻成品需要长时间的打磨。想要栩栩如生还需要精湛的工艺，难怪作者说——赵州桥体现了劳动人民的智慧和才干，是我国宝贵的历史文化遗产。学生齐读。

5. 迁移方法，运用方法

师：结合学习的方法，你知道怎么写清楚导游词吗?

预设：导游词中加入排比句式和动词，写出想象的画面。

师：写卢沟桥的狮子，还需要什么资料?

预设：需要卢沟桥狮子的图片。

师：这就是不同时间、不同状态的狮子图片，这里还有巧妙的动词供大家使用，谁来读?

课件出示：昂首挺胸　侧身回首　低头嬉戏　相互依偎　蹲坐　凝视

师：谁来读读金牌导游评星标准?

课件出示：围绕卢沟桥狮子的形状介绍清楚；能运用句式，抓住重点；能巧用动词，加入想象；语言流畅，想象生动；声音洪亮，吐字清楚。

师：指名展示，其他人点评。

（四）课堂小结，布置作业

1. 教师小结，升华情感

师：同学们，其实赵州桥和卢沟桥都有一个共同的名字：中国石拱桥，如果雨后彩虹是人间天上的桥，那么石拱桥就是飞虹，长虹卧波，美不胜收。跨水架桥，意境之美，雕刻装饰，千姿百态，没有一处败笔，处处都是画面，石拱桥是古人智慧的高度结晶，中国桥梁的杰出代表，更是我国成为世界桥梁建设强国的神来之笔。

2. 布置作业，拓展延伸

师：课后走近北京的一座石拱桥，运用“围绕一个意思把一段话写清楚”的方法介绍给大家。

盘古开天地

北京市昌平第二实验小学　鲁海娇

一、年级学科

四年级　语文

二、背景分析

当四年级学生接触神话故事时内心会感到新鲜、有趣，但学生可能只注重感悟故事本身的神奇，而忽视了对语言表达的关注，不能细细体味文中的语言。神话文章充满了丰富的想象，教师引导学生发挥想象，边读边想象和理解故事内容，使学生认识神话这种文学体裁，体会人物精神，感受我国古代人民的创造精神和聪明智慧。在熟读课文、了解文章叙述顺序的基础上，教师指导学生用自己的语言练习讲述，在阅读多篇神话故事和共读神话故事整本书后，演绎故事、尝试创编故事，多角度展示对神话的理解和热爱。这样，可以帮助学生在已有经验基础上，有层次有逻辑地建构对神话的进一步认识和理解。

三、教学目标

1. 抓住关键词句，找到“神奇”之处，感受神话的魅力。

2. 边读边想象画面，说出自己心中盘古的形象，体会人物背后的精神。

3. 借助关键词，讲述盘古开天地的过程，激发学生阅读神话故事的兴趣。

四、教学重点

抓住关键词句，找到“神奇”之处，感受神话的魅力。

五、教学难点

边读边想象画面，说出自己心中盘古的形象，体会人物背后的精神。

六、教学过程

（一）复习巩固

1. 中华神话，源远流长，今天让我们走进盘古继续感受开天地的神奇。

2. 回顾上节课主要内容，回顾神奇之处。

3. 神奇在：在很久很久以前，宇宙像个（大鸡蛋），这个鸡蛋里还有一位（盘古巨人），这个巨人一睡就能睡（一万八千年）。不仅如此，他的神奇还表现在，他坐起来（大鸡蛋裂开一条缝），当他一斧头劈下去（大鸡蛋碎了）。

【设计意图】借助插图整体把握主要内容，进入课文学习。开课还原神话故事产生的特定背景，让学生了解故事起源，为感受神话故事的神奇做好铺垫。

（二）感受顶天立地的“神奇”

自由读第3～4自然段：

1. 找出你觉得神奇的地方，圈出关键词句。

2. 在旁边空白处写出你的感受。

预设1：“头顶天，脚踏地，站在天地当中”。

（1）这句话你圈了哪些关键词？（顶、踏、站）

（2）盘古头顶着天，脚踏着地，站在天地当中，孩子们，“顶、踏、站”，这些动作神不神奇？像这样圈画关键词的方法能帮助我们感受到故事的神奇之处。

（3）我们用四字词语来形容（顶天立地），你能读出盘古顶天立地的气势吗？

（4）追问还找到了哪些神奇之处。

预设2：“天每天升高一丈，地每天加厚一丈，盘古的身体也跟着长高”。

（1）问：一丈有多高呢？补充：一丈≈3.33米，那可是现在一层楼那么高呢！盘古长了多久？

（2）大家想象一下。一年过去了，天升高365丈，地呢？盘古呢？

十年过去了，天升高3650丈，地呢？盘古呢？

一百年过去了，天升高36500丈，地呢？盘古呢？

（3）此时的盘古是什么形象？高大雄伟的盘古此时就屹立在天和地之间，而且随着天的升高一直在长高，盘古这样的变化，你能概括成一句话吗？

（4）你能这样变化吗？所以说这种变化真是太神奇了！试着读一读，读出这种变化的神奇。

3. 你还找到哪些神奇的地方？（第4自然段）

预设1：一万八千年，又不知过了多少年。

孩子们，你们的身高能长到什么时候？那盘古的身高长到几十岁就不长了吗？所以说盘古跟我们不一样，他有他独特的时间，你说神不神奇。

（1）如此神奇的时间，你想怎么读？（重读拉长）

（2）就这样过了一万八千年，天升得高极了，地变得厚极了。此时盘古是什么样子？你们找到那句话了吗？（“盘古这个巍峨的巨人就像一根柱子，撑在天和地之间，不让它们重新合拢。”）

（3）这里有一个盘古的动作，你找到了吗？（撑）刚开始盘古也是撑在天地之间的吗？（站）

我们对比着读一下这两句话：

“头顶天，脚踏地，站在天地当中。”

“盘古这个巍峨的巨人就像一根柱子，撑在天和地之间，不让它们重新合拢。”

（4）从“站”到“撑”你发现了什么？

“撑”是什么意思呢？（支撑，用手抵住）谁来做一做这个动作？如果让你一直做这个动作，你会感到怎样？（累）

（5）那盘古这个“撑”的动作做了多久？（又不知过了多少年）发现盘古站在天地之间并不轻松，用手抵着天，每天都这样，此时你看到了怎样的盘古？

（6）像这样抓住关键词对比品读，不仅可以发现故事中的神奇之处，还能感受到盘古的坚持和开创精神。

（7）你想对盘古说些什么？带着你的敬佩，齐读第3～4自然段。

【设计意图】学生通过自己的听、说、读、思，感受神话中的变化，时间、动作的神奇，帮助学生通过关键词感受人物形象。在这种方式下，既有语言文字的训练，又能紧紧围绕神话本质“神奇”展开学习，为接下来鼓励学生自己感悟人物品质打好基础。

（三）体会化为万物的“无私”

PPT出示第5自然段内容：

1. 就这样坚持，有开创精神的盘古，在天和地成形之后，筋疲力尽，累得倒下了，在盘古倒下后，最神奇的一幕发生了。

2. 学习提示：默读课文第5自然段，找到你觉得神奇的地方，圈出关键词。想一想，你看到了一个怎样的盘古。

3. 从盘古的身体与变成的事物中，你发现了什么？

4. 原来盘古的身体与变成的事物之间有相似性。所以我们的想象要合理。（板书：想象合理）

盘古还会用自己的身体变成什么？请你展开想象来说一说。

盘古的______鼻子______变成了____________。

盘古的______筋脉______变成了____________。

他的__________________变成了____________。

5. 正因为你们心中充满着真善美，所以才能将盘古身体的变化想象得如此美好。

精疲力竭的盘古虽然倒下了，但他把自己的一切都给了人类，哪怕是自己的一根小小的汗毛都要变成对人类有用的东西。天地越来越美好，盘古却消失了。此时，你在盘古身上看到了什么精神？

让我们用朗读来感谢盘古的奉献吧，老师读黑色字，女生读红色字，男生读蓝色字。

如此高大的盘古，开天辟地，造福人类，又不知过了多少年，他仍然坚持，不放弃，顶住天地，直到他无力倒下后，把自己的身体都变成世间万物，把自己完全奉献给人类。用课文的一句话来赞美盘古吧！（伟大的巨人盘古，用自己的身体创造了美丽的世界）

【设计意图】学生通过圈画关键词，感受盘古身体化为万物的神奇，并从中感受到无私奉献的精神品质。

七、说开天地过程

这样伟大的创世英雄，我们应该让更多的人知道，怎样才能讲好这个故事，结合本课所学，你有什么好方法吗？

小组合作：

（1）请结合学习单，借助插图，关键词，用表示时间的词语作为线索，把盘古开天地的过程讲清楚。

（2）组内成员每人选一幅插图讲给组员听。

普罗米修斯

北京市昌平第二实验小学　刘佳　于玥

一、年级学科

四年级　语文

二、背景分析

本单元以神话组织单元，是继三年级上册童话单元、三年级下册寓言单元之后，第三次以文体组织单元的，编排了《盘古开天地》《精卫填海》《普罗米修斯》三篇精读课文和《女娲补天》一篇略读课文，其中《精卫填海》是文言文。这些神话是中国古代神话和古希腊神话中的经典之作，学生可以从中体会古代劳动人民对自然、对世界的独特理解和神奇想象，还能感受故事中鲜明的人物形象：勇于献身的盘古、坚忍执着的精卫、坚强不屈的普罗米修斯和甘于奉献的女娲。

本单元的第一个语文要素是“了解故事的起因、经过、结果，学习把握文章的主要内容”。这是在三年级“了解文章的主要内容”基础上的提升，也是为第七单元“关注主要人物和事件，学习把握文章的主要内容”做准备。精读课文的课后题和略读课文的学习提示，围绕该要素进行了精心编排：《盘古开天地》要求学生讲盘古开天地的过程；《普罗米修斯》要求学生按起因、经过、结果的顺序讲普罗米修斯“盗”火的故事；《女娲补天》要求学生在默读课文后能说出故事的起因、经过和结果。

本单元的第二个语文要素是“感受神话中神奇的想象和鲜明的人物形象”。在此之前，学生已经学过《羿射九日》，对神话有了一些感性认识。这次专门编排神话单元，旨在引导学生进一步了解神话的特点，帮助学生形成对神话这种文学体裁的初步认识。

本单元的习作要求是“展开想象，写一个故事”，习作安排的是《我和XX过一天》。教材在三年级的习作中安排过类似的话题，在此基础上，本次习作进一步学习展开想象写故事，内容是选择一个感兴趣的神话或童话人物，想象自己与他过一天会发生的故事，进一步鼓励学生大胆想象，促使学生乐于表达。

四年级学生具备初步自主学习能力，能读懂神话故事，对故事情节比较感兴趣，但学生可能会过多地关注故事情节，阅读浮于表层，对于读懂其中的内涵，品味字里行间作者表达的情感还有一定困难。针对这一学情，确定了以“关注重点情节、想象画面”等方法为主线，尝试读懂文章，感受作者想象的合理、新奇与有趣这一教学重点，强化表达方法的学习与运用，不断提升学生综合语文素养。

三、教学目标

1. 流利、有感情地朗读课文。

2. 按照起因、经过、结果的顺序，讲述普罗米修斯“盗”火的故事。

3. 和同学交流故事中最触动自己的情节，能抓住有关语句体会普罗米修斯的精神，感悟人物形象。

四、教学重点

按照起因、经过、结果的顺序，讲述普罗米修斯“盗”火的故事。

五、教学难点

抓住有关语句体会普罗米修斯的精神，感悟人物形象。

六、教学过程

（一）回顾旧知，明确本课任务

1. 按照起因、经过、结果的顺序回顾课文主要讲了一件什么事。

2. 回忆故事的起因，感受普罗米修斯善良、勇敢的人物形象。

3. 明确重点是从故事的经过和结果中感受普罗米修斯人物形象的。

（二）小组合作，悟“惩罚”之严厉

借助“众神的领袖宙斯知道普罗米修斯盗火这件事后，是什么态度呢?”这一问题引导学生进行自学和共学。

自学提示：

（1）默读课文第3～8自然段，边读边思考普罗米修斯遭受了哪些惩罚?

（2）选择一个最触动你的情节，小组交流，你感受到了普罗米修斯怎样的人物形象。

1. 小组分享第 6 自然段。

哪些字眼触动了你，让你觉得特别揪心？

预设：双手和双脚带着铁环。

小结：冰凉而沉重的铁环让普罗米修斯失去了自由，他再也无法时刻关心人类的生活。

预设：死死地锁在。

提问：你能结合上下文说一说什么叫“死死地锁在”吗？

引导学生结合自己的生活经历想一想，普罗米修斯还不能干什么呢？完成语言训练：他既不能______，也不能______。

结合高加索山恶劣的自然环境和四季气候变化图片，引导学生展开想象，完成语言训练，并从普罗米修斯遭受的惩罚中感受他坚强不屈的品质。

2. 指导朗读第 6 自然段。

3. 小组分享第 7 自然段。

预设：啄食肝脏。

追问：孩子们，看看图片，此刻你的内心是什么感受呢？

小结：鹫鹰尖利的嘴巴啄开普罗米修斯的皮肤，啄食着他的肝脏，那是他身体最脆弱、最敏感的地方，血淋淋的伤口让人不忍直视，这钻心的痛苦每分每秒都不曾停下，从白天一直持续到晚上。

预设：白天被吃干净，晚上又长出来。

小结：这是这篇神话最神奇的地方，同时也正是因为普罗米修斯的肝脏具有再生能力，使他承受的痛苦永远没有了尽头，令人绝望。许多年来，人类依靠火种早已过上了幸福安康的生活，可是普罗米修斯却一直被锁在那个可怕的悬崖上。他不惧怕宙斯最严厉的惩罚，始终坚持做自己认为正确的事情，此时此刻，你又感受到了普罗米修斯是一位怎样的天神呢？

4. 指导朗读第 7 自然段。

究竟是什么原因支撑着普罗米修斯忍受这最严厉的惩罚，绝不屈服呢？

教师引读，学生跟读，加深体会。

【设计意图】通过核心问题，借助想象画面、结合图片、抓关键词等方法品读普罗米修斯面临的惩罚之重，从而感悟其坚定、勇敢、顽强不屈、造福人类的品质。

（三）对比阅读，悟“形象”之丰富

1. 通过盗火这件事情，我们感受到了普罗米修斯善良勇敢、造福人类、坚强不屈的美好品质。同样是神，宙斯、火神和大力士又是什么样的呢？

火神：同样身怀正义，但却不敢反抗宙斯，是懦弱的。

宙斯：凶狠、残暴、凶残。

大力士：充满正义感。

2. 指导学生读故事结果，品味“英雄”的深刻含义。

总结：英雄之所以被称为英雄，是因为他有造福人类的信念，无论什么情况下，都会坚持自己的信念。普罗米修斯不仅给人类带来了生活所需的火种，还带给人类带来了生生不息的精神火种——勇敢、坚强、博爱无私的精神。这就是英雄！

（四）借助提示，讲好神话故事

1. 回顾讲好神话故事需要的方法。

2. 小组合作，按照起因、经过、结果的顺序讲故事。

小结：你们讲的故事真感人，相信普罗米修斯的英雄形象已经深深刻在你们的心里了。

（五）指导阅读，学会阅读方法

1. 阅读第53页阅读链接的内容，思考中国古代神话中，火是怎么来的。

2. 感受中外神话中不同的神奇。

小结：中国古代神话和古希腊神话，虽然想象不同，但都体现了远古时期人类对世界的理解，让我们感受到了神话的神奇之处。

3. 课后作业：

（1）继续阅读《中国神话传说》《世界经典神话与传说故事》。

（2）按照起因、经过、结果的顺序，把这个故事讲给家人听。

宽带网——科技改变生活

北京市昌平第二实验小学　刘春燕

一、年级学科

四年级　语文

二、背景分析

（一）指导思想与理论依据

《义务教育语文课程标准（2022 年版）》指出：应密切关注现代社会发展的需要，拓展语文学习和运用的领域，注重跨学科的学习和现代科技手段的运用，使学生在不同内容和方法的相互交叉、渗透和整合中开阔视野，提高学习效率，初步养成现代社会所需要的语文素养。

《义务教育品德与社会课程标准（2011 年版）》指出：要引导学生“知道现代通信的种类和方式”，学会一些常用的通信方式，感受通信与人们生活的关系，懂得并遵守通信的基本礼仪和有关法律法规。

从“科学技术是第一生产力”到“创新是引领发展的第一动力”，从实施科教兴国、人才强国战略到深入实施创新驱动发展战略，从增强自主创新能力到建设创新型国家，科技改革成为改革开放大战略的一个缩影，发挥了先锋、引领和试验田作用。我国科技发展日新月异，科技实力伴随经济发展同步壮大，为我国综合国力的提升提供了重要支撑。特别是党的十八大以来，创新驱动发展战略全面实施，科技体制改革进一步深化，研发投入持续增加，创新活力竞相迸发，重大成果不断涌现，体系建设逐步完善。我国科技步入快速发展轨道，正在成为具有全球影响力的科技创新大国。

（二）学情分析

四年级学生正处在我国科技快速发展的时代，学生对 20 世纪没有过多的了解，更没有经历过科技迅猛发展带来的巨大变化，目前，学生所处的时代是一个大数据时代，从一出生就接触各种新奇的事物，因此学生对当今中国科技的变化没有更深的理解。针对学生的现状，开展一次关于科技发展让我们生活更加便捷的主题实践活动，了解通信、交通、冰箱、电视、洗衣机的发展历程，感受科技带来的巨大变化。亲手制作饮料，小组合作畅想未来科技在衣食住行方面的应用，并制作手抄报。

三、教学目标

1. 通过搜集整理资料，培养学生整理资料的能力。

2. 通过小组合作的形式，培养学生合作互助的能力。

3. 通过不同角度了解科学技术的飞速发展，感受科学技术的神奇，激发学生热爱科学的情感和学习科学、探索科学奥秘的兴趣。

四、教学重点

小组合作，搜集整理资料。

五、教学难点

感受科学技术的飞速发展，激发学生探索科学奥秘的精神。

六、教学过程

（一）谈话导入，激起兴趣

孩子们，全球科技的发展给人类生活带来了很多便捷。通过第八单元的学习，我们能深刻感受到科技带给我们的变化。大家以小组为单位大家开展一系列关于科技改变我们生活的实践活动。

【设计意图】通过回忆的方式导入新课，激发学生进一步展示小组合作的成果，调动学生学习的热情，为进一步小组交流做好铺垫。

（二）小组汇报，科技改变生活

1. 小组汇报：交通工具的变革

我们生活在科技迅猛发展的时代，感受着科技带给我们的生活上的便捷。有这样一个故事：集“三千宠爱于一身”的杨贵妃爱吃新鲜荔枝，唐玄宗命人快马赶运长安，也需7天；现代社会空运，7个小时都不需要。交通工具的变革，给我们的生活带来了很多的方便。请听第一小组汇报。

2. 小组汇报：通信的发展历程

科技的迅猛发展给我们的生活带来了很多的便捷。前两天我的妈妈出差了，虽然见不到妈妈，但是我们可以通过微信视频进行交流，真是解决了妈妈担心我的问题。通信工具又有哪些变化呢？我们一起来听第二小组的汇报。

（1）结合演示文稿，小组进行汇报。

（2）学生认真倾听。

（3）现场互动，打开微信视频进行交流。

3. 小组汇报：电器的发展历程

在我们日常生活中离不开很多的电器产品。下面我们再来听第三组给我们带来关于电器的发展历程。

（1）电视机的发展历程。

（2）冰箱的发展历程。

（3）洗衣机的发展历程。

（4）其他电器的介绍。

【设计意图】通过小组交流谈论，为学生搭建展示的平台，使学生深刻体会我们生活中科学技术的神奇与威力，感受科技改变我们的生活，给我们的生活带来了很多的便捷。同时，在交流中培养学生的语言表达能力。

4. 动手实践，体会科技改变生活

（1）动手实践，体验榨汁机。

（2）说一说你的感受。

5. 展望未来，感悟自豪

就像主持人说的那样，科技改变着我们的生活。未来科技又会是怎样的呢？课前我们以小组为单位以“未来科技”为题，围绕未来的衣食住行展开了讨论。

（1）小组汇报。

（2）出示视频：交通工具公交车堵车时的视频。

（3）看了这段视频，你们有什么感受吗？

（4）学生谈感受。

【设计意图】通过小组讨论未来科技的变化，在展望未来中进一步激发学生探索科学奥秘的好奇心，培养学生丰富的想象力，提高学生的综合性学习能力。

（三）总结提升，感悟科技的变化

同学们，我国科技发展日新月异，科技实力伴随经济发展同步壮大，为我国综合国力的提升提供了重要支撑。特别是党的十八大以来，创新驱动发展战略全面实施，科技机制改革进一步深化，研发投入持续增加，创新活力竞相迸发，重大成果不断涌现，体系建设逐步完善。我国科技步入快速发展轨道，正在成为具有全球影响力的科技创新大国。所以，成长在21世纪的你们，更应该努力学习，为祖国更加繁荣昌盛贡献自己的力量。

（四）学习效果评价

1. 评价方式

学生历时一个多月的时间，采用课内外结合的方式开展了“科技改变生活”的综合实践活动。小组讨论、绘制可视化图表等方式是学生交流的主要方式，这一系列的形式都需要有一个合理的评价方法，才能更有效地激发学生的学习兴趣，使实践活动更具有效性。可以采取：教学评价法，学生在参与实践活动过程中，根据学生参与程度进行有效的评价；个体差异评价法，每一个孩子都有其独特的个性，且每一个孩子的个体差异不同，在实践过程中收获也是不同的，通过个体差异的评价，让每个孩子通过实践活动都能体会到成功的快乐；分阶段总结评价法，本次实践活动分四个阶段进行，每一个阶段都需要进行有效的评价，而每一阶段的评价都为后面的实践活动做好铺垫。

表1　实践活动评价表

评价内容	学生自评	教师评价
小组合作中，积极参与活动	☆☆☆☆☆	☆☆☆☆☆
小组合作中，参与讨论并完成相应的任务	☆☆☆☆☆	☆☆☆☆☆
小组交流中，能够认真倾听别人的发言	☆☆☆☆☆	☆☆☆☆☆
在交流中，敢于发表自己的见解	☆☆☆☆☆	☆☆☆☆☆
能够认真完成作业，设计合理有效	☆☆☆☆☆	☆☆☆☆☆

2. 解释说明

根据评价内容，采取学生自评和教师评价两种方式。学生根据自己完成的情况选择星星，完成最好的，涂上五个星星，次之四个星星，再次之三个星星，以此类推，然后在小组内进行公布。

少年中国说

北京市昌平第二实验小学　郝思捷

一、年级学科

五年级　语文

二、背景分析

（一）教学内容分析

《少年中国说》是梁启超先生于 1900 年发表在《清议报》上的一篇文章。旨在驳斥帝国主义的野蛮行径和卑劣阴谋，纠正国内一些人自暴自弃、甘为亡国奴的心理，激起全国人民的爱国热情。全文逻辑严密，语言气势磅礴，感情充沛。课文节选了其中的一部分，以整齐的句式描绘了少年中国的光辉前程，激励中国少年发愤图强，勇挑建设少年中国的历史重任，表现了作者对祖国繁荣富强的热切期盼。

课文第 1 自然段阐明了建设少年中国之责任在中国少年；第 2 自然段运用象征等手法，描绘了少年中国的光辉前程；第 3 自然段直抒胸臆，感情饱满地赞颂了少年中国“与天不老”，讴歌了中国少年“与国无疆”。通过层层阐述，说明了“少年中国”和“中国少年”的前途和命运是紧密联结在一起的。本单元的语文要素是“结合资料，体会课文表达的思想感情”。本课需要引导学生结合资料了解写作背景，理解课文的意思，并通过查找资料，了解百年来为国家富强而奋斗的杰出人物故事，了解中国人的强国梦想，从而激发学生奋发向上、建设国家的爱国情怀。

（二）学情分析

学生在中年级已经学过查找、整理资料的基本方法，但学生还做不到针对不同内容有目的地查找资料。大量资料的堆积使学生找不到运用资料的恰当时机。因此教师要引导学生把资料用在理解有困惑需要解决处、课文简略需要扩充处、情感体验需要加深处。

此外对于中国近代史，通过前面四年的学习，大部分同学有了一定了解，再结合资料，感悟本课的爱国情怀并不难，但想要激发学生为国家繁荣富强而奋斗的使命感和责任感还需要教师通过恰当、丰富的资料引入和多种形式的朗读来引导。

三、教学目标

1. 认识"泻、鳞"等6个生字。

2. 正确、流利、有感情地朗读课文，背诵课文。

3. 借助注释和资料，理解课文内容，体会少年中国与中国少年之间的联系，激发为国家繁荣富强而奋斗的使命感和责任感。

4. 结合资料，了解为实现强国梦想而做出卓越贡献的人物故事，感受他们的奉献精神。

四、教学重点

借助注释和资料，理解课文内容，有感情地朗读课文，激发为国家繁荣富强而奋斗的使命感和责任感。

五、教学难点

体会少年中国与中国少年之间的联系，结合资料了解为实现强国梦想而做出卓越贡献的人物故事，感受他们的奉献精神，激发学生的使命感和责任感。

六、教学过程

环节一：谈话导入，理解题目

1. 理解"说"

预设：查字典、联系其他内容理解。（《爱莲说》《师说》）

2. 完整理解题目

预设：围绕"少年中国"，梁启超先生的一些论述、主张、看法。

环节二：结合资料，理解文意

（一）学习第1自然段

1. 初读课文

读准字音，读通句子，尝试读好停顿，读准节奏。

2. 学习词语

一泻汪洋　　潜龙腾渊　　鳞爪飞扬

百兽震惶　　鹰隼试翼　　奇花初胎

矞矞皇皇　　干将发硎　　地履其黄　　美哉　　壮哉

（1）指名读词，教师强调读音：“潜”“爪”“将”。

（2）结合图片理解词义：一泻汪洋、潜龙腾渊。

3. 理解“故今日之责任，不在他人，而全在我少年。”

（1）“故”在这里应该是什么意思？

（2）“今日”指的是什么时间？

教师强调：“今日”指 1900 年的中国。

（3）那时的中国社会情况是怎样的？学生结合搜集的资料进行介绍。

提示：根据查找到的资料介绍背景的时候要有选择。

教师小结：那时的中国贫穷、落后、愚昧，还饱受西方列强的侵略，大清帝国处在崩溃的边缘，国家命运岌岌可危！

4. 理解“老大帝国”

都说中国是“老大帝国”。它是什么意思呢？

教师小结：这里的“老大”可不是第一的意思，它指的是“古老的大国”就是古老的、积贫积弱的旧中国。就像一个老人已经颓废老化、风烛残年，那时的中国在日本人眼里就是一个腐朽欲摧、濒于灭亡的帝国，因此梁启超期盼着一个正在成长的“少年中国”能出现越来越多的“中国少年”担当大任，振兴中华。

5. 指导朗读

6. 借助理解重点词语，关注句式结构，背诵第 1 自然段

这段内容是讲谁和谁的关系？作者是怎样论述的？你发现有什么特点？

预设：这段内容讲的是少年和国家的关系，少年怎么样，国家就怎么样。

（1）提取改变的词：智　富　强　独立　自由　进步　胜于欧洲　雄于地球

（2）这些词之间是否有联系呢？可不可以删掉或调换顺序呢？

理解“富”是知识、思想上的富有。“强”指强壮的身体和强大的内心。

教师总结板书：学识渊博、身心强健、独立自主、志向远大

前一句是后一句的基础，内容环环相扣、层层递进，不可以删掉或者是调换顺序。

（3）男生女生合作读课文，再根据提示背诵课文第 1 自然段。

（二）学习第2自然段

1. 指名读第2自然段

2. 小组合作学习

学习提示：自读第2自然段，结合注释和课前查阅到的资料尝试理解每句话的意思，不必一字一字斟酌，能说出大致意思即可。

3. 理解第2自然段

（1）小组汇报这部分内容，教师适时出示图片帮助学生理解句意。（特别注意强调“河”本文指黄河，因为黄河是母亲河）

（2）教师提问：梁启超用哪些事物来比喻少年中国？

预设：红日　河　潜龙　乳虎　鹰隼　奇花　干将

教师追问1：初升的红日，刚刚喷涌而出的黄河，将要腾跃而起的巨龙，咆哮的小老虎，尝试飞翔的鹰隼，马上要开放的奇花，刚磨得发亮的干将剑，这些是什么样的事物？

预设：新生事物。

教师追问2：新生事物有怎样的特点？

预设：有生机、有力量、有希望。

教师小结：这就叫生机勃勃、蓄势待发。（板书：生机勃勃、蓄势待发）

（3）教师引读，学生找出对应的原文。

4. 感受象征意义

梁启超先生用这样的新兴事物来代表少年中国，这就是象征。（板书：象征）

5. 教师引导学生思考

梁启超为什么要选择这些事物来赞美少年中国？我们国家是有着悠久历史和文化的国家，把这样一个古老的中国比喻成少年中国是不是不太合适呢？

提示：当我们不太理解文章内容的时候，就让我们再次结合资料，资料会帮助我们理解得更深入。看看你查找到的资料，你对这个问题有哪些新的理解？

预设：面对新的变化，古老的中国犹如一个少年，不断适应着，成长着。

6. 播放视频，使学生感受当时中国面临的困难和屈辱

教师小结：古老的中国纵然历史悠久，但已落后于当时世界的发展情况，中国需要变革，列强的觊觎和侵略也要求中国必须像个少年一般学习、成长和

改变。

【设计意图】教师根据不同的学习内容适时引导学生加入文字、图片和视频资料，使学生感受到作者用词的精准和富有深意。

环节三：体悟情感，理清关系

本节课，我们学习梁启超先生的《少年中国说》，了解到少年中国需要学识渊博、身心强健、独立自主、志向远大的中国少年去建设；一个具有强大力量、蓄势待发、生机勃勃的少年中国会给更多的中国少年提供发展的舞台。中国少年和少年中国关系密切，互相成就。

青山处处埋忠骨

北京市昌平第二实验小学　马洪燕

一、年级学科

五年级　语文

二、背景分析

《青山处处埋忠骨》这篇课文主要讲了毛主席的爱子毛岸英在抗美援朝战争中光荣牺牲，毛主席惊悉这个噩耗后极度痛苦的心情和对毛岸英的遗骨是否归葬的抉择过程，表现了毛主席的爱子之情和超人的胸怀。作者颇具匠心地截取了最能表现毛主席精神境界的片段，反映出人物的崇高境界。

学生通过电影、电视等途径已对伟人毛泽东有一些了解，但伟人也有着普通人的情感，我们常常称呼毛主席为“伟大领袖”，这不是没有道理的，毛主席为祖国和人民付出的实在是太多了，这个家族称得上是满门忠烈。毛岸英抗美援朝出国作战，艰苦卓绝的战斗背景学生了解较少，这都是学生学习本课的障碍。如何通过课文中动作、语言、神态的描写，体会人物内心世界的方法，学生还有待于深入地学习。

三、教学目标

1. 从课文中画出描写毛主席动作、语言、神态的语句，体会他的内心世界。

2. 结合资料，说说对“青山处处埋忠骨，何须马革裹尸还”的理解。

3. 感受伟人毛泽东的爱国情怀，教育学生继续弘扬伟大的爱国主义精神和革命英雄主义精神。

四、教学重点

1. 理解“青山处处埋忠骨，何须马革裹尸还”的含义。

2. 从描写毛主席动作、语言、神态的语句中，体会他的内心世界，深刻领会毛主席作为父亲和领袖的常人情感和伟人胸怀。

3. 学习描写人物内心世界的方法。

五、教学难点

品读课文，感受国家伟人以国家为重、为国家不徇私情的伟人胸怀。

六、教学过程

（一）复习回顾，导入新课

导入：“70 多年来，我们始终没有忘记在抗美援朝战争中英勇牺牲的烈士们。19 万 7 千多名英雄儿女为了祖国、为了人民、为了和平，献出了宝贵的生命。”今天这节课我们继续学习《青山处处埋忠骨》。

（二）研读课文，深入探究

请说一说课文两部分的内容，感受毛主席的丧子之痛。

过渡：抗美援朝战争爆发后，新婚不久的毛岸英主动请求入朝参战。青春对他们而言，是战火硝烟里的灼灼芳华，是保家卫国的无怨无悔。

1. 播放视频：抗美援朝纪录片节选

过渡：可谁想，踏上朝鲜战场才一个多月，年仅 28 岁的毛岸英就牺牲了。此时电报传来。

2. 出示电报内容

3. 读了电报内容，你仿佛看到了什么情景

小结：毛岸英牺牲的噩耗传来，毛主席内心充满了悲痛和无奈。作为父亲，他有割舍不断的常人情怀，作为主席，他的内心又如此复杂。

4. 出示学习提示

请找出描写毛主席动作、语言、神态的语句，体会他的内心世界，和同学交流后，再有感情地读一读。

5. 交流

（1）“从见到这封电报起，毛主席整整一天没说一句话，只是一支接着一支地吸着烟。桌子上的饭菜已经热了几次。”

提问：这一天，对毛主席来说是长还是短？

（2）“‘岸英！岸英！’毛主席用食指按着紧锁的眉头，情不自禁地喃喃着。”

6. 教师引读

噩耗传来，这位久经沙场的老战士悲痛不已，他整整一天——没说一句话。

老来丧子，白发人送黑发人，年近 60 的毛泽东失去了最心爱的儿子，他整

整一天——没说一句话。

出示资料：同学们，你们知道吗？毛岸英已是毛主席一家为革命牺牲的第6位亲人了，出示资料介绍。

此时此刻，老人多么希望岸英能像去苏联留学时那样平平安安地回来，像去农村锻炼时那样平平安安地回来，他喃喃着儿子的名字——岸英。

此时此刻，老人想到岸英从小就颠沛流离，他的眼睛模糊了，他喃喃着儿子的名字——岸英。

此时此刻，老人多么希望岸英会出现在自己的眼前，亲切地唤着“爸爸!”他哽咽了，喃喃着儿子的名字——岸英。

小结：面对这第一封电报，他知道，他再也唤不回心爱的儿子了。在这喃喃自语中，饱含着多少眷恋与不舍，面对这封电文，毛主席悲痛万分。

【设计意图】教师精心设计的小结引读将气氛一步步烘托出来，让学生走进毛主席的内心，细细体会伟人的悲痛。

7. 体会抉择之痛

8. 分别用一句话简明归纳从朝鲜发来的另外两封电报的内容

9. 看到两封电报，如果是你，你会怎么想

10. 品读课文第7小节

过渡：想象当时的情景，关注描写毛主席内心独白和自言自语的语句，说一说，你体会到了什么？

11. 交流句子

出示：“儿子活着不能相见，就让我见见遗骨吧!”“就尊重朝鲜人民的意愿吧。”“秘书将电报记录稿交主席签字的一瞬间……示意秘书将记录稿放在上面。”这段话中“踌躇”描写了毛泽东的什么？“黯然的目光”是对毛泽东的什么描写？从毛泽东“转向窗外”“指指写字台”“示意”这一连串的动作中，你能体会出什么？

小结：当毛主席见到电报后，他像普天之下的父亲一样悲痛万分。当志愿军司令部与朝鲜方面对于岸英埋葬的处理意见发生分歧时，毛主席的内心虽然非常矛盾，但最后还是做出了将爱子安葬在朝鲜的艰难痛苦决定。文章通过对主席动作、语言、神态的描写来表现人物的内心世界。

12. 出示句子

第二天早上，秘书来到毛主席的卧室。毛主席已经出去了，签过字的电报记录稿被放在了枕头上，下面是被泪水打湿的枕巾。

过渡：这该是一个多么难熬的漫漫长夜啊！你仿佛看到了什么？听到了什么？请你用以上描写人物的方法，用手中的笔为我们重现这个不眠的夜晚。

13. 学生完成练笔后，朗读出来

小结：毛主席并没有把自己放在高高在上的位置，而是认为自己和千千万万普通的父母一样，把痛苦、煎熬深深地埋藏在了心底。

（三）朗读诗句，总结全文

1. 出示："青山处处埋忠骨，何须马革裹尸还"

过渡：这铮铮的言语下，是毛泽东那宽广的胸怀和深深的父爱。

2. 提问

历史上有无数为国捐躯的英雄儿女，请你根据查找到的资料，结合人物故事，说说你对"青山处处埋忠骨，何须马革裹尸还"的理解。

【设计意图】无数英雄儿女为了保家卫国浴血奋战，他们才称得上"最可爱的人"，让每位同学找到生命的价值意义。

（四）点明主题，升华情感

1. 再读诗句

过渡：抗美援朝战争是在交战双方力量极其悬殊的条件下进行的，但志愿军战士却创造了威武雄壮的战争伟业，牺牲的烈士们就埋葬在连绵起伏的群山、郁郁葱葱的苍松翠柏之中。这里，庄严肃穆，让我们对这些英烈予以最崇高的敬礼。

（五）拓展资料，作业布置

1. 出示：抗美援朝后期遗骨陆续运回祖国的资料，播放第八批志愿军烈士遗骸回国视频。

2. 推荐《谁是最可爱的人》这本书。

3. 推荐观看电影《长津湖》。

跳　水

北京市昌平第二实验小学　程锦

一、年级学科

五年级　语文

二、背景分析

《跳水》是部编版五年级下册第六单元的第三篇课文。本单元的语文要素是“了解人物的思维过程，加深对课文内容的理解”，引导学生在把握课文内容的基础上，进一步了解文中人物解决问题的思维过程，从而培养学生对文章的整体把握能力和根据具体情况思考问题、解决问题的意识。《跳水》中的船长看到孩子身在高高的横木上，随时可能摔到甲板，便迅速通过海面风平浪静、水手们都在甲板上等有利条件，判断出孩子只有跳到海里才有机会获救，于是船长果断举枪逼孩子跳水。这一决定的背后，蕴含着一位船长极其丰富的航海经验、沉着处事的大智慧和当机立断的非凡勇气。

五年级学生在经过四年级上册第四单元“了解故事的起因、经过、结果，学习把握文章的主要内容”，四年级下册借助列小标题“学习把握长文章的主要内容”等能力训练后，基本能够概括理解课文的主要内容。同时，五年级学生处于11～12岁的年龄，正好跟本课中的“孩子”这一角色年龄相仿，正处于自我意识崛起、情绪波动较大的时期，更能贴近文本，理解感受“孩子”的心情。但五年级学生处于从形象思维到抽象思维的过渡阶段，看待事情比较单一、表面化，理解人物存在标签化的问题。因此，本节课重点要引导学生借助思维导图等思维可视化工具，抽丝剥茧般分析文本、解读人物、理解思维，从而提升学生根据具体情况思考问题、解决问题的意识。

三、教学目标

1. 以故事的起因、经过、结果为线索讲述故事内容。

2. 说出水手们的“笑”对推动故事情节发展的作用。

3. 说出船长所用办法的好处。

四、教学重点

1. 说出水手们的表现在推动故事情节发展中的作用。

2. 揣摩船长的内心想法，说出船长所用办法的好处。

五、教学难点

联系具体情况，体会船长所用办法的好处。

六、教学过程

（一）聚焦课题，回顾内容

今天我们继续学习俄国作家列夫·托尔斯泰的短篇小说，第 17 课《跳水》。

上节课，我们梳理了故事的起因、经过、结果，谁能说说看，这篇课文讲了一个什么故事呢?

（二）聚焦心情，险境探因

回顾整个故事，这个孩子一开始在甲板上。随后为了追猴子他爬上了桅杆；为了抢帽子，他又不顾一切走上了最高的横木，陷入了极端危险的境地。你们发现没有，这个孩子一步步陷入绝境的背后，其实是他的心情发生了极大的变化。接下来就让我们一起走进孩子的内心。

学习提示：
1. 默读课文，用“____”画出体现孩子心情变化的语句。
2. 用恰当的词语概括孩子当时的心情，批注到句子旁边，并说明理由。
3. 同桌间相互交流。

学生汇报补充：

“船长的儿子才十一二岁，他也笑得很开心。”

“只有那个孩子哭笑不得，眼巴巴地望着猴子坐在桅杆的第一根横木上。”

“孩子吓唬它，朝着它大喊大叫。”

“孩子却气得脸都红了。”

“‘你逃不了!’孩子一边追赶一边喊。”

“孩子气极了，他的手放开了绳子和桅杆，张开胳膊，摇摇晃晃地走上了横木去取帽子。”

“孩子听到叫声往下一望，两条腿不由得发起抖来。”

过渡：从这些语句当中，你感受到孩子怎样的心情变化呢？

预设：开心——哭笑不得——生气——气极——害怕（师相机板书）

通过大家的交流，我们发现孩子从一开始的开心，到哭笑不得的尴尬，再到气到极点，失去理智，在不知不觉间陷入了险境。那我们不得不问了，孩子心情的变化，这一险境的造成，究竟是谁的原因呢？

预设1：猴子的原因。

追问：你能结合孩子的心情具体说一说吗？

预设：摘帽子——哭笑不得

咬帽子、撕帽子——生气

把帽子挂在最高的那根横木的一头——气极

小结：猴子的行为一直刺激着孩子，孩子的心情、思维一直被猴子牵动着。还有其他原因吗？

预设2：水手的原因。

追问：文中一共写了水手几次“笑”？请你快速浏览课文，用“～～～”画出描写水手们“笑”的语句，联系上下文，说说这几次“笑”与孩子心情变化、陷入绝境有什么关系呢？

预设：哈哈大笑——猴子更加放肆

大笑起来——孩子哭笑不得

笑得更欢——孩子气得脸都红了

小结：原来这笑声穿插在猴子与孩子之间，既刺激了猴子，又刺激了孩子的内心。

追问：那作者为什么要写水手们这三次笑呢？如果我们把水手的“笑”都删去，对比来读，你有什么感受？

小结：水手的笑让孩子更加难堪、丢脸，自尊心受到了伤害，所以更加激怒了孩子，心情也随之发生了变化，所以水手的笑推动了故事情节的发展，起到了推波助澜的作用。这就是列夫·托尔斯泰写作的高明之处，孩子、猴子、水手三条线索穿插交织在一起，环环相扣，让我们更加充分地感受到了孩子的心情变化。

【设计意图】这一教学过程的设计，体现了指导学生如何进行恰当批注的过程，既有利于训练学生的概括能力和语言运用能力，又有利于促进学生进一步发现孩子遇险与水手拿猴子取乐之间有着密切的关系。

（三）聚焦人物，还原思维

孩子的思维与行动，就这样一步步被猴子的逗弄和水手的笑牵着，他不知道自己多么危险，心里只有一个念头：要抢回帽子！所以有了这样让人胆战心惊的一幕（引导朗读）——孩子只要一失足，摔到甲板上就没有命了。即使他走到横木那头拿到了帽子，也难以回转身来。

老师通过查阅资料发现，那个时代帆船最顶端的距离到甲板上约 27 米高，相当于 9 层楼。你了解后有什么想说的？

如果让你用一个词来形容此刻孩子的处境，你会用什么词？

预设：命悬一线、危在旦夕、千钧一发……

就在这千钧一发之际（引导朗读）——船长从船舱里出来，手里拿着一支枪。他本来是想打海鸥的，看见儿子在桅杆顶端的横木上就立刻瞄准儿子，喊道："向海里跳！快！不跳我就开枪了！"孩子心惊胆战，站在横木上摇摇晃晃的，没听明白他爸爸的话。船长又喊："'向海里跳！不然我就开枪了！一！二！'刚喊出'三'"，孩子纵身从横木上跳了下来。

走出船舱的船长第一眼看到了什么？他是怎么做的？

在看和做之间，船长是怎么想的？为什么做出这样的决策呢？我们来推测一下船长的思维过程。

学习提示： 1. 思考：如果你是这位船长，为了解救儿子，心里会想些什么呢？还会想到其他的办法吗？ 2. 交流：小组内讨论交流，汇总观点，写在学习单上。

学生汇报分享。

小结：正所谓天时地利人和，一切有利于营救孩子的条件他都考虑到了。无论是其他哪种方法，都可能因耗时过久而失足掉下甲板，必死无疑，跳海还有一线生机。正所谓，两害相较取其轻，这是当时唯一可行的办法。

《跳水》学习单

推测船长的思维过程

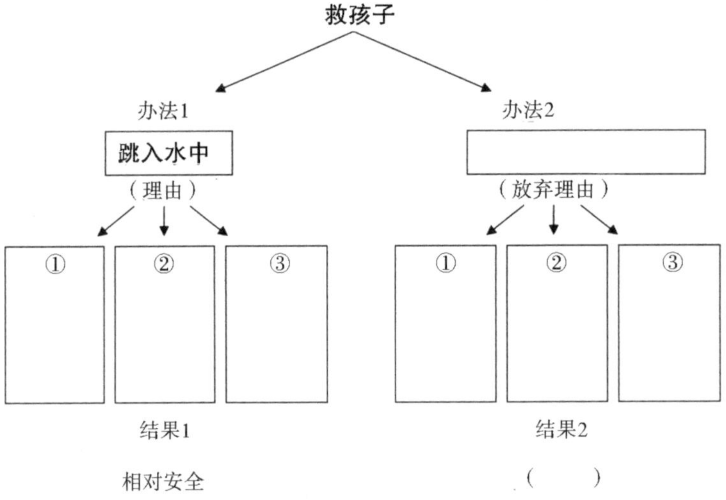

【设计意图】借助思维导图，引导学生将船长的思维可视化，在讨论补充中充分理解船长办法好在哪里。

刚刚我们用了很长时间才发现只有主动跳海才是最好最安全的办法，船长也想了这么久吗？此时，船长给你留下了怎样的印象？思维缜密、沉着冷静、当机立断。

正是船长在最短的时间内，用最理性的分析，最强硬的态度，力挽狂澜，才让孩子转危为安、化险为夷。

故事读到这里，你发现没有？这个最重要的关键人物——船长，在整篇文章中只用了一个自然段来描写，且直到最后才出场呢。

小结：将关键人物安排在最关键的时刻，更有利于加深读者对船长的认识。且文中对船长言行的描写非常简洁，只用少量的动作、语言，就充分体现出船长反应的敏捷、语气的坚定，符合当时危急的情况。这是作家列夫·托尔斯泰写作上的又一高明之处。

总结：《跳水》这个故事，就是列夫·托尔斯泰专门写给儿童的，他的儿童小说常常故意不点明寓意，他说道理是“从故事里自然流露而出的，不是直白告诉人的，应在阅读过程中自己悟透”。今天我们学习了列夫·托尔斯泰的《跳水》，其实在图画书《跳水》中还收录了列夫·托尔斯泰的另外两部作品，请你们课下继续感受名家作品的魅力。

探古道神韵　悟明陵文化

——口语交际《我是小小讲解员》

北京市昌平第二实验小学　袁慧

一、年级学科

五年级　语文

二、背景分析

本节课教学内容是五年级下册第七单元口语交际。第七单元围绕"世界各地"的主题，编排了《威尼斯的小艇》《牧场之国》《金字塔》三篇课文，展现了水城威尼斯独特的城市风光，描写了荷兰安闲的牧场，介绍了古老的埃及金字塔，呈现出一幅幅动人的画卷，体现了世界各地丰富多彩的自然、人文景观的魅力，有利于激发学生了解世界多元文化的兴趣。

本单元的习作要求是"搜集资料，介绍一个地方"，习作任务是写一处中国的世界文化遗产。从阅读、感受世界各地的文化遗产到介绍中国的世界文化遗产，教材引导学生关注中国傲人的文化成就，增强其民族自豪感，并学习把一处文化遗产介绍清楚。

处于三篇课文和习作之间的口语交际的话题是"我是小小讲解员"，让学生选择一个情境，为他人进行讲解。该话题引导学生迁移运用从本单元课文中学到的介绍地方或事物的方法，提高学生在实际生活中口头介绍地方或事物的能力。三篇课文介绍了三个地方，其中水城威尼斯和古埃及金字塔是世界文化遗产，本单元习作也要求学生从中国的世界文化遗产中选择一处来介绍，因此，在口语交际"我是小小讲解员"的讲解内容上，创设了"模拟现场讲解中国的世界文化遗产——明十三陵神道上的主要景点"的交际情境。

对于口语交际课，五年级学生并不陌生。经过前两个学段的学习，在表达与交流方面已经能够做到认真听他人讲话并了解讲话的主要内容；能积极参加讨论，敢于发表自己的意见，清楚明白地表达自己的感受和想法。在梳理与探究方面也能够有目的地搜集资料，共同讨论，尝试运用语文并结合其他学科知识解决问题。因此，对于本节课教学活动，学生在前期搜集、整理、筛选资料的基础上初步形成讲解提纲难度不大，对于课上小组交流完善提纲，以及按照要求进行小组试讲和推选代表进行班内展示都具有可行性。

由于本节课学生讲解的内容是中国的世界文化遗产之一的明十三陵中神道上的主要景点，学生对自己搜集到的资料的准确性难以把控，需要教师进行把关，因此课前搜集、整理、筛选资料这部分比较关键。此外，由于课上创设的情境是以讲解员的身份“模拟现场讲解”，学生在讲解时要有场景意识，还要从表达和礼仪两个方面展现小讲解员的风采，这对于学生来说存在挑战。

三、教学目标

1. 根据要讲解的内容将自己课前借助查找图书、网络搜索等方法找到的资料进行分类整理、筛选，初步形成讲解提纲。

2. 通过小组合作对初步列出的提纲进行完善，做到按照一定顺序讲述。

3. 按照表达和礼仪两个方面的要求，借助讲解提纲进行讲解。

4. 通过神道景点，初步了解明十三陵体现的礼念、历史与文化价值，感受明陵丰厚的历史文化内涵。

四、教学重点

1. 通过小组合作对初步列出的提纲进行完善，做到按照一定顺序讲述。

2. 按照表达和礼仪两个方面的要求，借助讲解提纲进行讲解。

五、教学难点

通过神道景点，初步了解明十三陵体现的礼念、历史与文化价值，感受明陵丰厚的历史文化内涵。

六、教学过程

（一）谈话导入，激发讲解兴趣

1. 出示课件，回顾第七单元课文，引出本节课上课内容——口语交际。

2. 提问：生活中，你在哪里看到或听过讲解员讲解？

追问：讲解员的讲解给你的参观提供了怎样的便利？

3. 引出本节课口语交际任务——做一名小小讲解员。

【设计意图】引导学生回顾本单元课文，自然入课，同时为后面引出“三篇课文介绍的三个地方中有两个属于世界文化遗产”做铺垫；引导学生体会讲解的意义，激发讲解的兴趣，明确本节口语交际课主题——做小小讲解员。

（二）明确讲解内容，梳理讲解要求

1. 引出明十三陵。

问：我们要讲解的内容是什么呢？

出示课件，引导学生了解本单元三篇课文介绍的三个地方中的威尼斯和金字塔属于世界文化遗产，习作要求也是从中国的世界文化遗产中选择一处来做介绍，明确本节课要介绍一处中国的世界文化遗产。

问：通过课前查阅资料，你知道中国的世界文化遗产有多少？

追问：其中在咱们北京的又有哪些？

追问：其中的明清皇家陵寝指什么？

出示明朝皇家陵寝的主要分布，明确位于家乡昌平的一处——明十三陵。

【设计意图】结合单元课文和习作共同点——世界文化遗产，引导学生通过查找资料了解中国的世界文化遗产、分布在首都北京的世界文化遗产和位于家乡昌平的世界文化遗产——明十三陵。这种方式既逐渐向讲解内容靠近，又能激发学生的民族自豪感和家乡自豪感。

2. 邀请实地小讲解员简介明十三陵。

问：哪位同学愿意结合这幅十三陵陵区原貌图给我们介绍一下明十三陵？

追问：这位同学讲得怎么样？谁来评价一下？（适时板书）

【设计意图】邀请一名假期担任过实地讲解的讲解员结合明十三陵全貌图对明十三陵进行整体介绍，为学生提供讲解范例。让学生对其进行评价，从表达和礼仪两个方面梳理出对讲解员的要求，也就是评价标准，为后面组内试讲和班内展示提供自评、互评的参照。

3. 引出神道。

出示课件，通过展示对年级学生的调查问卷结果，明确本节口语交际课的任务——模拟实地讲解，结合课前查阅资料形成的讲解提纲，介绍神道上的各个景点。

（三）组内交流，完善讲解提纲

出示课件，整体了解神道上的五个主要景点，提示学生对照课前搜集、整理、筛选资料后初步形成的讲解提纲，在小组内进行交流、完善，相互补充。

（四）组内试讲，推选代表

引导学生结合板书，让学生明确讲解要求，按要求进行组内试讲，并推选出代表准备班内展示。

特邀嘉宾团的实地小讲解员们参与各小组中进行指导。

（五）班内展示，评价总结

1. 宣布接下来进入模拟现场讲解班内展示环节。

问：作为听众，要做些什么呢？

2. 邀请两组进行展示，引导学生进行评价、引导特邀嘉宾团进行评价。

3. 小结评价。

【设计意图】引导学生结合板书的讲解要求进行评价，同时引导特邀嘉宾团的实地小讲解员们进行评价和提建议，帮助展示的学生和倾听的学生更好地了解作为一名实地小讲解员应具备的基本素养。

（六）拓展提升，感受文化内涵

1. 从讲解内容，引出明朝帝王崇奉的“事死如事生”的理念。

2. 从历史文化研究价值方面肯定走进、了解明十三陵的意义所在。

3. 拓展天坛、故宫等同样能够体现明文化的地方，引导学生继续感受其蕴含的历史与文化的魅力。顺便作为课后作业进行学习活动的延展。

4. 出示《魅力昌平　龙娃代言》中明代帝陵研究会原会长胡汉生先生的寄语，指名读。

田忌赛马

北京市昌平第二实验小学　刘蕾

一、年级学科

五年级　语文

二、背景分析

《田忌赛马》是五年级下册第六单元的第二篇课文，第六单元以“思维的火花”为主题，编排了《自相矛盾》《田忌赛马》和《跳水》三篇课文，展现了主人公的思辨与智慧。本单元意在引导学生树立结合实际思考问题的意识，懂得根据具体情况选择恰当解决问题的办法。

本单元的语文要素是“了解人物的思维过程，加深对课文内容的理解”，引导学生在把握课文内容的基础上，进一步了解文中人物解决问题的思维过程，从而培养学生对文章的整体把握能力和根据具体情况思考问题、解决问题的意识。

《田忌赛马》是根据《史记·孙子吴起列传》中的相关内容改写的。文章讲述了战国时期，齐国大将田忌经常与齐威王及贵族们赛马，孙膑发现他们的马脚力都差不多，而且都能分成上、中、下三等，于是建议田忌合理安排不同等级的马的出场顺序，从而使田忌在与齐威王的对阵中获胜。这个故事告诉孩子们，遇到问题要像孙膑一样认真分析观察到的实际情况，再选择合适的对策，以达到预期的目的。已学第十五课《自相矛盾》是根据文中人物的语言了解人物的思维的，为这节课根据客观情况，列出图表了解孙膑的思维过程奠定了基础。

五年级学生已经具备了一定的思维能力，阅读能力和理解能力也有了新的飞跃。孩子们有了独立思考、分析的能力，且敢于在交流和讨论中根据自己的阅读体会和已有经验发表自己的看法，说出自己的感悟。他们可以根据学习活动和老师的要求将注意指向学习对象，可以自己独立地查阅工具书来理解课文中的生字词，了解田忌赛马取胜的关键在于听取了孙膑的计策及调换了马的出场顺序。五年级的学生正是形象思维向抽象逻辑思维转变的过渡期，所以学生在理解孙膑为什么要让田忌这样安排马的出场顺序，即孙膑的思维过程还是有一定难度的，需要老师进一步引导，从而使学生感受到孙膑的足智多谋。

三、教学目标

1. 抓住人物的神态、语言来感悟人物的情感及性格特点，有感情地朗读课文。

2. 借助图示，推想孙膑制定计策的思维过程，加深对课文内容的了解，体会孙膑的足智多谋。

3. 学习孙膑认真观察、善于分析的态度，懂得在学习、生活中遇事要仔细观察、善于分析，才能找到解决问题的好办法。

四、教学重点

学习孙膑认真观察，善于分析的态度，懂得在学习、生活中遇事要仔细观察、善于分析，才能找到解决问题的好办法。

五、教学难点

借助图示，推想孙膑制定计策的思维过程，加深对课文内容的了解，体会孙膑的足智多谋。

六、教学过程

（一）整体感知，回忆内容

请学生说说课文的主要内容。

【设计意图】通过让学生回顾课文的主要内容，理清课文脉络，为推想孙膑制定计策的思维过程奠定基础。

（二）细读探究，思维可视

1. 了解取胜的关键原因

孙膑是怎么安排马的出场顺序的？请同学们结合第 11～14 自然段，把齐威王和田忌赛马的对阵图用直线在课后第二题标画出来。

2. 谁来结合对阵图说一说，田忌是怎样安排马的出场顺序的？（学生汇报）

3. 了解孙膑制定计策的思维过程

过渡：田忌三局两胜赢了齐威王，看到这个结果，你有什么问题？

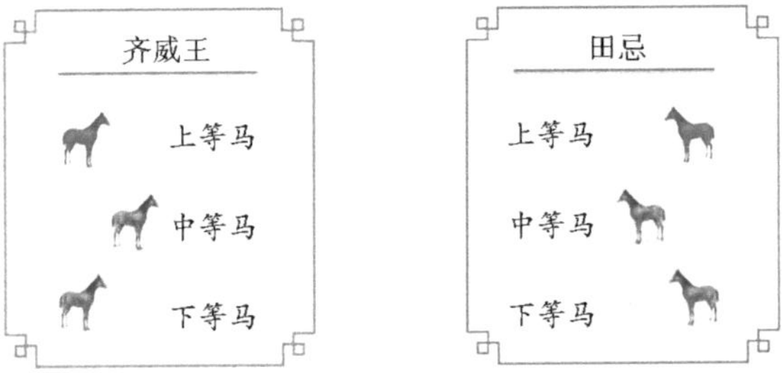

【设计意图】引导学生默读课文，标画出田忌和齐威王赛马的对阵图，明白马不变，只调换了一下出场顺序是转败为胜的关键；学生质疑，提出核心问题。以此活动激发学生洞察孙膑思维过程的兴趣，加深对课文内容的理解。

4. 孙膑为什么能想出如此完美的策略呢？谁来给大家读一读

学习第 2 自然段：孙膑看了几场比赛后发现大家的马脚力相差不多，而且都能分成上、中、下三等。

（1）什么叫做脚力相差不多？

（2）孙膑还发现什么了？

5. 孙膑发现了这些，他会想些什么呢

学习提示： 1. 自学深思：孙膑是怎样排兵布阵的？请你先用自己的方式展示孙膑的思维过程。（3 分钟） 2. 小组合作：交流自己的展示方式，并相互补充。（5 分钟）

6. 小组交流，相互补充

小结：一共有六种方法，只有孙膑的这种方法能赢。孙膑通过仔细观察，合理分析，想出了稳操胜券的对策。

7. 分角色朗读对话

“一天，孙膑对田忌说：‘将军，我有个办法，保证能让您在赛马时获胜。’”

“田忌问道：‘你是说换几匹更好的马？’”

“孙膑摇摇头说：‘一匹也不用换。’”

“田忌有些不明白：‘那怎么有能赢的把握呢？’”

“孙膑胸有成竹地说：‘将军请放心，按照我的主意办，一定能让您赢。’”

看到孙膑如此胸有成竹的样子，田忌决定和齐威王再战一场。田忌和齐威王的对阵就要开始时，孙膑把田忌请到一边，悄悄地把办法告诉了他。他会怎么说呢？学生把思维转化成语言，表达自己的想法。

（三）赛马现场，感受信任

过渡：孙膑的计策能否成功，让我们穿越时空到现场去看看吧！

田忌胜两场输一场，赢了齐威王。你从田忌的表现中又感受到什么？

看到田忌如此轻松地赢得了比赛，齐威王看出了门道，他会怎么想呢？

所以齐威王好奇地问田忌："你这样安排马的出场顺序，是不是有人给你出谋划策了？"田忌如实相告，并引荐了孙膑。后来，齐威王任命孙膑为军师。

【设计意图】引导学生分析孙膑制定的必胜计策，首先是认真细致的观察，然后再通过学生自主分析孙膑的思维过程，相互补充，了解孙膑所献计策的精妙之处。利用史实资料让学生了解孙膑，感受孙膑的智慧！

（四）总结全文，布置作业

1. 我们再来看《田忌赛马》这个故事，你觉得谁是赢家？

2. 在面对问题时，先要认真地观察，细致地分析，再选择合适的对策，才能达到预期的目的，获得成功。

3. 布置作业：

（1）阅读《围魏救赵》这个故事，画线句子孙膑贴着田忌的耳朵悄悄地说了什么？请你思考后用自己喜欢的方式展示孙膑的思维过程。

（2）历史上的智谋故事有很多，有兴趣的同学课后可以阅读这些故事，感受古人的智慧。

少年闰土

北京市昌平第二实验小学　杨洪玉

一、年级学科

六年级　语文

二、背景分析

统编六年级上册第八单元的人文主题是"走近鲁迅"。本单元是部编版教材中第一次以人物为中心组织学习内容，旨在引导学生透过鲁迅的笔触和别人眼中的鲁迅，初步认识和了解鲁迅，感受鲁迅这位"文学巨匠""民族旗帜"高尚的品格和伟大的成就。

《少年闰土》是六年级上册第八单元的一篇课文，节选自鲁迅1921年写的短篇小说《故乡》。这篇课文通过"我"对少年闰土的回忆刻画了一个活泼可爱、机智勇敢、聪明能干、见识丰富的农村少年形象。文本语言简洁、传神，采用白描、对话、举事例等多种表现手法使人物形象鲜明、生动、呼之欲出，字里行间充满了"我"对闰土的赞扬和无限羡慕，也充分表达了"我"对那段短暂而又真挚的友谊的珍惜和怀念之情。因此，引领学生通过品悟语言、走进童年的故事，更好地感受那份童真和情感，借助《朝花夕拾》的写作背景及资料理解课文内容。本单元的语文要素是"借助相关资料，理解课文主要内容"，所选编的四篇课文都与鲁迅先生有关。教学时，要注意时代背景的链接，引导学生对黑暗的旧社会有初步的认识，并通过以想促悟、读中悟情的方法，体会关键语句的深刻含义，从而理解课文的主要内容。

三、教学目标

1. 结合三个场景，抓住关键词句，感受闰土在"我"心中的形象，同时结合资料，理解含义深刻的句子，体会"我"的内心世界。

2. 对比阅读中年闰土的描写句段，激发学生进一步阅读探究鲁迅作品《故乡》的兴趣。

四、教学重点

感受闰土在“我”心中的形象，同时结合资料，理解含义深刻的句子，体会“我”的内心世界。

五、教学难点

感受闰土在“我”心中的形象，同时结合资料，理解含义深刻的句子，体会“我”的内心世界。

六、教学过程

（一）回顾场景，梳理课文

经过十一假期画鲁迅先生小报、游博物馆的预热，从这周开始我们正式开启了“走进鲁迅　亲近大师”的学习活动。这节课我们继续走近鲁迅先生笔下的少年闰土。通过上节课的学习，我们知道了这篇课文围绕着闰土写了三个场景：月下看瓜、刺猹的闰土以及在现实生活中“我”和闰土相识和相处的情景。到底闰土是一个怎样的少年呢？

（二）细读课文，感悟形象

1. 聚焦“月下刺猹”，走进回忆中的闰土（聚焦第 1 自然段）

让我们先走进作者的回忆中去看一看。上节课我们一起美美地读了这段话，谁来展示一下。其他同学边听边想，你脑海中浮现出了什么画面？

预设 1：“我”好像看到了深蓝的天空中一轮金黄的明月，一片静谧的瓜地。

预设 2：因为作者写环境抓住了它的主要特点。

预设 3：“我”好像看到了一个勇敢的少年。

点拨：这里描写闰土，主要是抓住他的外貌和动作（学生说）来写。写外貌，也没有面面俱到，仅仅用了四个字，只是抓住人物最重要的那一点，给人留下了深刻的印象。写动作，抓住了刺猹那个瞬间的动作“捏一柄钢叉”“尽力刺去”。此时此刻，你觉得闰土是一个怎样的人？

预设：勇敢　机敏（敏捷）（顺势板书）

配乐朗读。

2. 走进现实，再品闰土（聚焦第 2～18 自然段）

这是“我”回忆中的闰土，在“我”和闰土的相识、相处中，我们又看到了一个怎样的少年呢？小组合作仔细品读。

出示小组合作学习提示：

学习提示： 1. 默读第2～18自然段，思考：你看到了一个怎样的闰土？圈画出相关语句，并简单批注你的感受。(2分钟) 2. 小组交流。(3分钟)

学生分享交流：

(1) 雪地捕鸟

预设1：“下了雪，我扫出一块空地来，用短棒支起一个大竹匾”，我从闰土捕鸟的方法这里感受到了闰土很聪明。

追问：这位同学抓住了几个描写捕鸟的动词，我们看看都有什么？

读读这几个动词，你感受到了什么？

雪地捕鸟，这么一件高难度的事，闰土做起来却是那么轻松，足可见他的聪明能干。(板书)

过渡：还有别的同学也是批画的这里吗？

预设2：我感觉他捕到的鸟种类很多，可以看出来闰土懂得非常多。

过渡：这些鸟你都认识吗？我们一起看看。

不仅鸟的种类多、名字叫起来也非常有意思，可以看出来闰土见识非常广，我们就可以用一个词语概括见多识广。

(2) 海边拾贝

预设：我从“红的绿的都有，鬼见怕也有，观音手也有”感受到这里的贝壳颜色多、名字也挺奇特的，看出闰土见多识广。

颜色上跟我们平时海边捡贝壳不太一样，红的绿的都有。“鬼见怕”“观音手”多有意思啊！

(3) 瓜地刺猹

预设1：我从“路人渴了摘瓜吃，不算偷”感受到闰土很朴实。

预设2：我从“这个猹很凶猛、很伶俐”感受到闰土很勇敢、身手敏捷。

点拨：猹越厉害越凶猛，越反衬出闰土的聪明能干。(板书)

(4) 看跳鱼儿

我从“跳鱼儿只是跳，鱼还长着青蛙似的两个脚”，感受到闰土见识多。

点拨：跳鱼儿长着青蛙似的两个脚，还会跳，你见过吗？可以看出闰土生活的环境见识到了很多我们见识不到的东西，这就叫见多识广。

（5）初次相识

我从闰土“紫色的圆脸，头戴一顶小毡帽，颈上套着银项圈”感受到他非常健康、朴实。

点拨：抓住了外貌描写，寥寥几笔，勾勒出一个健康朴实的乡村少年。

3. 走进“我”的内心世界

在这一部分，作者不仅写了闰土讲的新鲜事，还写了“我”听到这些事时的心理感受？出示三个句子，先让一个同学读一读。你读出什么来了？

预设：对闰土生活的向往、羡慕和对自己生活的厌烦。

闰土生活的环境是那么自由自在，见识到了那么广阔的天地，而此时作者和他的小伙伴又在做些什么呢？

出示补充材料，你感受到什么？

所以作者才连用了四个“我不知道”，表达自己对闰土这种生活的向往和自己生活的厌倦。

【设计意图】通过小组合作学习，抓住文中的关键词句，结合资料深刻感悟闰土的形象，走进“我”的内心世界，感悟“我”对闰土生活的向往

（三）对比阅读，感悟“改变”

这样的一位伙伴，虽然“我”跟他只相处了短短一个月的时间，但是两个人之间却产生了深厚的友谊，导致两人分别时，出示最后一个自然段“急得大哭”“哭着不肯出门”，真的是难舍难分。

这一分别就是30年，当他们再重逢（板书：中年闰土）的时候，又会是怎样的情形呢？

你觉得中年的闰土又有怎样的变化呢？

预设：神情麻木　苍老憔悴　寡言少语（顺势板书）

从少年闰土到中年的闰土，你有什么想问的吗？

到底是什么让闰土由一个健康、淳朴的少年变成如今这样一个神情麻木、寡言少语的中年人？鲁迅先生写下这个故事，写下这篇回忆性的《故乡》，仅仅是为写这样的一个童年玩伴吗？学生分享资料。

（四）拓展阅读，迁移运用

更多的疑问请大家继续阅读鲁迅的《故乡》，继续走近鲁迅先生，走进他所处的特殊时代，相信读完之后，你一定会有更深刻的感受，也更能理解我们第八单元导语页中所说的“他是伟大的文学家、思想家、革命家”。

完成课后的小练笔，从你的照片中选择一张印象最为深刻的，仿照着第1自然段的写法写一写这个难忘的瞬间。

我的伯父鲁迅先生

北京市昌平第二实验小学　赵红艳

一、年级学科

六年级　语文

二、背景分析

（一）教学内容分析

《我的伯父鲁迅先生》是周晔写的一篇回忆性叙事散文。通过补充资料，教师引导学生触摸到一个平易近人、和蔼可亲、幽默风趣的鲁迅，树立鲁迅先生可以“亲近”的形象。这一单元的语文要素是“借助相关资料，理解课文主要内容”。对于单元第一课《少年闰土》的教学，教师可以提供搜集资料的方向，让学生根据要求查找，并借助资料理解课文内容；第二课《好的故事》的教学，教师可以在阅读过程中引导学生自己生发对资料的需求，然后借助课后资料加深对课文的理解。这两个设计是有梯度的，第一课是教师参与在先，而第二课就要引导学生主动查找，学习《我的伯父鲁迅先生》，教师可以在预习时要求学生自己查找相关资料，自己理解课文主要内容。

（二）学习者分析

本文选用了“我”儿时亲历、亲见、亲闻三类事件多角度地表现鲁迅先生对待亲人、外人的和善与关爱，事件之中还蕴含了他对劳苦人民的悲悯以及终其一生用一支笔抗争黑暗社会、唤醒民众的可贵精神。对于六年级的学生来说已经基本完成了对文章内容的概括提炼，可以读懂单件事，以及所表现的伯父形象，这是儿时的“我”对鲁迅先生的认识。但“我”对鲁迅先生的认识不止于此。为了能更深入地读懂“我”对鲁迅先生的认识，回答“在伯父的追悼会上，为什么这么多人爱戴我的伯父?”的问题，在制定教学目标时要考虑到学生不仅仅要读懂鲁迅先生的形象，更要知道如何借助搜集到的材料读懂人物。正确地评价人物是本节课的学习难点所在。

三、教学目标

1. 能用较快的速度默读课文。

2. 用小标题的形式概括文中所写的关于鲁迅的几件事。

3. 借助课文及相关资料，感受鲁迅的人物形象。

四、教学重点

借助课文及相关资料，感受鲁迅的人物形象。

五、教学难点

借助课文及相关资料，感受鲁迅形象的丰富性。

六、教学过程

（一）诗歌导入

诗歌导入：出示学生自创诗歌，教师深情朗读。

齐读课题：这篇课文前面带有※号，是一篇略读课文。

认识作者：这是一篇回忆性文章，指名介绍作者周晔。

（二）学习列小标题

1. 回忆列小标题的方法

2. 出示方法

第一步：先用一句话概括每个部分的主要内容。

第二步：抓住关键信息，用“缩文字法”列出小标题。

要求：结构相仿，字数相同。

3. 对照标准评价同伴写的小标题

【设计意图】借助小标题的形式概括整体感知课文内容，学会归纳课文主要内容的方法。

（三）走近鲁迅

1. 追悼鲁迅

走进追悼鲁迅这个场景，你从中能感受到他是一个什么样的人？

预设：深受爱戴　万国殡仪馆的礼堂　数不清的挽联　大大小小的花圈

出示资料：鲁迅出殡时的场面。

从这段资料中你又读出了什么呢？（朋友多　受人敬仰　在文学界地位高）

【设计意图】借助鲁迅逝世时的万国殡仪馆环境及场面描写感受人物的崇高形象，质疑，引发阅读期待。

2. 给故事分类

分类：这五件事如果把它们分成两类，你觉得该怎么分呢？（鲁迅和亲人，鲁迅和普通人）

学习提示：阅读鲁迅和亲人的三个故事，你是从课文中哪些细节感受到的？请你根据学习单中的要求，每个小组聚焦某一件事，抓住课文细节，结合课外资料，进行分享发言。

3. 谈《水浒传》

预设："伯父摸着胡子，笑了笑，说：'哈哈！还是我的记性好。'"（板书：有情趣　慈祥　语言）

小结：伯父笑了笑，这看似不经意的笑、稍纵即逝的笑，深深地刻画在了小周晔童年的记忆深处。这一次的交谈让小周晔觉得伯父这样的教育方式独特。那天临走伯父还送了她两本书，你知道这两本书吗？

结合资料谈感受。（有童心）

4. 回忆碰壁

预设："你不知道……"（率真　幽默）追问：伯父说这段话时是怎么说的？

拓展资料：鲁迅碰壁的事情。

通过补充资料你还了解到他是一个什么样的人呢？（有正义感　事关性命勇敢无畏）

5. 除夕放炮

学生结合语段谈感受。（神态　慈祥）

孩子们，站在万国殡仪馆的礼堂上，小周晔的思绪向前追溯，飘到了伯父生前和她在一起谈《水浒传》、谈"碰壁"、放烟花这些细节上，也让我们看到了一个慈祥的伯父、自然的伯父，而此刻，她想到她永远都见不到伯父了，她怎能不落泪呢——

齐读："我呆呆地望着来来往往吊唁的人，想到我永远见不到伯父的面了，听不到他的声音了，也得不到他的爱抚了，泪珠就一滴一滴地掉下来。"

小结：在刚才的学习中，我们通过学习鲁迅和亲人相处的三个故事，抓住描写鲁迅语言、神态的句子，读出了鲁迅和亲人相处时的样子，用上这样的学习方式，继续随着周晔的思绪向前追溯。

6. 救助车夫

提问：在这个故事中你又有着怎样的感受呢？

预设：“爸爸跑到伯父家里，不一会儿，就跟伯父拿了药和纱布出来。他们把那个拉车的扶上车子，一个蹲着，一个半跪着，爸爸拿镊子夹出碎玻璃片，伯父拿硼酸水给他洗干净。他们又给他敷上药，扎好绷带。”（动作描写　对穷苦人民的关心）

老师引导：这不禁让我想到了鲁迅先生的一句诗：“横眉冷对千夫指，俯首甘为孺子牛。”鲁迅先生低头弯腰给人力车夫治伤的样子不正像这孺子牛一般吗？

出示：在这个故事里也有对伯父神态、动作的一段描写。（出示语段）

为什么伯父脸上没有了之前慈祥的面容了呢？（当时国家危难，人们生活艰难，面对一个又一个像车夫这样的人，他能救助一个两个，又怎能救助所有人呢？他只能写文章去呐喊，表达内心的那份忧虑。）

指导朗读。

7. 关心女佣

救助车夫与关心女佣相似，为什么还要写呢？

预设1：救助车夫是鲁迅和一个陌生人的故事　关心女佣是鲁迅和身边熟悉的普通人的故事。

预设2：女佣阿三能够感受到鲁迅对于女佣的关心，同时也能感受到鲁迅先生带病坚持工作。他在用自己的笔作为武器唤醒民众，改变旧中国。

引导思考：女佣阿三在回忆鲁迅的时候说，他整天没日没夜地在做什么？

出示鲁迅作品：这是他写过的散文集《朝花夕拾》，这是他写过的小说集《呐喊》《彷徨》，这是他写过的散文诗集《野草》，这是他写过的《杂文集》，这是他推荐翻译的《小约翰》童话，等等。你又感受到了一个怎样的鲁迅呢？（笔耕不辍　用笔做武器）

【设计意图】教师借助资料教给学生合理、正确地深入理解课文的方法。

（四）梳理总结，感悟写法

我们来看全文回忆伯父的五个故事，鲁迅和亲人之间的故事，鲁迅和普通人的故事。前三个故事是作者亲身经历的，救助车夫是作者亲眼所见，关心女佣是作者亲耳听闻，作者就是通过这样五个不同的故事，从不同的方面向我们展现出了一个既温和慈祥，又爱憎分明，为自己想得少，为别人想得多的鲁迅先生的形象。

（五）拓展资料，深化鲁迅形象

1. 出示：一个被写作“耽误”的设计大师

（1）鲁迅为北大设计的校徽。

“北大”两个篆字上下排列，上部的“北”字是背对背侧立的两个人像，下部的“大”字是一个正面站立的人像，构成了“三人成众”的意象，给人以“北大人肩负着开启民智的重任”的想象。

（2）鲁迅为小说集《呐喊》和杂志《萌芽月刊》设计的封面。

（3）鲁迅的书法作品。

（4）鲁迅倡导并开创了现代木刻艺术的潮流。

2. 你又看到了一个什么样的鲁迅？（会创新　多才多艺）

小结：正因为鲁迅在人民心中有如此高的地位，人们才会对他深深爱戴。正如著名诗人臧克家说的那样：“有的人活着，他已经死了，有的人死了，他还活着。”

（六）布置作业

读鲁迅作品、读鲁迅评价、了解鲁迅的生命历程，摘抄名言、写一篇文章……

（七）诗歌结课

古诗三首

北京市昌平第二实验小学　于玥

一、年级学科

六年级　语文

二、背景分析

本册书共有六个单元，单元主题分别是：“民风民俗、各国名著、习作（写出真情实感）、理想与信念、科学精神以及综合性学习（难忘的小学生活）”。本册书是小学阶段的最后一本书，从编写上更注重于对学生价值观的培养。本单元主题为“理想与信念”，单元要素为“关注外貌、神态、言行的描写，体会人物品质；查阅相关资料，加深对课文的理解”。

本课的三首古诗都是咏物诗，立意深远，表情达意含蓄。

《石灰吟》以石灰作比，借以言志，表达了诗人不畏艰难、坚贞不屈的高尚品质。石灰石只有经过千万次锤打才能从深山里开采出来。它把熊熊烈火的焚烧当作很平常的一件事。即使石灰石粉身碎骨也毫不惧怕，因为它甘愿把一身清白留在人世间。全诗句句不离石灰，表面描写了石灰的烧制过程，实际上句句观照人的品格，都是在说如何锤炼高尚的品质。诗人咏石灰，也是吟咏自己心目中的理想人格状态，咏自己磊落的襟怀。

《竹石》是清代诗人郑燮为自己的画作《竹石图》所题的诗。前两句写出了竹子的特点，后两句写出了竹子的品格。本诗托物言志，诗中的竹其实是诗人高尚品格的写照，诗人借竹子坚韧的傲气，表达自己的刚正不阿，铁骨铮铮。

三、教学目标

1. 借助注释等已有的学习古诗的方法，理解《石灰吟》《竹石》的意思。
2. 有感情地朗读课文，背诵课文。
3. 联系诗人的生平资料，体会诗人的精神品质和远大志向。

四、教学重点

1. 借助注释等已有的学习古诗的方法，理解《石灰吟》《竹石》的意思。

2. 有感情地朗读课文，背诵课文。

五、教学难点

联系诗人的生平资料，体会诗人的精神品质和远大志向。

六、教学过程

（一）谈话导入，走进诗人

1. 回顾单元　忆《马诗》

2. 初入作者　引思考

引导学生思考，于谦是怎样的一个人，林则徐会给他如此之高的评价。

（二）细读感悟，解诗明志

1. 看诗题　明对象

(1)《石灰吟》

出示课题：《石灰吟》，引导学生理解课题的意思。

明确："石灰吟"的意思是"赞美石灰"。

点拨："吟"即"赞美、赞颂"。

回顾曾经学过的古诗《游子吟》《暮江吟》。

(2)《竹石》

出示课题：《竹石》，引导学生理解课题的意思。

明确："竹石"的意思是"扎根在岩石缝中的竹子"。

拓展：《竹石》是郑板桥为自己的画作《竹石图》所作的题画诗。

2. 正字音　读韵味

(1)《石灰吟》

读《石灰吟》，读准字音，读通诗句。

指一名学生读，指出《石灰吟》中易读错的词。

预设：粉骨碎身。

学生带读"粉骨碎身浑不怕"这句诗。

指一名学生读，读出古诗的节奏和韵味。

全班共读《石灰吟》，读出古诗的节奏和韵味。

(2)《竹石》

读《竹石》，读准字音，读通诗句。

指一名学生读，指出《竹石》中易读错的词。

预设：坚劲。

点拨：据意定音，“劲(jìn)”是“力气、力量”的意思，“劲(jìng)”是“坚强有力”，“坚劲(jìng)”应该是“坚强有力”的意思，所以应该读“jìng”。

全班共读《竹石》，读出古诗的节奏和韵味。

3. 忆方法　解诗意

小组合作　学习提示（3分钟）：

质疑：小组内交流不懂的问题，在你不理解的地方画“?”。

交流：小组内交流《石灰吟》《竹石》的意思。

(1)《石灰吟》

预设1：石灰石经过千锤万凿才得以从深山里开采出来。

补充：“千”和“万”，虚指，说明次数很多。

预设2：它把熊熊烈火的焚烧当作很平常的一件事。

追问：你从哪看出是“平常的事儿”呢?

预设：“等闲”。

补充：《七律·长征》中“红军不怕远征难，万水千山只等闲。”

预设3：即使粉骨碎身也毫不惧怕。

预设4：一定要把高尚的气节留在人世间。

(2)《竹石》

预设1：竹子抓住青山，一点也不放松。

追问：竹子怎么抓住青山呢? 怎么“咬定”呢?

预设：这里用了拟人的修辞手法。

预设2：他的根牢牢地扎在岩石缝中。

追问：什么是“破岩”?

预设：破岩就是岩石的裂缝。竹子的生活环境特别艰难。

预设3：经历千万次的磨炼，依然坚韧挺拔。

预设4：任凭东西南北风的呼啸也不动摇。

【设计意图】《义务教育语文课程标准（2022年版）》强调，全面提高学生的语文素养，发展学生的思维。课前预学单中，学生自己理解古诗词的意思，提出不懂的问题。课上利用小组合作的方式明确诗歌内容。

4. 抓诗眼　想画面

学习提示：

圈画关键词，想象画面。

感受石灰石和竹子经历了怎样的磨难？

（1）《石灰吟》

①聚焦磨难

预设1：品析“千锤万凿”，想象画面，在深山之中，工人要用大锤子、大凿子击打石灰石，千万次之后，大石块才能从山体中捶打下来。

朗读：“千锤万凿出深山”

指导朗读：“千锤万凿”要读得有力度一些。

预设2：品析“烈火焚烧”，想象画面，石灰在烈火中被烧的画面。

资料链接：煅烧石灰石需要800 ℃—1200 ℃的高温。煅烧后的石灰石，变成了一触就破的生石灰。

评价：原本坚硬的大石头，高温煅烧后一触就破，这是一种怎样的痛楚啊。你想到了谁？

预设：邱少云

预设3：品析“粉骨碎身”，想象画面，生石灰被一点一点地碾碎了，但是它毫不惧怕！

②聚焦态度

预设：品析“等闲”，感受石灰石的坚强不屈、乐观积极。

　　　品析“浑不怕”，感受石灰石的坚强不屈。

再读《石灰吟》。

过渡：石灰面对“千锤万凿”“烈火焚烧”“粉骨碎身”坚强不屈、无所畏惧，只是为了——

预设：要留清白在人间。

引读：

石灰这样的坚强不屈，为的是——

石灰这样的从容不迫，为的是——

预设：清白。

配乐朗读《石灰吟》。

(2)《竹石》

①聚焦磨难

预设1：品析“立根”，想象画面，竹子的根部紧紧扎根在岩石里。

预设2：品析“破岩”，想象画面，竹子的生活环境特别艰难。

结合《竹石图》，想象画面，竹子在石头面前不堪一击，但它依然挺拔。

预设3：品析“千磨万击”中感受到竹子遇到了很多的困难，但是它依然坚劲。

想象画面：竹子经历了____________________，但是它依然坚劲。

预设4：品析“东西南北风”想象画面，竹子被狂风暴雨肆虐着。

②聚焦态度

引导：“东西南北风”仅仅是风吗?

预设：困难也从四面八方来。

预设：品析“任”感受竹子的乐观积极。

朗读《竹石》。

预设：品析“千磨万击”“坚劲”，感受竹子的坚韧不拔。

【设计意图】在核心问题的引领下，通过抓关键词句、想象画面、感受“石灰石”和竹子的态度，从而感悟其坚强不屈、坚韧不拔的品质。

（三）筛查资料，明古人志

1. 小组合作

学习提示：小组选择一首诗，结合查阅的资料，说说诗人借石灰、竹石表达了自己怎样的理想和信念。

2. 分享交流

（1）于谦

分享资料1：少年立志。

分享资料2：北京保卫战。

分享资料3：含冤而死。

拓展：通过文天祥、于谦、林则徐的故事，使学生感受诗人爱国情怀的传承。

（2）郑燮

分享资料 1：早岁艰辛。

分享资料 2：为民辞官。

（四）回顾拓展，展望未来

孩子们，古人给我们留下了很多美好的理想与信念，请不要忘了，人终其一生都要有自己的志向。学语文最终就是要学做人！课下的时候，同学们可以搜集一些咏物诗，通过配乐朗诵的形式参加接下来的诗词朗诵大会。

Egg Fried Rice

北京市昌平第二实验小学　贾军

一、年级学科

二年级　英语

二、背景分析

（一）文本分析

Egg Fried Rice 是《典范英语——少儿英语拼读教程 2》中的一本故事类读物，讲述的是女孩 Wilma 庆祝生日时突发火灾的故事，体现了"人与社会——历史、社会与文化"的主题。

[What] 主题意义和主要内容

本文通过讲述女孩 Wilma 和家人、朋友在生日会上的遭遇，传达出"突发火灾不慌张，人文关怀送温暖"的主题意义。女孩 Wilma 和亲友在中餐馆一起庆祝生日，但由于突发火灾，她只好中断生日聚会，心情十分低落。火灾后，中餐馆老板热情邀约，为她补办生日会，Wilma 的脸上再次出现了笑容！

[Why] 写作意图

作者通过描述女孩 Wilma 庆祝生日、火场逃生、补办聚会的经历，引发读者思考：生活中偶遇意外、陷入低谷时，有亲友等人的关爱和陪伴，幸福也会再次降临。

[How] 文体结构和语言修辞

本文按照故事的起因、发生、发展、结局四部分展开，讲述了女孩 Wilma 在庆祝生日时跌宕起伏的经历。作为自然拼读绘本，本文重点关注了 igh/i _ e/ie/i/y 等长元音字母、字母组合的发音。这些字母、字母组合贯穿于绘本始终。因此，教师在绘本故事情境中，引导学生理解包含 igh/i _ e/ie/i/y 等词汇的音、形、义，帮助学生感知并归纳出以上字母和字母组合的发音规律，并引导学生在朗读、讲述故事的同时，有意义地练习包含 igh/i _ e/ie/i/y 的词汇。

（二）学情分析

1. 原有认知

本节课的授课对象是二年级学生。经过近两年的绘本阅读体验和每节课前持续默读的培养，学生有一定的自主阅读能力，有较好的音素意识和拼读基础。但对本书中出现的包含 igh/i _ e/ie/i/y 等单词并不熟悉，如：bright，fried，smiled 等，因此教师以图片环游和自主阅读相结合的方式进行教学，帮助学生更好地运用拼读能力自主阅读故事，理解故事大意。学生在听读、梳理文本、总结规律等不同层次的活动中，借助拼读策略充分练习含有 igh/i _ e/ie/i/y 的单词，感受它们在故事中的发音。

2. 学生年龄特点

二年级学生喜欢阅读故事类绘本，并且观察能力强，善于提取绘本中的图片信息，这有助于帮助他们解决生词障碍；学生活泼好动，喜欢歌曲韵律类型的活动，因此，教师在热身环节通过自编歌曲激活学生已知的长元音/aɪ/拼读知识体系。教师将绘本文本当成解码材料，学生通过回答问题、自主解码、独立朗读绘本反馈对故事的理解情况，并在读后环节通过小组合作讲述故事的形式，培养学生以拼助读的能力。

三、教学目标

1. 独立解码含有 igh/i _ e/ie/i/y 等发音为长元音/aɪ/的字母或字母组合的单词。

2. 通过教师导读、独立解码阅读、回答问题，能够准确理解整个故事的起因、发生、发展和结局。

3. 结合图片、提示词有感情地讲述故事。

四、教学重点

学生通过教师导读、独立解码阅读，准确理解故事大意。

五、教学难点

结合图片、提示词讲述故事。

六、教学过程

1. 歌曲导入，激活旧知

学生演唱改编歌曲 *Today is Friday*。

2. 观察封面，提取信息

学生观察绘本封面，提取标题、作者、插画师、系列等文本信息，并正确拼读标题中的目标解码单词Fried。

Q1:What do you know from the cover?

Q2:What does Wilma eat?

【设计意图】通过歌曲激活学生已掌握的包含长元音/aɪ/发音的单词，并引导学生提取绘本封面信息，尝试自主拼读标题中的单词Fried，初步感知字母组合/ie/的发音。

3. 教师导读，图片环游

师生以图片环游的形式共读第1—5幅图，教师引导学生从图文中提取Wilma过生日的情境，感受她与亲友的喜悦之情。

Q1: It's Wilma's birthday. What do you know from the calendar?

Q2: Wilma wanted to have a birthday party. Who would Wilma want to invite?

Q3: What would her mother say?

Q4: What would Wilma like to eat?

Q5: Where did they go?

Q6: Wilma had many birthday gifts. How did Wilma feel?

Q7: What would they like to eat?

【设计意图】引导学生观察图片，了解故事的起因，培养学生提取信息的能力。引导学生在提取Wilma邀请亲友一起庆祝的过程中，自主朗读含有长元音/aɪ/的单词，感受它们的发音。

4. 对比图片，设置悬念

教师通过对比图6和图9，引发学生进行预测，激发阅读兴趣。

Q1: Wilma was upset. What happened next?

5. 教师导读，梳理情节

教师带领学生共读图6—图9，了解火灾发生前后的情节，并提取Wilma的心情变化。

Q1: What happened next?

Q2: Where was it?

Q3: What did they say?

Q4：What did Mr Lee do and say?

Q5：What could they do?

Q6：Where did they go?

Q7：Who came?

Q8：Where's Wilma's birthday present? How did Wilma feel?

【设计意图】学生通过教师导读，观察图片获取更多信息；通过回答情节相关问题，在情境中强化核心拼读词汇，并检验学生对文本的理解情况。

6. 自主阅读，检验理解

学生自主阅读图 10—图 12，并在小组内交流、回答问题。

Q1：When did they come back?

Q2：What did Wilma see?

Q3：What did Wilma eat?

Q4：How did Wilma feel?

【设计意图】通过问题引领，引导学生自主阅读故事的结局，关注 Wilma 在第二次聚会上的见闻和心情变化。

7. 听读故事，合作讲述

学生听绘本原声音频，自主朗读故事，并借助故事地图和关键词，以小组合作的形式口头讲述故事。

【设计意图】通过原音输入帮助学生巩固重点词汇的发音；引导学生回顾故事内容，并根据故事地图和关键词提示与小组成员一起应用解码能力讲述故事。在以上内化文本语言的活动中，促使学生在故事情境中进一步感受长元音字母和字母组合在单词中的发音。

8. 分类总结，内化规律

学生将含有 igh/i _ e/ie/i/y 等发音为长元音/aɪ/的单词进行归类，总结发音为长元音/aɪ/的字母和字母组合的发音，并拼读更多单词。

Q1：In the story, we've learned some words with the same sound. Can you find them?

【设计意图】学生通过单词分类活动，发现拼读规律，构建结构化的语音知识体系，并运用发音规律拼读更多单词。

9. 家庭作业

Read the words with long vowel/aɪ/

Listen, read and retell the story.

Unit 5 Lesson 16 Different Weather Wonderful Life

北京市昌平第二实验小学　沈芳

一、年级学科

三年级　英语

二、背景分析

（一）单元教学内容分析

本单元选自北京版小学英语三年级上册第五单元“It is a Nice Autumn Day”，主题为“天气”，属于“人与自然”范畴，涉及“天气与日常生活”和“季节的特征与变化，季节与生活”。本单元内容分析如下：

表 1　单元内容分析

晴好天气，适宜出行	多变天气，别有乐趣	异域天气，风月同天
语篇一：Lesson 15	语篇二：Lesson 16	语篇三：Lesson 17
Mike 起床后，向妈妈了解当天的天气状况，并询问妈妈能否去公园玩。妈妈欣然同意，一家三口去公园游玩野餐。这是一个晴朗凉爽的秋日，Mike 一家玩得非常惬意，爸爸表达了对秋季的喜爱。	这是一个上学日。Guoguo 起床后，向妈妈了解天气状况。得知是雨天，Guoguo 非常开心，因为她可以穿上新买的雨衣。Guoguo 穿着新雨衣，和 Sara 一起走在上学的路上。两人开心地谈论天气，并表达对冬季的喜爱。	Guoguo 和爸爸来到俄罗斯，正赶上当地的雪天，他们决定出去堆雪人。在户外，Guoguo 和俄罗斯小朋友一起开心地堆雪人、打雪仗。他们谈论冬天，并表达对冬天的喜爱。

基于本单元三课时的文本分析，提炼本单元内容围绕天气的多样性展开，设定单元主题为“Different Weather Wonderful Life”，为了更好地实践深度学习，落实核心素养，将单元课时设定为四课时。第一课时：Lesson 15，第二课

时：Lesson 17，第三课时：Lesson 16，第四课时：绘本 *All about Weather*。依托单元大任务"My Weather Book"，使学生加深对天气多样性的理解，促进学生语言内化和思维进阶，帮助学生树立"乐享天气多样性"的意识。由此设计本单元的教学框架图如下：

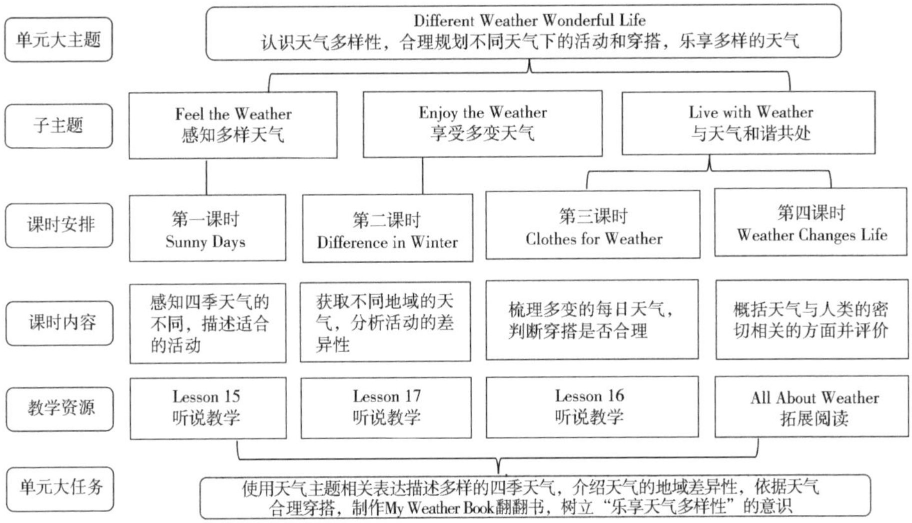

图 1　Different Wether Wonderful Life 框架图

（二）学生情况分析

三年级学生对天气、活动、服装类话题兴趣浓厚，且思维活跃，善于模仿，乐于表达，同时他们还具有较强的小组合作意识，但对天气与服装的穿搭及参与活动等的表达方面存在一些问题，具体表现为：

1. 语言积累

在北京版教材中，学生在二年级下册第四单元学习了与服装相关的表达，在二年级下册第六单元学习了"天气和四季"相关的话题，涉及的语言知识和话题如下表所示。服装、四季及活动的相关表达为本单元的学习奠定了语言和话题基础。

表 2　语言知识和话题关联表

年级	语言、知识关联	话题关联
一年级	下册 U4：coat, jacket, shirt, scarf, cap, shorts, trousers	Clothes 服装
二年级	下册 U6：Seasons：spring, summer, autumn, winter Weather：cool, cold Activities：make a snowman, fly a kite, go swimming, pick apples, go ice-skating, go camping, play in the snow 句型：I like…	下册 U6：Favorite Season 谈论喜欢的季节及理由

2. 听说经验

三年级学生思维活跃、具有较强的合作意识，对新鲜事物非常感兴趣，喜欢开口表达、表演和展示自己。同时学生乐于读图并发现问题，愿意在课堂分享自己的观点，愿意将自己的所听所学表演出来。

3. 存在困难

通过问卷星的形式对三年级学生进行问卷调查，发现 87%的学生了解四季天气，但 93%的学生不清楚四季温度的划分；90%的学生认识到不同地域的天气不同，但 67%的学生不清楚俄罗斯和美国的具体位置和气候特点，对基本的气象知识和地理知识认识不足；90%的学生清楚雨天的穿搭，但 73%的学生没有意识到其他天气状况下的穿搭。学生都是在家长的安排下进行穿搭，没有自主根据天气进行穿搭的意识。在设计教学活动时，教师要重点引导学生获取四季温度的区别，初步感知不同地域的不同气候，并引导学生探索更多天气下的不同穿搭。

（三）本课时教学内容分析

本课是本单元中的第三课时，处于课程子主题“多变的天气，合适的穿搭”部分。在本课中，学生可以判断不同的天气下的穿着，了解天气与衣服的紧密联系，学会根据四季整理衣柜，从而不断促进学生语言能力、思维品质和学习能力的发展。以下为本课时的文本分析：

[What] 主题意义和主要内容

这是一个上学日。Guoguo 起床后，向妈妈了解天气状况，得知是雨天，Guoguo 非常开心，因为她可以穿上新买的雨衣。Guoguo 穿着新雨衣，和 Sara 一起走在上学的路上。两人开心地谈论天气，并表达对冬季的憧憬和喜爱，突出了“人与自然——天气与日常生活”的主题意义。

[Why] 写作意图

本文通过主人公起床后关注天气，引出天气类表达；通过雨天上学的难题，引出天气与穿着的紧密关系。

[How] 文体结构和语言修辞

本文使用一般现在时，描述了现在的天气和要选择的穿搭。运用现在进行时，表示即将要来的冬天，凸显了对冬天的喜爱和渴盼。

三、教学目标

1. 获取对话中的天气信息和穿着。(学习理解)

2. 描述未来三天的天气，帮助 Guoguo 判断未来三天的穿着。(应用实践)

3. 依据天气和季节，帮助 Guoguo 整理衣柜。(迁移创新)

四、教学重点

1. 获取对话中的天气信息和穿着。(学习理解)

2. 描述未来三天的天气，帮助 Guoguo 判断未来三天的穿着。(应用实践)

五、教学难点

依据天气和季节，帮助 Guoguo 整理衣柜。(迁移创新)

六、教学过程

表 3 教学过程相关项目表

教学目标	学习活动	设计意图	效果评价
1. 获取对话中的天气信息和穿着。(学习理解)	1. 学生在游戏情境中说出看到的衣服词汇，进入 Guoguo 起床上学的情境中，获取 Guoguo 当天的穿着 教师引导语言： What is that sound? What else do you see? What does Guoguo put on?	导入主题，在情境中认读衣服类词汇，为接下来的学习做铺垫	根据学生认读词汇的准确度和流利度，了解学生对衣服类词汇的获取程度
	2. 学生观察主题图片，帮助 Guoguo 询问天气，并获取当日天气信息 教师引导语言： Can you help Guoguo to ask mum about the weather?	帮助学生获取天气类词汇，提升学生获取信息的准确性	观察学生回答问题时的表现，根据其回答的内容，了解学生获取天气类词汇的情况
	3. 学生依据天气状况，判断 Guoguo 是否还需要其他穿着。通过听力，学生获取穿着类词汇和句型 教师引导语言： Can Guoguo go to school like this? What else can Guoguo put on? Does Guoguo put on a raincoat?	提升学生的判断力，初步建构学生对天气和穿着关系的认识	观察学生回答问题时的表现，根据其回答的内容，了解学生对天气和服饰关系的判断能力

续表

教学目标	学习活动	设计意图	效果评价
	4. 学生依据第一幅图的对话内容进行角色扮演，在情境中感知天气状况和Guoguo要穿新雨衣的快乐	促进学生真实情景交际，落实语言内化	观察学生使用文本语言进行情景对话的准确性、完整性和流畅度
	5. 学生观察第二幅图，获取Guoguo和Sara冒雨上学的信息，观看第二幅图的课文动画，进一步获取天气信息，并通过对话语言猜测当时的季节。 教师引导语言： Who does Guoguo go to school with? What is the weather like? Which season is it now? Do they love winter?	提升学生获取细节信息的准确性和猜测能力，助力学生感知对话语义	观察学生回答问题时的准确性和完整性，了解其对天气、季节的信息获取是否准确、全面
	6. 学生跟读对话，完整了解对话内容	以听促读，培养正确的语音语调	根据学生跟读情况，了解其发音的准确性和流畅度，及时给予指导和反馈
	7. 学生帮助回家的Guoguo和爷爷进行视频聊天，与爷爷畅谈这样一个可以穿新雨衣的美好雨天	促进学生真实情景交际，落实语言内化	观察学生使用文本语言进行情景对话的准确性、完整性和流畅度
2. 描述未来三天的天气，帮助Guoguo判断未来三天的穿着。(应用实践)	8. 学生帮助Guoguo获取并使用It is…on…句型描述未来三天的天气。学生依据天气，判断Guoguo可穿着的衣服并使用Guoguo can put on…给Guoguo提出穿着建议 教师引导语言： What is the weather like in the following three days? What can Guoguo put on?	激活学生背景知识，链接文本与生活，提升学生语言运用能力和总结概括能力	评估学生对于核心句型表达的准确性，依据学生给Guoguo提出的穿着建议，了解学生对于天气和穿着关系的认知
3. 依据天气和季节，帮助Guoguo整理衣柜。(迁移创新)	9. 学生通过小组分季节整理衣服活动，深入了解天气与穿着的紧密联系 (1) 学生选择相应的季节 (2) 学生根据选择的季节，挑选该季节适合的衣服 (3) 学生将选好的衣服的序号写进衣柜内，完成班内分享展示	有效促进学生语言交际能力的发展和小组合作意识的提升	根据学生匹配天气和穿着的准确性，了解学生对天气和穿着紧密联系的认识程度。评估学生对于核心句型的迁移运用能力

Happy Chinese New Year

北京市昌平第二实验小学　李洋

一、年级学科

三年级　英语

二、背景分析

本单元选自北京版小学英语三年级上册第七单元“Happy Chinese New Year”，单元话题主要为中西方的传统节日春节和圣诞节。本单元共四课时，第一课时介绍了中西方最重要的节日名称，第二课时关注圣诞节，第三课时聚焦中国传统节日春节，第四课时为复习课。本单元属于课标中二级主题内容要求的“人与社会”范畴，涉及“世界主要国家的传统节日，文化体验”子主题内容。围绕教材单元主题意义和学情分析，教师搭建了具有结构化和进阶性的单元学习进程。重构后的主题为“Colourful Festivals”，并以制作春节礼盒为单元表现性任务。单元内容共设计三个子主题：“Different Festivals”（走进中西方节日）、“Chinese Festivals”（了解中国传统节日）、“I Speak for Chinese New Year”（我为中国春节代言）。第一个子主题包括第一、二、三课时，为教材语篇学习；第二个子主题包括第四、五课时，将教材与绘本相结合，帮助学生学习更多春节元素及文化寓意；第三个子主题为最后一个课时，是本单元作品分享、展示与评价课。随着课时的开展，学生完成春节礼盒的制作，在赠送活动中，用所学语言进行介绍，有利于提升学生的民族自豪感。

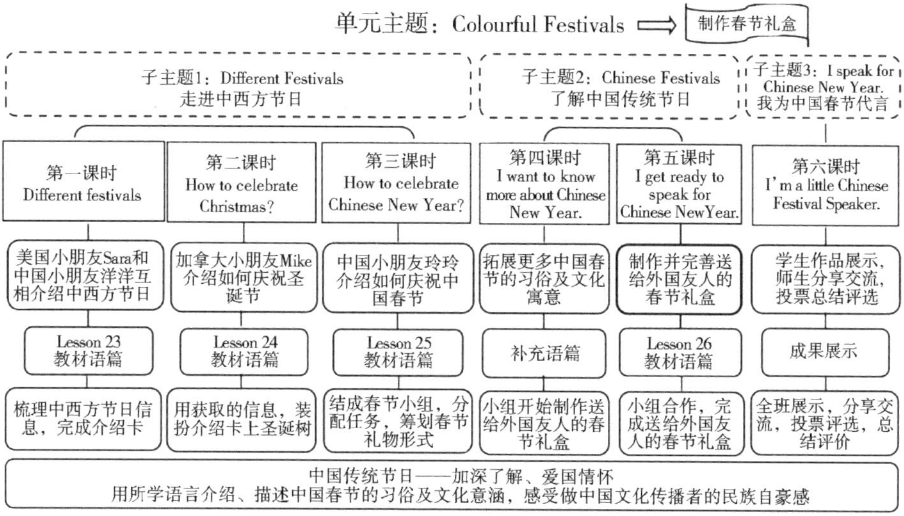

图 1 Colourful Festivals 框架图

三、教学目标

1. 用英文介绍中西方重要的节日，如圣诞节的装饰物、中国春节的传统节日元素及文化寓意等。

2. 以不同形式展示中国春节的传统标志。

3. 制作送给外国友人的春节礼盒，交流分享中国春节文化。

四、教学重点

用英文介绍中西方重要节日及中国春节的文化元素和寓意。

五、教学难点

学生动手制作送给外国友人的春节礼盒，感受用英语传播中国传统节日的荣誉感和责任感。

六、教学过程

环节一：回顾复习，引入主题

教师通过提问，复习本单元前两课所学的西方节日。

Q1：Which western festival does Sara tell us?

【活动意图】复习本单元前两课所学的中西方节日，帮助学生感受文化传播者的重要性和荣誉感，为激发学生成为中国文化的小传播者做情感铺垫。

环节二：探究文本，提取信息

教师通过提问，引导学生观察课文图片，寻找春节信息。同时，通过追问、口头和肢体语言的评价，对学生获取的信息进行反馈，了解学生对春节元素的知识储备，以及提取信息的能力。

Q1：What does the lantern look like?

Q2：Why do we eat candy on our Chinese New Year?

Q3：What do you think of Lingling and Mum?

Q4：What do you think of Sara and Mike?

【活动意图】培养学生通过观察图片获取信息的能力，激活学生已有的春节习俗知识储备。同时教师让学生观察图片，预测节日信息，并通过追问的方式进行评价和反馈。

环节三：表演复述，内化巩固

教师观察不同能力和水平的学生朗读、表演对话的情况，了解学生的学习效果。师生评价学生的表演和复述表现。

【活动意图】在内化巩固环节，教师为帮助学生内化课文语言，采取了表演与复述课文的分层评价方法，各小组根据自己的意愿自主选择进行角色扮演还是根据老师的内容提示进行独立复述。评价方法为：生生互评、教师点评，旨在加深学生对语篇的内化与运用，培养学生小组合作和口语表达能力。

环节四：小组合作，拼图阅读

教师观察学生完成任务单及互动交流的情况，进行集体讲评。

【活动意图】在拼图阅读环节中，教师给6人小组的每位同学设置了不同文化元素的阅读任务，学生自主阅读、交流分享后，教师进行集体讲评，学生在独立阅读和小组合作过程中，促进了其读写能力、表达能力与合作能力的全面提升。

Helpful Jobs in Life

北京市昌平第二实验小学　李文慧

一、年级学科

三年级　英语

二、背景分析

“Helpful Jobs in Life”这一主题来源于北京版小学英语三年级下册第七单元“I Want To Be A Teacher”的教材内容。以“职业”为话题，通过呈现主人公在不同的情景下展开关于职业讨论的对话，突出“人与社会——历史、社会与文化”的主题。子主题为“常见职业与人们的生活”。为了强化教学的层次性和逻辑性，让学生系统地了解与职业相关的知识，教师对本单元学习内容进行了重构和统整，构成三大话题：认识常见职业、谈论理想职业、分享代言职业。为了让学生由浅入深地过渡，教师欲先让学生关注了解生活中常见的职业，进而谈论理想的职业与努力方向，升华情感价值，重构后的如单元框架图所示：

任务的设计应充分尊重和发挥学生的评价主体地位。本课授课对象为三年级学生，三年级学生思维活跃，善于模仿，乐于表达。本单元的主题“职业”与学生的实际生活息息相关，学生对职业较为感兴趣，学习积极性较高。

因此，在单元整体教学理念的指导下，本单元以完成为职业代言“Speak for ____________”主题海报展示为单元挑战性任务，分课时推进任务，引导学生逐步完成。通过设置校外职业调查与体验实践活动提高学生的认知能力，借助同伴协作与小组合作形式引导学生合作思考，在真实情境中使用核心语言解决问题。同时，借助师生评价、生生评价，以及任务单自我评价，帮助学生反思，实现以评促学。引导学生在活动中认识不同的职业种类，并联系个人实际，阐述自己理想的职业与努力方向，感受不同职业对生活的贡献和意义。

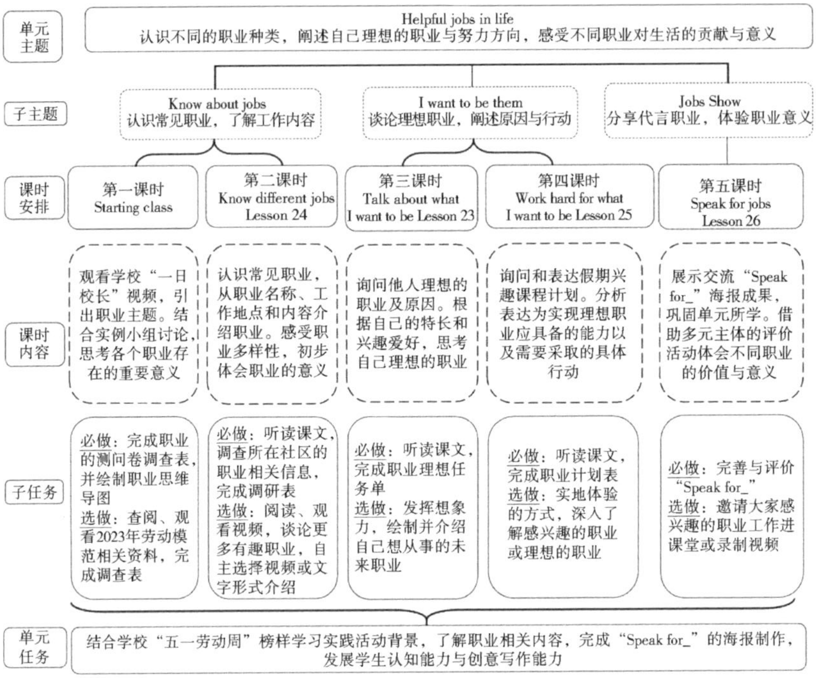

图1 Helpful Jobs in Life框架图

三、教学目标

1. 提取Guoguo和Mike家庭成员的职业、工作地点及其相关表达，与教师共建板书。

2. 借助Guoguo和Mike做调查的情境，运用核心句型“What does your…do?”“He/She is a/an…”谈论职业名称与工作内容。

3. 联系实际生活，介绍自己学校及更多社会职业，了解职业的丰富多彩，初步体会职业的意义。

四、教学重点

1. 提取Guoguo和Mike家庭成员的职业、工作地点及其相关表达，与教师共建板书。

2. 借助Guoguo和Mike做调查的情境，运用核心句型“What does your…do?”“He/She is a/an…”谈论职业名称与工作内容。

五、教学难点

联系实际生活，介绍自己学校及更多社会职业，了解职业的丰富多彩，初步体会职业的意义。

六、教学过程

表 1　教学过程相关项目表

目标	环节步骤
【目标 1】提取 Guoguo 和 Mike 家庭成员的职业、工作地点及其相关表达，与教师共建板书 【学习理解】	**Activity 1：游戏导入，激活已知** **【学习理解—感知与注意】** 学生根据 Guoguo 和 Mike 做职业调查任务的情境，通过卡片闪现游戏，了解故事发生的地点。 Q：Where do they want to go? 学生根据地点闪卡游戏，迅速识别并说出地点。 【设计意图】：教师将学生的常见地点制成闪卡游戏，以 Guoguo 和 Mike 职业调查任务为主线，创设情境，展开教学，激发学生的学习兴趣。闪卡游戏导入既能活跃课堂气氛，又能激活学生的认知。闪卡最后停在医院，学生可以获取对话发生的地点。 **Activity 2：主题学习，梳理信息** **【学习理解—获取与梳理】【应用实践—分析与判断】** Step 1：学生看课文第一段对话，提取 Guoguo 家庭成员的职业，并通过图片了解医生和护士的工作内容。 Q1：Who works here? Q2：What do they do? Step 2：学生根据 Mike 妈妈工作地点的信息，猜测其职业，并观看第二段视频提取并验证 Mike 父母的职业。 Q1：What does Mike's mother do? Q2：What does Mike's father do? Q3：Where does he work? 【设计意图】教师丰富主题情境，设置有逻辑、有层次的问题链。通过问题链，引导学生在观看视频和听音频的过程中提取、理解文本内容，获取 Guoguo 和 Mike 介绍的家庭成员的职业、工作地点及相关表达。 **Activity 3：总结故事，巩固内化** **【应用实践—内化与运用、描述与阐释】** Step 1：学生跟读文本内容。 Step 2：学生趣味朗读课文，完成"职业词拍手"小任务。 Step 3：学生分角色扮演。 学生与同伴合作，根据展示的评价维度进行角色扮演与评价。 Step 4：学生在情境中介绍 Guoguo 和 Mike 家人的职业信息。 【设计意图】通过跟读课文，帮助学生模仿语音语调，增强语感；通过趣味朗读，在游戏中强化核心词汇的理解与掌握；通过角色扮演，帮助学生巩固对职业信息的提问与回答，内化语言，激发学生学习兴趣；在情境中讲述故事，帮助学生再次梳理、巩固文本信息，提升其语言表达能力。

续表

目标	环节步骤
【目标2】借助Guoguo和Mike做调查的情境，运用核心句型“What does…do?” “He/She is a /an…”谈论职业名称与工作内容 【应用实践】	**Activity 4：情境顺延，运用语言** **【应用实践—分析与判断、内化与运用】** Step 1：学生四人合作分别扮演Guoguo、Mike、爸爸及劳模，在爸爸学校进行劳模职业信息调查。 情境设置：延续情境，Guoguo和Mike来到Mike爸爸学校做调查，学校在进行劳模表彰大会。 句型框架：Guoguo：What does…do? Mike's father：He/She is a…He/She… Mike：He/She is great/wonderful/helpful… Model worker (do actions) 【设计意图】：通过Mike和Guoguo询问台上劳模信息的情境，了解更多学校常见职业及其工作内容。同时，通过劳模表彰的情境，引导学生初步感知并思考职业的贡献，在情境中内化与运用语言。
【目标3】联系实际生活，介绍自己学校及更多社会职业，了解职业的丰富多彩，初步体会职业的意义 【迁移创新】	**Activity 5：联系实际，主题拓展** **【迁移创新—批判与评价】** Step 1：学生观看学校“一日校长”记录视频，了解更多自己学校的职业及工作内容，介绍自己从视频中了解到的职业及贡献。 Q：What do you see from this video? Step 2：学生观看社会不同职业的视频，了解更多社会上的职业及工作内容。 Q：What jobs do you want to know more? 【设计意图】通过视频中校园熟悉的场景和人物再现，以及社会各职业引发学生共鸣；通过呈现社会更多职业的工作内容，引发学生共鸣，深入思考职业对生活的贡献和意义，在孩子们抒发对这些职业的理解和情感时，板书逐渐生成为一个爱心形，深化主题意义，为下一课时谈论理想职业做好意义铺垫。同时，激发学生对职业的探索欲和兴趣，调研社区里的职业，感受职业的多样性。

Unit 5 Smart Choice Happy Shopping

北京市昌平第二实验小学　李佳蒙

一、年级学科

四年级　英语

二、背景分析

（一）单元内容分析

本单元围绕购物话题展开，教材内容共有四课时。前三课时为新授课时，第四课时为复习课时。第一课时主要讲述 Maomao 在文具店，比较了笔的种类和颜色后，选购了一支棕色的钢笔。第二课时主要讲述 Guoguo 与妈妈在鞋店，考虑了样式、舒适度和价格后，选购了一双蓝色的鞋子。第三课时主要讲述天气渐冷，Sara 的妈妈为 Sara 选择了一件红色夹克，Sara 妈妈认为 Sara 穿着好看，Sara 认为这件夹克与裤子相搭配。第四课时以习题的方式巩固本单元的内容。教师将本单元的主题定为“Smart Choice Happy Shopping”，旨在让学生体验独立购物，在购物中能够理性、智慧的思考，进而享受购物的乐趣。本节课的授课内容是第三课时“Choose Proper Clothes”。本单元的框架图构建如下：

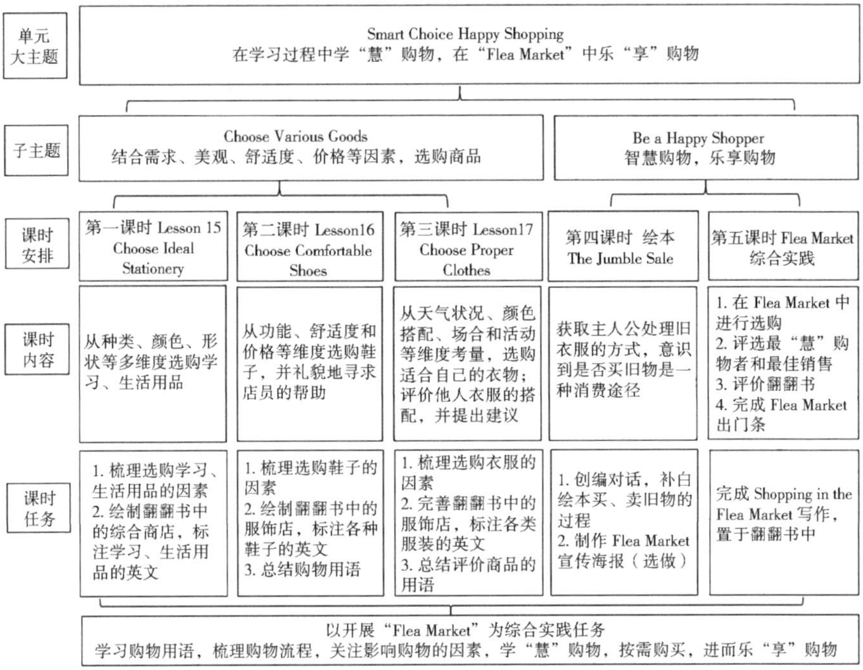

图1　Smart Choice Happy Shopping 框架图

（二）语篇研读

本课选自北京版小学英语四年级上册第五单元 Lesson 17，通过对话呈现了 Sara 和妈妈一起选购夹克的过程，突出了"人与自我"范畴中的"个人喜好与情感表达"。

[What] 主题意义和主要内容

本文通过 Sara 和妈妈一起选购夹克的过程，呈现了选购衣服的时候要根据天气进行选择，并表达了注重美观和与其他衣服相搭配的主题意义。主要内容是：天气渐冷，Sara 妈妈要给 Sara 买一件夹克。妈妈询问 Sara，绿色的夹克好不好，Sara 不喜欢，因为绿色和她粉色的裤子不搭配。之后，妈妈认为 Sara 穿红色的夹克好看，Sara 也认为红色的夹克和自己粉色的裤子更相配，便去试了红色的夹克。

[Why] 写作意图

通过 Sara 和妈妈的对话，呈现了天气渐冷情况下购买夹克的过程。课文中展示了主人公对比绿、红两件夹克与裤子的搭配，引发学生思考，在购买衣服时，要思考天气状况、是否适合自己、是否与其他衣服颜色相搭配，经过综合考量后再行购买。

［How］文体结构和语言修辞

本课以顺叙的方式，围绕着 Sara 和妈妈选购夹克展开，通过两幅图片进行呈现。全文使用一般将来时和一般现在时。本课的核心句型为“The… will look nice on you.”“It will go with my…”提出购买衣服的建议和评价，并表达与其他衣服相搭配。

（三）学情分析

四（9）班学生对英语学习充满好奇与喜爱，且思维活跃，逻辑能力较强，具有一定的语言表达能力，乐于表达。

1. 原有知识储备

学生在之前的学习中对于本课出现的颜色类词汇、服装类词汇、will/won't 的表达均有一定积累。本课出现的 overcoat，T-shirt，school uniform 虽为新授词，但是学生之前曾经学过 coat，shirt 和 uniform，在学习词汇的时候可以使用合成词的概念及拼读知识进行学习。教师观察学生的日常穿着，补充了 sweatshirt 和 jeans 两类常见服装。本课中的“go with”会对学生的理解造成一定困难，因此教师需结合图片进一步解释。

2. 生活经验

购买衣服是学生常见的话题。但是大多数学生偶尔或很少自己搭配衣服或在购买衣服的时候自己独立做决定。因此，在本节课中，教师利用衣物作为道具，开设服装店，让学生在较为真实的场景中体会独立购买、自己搭配衣物的过程，增强相关方面的体验感。

3. 思维障碍点

通过访谈得知，学生在选购衣服的时候更多考虑的是衣服是否好看及父母的意见，鲜少考虑新衣是否和自己的旧衣搭配，缺少搭配的意识。因此，教师可以使用多模态资源并借助服装店的模拟情境，引导学生进行购物体验。

三、教学目标

1. 获取与梳理 Sara 选购夹克的过程，并说明选择红色夹克的具体原因。

2. 根据录音内容，分析与判断 Sara 将要买何种围巾和帽子，并运用核心句型“The…will look nice on you.”及“It will(not)go with my…”描述其选购过程。

3. 在天气变冷的大情境中，运用所学语言，为不同场景或活动选购衣服，体会在搭配衣服的过程中考虑天气、颜色搭配以及是否适合自己等因素，并进行评价。

四、教学重点

1. 看视频，听音频，获取与梳理Sara选购夹克的过程，并说明选择红色夹克的具体原因。

2. 听录音，分析与判断Sara将要买何种围巾和帽子，并运用核心句型“The…will look nice on you.”及“It will(not)go with my…”描述其选购过程。

五、教学难点

运用所学语言选购衣服，体会在搭配衣服的过程中要考虑天气、颜色搭配以及是否适合自己等因素，并进行评价。

六、教学过程

环节一：Lead—in（创设情境，导入话题）

Activity 1：情境导入，引发猜测

依托天气渐冷的真实情境，在一个刮风天，Sara和妈妈外出，引发学生猜测，Sara和妈妈要去哪家商店。

Q1：What's the weather like today?

Q2：Which shop will Sara and her mum go?

【设计意图】教师利用图片和音效创设刮风天的情境。学生读图片、听声音，推测主人公因天气冷要购买新衣服，快速导入本课购买新衣服的话题，激发学生继续探索对话如何向下发展的兴趣，从而更好地学习文本。

环节二：Presentation（主题教学，获取信息）

Activity 2：观看视频，获取信息

Step 1：展示主题图，猜测Sara要买何种衣服。

Q：Guess, which kind of clothes will Sara buy?

Step 2：播放视频，获取Sara将要买什么种类的衣服。

Q：Which kind of clothes will Sara buy?

Step 3：播放音频，梳理 Sara 选择红色夹克的原因。

Q1：Which jacket will Sara buy?

Q2：Why does Sara want the red jacket?

Step 4：播放音频，梳理 Sara 不想购买绿色夹克的原因。

Q：Does Sara want the green jacket? Why?

【设计意图】通过有逻辑、有层次的问题链，教师引导学生了解对话内容，获取并梳理 Sara 购买夹克的过程及购买红色夹克，未购买绿色夹克的原因。

环节三：Practice（内化语言，主题讨论）

Activity 3：读、演故事，内化语言

Step 1：教师提示学生朗读标准，播放录音，引导学生进行听、读对话。

T：Let's read after the computer.

Step 2：教师引导学生基于评价量规进行角色扮演。

T：You can have a role-play, and try to be a happy Sara and an active salesperson.

Activity 4：同伴交流，总结思考

教师引导学生思考，Sara 和 Mum 是否是“智慧的购物者”及原因。

T：Are Sara and Mum smart shoppers? Why?

Activity 5：延续情境，新授词汇

教师延续情境，Sara 和 Mum 继续购物。教师扮演售货员为其介绍店里其他衣服。教师展示实物，学生说出衣服的颜色及名称。

T：Let's look at more clothes.

此时，教师出示衣物及英文单词词条，如 overcoat，T-shirt，shorts，trousers，jeans 等。

Activity 6：听、做练习，运用语言

完成 Listen and Circle 的练习，选出 Sara 买了哪顶新帽子和哪条新围巾，并通过角色扮演的方式呈现其选购过程。

T：Sara wants to buy a new cap and a new scarf. Let's listen. Which new cap and new scarf does Sara buy?

【设计意图】听读课文及角色扮演的环节旨在帮助学生内化语言。学生梳理、总结、分析 Sara 和 Mum 购买夹克的因素，为本课后续活动做好铺垫。教

师在情境中，利用真实的衣物帮助学生重温并学习新的词汇。Listen and Circle的练习，增加了学生的语言输入，同时核对答案的过程再一次让学生内化语言。

环节四：Production（链接生活，综合应用语言）

Activity 7：结合实际，选购衣物

Step 1：结合当下情境，天气渐冷，请为 Miss Li 选购一身上班时的衣物（可以包括衣服、鞋子、帽子、围巾等）。Miss Li 的需求为舒适、好看。

T: It's getting cold. I will buy new clothes for work. Can you be the salesperson and help me?

句型框架：

T: It's getting cold. I want to buy clothes for work. Can you help me?

S: The… will look nice on you.

T: It/They will/won't go with my…

How much is it/are they?

S: It's/They're… *yuan*.

T: I will take it/them. Thank you so much.

S: You are welcome.

Step 2：提出问题，了解学生购买新衣物的需求。发布任务，学生为自己选购新衣物。两人一组，一人为售货员，一人为顾客，之后角色对调。

Q: I will buy new clothes for work. How about you?

T: Now you can buy for yourself! Later, you can show on the stage.

句型框架：

S1: It's getting cold. I want to buy clothes for… Can you help me?

S2: The… will look nice on you.

S1: It/They will/won't go with my…

How much is it/are they?

S2: It's/They're… *yuan*.

S1: I will take it/them. Thank you so much.

S2: You are welcome.

Step 3：两人小组上台展示购买衣物的过程。

T: You can show on the stage.

Activity 8：回顾所学，思考总结

引导学生梳理本课所学，再次总结购买衣服要考虑的维度。完成 Exit Ticket，回顾本课所学。

T: Let's summarize the tips of buying clothes.

T: Now you can finish the Exit Ticket.

Unit 1 Why are you so happy? Lesson 2

北京市昌平第二实验小学　褚相羽

一、年级学科

四年级　英语

二、背景分析

（一）单元教学背景分析

1. 单元主题

本单元选自北京版小学英语四年级上册 Unit 2 "Why Are You So Happy?"其内容主要讲述了常见的情绪及情绪间的转换问题，属于"人与自我"这一主题范畴。教师根据单元内容，整合课内外资源，围绕"The Wonder of the Feelings"（探索情绪的奥秘，接纳真实的自己）展开单元整体教学。

2. 单元教学目标

（1）学生能够用英文概括常见的情绪类型。

（2）学生能够用英文描述不同的情绪并阐释原因。

（3）学生能够联系实际，围绕自己的情绪进行英文写作。

（4）学生能够用英文全面介绍与情绪有关的知识，并提出管理情绪的建议。

3. 单元课时整合

本单元由"Meet the Magic Feelings"（初识神奇的情绪）、"Express My Own Feelings"（表达自己的情绪）、"Accept My Real Feelings"（接纳真实的情绪）三部分组成，共五课时，教材内的课时按照单一的积极情绪、单一的消极情绪、两种情绪的转换为依据，略作调整，整体安排框架图如下：

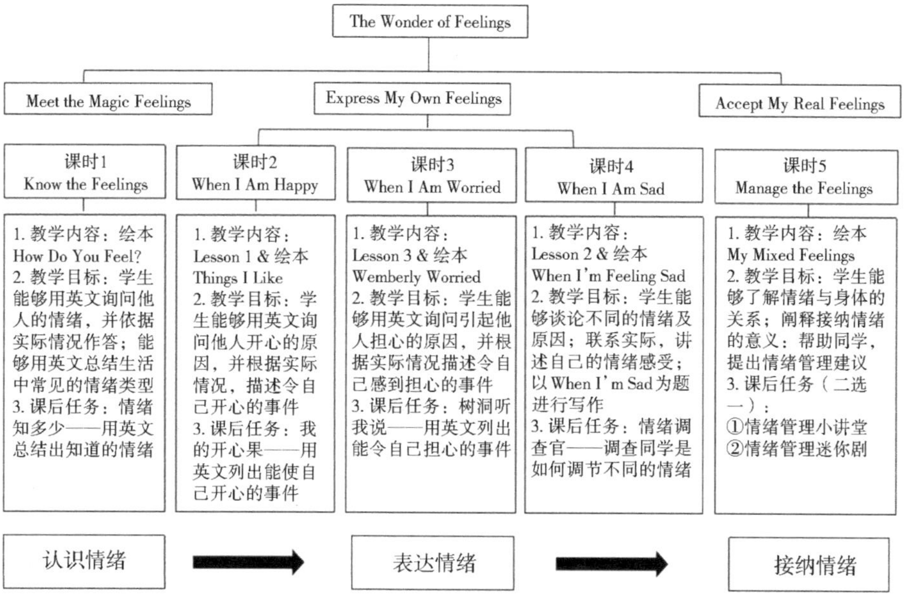

图 1　The Wonder of Feelings 框架图

四、教学内容分析

本节课主要教学内容为北京版小学英语四年级上册 Unit 2 Why Are You So Happy? Lesson 2 左侧的对话，讲述 Lala 走丢又回来后，Maomao 的情绪变化，突出“人与自我”这一主题。

[What] 主题意义和主要内容

对话讲述的是 Maomao 因宠物 Lala 走失而伤心，Lingling 贴心地安慰他，最终 Lala 回来后，Maomao 感到开心、惊喜的事情。突出了人物的情绪转换，体现出情绪的动态平衡。

[Why] 写作意图

对话通过对 Lingling 的语言描写，引导学生学会安慰他人、关心他人。对话通过展现 Maomao 不同的情绪，引导学生关注情绪变化，激发学生联系实际，思考自己处理情绪的方式。

[How] 文体结构和语言修辞

对话是按照事件发生、发展顺序展开的，使用一般现在时，共分为两幕。第一幕：Lala 走丢，Maomao 伤心哭泣，Lingling 关心安慰 Maomao。第二幕：

Lala 回来了，Maomao 既开心又惊喜，Lingling 关心地询问 Maomao 的感受。

对话在描写人物情绪时，重点使用形容词 sad，happy，surprised，以及句型“Why do you look…? Because…”

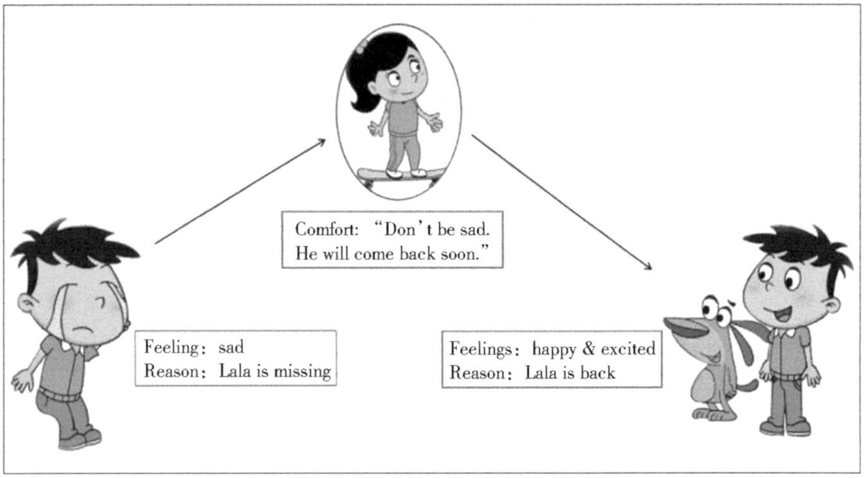

图 2　人物对话

（三）学情分析

1. 已有的知识储备

四年级学生在日常用语和绘本中接触过有关情绪的英文表达如 sad，happy，surprised，excited，upset，angry 等，这一部分对其而言较为简单。在之前的英语学习中，学生接受过读写结合的训练，如借助阅读单进行读写结合、根据绘本提供的语言框架进行模板写作等训练，有一定的写作基础。

在居家学习期间，学生通过腾讯会议、小打卡、线上微课等方式展开英语学习，对线上教学工具的使用比较熟悉。

2. 学习难点和挑战

学生对课文的理解浮于表面，读图意识薄弱，不善于深入挖掘人物的情绪，仍需要教师的进一步引导。

教材以对话形式呈现，在人物的情绪和动作的描写上需要教师整合课外资源加以丰富。因此教师将教材内容与绘本 *When I'm Feeling Sad* 相整合，引导学生根据教材和绘本所提供的语言和结构联系实际，进行写作。

三、教学目标

1. 提取 Maomao 的情绪信息，并运用关键句型“Why do you look…? Because…”进行梳理。

2. 深入分析 Maomao 的情绪变化，并根据板书进行复述。

3. 用英文询问他人的情绪，并给予安慰，树立关心他人的意识。

4. 联系实际，完成“When I Am Sad”的写作，与同学分享互评，认识情绪的动态平衡，积极面对自身的情绪。

四、教学重点

1. 提取 Maomao 的情绪信息，并运用关键句型“Why do you look…? Because…”进行梳理。

2. 深入分析 Maomao 的情绪变化，并根据板书进行复述。

3. 用英文询问他人的情绪，并给予安慰，树立关心他人的意识。

五、教学难点

联系实际，完成“When I Am Sad”的写作，与同学分享互评，认识情绪的动态平衡，积极面对自身的情绪。

六、教学过程

1. 教师鼓励学生分享第二课时和第三课时的情绪清单。

T: Hello, boys and girls! You have listed the things that make you happy or worried, can you share with us?

2. 教师呈现第一段对话的图片，引导学生读图，了解 Maomao 的心情，并讨论 Maomao 伤心的原因，以及蕴含的其他情绪。

Q1: How does Maomao look?

Q2: Why does Maomao look sad?

Q3: Why doesn't Maomao look for Lala?

Q4: Is Maomao only sad? If your dog were missing, how would you feel?

3. 教师播放第一段对话的视频，引导学生提取 Lingling 安慰 Maomao 的信息并预测事件的发展。

Q1: How does Lingling comfort him?

Q2: Is Lala back?

4. 教师播放第二段对话的视频，引导学生提取事件的结局，并根据Maomao前后的对比图，阐释他最后感到惊喜的原因。

Q1: How does Lingling ask about his feeling?

Q2: How is Maomao?

Q3: Why is Maomao surprised?

5. 教师引导学生内化课文内容，运用关键句型进行角色扮演并谈论书中人物。

Step 1：教师播放对话音频，学生打开书，边听音频，边用手指指着书中相应的文字大声朗读。

Step 2：教师将学生分为两两一组，进行角色扮演，运用关键句型谈论情绪。

关键句型：— Why do you look…？

— Because…

Step 3：教师呈现游戏《超级玛丽》，鼓励学生连词成句，运用关键句型谈论对话中的人物。

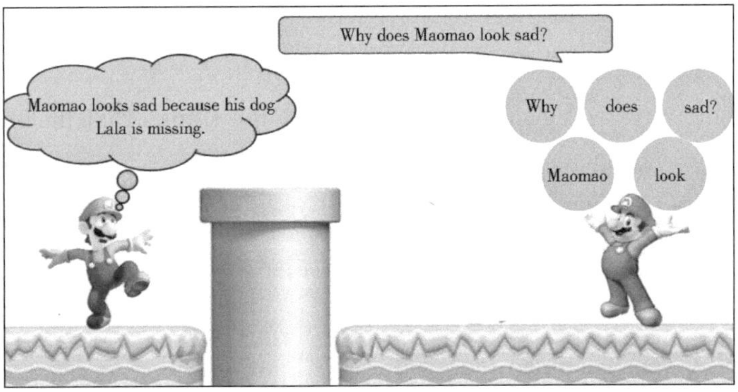

图3　游戏示例

【设计意图】检验学生对句型的掌握情况，以变换主语的方式引导学生灵活运用句型，为写作奠定基础。同时借助游戏调动学生的积极性，增强课堂趣味性。

6. 教师引导学生根据板书复述对话，总结围绕情绪进行写作的四个要点，即“Feelings”（情绪感受）、“Explanations”（阐释原因）、“Efforts”（调节方式）、“Last”（最终状态）。

7. 教师拓展绘本，引导学生分析人物。

Step 1：教师播放绘本视频，引导学生提取小兔子伤心的信息。

Q: How is the rabbit?

Step 2：教师利用“会议桌”呈现绘本内容及阅读单，引导学生小组合作，根据写作要点，分析绘本，将属于“Feelings”（情绪感受）、“Explanations”（阐释原因）、“Efforts”（调节方式）、“Last”（最终状态）的部分放到相应的框架中，完成学习单1。

T: Four students work in a group. Read by yourself and put the pictures into the correct boxes.

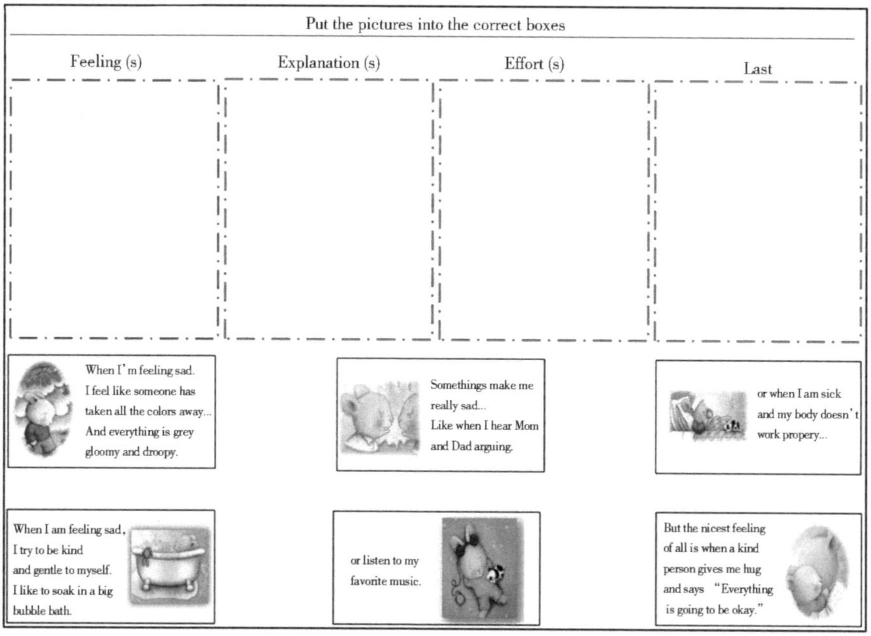

图4　学习单1

学习单1

Step 3：教师引导学生谈论自己的情绪感受。

Q1: When do you feel sad?

Q2: What do you try to do?

8. 教师引导学生联系实际，进行线上写作，完成学习单 2，并互相评价。

Q1: What are the four parts to write about feelings?

Q2: What do you think of the work?

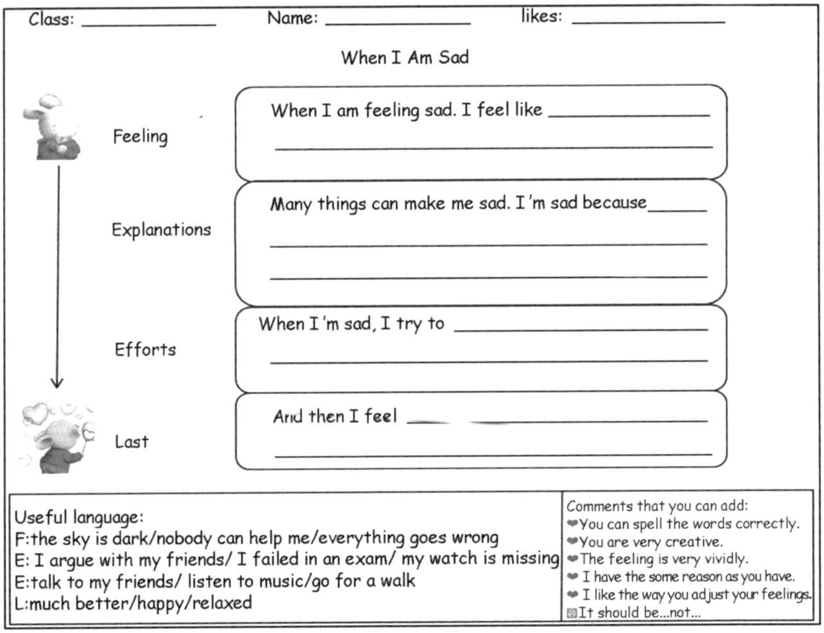
Class: ______ Name: ______ likes: ______

When I Am Sad

Feeling — When I am feeling sad. I feel like ______

Explanations — Many things can make me sad. I'm sad because ______

Efforts — When I'm sad, I try to ______

Last — And then I feel ______

Useful language:
F:the sky is dark/nobody can help me/everything goes wrong
E: I argue with my friends/ I failed in an exam/ my watch is missing
E:talk to my friends/ listen to music/go for a walk
L:much better/happy/relaxed

Comments that you can add:
You can spell the words correctly.
You are very creative.
The feeling is very vividly.
I have the some reason as you have.
I like the way you adjust your feelings.
It should be...not...

图 5 学习单 2

T: We have different feelings. They can change, just like the saying said “After a storm comes fair weather, after sorrow comes joy.” Hope everyone can accept your feelings and adjust them in a right way.

9. 课后作业：课文朗读，情绪调查。

Task A: Read this dialogue loudly.

Task B: Feeling－Inquirer: Make a survey about how your friends adjust their feelings.

About the Dinosaurs

北京市昌平第二实验小学　苏祎

一、年级学科

五年级　英语

二、背景分析

（一）文本分析

本课选自北师大版五年级下册第十单元，单元话题为“日常活动”。经过分析，提炼单元共五个主语篇，分别聚焦“基于时间、花费等选择出行方案，选择出行地点，理性选择，处理出行问题”等几个主题意义。经过梳理提炼，确定三个单元小观念，并最终形成单元大观念，如下图所示：

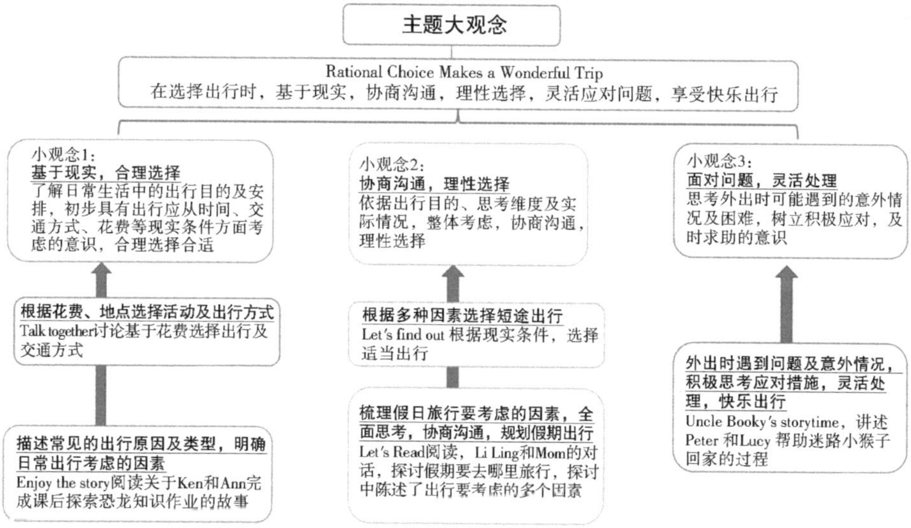

图 1　Rational Choice Makes a Wonderful Trip 主题大观念

本课是本单元第一课时，处于第一板块“基于现实，合理选择”部分，为单元主题课程开启部分。在本课中，学生探讨出行话题，考虑出行时的影响因素。本课内容选自北师大版五年级下册第十单元 Lesson 1 “Enjoy the Story”，通过对话呈现了 Ken 和 Ann 为了完成恐龙作业，商讨并选择不同方式的故事，突出了“人与自我——做人与做事，生活与学习中的困难、问题与解决方式”的主题。

[What] 主题意义和主要内容

文本讲述了小女孩为了派对准备服装，但是连衣裙破了，于是去商店购买。因为价格太贵，所以选择回家对破了的连衣裙进行改造。最终收获了一条全新、漂亮的裙子的故事，呈现了妈妈为小女孩改造旧衣的奇妙过程。

[Why] 写作意图

作者通过呈现小女孩为了派对先想购买，而后改造旧衣的过程，引导学生思考旧衣物如何利用问题，培养学生合理利用破旧衣物，形成勤俭节约的意识。

[How] 文体结构和语言修辞

本文是连环画故事，以对话的方式呈现故事发展的过程。其中的祈使句“Look at my dress!”表达了小女孩对于新裙子的需要，“Its too expensive.”中的“too”表现了新衣服的价格贵，引导学生树立正确的消费观。旧衣服改造之后，大家对它的赞叹：“It is so beautiful.”感叹句“How nice!”体现了旧衣物通过改造再利用也可以发光发亮。图片中人物从最初的愁容到最后的笑容，体现出了人物的心情变化。学生在观察图片和朗读对话的过程中，可以体会人物情绪的变化，进而激发学生对于旧衣改造的兴趣与认可。

（二）学情分析

1. 能力基础

本节课授课对象是五年级学生，学生处于小学高年级阶段，思维活跃，有一定表达能力和独立思考能力。学生在三、四年级分别学习过数字、颜色、衣物及购物的主题相关内容，在本单元前五课时中，学生学习了如何合理选购衣物。

2. 学习需要

五年级学生经过两年的英语学习，具备了阅读、理解对话及故事的能力。但是在阅读后进行评价，以及迁移到生活中的能力有待提高。

3. 生活经验

“服装”对于学生来说非常熟悉，但是在衣物出现问题后如何妥善处理和解决，是他们在真实生活中很少去思考和实践的。

三、教学目标

1. 获取小女孩找衣服、买衣服、改造衣服的过程，共建故事思维导图。

2. 体会小女孩的心情变化过程，有感情地朗读或表演故事。

3. 评价小女孩改造后的衣服，对小女孩的选择做出简单的评价，思考并阐述生活中合理消费、旧物利用的行为与方法。

四、教学重点

获取故事大意，体会人物心情变化并对其行为进行评价。

五、教学难点

思考并阐述生活中合理消费、旧物利用的行为与方法。

六、教学过程

表 1　教学过程相关项目表

教学目标	教学活动	效果评价	活动层次
	Activity 1：教师引导学生读故事标题，讨论关于恐龙大家都知道什么，是如何知道的 教师引导语言： 1. What do you know about dinosaurs? 2. How do you know that?	教师观察学生关于恐龙知识是如何学习的，评价学生对于知识获取途径的认知及了解情况	感知与注意
【设计意图】本阶段活动旨在帮助学生激发对于如何获取恐龙知识途径的探讨，为本节课故事中主人公想办法完成了解恐龙作业的方式的探讨进行铺垫			
获取 Ken、Ann 和 Mocky 选择完成作业方式的过程，共建故事思维导图	Activity 2：学生学习对话，提炼、梳理文本主要内容 Step 1：学生看到第一幅图片，提炼并总结关键信息 教师引导语言： 1. What do you know about their homework? 2. Which way would you choose? 3. Which way would Ken and Ann choose to finish the homework?	教师观察学生看到第一幅图片，以及听取录音后回答问题的结果，评价学生对文本的理解情况	获取与梳理
	Step 2：师生共同阅读第 2—5 幅图片，分析梳理 Ken、Ann 和 Mocky 想通过看电影完成作业的过程及结果 教师引导语言： 1. What's Ken's idea? 2. How does Ken ask?	教师观察学生听、看对话及图片后回答问题的结果，评价学生对文本的理解情况	分析与判断 内化与运用

续表

<table>
<tr><th>教学目标</th><th>教学活动</th><th>效果评价</th><th>活动层次</th></tr>
<tr><td>提炼影响日常外出选择的因素

梳理向他人寻求建议及给他人建议的表达方式，并使用语言有感情地表演故事</td><td>3. What do they have to know about the film?
4. Can they watch the film? Why or why not?
5. What is Mocky’s idea?
6. What do they have to know about the science museum?
7. Can they go there?
Activity 3：学生自主阅读第6—7幅图片，完成任务单
Step 1：梳理Ken、Ann和Mocky选择完成作业方式的过程及结果，分析他们如此选择的原因及影响因素
教师引导语言：
1. What do you know about the science museum?
2. Can they go there?
Step 2：师生共同观看第8—9幅图片动画视频，梳理主人公完成作业的最终选择及原因
教师引导语言：
1. Where can they go to finish the homework at last?
2. Why can they go there?
Activity 4：教师播放录音，学生进行听、读，模仿录音中语音语调。
Activity 5：借助故事地图，学生完成故事对话连线，并表演、讲述故事</td><td>教师观察学生听、看对话及图片后回答问题的结果，评价学生对文本的理解情况

教师观察学生自主阅读后，归纳选择完成作业途径的方法及原因，评价学生自主阅读及分析归纳的能力

教师观察学生归纳影响出行选择因素的情况，了解学生对文本意义的理解情况

教师观察学生对于故事内容的提炼、连线或讲述情况，了解学生的学习情况</td><td>获取与梳理

分析与判断

内化与运用

描述与阐释

概括与整合

内化与运用</td></tr>
<tr><td colspan="4">【设计意图】本阶段活动旨在帮助学生理解文本大意、梳理故事内容、归纳影响出行因素，属于学习理解、应用实践相结合的活动。教师通过自主阅读、任务设计及讨论，帮助学生梳理故事大意，通过分析完成作业途径选择的原因，培养学生依据文本内容进行分析判断、归纳总结的能力，激发学生对于出行方式选择的深入思考。</td></tr>
<tr><td>联系生活实际，思考并阐述更多外出需考虑的因素</td><td>Activity 6：教师引导学生思考，生活中出行时还需要考虑哪些因素
教师引导语言：
While going out, what else do we have to think about?</td><td>教师观察学生对话探讨出行选择的情况，评价学生对于询问和给出建议句型的掌握情况
教师观察学生对外出考虑因素的思考和补充</td><td>批判与评价

想象与创造</td></tr>
<tr><td colspan="4">【设计意图】本阶段活动旨在基于文本内容激发学生的分析和思考，属于迁移创新类活动。学生联系生活实际，思考并阐述更多外出需考虑的因素，树立学生全面思考，合理出行的意识。</td></tr>
</table>

Amazing Plants

北京市昌平第二实验小学 高存

一、年级学科

五年级 英语

二、背景分析

"Amazing Plants" 这一主题来源于北京版小学英语五年级下册第二单元 "What do flowers do?" 和第三单元 "How do seeds travel?" 的教材内容。学生借助不同场景认识植物各部分的英文名称，探究植物各部分的功能、植物生长条件与过程，概括植物的用途，感受植物对人们生活的重要性。突出"人与自然——种植与养殖，热爱并善待生命"的主题。基于单元内容和学情的分析，本单元的框架图建构如下：

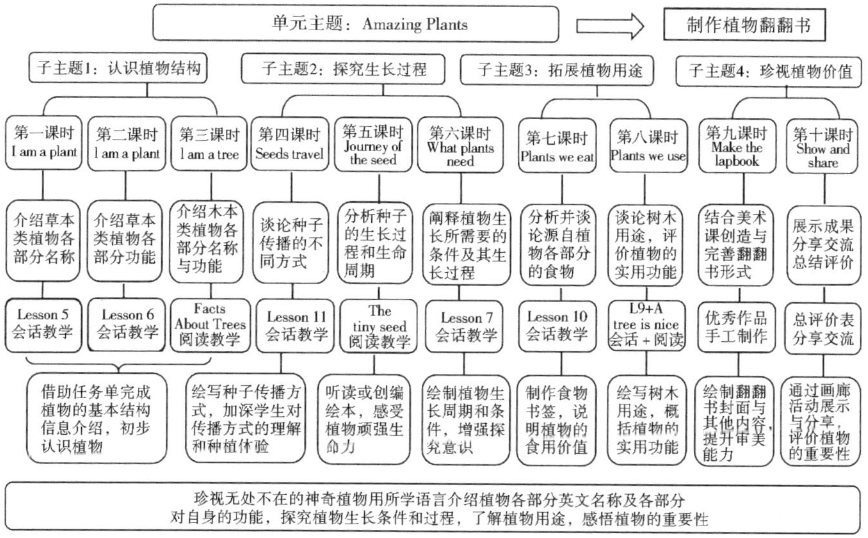

图 1 Amazing Plants 框架图

Plants we eat 是本单元中的第七课时，处于子主题"植物用途"部分的学习。学生在认识植物和探究植物生长过程后，基于本课，进一步拓展植物的食用用途。本课选自北京版五年级下册第三单元中的第二课时 Lesson 10，Lingling 去叔叔的农场了解源自植物不同部位的食物。

为了促成单元教学目标更好地达成，教师从 CLIL 的 4C 维度出发，分析了学生的原有认知、存在困难及应对策略。

（一）原有认知和生活经验

1. 语言交际（Communication）

学生在第一、二课时已经掌握了植物各部位的英文名称及功能的语言表达。另外，学生在一至四年级已经学习了一些果实类食物的英文名称，如 apple，potatoe。这为本课的学习和理解提供了一定的语言基础。

2. 学科内容（Contents）

从北京版小学英语教材一至五年级的学习内容来看，五年级学生对于植物话题与知识掌握较多。其中，学生对源自植物的食物内容有一定的认知与实践经验，且在四年级有过种植大蒜、绿植等的经历，这为本课主题的学习提供了背景知识。

3. 认知思考（Cognition）

学生思维活跃、愿意表达自己的观点，且探索欲与求知欲强，具有较强的探究意识。

4. 文化传播（Culture）

学生擅长交际，小组协作意识强，同时具备植物对人们生活的重要性有初步的认知和体验。

（二）存在困难

语言交际方面，部分学生对于个别拓展的食物名称存在识别困难，影响了其理解与描述。学科内容与认知方面，学生能够很好地识别来源于植物的食物，但是对于食物来源于植物何部分的问题学生理解较为困难。例如，90%的学生不能理解土豆为何为茎。

（三）应对策略

语言交际方面，教师创设真实的交际语境，课前提供源自植物不同部位的食物词汇清单，为学生提供语言与内容的支持。学科内容与认知方面，教师购买了多类真实食物，借助探究单，调动学生探究的兴趣，加深其对文本内容的理解。

三、教学目标

1. 梳理并描述源自植物不同部分的食物，师生共建导图。
2. 探究文本中食物源自植物何部分，并总结源自植物各部分食物的特点。
3. 通过 Buzz Group 的形式，运用核心句型交流并对食物进行分类。
4. 拓展与交流源自植物的更多食物，评价植物对人们生活的重要性。

四、教学重点

1. 梳理并描述源自植物不同部分的食物，师生共建导图。
2. 探究文本中食物源自植物何部分，并总结源自植物各部分食物的特点。

表 1　思维导图

教学内容	核心语言
描述源自植物不同部位的食物	peanuts, tomatoes, potatoes, cabbages, carrots Potatoes are stems; Tomatoes are fruits; Peanuts are seeds
询问不同类的食物	Can you give me an example of the roots/stems/seeds/ leaves/fruits/flowers? For example, …
评价植物	We can get … from plants. I think plants are …

五、教学难点

1. 通过 Buzz Group 的形式对拓展食物进行分类和交流。
2. 拓展与交流源自植物的更多食物，评价植物对人们生活的重要性。

六、教学过程

Activity 1：回顾所学 明确目标

Step 1：展示学生关于植物的项目式学习进度与所做的翻翻书内容，利用 chant 复习植物各部分英文名称和功能。

Step 2：明确本节课所学内容以及课后作业形式。

【设计意图】通过 chant 激活学生已知，进行植物各部分名称和功能的复习，为本课的学习进行铺垫。同时帮助学生明确作业和学习目标。

Activity 2：激活已知 导入新知

Step1：激活已知，发散学生思维，讨论日常生活中在哪能看见植物。

Q1：Where can we see the plants?

Step 2：展示餐桌上的菜，让学生调动已知发现源自植物的食物，并提供语言框架助力学生表达观点。

Q2:What plant can you see on the dining table?

Q3::Do these foods all come from plants?

【设计意图】联系学生的实际生活，通过问题激发学生已知，对新知产生求知欲。导入学习话题“Plants we eat”。

Activity 3：创设情境 主题教学

Step 1：呈现教师根据真实情境改编后的主题图，解读图片。

提问建议：

Q1：Where does she go?

Q2：What food do they see on the farm?

Step 2：播放课本第一段视频，引导学生提取更多源自植物的食物信息。

Q1：What other food do they get? Can you give me an example?

Q2：Do they come from the same parts?

Step 3：展示板书，提出问题，引导学生预测板书上食物源自植物的哪部分。

Q:Which part do they come from?

Step 4：观看第二段课文视频，检查匹配信息。

Q:Can you give me an example?

Step 5：同伴探讨胡萝卜和卷心菜分别是何类食物。

Q:What about the carrots and cabbages?

【设计意图】引导学生观看主题图和文本视频，学生通过“看”和“听”理解文本内容。通过预测、听音频和自主阅读，培养学生提取信息的能力。

Activity 4：总结内容 内化文本

Step 1：跟读全文，强化发音。

Step 2：结合朗读课文，引导学生内化文本内容。

Step 3：分层复述文本，输出语言。

Activity 5：探究原因 总结特点

Step 1：教师以“西红柿”和“黄瓜”为例，引导学生探究问题，探究果实类食物的特征。

Q1:For these plants, which part do we eat?

Q2:What do they have inside?

Step 2：教师引导小组利用探究单和真实的蔬菜，观察和分析其他四种来自不同部分的食物，总结源自植物不同部分的食物特征。

Q1:Which part do we eat?

Q2:What else do you know about them?

Q3:Where do they grow?

Q4:What are they like?

Step 3：总结探究，强调区分源自植物不同部分的食物的特征和维度。

【设计意图】通过探究，激发学生思考并总结各类食物的特点，一方面有利于培养学生的探究意识，另一方面有利于学生深刻理解文本内容，内化新知。

Activity 6：组织探究，强化语言输出

Step 1：教师分组，组织并讲解接龙游戏，利用核心句型“Can you give me an example of the…? For example, …”对拓展的食物进行组内分类。

Step 2：创设情境，组织学生帮助 Lingling 的叔叔归类食物，激发学生的参与感。

教师指令：Plants Plants

学生反应：We move move

Step 3：教师引导学生自主上前汇报，并提供以下句型框架：

Can you give me an example of the…?

For example, …Do you agree?

Activity 7：拓展主题，联系实际

播放源自植物的其他可食之物的相关视频，引导学生感受植物对生活的重要影响和意义。

【设计意图】通过观看视频，了解更多源自植物的食物，感受植物对人们生活的重要性。

Homework：

1. Listen and Read.

听读课文，巩固文本。

2. Make the labels about the foods.

探索生活中来自植物不同部分的食物并制作食物标签。

Unit 6 Lesson 21 Special Sports in Canada

北京市昌平第二实验小学　杨青青

一、年级学科

五年级　英语

二、背景分析

（一）教学内容分析

本课选自北京版小学英语五年级上册第六单元“What Are Your Favourite Sports”单元话题为“体育运动”，通过呈现不同国家的特色体育活动，突出“人与社会——文学、艺术与体育”的主题。

本单元共有四课时，前三课时为新授课，分别谈论了英国的体育运动、美国流行的体育活动、加拿大的冰上运动，第四课时为复习课。根据对文本的分析，教材内容聚焦各国对热爱体育运动精神的弘扬，因此教师把单元主题定为“We Are Sports Lovers”，并制作 Sports Newspaper（校园运动报），呈现单元表现性任务，从而加强学生对各国特色体育活动的认识，激发学生的运动激情。为了深化主题，教师补充绘本、歌曲、报刊等内容，增强学生的学习体验感。单元重构后，共有三大板块，即多彩运动、强国运动、我爱运动，六课时构成，并设有 Task A（TA）和 Task B（TB）分层任务，如图 1 所示。

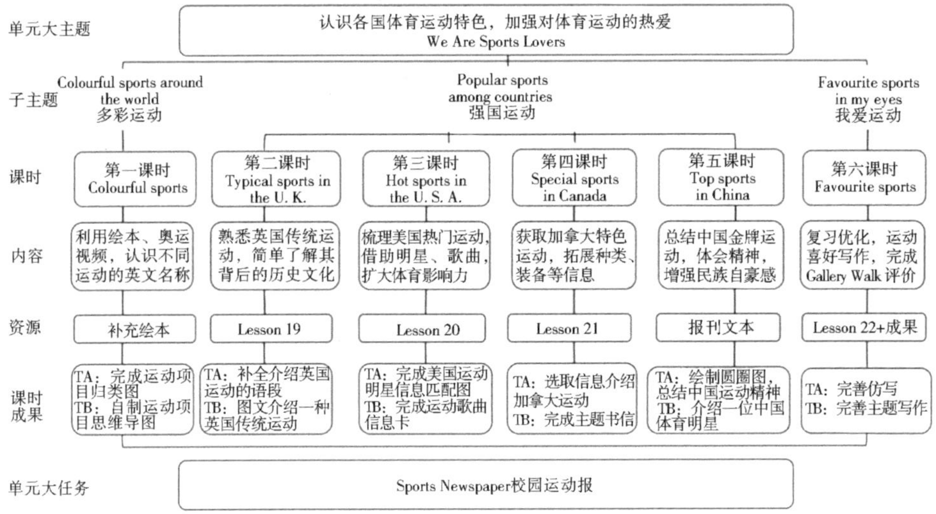

图 1　We Are Sports Lovers 单元教学结构

本课是单元重构后的第四课时，以 Guoguo 和 Mike 滑雪为情境，使用交际用语“What are you good at? We are good at …”，谈论加拿大人擅长的冰上运动。通过主题名词 ice hockey、skiing 等呈现其特色体育活动，同时借助词组 sports lovers、old people、every winter 等表达对体育运动的热爱。

（二）学情分析

本次授课对象是我校五年级学生。北京版教材中“体育运动”的话题多次出现，学生积累了一些常见的运动项目名称及动词词组，并在五年级上册第五单元学习了国家的相关知识，这些为本单元交流各国特色体育活动奠定了语言基础。

通过课前访谈，教师了解到大部分学生对 football、basketball 等大众运动非常熟悉，但是对 ice hockey、taekwondo、rugby 等其他主流运动并不熟悉，英文语言表达受限。因此，教师通过视频、图片等方式加强学生的理解，并在单元整体教学过程中不断复现。

三、教学目标

1. 获取 Guoguo 滑雪时的心情，体验滑雪的乐趣。

2. 梳理加拿大冰上运动的信息，加深对加拿大特色运动的认识。

3. 综合运用语言谈论加拿大冬奥明星，加强学生对冰上运动的热爱。

四、教学重点

概述加拿大特色体育活动，并体验滑雪的乐趣。

五、教学难点

运用所学语言谈论加拿大冬奥明星。

六、教学过程

表 1　教学过程相关项目表

教师活动	学生活动
环节一：Lead in	
教师活动 1：任务展示，本课导学 任务——Sports Newspaper，展示所学课时内容 T：Look at our newspaper. We have finished colourful sports around the world，typical sports in the UK and hot sports in the USA. And today we continue to talk about sports. Q1：Which country's sports are we going to talk?	学生活动 1： 回顾任务完成情况，了解本课时即将要讨论的国家运动。(感知与注意) 预设回答： S：We are going to talk about sports in Canada.
环节二：Presentation	
教师活动 2：出示图片，创设情境 创设去奶奶家的情境，出示主题图 1，引导学生观察 Guoguo 和 Mike 正在进行的活动、服装、设备、周围环境等信息。 T：Guoguo goes to Canada with Mike. Q1：What are they doing there? Q2：How do you know that? 教师活动 3：讨论滑雪，获取心情 讨论交流 Guoguo 滑雪时的心情。 Step 1：结合实际，谈论滑雪 Q1：Did you go skiing before? Q2：How did you feel? Step 2：呈现视频，获取心情 Q1：How does Guoguo feel? Q2：Is Guoguo doing well? Q3：Guoguo is tired，and what does she want to do? Step 3：角色扮演，体验滑雪	学生活动 2： 观察主题图，根据运动装备判断 Mike 和 Guoguo 正在进行滑雪活动。 预设回答： S：They are skiing. Because I can see… 学生活动 3： 结合个人经验，交流滑雪运动，观看视频，提取 Guoguo 滑雪时的心情，并积极进行课堂体验。 预设回答： S：I felt scared/excited/happy. S：Guoguo feels good and tired. S：Yes，Guoguo is doing well，because Mike says "You are doing great!" S：She wants to take a break.

续表 1

教师活动	学生活动
Q1：Who want to be Guoguo and Mike? 教师活动 4：问题引领，梳理信息 教师借助问题链，引导学生通过音视频、自主阅读等方式梳理 Guoguo 对加拿大运动的认知及问题。 T：We know Guoguo is tired. So they are taking a break and chatting. Step 1：播放音频，获取信息 Q1：What does Guoguo think of Canada? Q2：What does Guoguo want to know? Step 2：呈现视频，回答问题 Q1：What are Canadians good at? Step 3：指引阅读，构建体系 Q1：What do you know about ice sports in Canada?	学生活动 4： 听音频、观看视频，初步感知加拿大的冰上运动，并通过自主阅读获取更多信息。 预设回答： S：Guoguo thinks they are sports lovers. S：She wants to know the popular sport in Canada，because she says "What are you good at?" S：Canadians are good at ice sports. S：They have the best ice hockey teams. S：Old people go skiing every winter. （获取与梳理）
【设计意图】借助图片、音视频、角色体验、阅读等活动，帮助学生构建知识体系，加强对加拿大冰上运动的认识。	
环节三：Practice	
教师活动 5：跟读复述，内化巩固 Step 1：教师播放音频，提示学生朗读标准，即 Correctly、Loudly、Fluently。 Step 2：设计分层活动，学生可以借助语言框架或板书结构图完成加拿大冰上运动的介绍，教师组织学生从 Clearly、Completely、Fluently 三个维度进行评价。 Q1：Who wants to introduce Canadian ice sports? Q2：What do you think of her/him?	学生活动 5： 跟读课文，并任选一种形式讲述加拿大冰上运动，同伴进行点评。 预设回答： S:I think he/she can speak…, but he/she should…

续表 2

<table>
<tr><th>教师活动</th><th>学生活动</th></tr>
<tr><td>教师活动 6：活动引导，促进语用
教师创设 Guoguo 和 Mike 继续聊天的情境，从而拓展更多加拿大冰上运动，并组织学生使用所学句型进行交流。
Step 1：教师播放自制的主题视频，组织学生在学习单中找到更多加拿大的冰上运动项目。
Q：What other ice sports do you know?
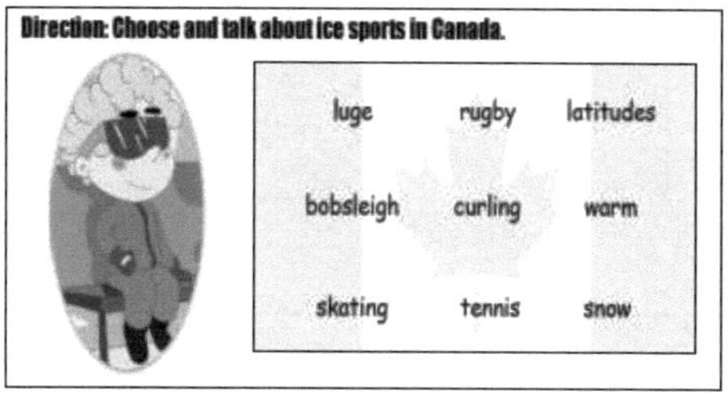
</td><td>学生活动 6：
学生观看视频，在学习单中圈画出 Mike 提到的冰上运动，并运用所学语言进行人机问答，完成调查表。

预设回答：
S:I know…</td></tr>
<tr><td>Step 2：设计微信语音通话活动，引导学生调查 Mike 家人擅长的冰上运动。
T：There are a lot of ice sports in Canada, and Mike is good at skiing. How about his family?
Q1：What are they good at?
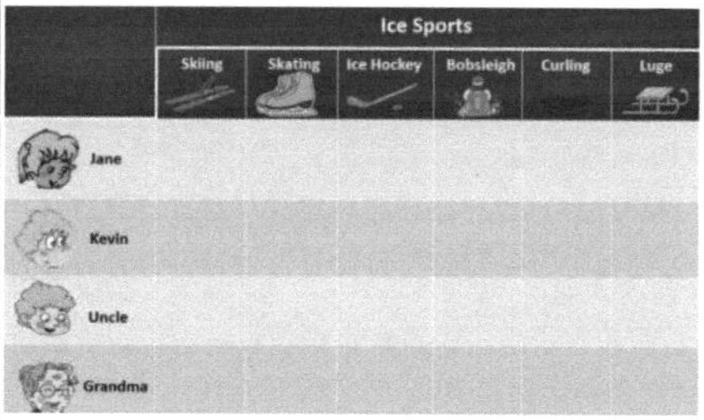
</td><td>预设回答：
S: … is good at …
（内化与运用、概括与整合）</td></tr>
<tr><td colspan="2">【设计意图】以听促读，培养正确的语音语调，通过分层复述，激起各个层次学生的学习兴趣，提高学习效果；在多种练习活动中，巩固本课重点句型，促进语用，加强学生对加拿大冰上运动的进一步了解，完善知识体系。</td></tr>
<tr><td colspan="2">环节四：Production</td></tr>
</table>

续表 3

教师活动	学生活动
教师活动7：联系实际，迁移语言 教师设计"冬奥明星访谈"活动，把班集体分成两大组，每组有不同的明星信息卡，通过Hot Seat问答形式，引导学生认识参加北京冬奥会的加拿大冰球运动员辛尼·克罗斯比（Sidney Crosby）和短道速滑运动员查尔斯·哈梅林（Charles Hamelin），并合唱冬奥主题歌曲*You Are The Miracle*。 Q1：What do you want to know about Canadian sport stars?	学生活动7： 学生借助问答活动，综合运用语言，谈论冬奥明星，并合唱冬奥歌曲。 预设回答： S：What are you good at? S：When did you begin to learn it? S：What is your best result? S：Do you like this sport? Why? （想象与创造）
【设计意图】利用Hot Seat的形式进行问答，促进学生所学语言的真实运用；通过歌曲，激发学生的民族自豪感和对冰上运动的热爱。	

Unit 6 What is he wearing

北京市昌平第二实验小学 张月

一、年级学科

六年级 英语

二、背景分析

（一）教材分析

1. 单元内容分析

本单元的话题是以询问服装为主，Lesson 19 主要讲述了律师在工作场合的着装，以及面对不同场合时的服装选择。Lesson 20 讲述了 Sara 的堂姐和伙伴在表演时的着装，以及不同工作的人的着装特点。Lesson 21 围绕 Lingling 穿表姐的旧衣服和妈妈做手工包展开话题，进而通过对自己和家人的身高进行了解，选择合适尺码的服装。本单元旨在在真实的情境中学习并运用语言，注重语言知识和语言技能相结合，培养学生用语言做事的能力。本单元的学习内容是关注不同场合及不同工作的穿着服饰及服装尺码，增进家人和朋友间的了解，并通过话题的学习形成出席不同场合要穿着恰当服饰的意识，提升个人素养。基于单元话题，将单元整体教学的主题定为“Special clothes，Unique dressing”。本节课的授课内容是单元主题的第二课时“Different clothes in different jobs”。

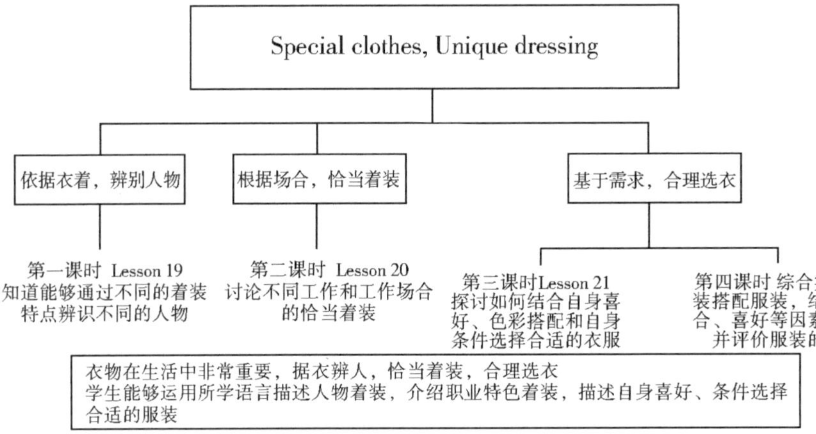

图1 Special clothes，Unique dressing 单元教学结构

2. Lesson 20 语篇研读

[What] 主题意义和主要内容

本课中 Sara 向 Guoguo 介绍了照片中的表姐，描述了表姐的着装、职业和颜色喜好等。通过对表姐的职业、着装、喜好和着装场合的讨论，突出了"人与社会"中的"常见职业与人们的生活"的主题意义。

[Why] 写作意图

本文通过对表姐着装的描写，渗透了工作和喜好对恰当着装的影响，培养学生树立恰当着装的意识。

[How] 文体结构和语言修辞

本文使用一般现在时和现在进行时进行对话。使用一般现在时介绍表姐的着装特点、喜好和职业等信息，使用现在进行时"He is wearing…"描述吉他手此时的着装，体现出舞台服装的特点。虚拟语气"I wish, I could…"和"Me too."的使用表达了 Guoguo 和 Sara 对于 pretty dresses 的渴望和喜爱。通过"How beautiful she looks!"和"He looks so cool."的运用，表达了 Sara 和 Guoguo 对表姐和吉他手着装的看法和评价，同时反映出了舞台着装的特点以及恰当着装的重要性。

（二）学情分析

1. 原有认知

本节课的授课对象是六年级（4）班学生，学生在二年级下册、三年级上册已经学习过服装类词汇，在第十九课学习了用“… is wearing …”介绍穿着的句子，对话的整体理解对学生不构成难度。词组 on stage 可以结合情景和图片进行理解。

对话内容贴近学生的生活，学生对服装话题并不陌生。六年级学生已经初步具备恰当着装的意识。

2. 学生特点

本班学生整体英语基础较好，有五年的绘本阅读经历，大部分学生具有批判意识，部分学生善于预测故事发展。个别学生语言素养很高，并且具备了较强的逻辑分析能力和小组合作意识。大部分学生喜爱表演，但存在两极分化现象，个别学生存在语言表达困难。

3. 存在困难

学生对于常见工作的着装有基本认知，但是对工作、工作场合和着装效果对服装的影响的表达有一定难度。教师将基于文本，以思维导图的形式帮助学生梳理两方面的关系，并通过分析、评价等语言框架帮助学生提高表达能力。

三、教学目标

1. 通过看、听、说活动，提取 Sara 表姐和吉他手的服装、着装场合、选择此着装的原因等信息。

2. 根据思维导图或句型框架介绍 Sara 表姐和吉他手的服装、着装场合及原因。

3. 根据人物职业搭配工作着装，互评判断其着装是否合理。

四、教学重点

1. 通过看、听、说活动，提取 Sara 表姐和吉他手的服装、着装场合、选择此着装的原因等信息。

2. 根据思维导图或句型框架介绍 Sara 表姐和吉他手的服装和着装场合及原因。

五、教学难点

根据人物职业搭配工作着装，互评判断其着装是否合理。

六、教学过程

表1　教学相关项目表

教学目标	教学活动	活动层次	效果评价
1. 通过看、听、说活动，提取Sara表姐和吉他手的服装、着装场合、选择此着装的原因等信息	文本导入：讨论主题图，引入文本 Activity 1：观察图片并回答问题 Q: What are they talking about? 预设追问问题： Q1: What do they do? Q2: What are they doing? Q3: What are they wearing? Q4: What colour are their clothes? Q5: Where are they? Q6: Who are they?	感知与注意	教师观察学生能否结合图片猜测其内容并预测对话话题
	文本呈现：提取梳理，分析判断 Activity 2：看完整动画，提取Guoguo和Sara谈论的话题，获取表姐的职业、人物关系和人物着装 Q1: Who is she? Q2: What does she do? Q3: What does she wear on stage?	获取与梳理 概括与整合	教师观察学生能否通过动画内容提取人物关系、职业和着装
	Activity 3：再看完整动画，提取并分析表姐穿此类服装的原因 Q: Why does she wear pretty and purple dresses?	获取与梳理	教师观察学生能否通过自主阅读提取相关问题的信息，并结合学生回答情况反问或追问进行帮助
	Activity 4：自主阅读对话，提取Guoguo和Sara对表姐着装的评价和期待，并角色扮演体会人物情感 Q: Do Guoguo and Sara like cousin's clothes? How do you know?	获取与梳理 分析与判断	教师观察学生能否提取二人的共同期待，并模仿语音语调体会人物情感
	Activity 5：提取吉他手的职业、舞台着装和效果 Q: What does he wear on stage? Why?	获取与梳理	教师倾听学生反馈，同时观察学生对信息能否准确提取
	Activity 6：评价cousin和吉他手的服装 Q: What do you think of their clothes?	分析与判断	教师观察学生能否表达自我观点，并结合学生回答进行追问或反问

续表 1

<table>
<tr><th>教学目标</th><th>教学活动</th><th>活动层次</th><th>效果评价</th></tr>
<tr><td colspan="4">【设计意图】本阶段的学习活动属于学习理解类，旨在帮助学生理解对话内容，梳理人物着装等信息。通过整体观看动画获取表姐的信息，培养学生获取信息、梳理总结的能力。通过提取 Guoguo 和 Sara 对表姐着装的评价，引导学生了解赞美他人的方式——“How… she looks!”在分析表姐和吉他手选择此类服装原因的活动中，引导学生感知服装与工作、工作场合和喜好的关系。(感知与注意，获取与梳理，分析与判断)</td></tr>
<tr><td rowspan="2">2. 根据板书导图或句型框架介绍 Sara 表姐和吉他手的服装和着装场合及原因</td><td>文本内化：内化巩固，应用实践
Activity 7：学生听读课文
Activity 8：两人一组扮演 Mike 和 Guoguo，Guoguo 向 Mike 介绍 Sara 表姐和吉他手中的一人或两人的着装及其原因，参考板书思维导图、句型框架或自己组织语言
情境创设：Mike 来见他的朋友 Guoguo 和 Sara，Guoguo 向 Mike 介绍 Sara 表姐和吉他手
讲述框架：
Hi, Mike. Look. This is … wears …, because … He/ She looks … on stage.</td><td>内化与运用

概括与整合
内化与运用</td><td>教师观察学生能否主动合作介绍人物，巡视过程中发现问题及时给予指导。</td></tr>
<tr><td>Activity 9：听录音连线，获取并介绍 Mike's cousins 的工作及其工作着装
情境创设：
T：Mike also wants to share his cousins with them.
Q1：What do his cousins do?
Q2：What do they wear at work?
句型框架：
… wears … at work/ on stage, because … is a …</td><td>内化与运用
描述与阐释</td><td>教师观察学生能否正确连线人物和服装，通过学生描述观察其能否正确用重点句型介绍服装。</td></tr>
<tr><td colspan="4">【设计意图】本阶段的学习活动属于应用实践类，旨在帮助学生熟悉巩固语言、运用语言。教师播放录音，学生跟读，体会并模仿对话中人物的语气。在介绍人物的过程中，学生再次回顾、梳理对话语言，提升学生语言运用能力，使学生关注职业和工作场合对着装的影响。听力连线 Mike's cousins 的不同职业及着装，了解不同职业的着装特点。(内化与运用)</td></tr>
</table>

续表 2

教学目标	教学活动	活动层次	效果评价
3. 根据人物职业搭配工作着装，互评判断其着装是否合理	文本拓展：梳理分析，迁移创新 Activity 10：通过问答为剪影人物选定职业并搭配工作着装，互评服装的合理性 A: Hi, … Look at Peter/ Lily. What does … do? B: He/ She is a/an … A: What does … wear at work/ on stage? B: He/ She wears … Q: What do you think of their clothes? 句型框架：I think … looks … , because …	想象与创造 批判与评价	教师观察学生能否正确问答人物职业和服装，并为人物搭配合理的着装。在评价着装时，通过学生评价，教师观察学生是否体会到职业及工作场合对着装的影响
【设计意图】本阶段的学习活动属于迁移创新类，旨在引导学生在半真实的语言环境下运用语言。学生展开对人物工作及着装的问答，并在互评判断其着装是否合理的过程中，观察学生是否体会到职业及工作场合对着装的影响。在情境迁移和语言运用的过程中，引导学生将知识联系生活，建立对于职业对服装的要求和影响的体会。（想象与创造，批判与评价）			

第三章　数学与科技课程群

本部分以数学、科学、信息技术为主阵地，以 STEM 教育理念为指导，围绕生活中真实的问题情境，设计科创“小课题”。学生经历完整的项目制学习过程，在丰富的探究活动中，激发学生的好奇心和探索欲，引导学生学会运用科学方法和科学知识去解决问题，让学生在思维拓展中成长，收获一种好思维。

5以内的加法

北京市昌平第二实验小学　周硕

一、年级学科

一年级　数学

二、背景分析

（一）教材分析

《义务教育数学课程标准（2022年版）》中要求：“探索加法和减法的算理和算法，会整数加减法。”新课标不仅注重算法，还注重算理，并且明确提出了“加法”二字，可见对“加法”这一内容的重视程度。本课是北京版一年级上册第五单元《加法与减法（一）》第一课时《5以内的加法》的内容。加法是所有运算的基础，所以这部分内容在整本书的学习，乃至整个数学学习过程中都是至关重要的。

通过横向对比北京版、人教版、苏教版、北师大版教材，我发现其共性是：第一，教学内容都安排在一年级上册，即都是第一学段所学内容。第二，都是通过创设学生熟悉的生活情境，让学生在解决实际问题的过程中初步体会到把两个数“合起来”要用加法。通过学习5以内的加法算式，让学生初步学会用加法解决生活中简单的实际问题。

通过纵向对比发现，在这之前学生已经学习了认识10以内的数，这节课的知识基础是5以内数的分与合。本课也为学生后续学习20以内数的加法、百以内数的加法打下坚实的基础。

（二）学情分析

为了了解学生对“5以内的加法”知识的掌握情况。我利用访谈交流法对一（3）班20名学生进行了抽样调查。我设计了两个访谈内容：第一，你知道2+1等于几吗？第二，你知道什么时候用加法吗？通过调查发现，本课虽是一年级学生在数学学习中首次接触计算问题，但是大部分学生都具备了一定的计算能力。可见，学生缺少的是对于加法含义的理解，以及提出问题的能力，所以学生不清楚为什么用加法计算来解决问题。

《义务教育数学课程标准（2022 年版）》中指出："要充分考虑到学生在幼儿园阶段形成的活动经验和生活经验，遵循本阶段学生的思维特点和认知规律，为学生提供生动有趣的活动，更好地完成从幼儿园阶段到小学阶段的学习过渡。"因此，面对具有一定学习基础的学生来说，创设情境以及设计教学环节时应该充满趣味，设计有梯度的问题，鼓励学生动手操作，多元化探究，尝试用数学语言表达自己的想法，使学生的认知提高一个水平。

根据以上分析我选择了借助《笑眯眯阿姨的星星面包》这一绘本故事设计本课学习内容。

三、教学目标

1. 使学生经历联系具体情境写出加法算式的过程，初步认识加法的含义；认识加号，会读、写加法算式；能够根据具体情境填写加法算式。

2. 引导学生在具体的问题情境中提出数学问题，理解 5 以内加法的意义，会正确计算 5 以内的加法。

3. 学生在自主探究、与他人交流的过程中，享受创造与分享的快乐，获得成功的体验。

四、教学重点

初步理解加法的含义，认识加号；会读、写加法算式，能够根据具体情境填写加法算式。

五、教学难点

理解 5 以内加法的意义，会正确计算 5 以内的加法。

六、教学过程

（一）故事引入，激发兴趣

1. 阅读绘本故事

大森林里住着一个非常棒的面点师叫做笑眯眯阿姨，每天都有很多小动物趴在窗台前看看阿姨做了什么面包。住在山上的坏心眼女巫嫉妒起来，把星星面包都偷走了，小动物们听说了这个消息后，决定帮助阿姨把丢失的面包找回来，小动物们在大森林里很快就有了发现。"我们把星星面包找回来！"小猪、小兔子和小狗在森林里到处寻找。过了一会儿小猪哼哼地叫着："我这有发现！"

（出示图片：小猪有2个星星面包，小兔子有1个星星面包）

2. 根据以上故事内容，提取数学信息，提出数学问题

问题1：一共有几个星星面包？

问题2：“一共”是什么意思？

【设计意图】阅读绘本故事，激发学生学习兴趣。通过观察，培养学生发现数学信息，提出数学问题的能力，提高学生语言表达能力。同时，借助故事情节，让学生体会“一共”就是“合起来”的意思。

（二）自主探究，感悟新知

1. 出示问题及活动要求

小猪有2个星星面包，小兔子有1个星星面包，一共有几个星星面包呢？

活动1：

想一想：请你用小圆片摆一摆，数一数，也可以在学习单上画一画，写一写。

活动2：

说一说：完成后同桌交流。

2. 学生汇报，交流方法（投影展示小组素材）

预设一：摆一摆

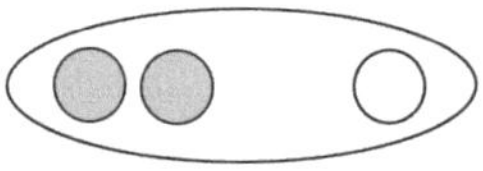

小结：用圆圈将两部分圈起来，表示“一共”。

预设二：画一画

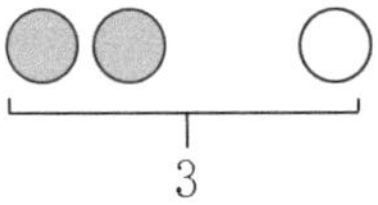

小结：用大括号将两部分括起来，也能表示“一共”。

预设三：分与和

3

1　　2

2　　1

小结：3 可以分成 1 和 2，1 和 2 可以组成 3。

预设四：列算式

2+1=3

1+2=3

提出问题：这是一个什么算式？（板书：加法）

3. 揭示课题

这节课我们一起来学习 5 以内的加法。（板书课题：5 以内的加法）

4. 理解算式含义

问题：在这个加法算式中 2 表示什么？1 表示什么？3 表示什么？

5. 认识加号

小结：在这个加法算式中还有两个符号，这是数学中经常要用到的符号，它的名字叫加号。（板书：加号）

提出问题：加号表示什么意思？怎样用手势表示？

小结：求“一共有多少？”需要用加法。3 是 2＋1 的结果，所以把等号写在 3 的前面。这个加法算式的意思是把 2 和 1 合起来是 3。

6. 观察算式“2＋1”和“1＋2”

观察这两个算式，发现其相同点和不同点。

小结：一个加法算式有两种写法，数字是一样的，虽然两个数的位置变了，但是结果不变。

【设计意图】让学生在自主操作活动中通过不同的方式进行探索性学习，将自己的想法表达出来。结合故事情境解读算式，让学生深刻理解加法算式中每个数字和符号的含义，最后理解整个加法算式，体会在求“一共有多少个面包”时用加法。

（三）拓展延伸，巩固练习

1. 阅读绘本故事（PPT出示）

在大家的帮助下，小猪和小兔子一共找到了3个星星面包。这时候小狗跑过来说：“原来有3个星星面包，我又找到了2个！”（学生扮演贴图）

预设1：现在一共有多少个星星面包？

预设2：你可以列出一个加法算式吗？（板书算式：3＋2＝5　2＋3＝5）

2. 理解算式含义

问题：3，2，5分别表示什么意思？加号表示什么意思？

小结：“3＋2＝5”表示把原来的3个面包和新找到的2个面包合起来是5个面包。把两部分合起来，求“一共有多少？”要用加法计算。

【设计意图】学生巩固练习加法的含义，同时引出新的加法模型：原来有一部分，又增加一部分，体会把两部分合起来求“一共有多少”用加法计算。

（四）收获总结，内化知识

附：板书设计

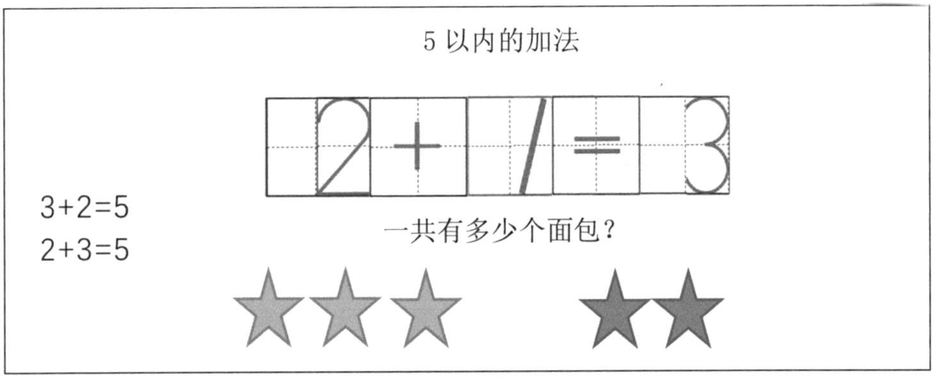

绘本伴我学乘法——乘法的初步认识

北京市昌平第二实验小学　王彤

一、年级学科

二年级　数学

二、背景分析

（一）教学内容分析

《乘法的初步认识》是乘法知识体系的起点，也是整数四则运算系列中的一个重点概念。在遵循儿童已有经验和认知发展基本规律的基础上，为学生提供大量同数相加的现实情境，架起加法算式与乘法算式之间的桥梁，突出乘法意义的本质，进而加深学生对于乘法意义的理解。

数学绘本故事中融入了数学的概念，一方面采用童话表征的方式，满足了学生形象思维的发展，力求表述的内容生动活泼，另一方面采用文字的表征方式，满足了学生抽象思维的发展，有利于培养学生的想象力，同时绘本故事采用图文并茂的方式，既达到了对所要表述内容的完整性，又保证了所表达内容的生动性，符合学生对阅读材料的需求，且故事内容的发展与数学概念紧密结合。

（二）学生情况分析

《义务教育数学课程标准（2022 年版）》在第一学段具体目标中指出：结合具体情境体会四则运算的意义；能够在他人的鼓励和帮助下，积极参与生动、直观的数学活动，感受数学与生活的密切联系。

学习乘法的初步认识时，学生已学习了加法的相关知识，并且也学习了找规律、分类等一些数学认知策略，具备了一定的知识经验。学生在生活中有组一组数字的经验，通过一年级的学习，学生有一定的动手操作能力，这些都为学习乘法的初步认识奠定了基础。有些学生在生活中听说过乘法，有的学生还会背诵乘法口诀，但不知其所以然，因此利用绘本故事学习数学的形式能够很好地把学生带入学习乘法的数学乐园中，激发学生探究乘法的欲望。

三、教学目标

1. 结合具体绘本情境，引导学生体会乘法运算的意义；能够正确地读、写乘法算式，知道算式中各部分名称；能够能把加法算式改写成乘法算式。

2. 在体会乘法和加法之间的联系与区别的过程中，体会求几个几相加列乘法算式比较简便。

3. 在解决问题的过程中，体会乘法在日常生活中的作用，渗透分类的思想、对应思想等，培养学生初步观察、分析的能力。

四、教学重点

体会乘法运算的意义，能够把相同加数连加改写成乘法算式。

五、教学难点

体会乘法和加法之间的关系，初步了解乘法的意义。

六、教学过程

（一）阅读绘本，认识乘法

1. 回忆故事

昨天大家都读了《买卖国的乘法队长》这个数学绘本故事，大家说一说这本书讲了一个什么样的故事？

起初买卖国买东西的时候都是一个一个地数，满大街的人都在数数，连皇帝和大臣都在忙着数数，所有的人整天都在忙来忙去，可是这样数太麻烦了，太耽误时间了。于是他们想了一个好办法，把东西3个、4个、5个捆成一捆，再买东西的时候就不是一个一个地买了，而是一捆一捆地买，每一捆的个数都一样。当你买东西的时候直接说出几捆就可以了，方便了很多。其实，买卖国不仅有这些事，还发生了很多别的故事。

2. 揭示课题

今天，我们就一起认识这个新朋友——乘法。什么是乘法，乘法能帮助我们做些什么呢？

（二）分析思考，强化概念

1. 分类比较，感受加法算式的不同

（1）有一对夫妻去买鸡蛋，第一个袋子装了1个鸡蛋，第二个袋子装了2个鸡蛋，第三个袋子装了4个鸡蛋，现在请你用学过的方法列出算式，他们一共买了几个鸡蛋？

（板书：1＋2＋4＝7）

（2）这对夫妻又去买了葡萄酒，一堆是 3 瓶，买了 4 堆，谁能用学过的方法列出算式，他们一共买了几瓶酒？

（板书：3＋3＋3＋3＝12）

（3）这对夫妻又去了洋葱店，第一个袋子装了 3 个，第二个袋子装了 2 个，第三个袋子装了 4 个，他们一共买多少个洋葱？

（板书：3＋2＋4＝9）

（4）一个高帽子的客人去了香蕉店，一把是 4 根香蕉，他买了 5 把，谁能用学过的方法列出算式，他一共买了多少根香蕉？

（板书：4＋4＋4＋4＋4＝20）

（5）最后，秋刀鱼店铺来了一位老奶奶，每串有 5 条鱼，老奶奶一共买了 3 串，老奶奶一共买了多少条鱼？

（板书：5＋5＋5＝15）

（6）请你们仔细观察，看看这些算式有什么特点，给这些算式分分类？

预设一：

第一类：	第二类：
1＋2＋4＝7	3＋3＋3＋3＝12
3＋2＋4＝9	4＋4＋4＋4＋4＝20
	5＋5＋5＝15

预设二：

第一类：	第二类：	第三类：
1＋2＋4＝7	3＋3＋3＋3＝12	4＋4＋4＋4＋4＝20
3＋2＋4＝9		
5＋5＋5＝15		

你们为什么这么分？

小结：因为我们的分类标准不一样，所以结果不一样，那这堂课我们重点研究这样的分类结果。（手指第一种中的第二类）

引导学生数数，（圈）这一堆有 1 个 3，两堆就是 2 个 3……那一共有 4 个

3，我们可以说有4个3相加。

看看图中哪里藏着4个3呢？指名圈一圈，画一画。

算式里藏着几个几？指名圈一圈，画一画。

2. 数形结合，理解乘法

（1）假如彤老师现在让你们也去买秋刀鱼，每串是5条，你想买几串，可以怎么用算式表示，同桌之间讨论一下。

教师搜集学生信息，全班进行汇报。

研讨特例：XXX要买100串，如果用加法的话，100个5相加，用加法算式表示感觉怎么样？怎么办？

小结：看来几个几相加也可以用乘法列式，这个简单的算式也表示100个5相加。没有人发明乘法之前，真是太麻烦了，乘法是加法的简便运算，乘法是特殊的加法。

（2）用简单的计算方法表示5个4相加的和是多少？

讲解：5×4＝20，中间连接的这个符号叫作乘号，读作：乘。示范写法：先写“/”再写“\”，就像我们汉字的一撇一捺似的，但乘号要写得直直的，在这里还有一个关于乘号的小知识，我们一起来看看知识窗（PPT）介绍历史。

知识窗：

乘法符号的历史

你知道吗？乘号曾经用过十几种。现在我们用的“×”，是英国数学家奥特雷德在1631年提出的。

手指算式：4在图中表示什么？5表示什么？

像4＋4＋4＋4＋4＝20这样的算式，就可以改写成5×4＝20，读作5乘4

等于 20。

思考：在这个加法算式中没有 5，乘法算式中的 5 是哪来的?

根据刚才学的知识，把第二个加法算式改写成乘法算式。

思考：什么时候，我们才能把加法算式改写成乘法算式?

思考：5＋5＋5－5 这个算式都是 5，可不可以直接改写成乘法算式?

小结：求几个相同加数的和，可以直接用乘法算式进行计算，乘号两边的两个数分别是加法算式中相同加数和相同加数的个数。

（三）巩固练习，深化概念

用乘法记账又简单又省事，买卖国的商贩都学会了乘法，买卖国的乘法队长要来考考你们了。先用加法算式计算出个数，再改写成乘法算式。

出示图片：一共有多少个苹果?

出示图片：乘法队长一共为我们带来多少个甜甜圈?

出示图片：我们送给买卖国多少块大白兔奶糖？

（四）联系生活，巩固提升

1. 出示：2×5，讲乘法小故事

2. 课后小结

其实关于2×5的小故事还有很多，生活中不仅有2×5的小故事，还有很多几乘几的小故事，请你们睁大漂亮的眼睛，认真观察，编一个乘法小故事，晚上说给爸爸妈妈听。

三颗石子的魔力——万以内数的认识复习

北京市昌平第二实验小学　石维华

一、年级学科

二年级　数学

二、背景分析

（一）教材分析

在小学学习中，学生对整数的认识分为四个阶段，其中二年级下册《万以内数的认识》是小学数学的重要内容之一，这部分内容是对一个完整数级的学习，包含了整数认识的所有要素，因此这部分内容的学习对于学生建立数感、发展数学思维具有重要意义。《三颗石子的魔力》是《万以内数的认识》的拓展内容，内容选自二年级下册《小学生快乐数学》一书。本课内容是在学生自主阅读数学绘本《过去的人们是如何数数的》一书之后进行教学的。书中介绍了古代计数的方法，让学生了解不同文化的历史和传统，尊重和欣赏不同的文化。同时，鼓励学生动手实践去体验和感受数学的魅力，提高数学学习的兴趣和积极性。

（二）学情分析

1. 基础知识

学生初步掌握了万以内数的概念、数位顺序、读数和写数的方法、比较大小等方面的知识，简单了解算盘计数的方法。

2. 思维特点

学生正处于形象思维向抽象思维的过渡阶段，学生喜欢通过摆一摆、想一想的方式探究数学的奥秘。

3. 遇到的问题

学生对计数方法演变的过程不了解，对“十进制”“位值制”两个基本概念理解不深入，数学思维能力和逻辑推理能力还有待提高。

本节课突出对“计数单位”的认识，在计数的过程中，使学生进一步感知、理解“十进制”“位值制”两个基本概念，从而实现对认识数的经验积累，这是进一步学习认识更大的数的基础。

三、教学目标

1. 学生通过摆一摆、想一想、说一说等活动，用三颗石子在数位顺序表上表示不同的数，进一步掌握万以内数的认识，理解和巩固“十进制”“位值制”这两个重要概念。

2. 学生在自主探究、合作交流中解决实际问题，积累数学活动经验，建立数感、发展数学思维能力。

3. 学生借助阅读、谈话、畅想等活动环节，初步了解计数工具的演进过程，了解不同文化的历史和传统，感受中国传统文化，增强民族自豪感。

四、教学重点

进一步体会“位值制”的作用，理解数字所在数位不同表示的意义就不同。

五、教学难点

进一步体会“位值制”的作用，理解数字所在数位不同表示的意义就不同。

六、教学过程

（一）谈话，了解过去的人们是如何数数的

同学们，我们的日常生活中离不开数数、计数，你能说一说你在什么地方用到过数数、计数吗？

现在我们表示一个数说起来是非常简单的事情，但是你知道过去的人们是如何数数、计数的吗？

用手指、摆小木棒、绳结……

让我们走进牧羊人，看看他是如何记录羊的数量的吧！

古时候羊圈没有现在的羊圈结实，晚上常常会有野兽钻进羊圈偷走小羊。牧羊人为了知道自己的羊少了没有，常常会在羊进圈时数羊的数目。每只羊进圈，都会往袋子里放1颗石子。第二天早上，把羊从圈里赶出来时，出来1只羊，就从袋子里拿出1颗石子。这样，1颗石子表示1只羊，3颗石子就表示3只羊了。这时候只有一一对应，还没有“3”，很久很久以后，人们才把3颗石子的个数用“3”表示。

这时的 3 颗石子只能表示 3。

随着时代的变迁，3 颗石子能表示更大的数了。例如，我们可以找大小不同的 3 颗石子，从大到小分别表示 4、2、1，用不同的方法取石子就能分别表示 1 至 7 每个数字。

例如：1 颗小石子表示 1，1 颗中石子表示 2，1 颗小石子和 1 颗中石子合起来就表示 3。

问：你知道怎么表示 5、6、7 吗?

小结：3 颗不一样大小的石子就能表示更多的数了。

【设计意图】本环节的设计是通过阅读资料了解古人的计数方法，一开始的记录方式就是一一对应，后来通过大小石子的出现，3 颗石子可以表示更多的数，使学生感受到人类的聪明才智带给人们越来越便利的生活，感受数学的价值。同时，通过提问、追问带动学生积极思考，促进学生数学思维能力的提高。

（二）探究借助数位顺序表表示不同的数

1. 思考

如果还是刚刚的 3 颗小石子，你还能表示出更多的数吗? 借助咱们学习过的知识想一想、试一试。

2. 活动要求

（1）独立思考，借助我们学习过的数位顺序表，你还能用 3 颗石子表示更多的数吗？在学习单上摆一摆，写一写。

（2）与同组同学进行交流。

3. 汇报交流

问：同样都是3颗石子放在一个格子里，为什么能表示不同的数？

小结：小石子所在的数位不同，表示的意义就不同。1颗石子在个位表示1个一；1颗石子在十位表示1个十……

4. 问题

这3颗石子能表示的最大的数是几？最小的数是几？

追问：最大只能是3000吗？还能不能表示更大的数？最小只能是3吗？还能不能表示更小的数吗？

预设：最大三万、三亿……最小零点三、零点零三……

通过学生的回答，发现数位顺序表不止个位、十位、百位、千位，还有更多的数位表示更多的计数单位。（教师完善数位顺序表）

【设计意图】学生借助自己的生活经验发现数位顺序表还有更大或更小的计数单位，这样就能够继续为3颗石子赋予能量，表示更多的数了，从而使学生感受知识的扩展与延伸，同时为后续学习大数的认识和小数的认识进行铺垫。

（三）提升，了解我国古代算盘的起源和用法

1. 继续追问

还是这个数位顺序表，你能让3颗石子表示更多的数吗？

2. 预设

如果我们在每个数位上下各画一个格子，上格放1颗石子表示5，下格放1颗石子表示1，3颗石子就能表示更多的数了。

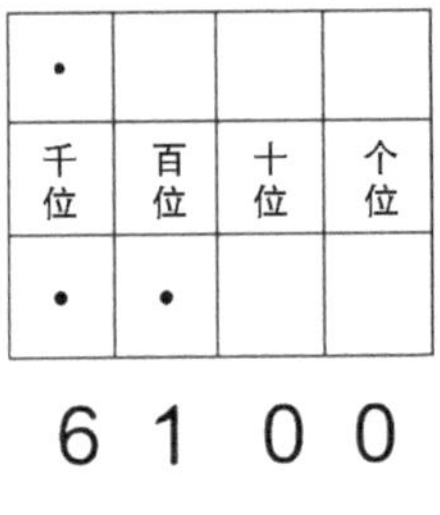

3. 教师总结

这种摆法是借助了算盘的计数方法来摆数的。请同学来介绍一下算盘计数的方法与特点。

4. 接下来就让我们动手试一试这种摆法吧

（1）用 3 颗石子摆一个四位数。

（2）摆出的最大四位数是几?

（3）摆出的最小四位数是几?

【设计意图】算盘是中国古代的一项重要发明，本次活动设计一方面是了解算盘产生的伟大成就，感受我国劳动人民的智慧结晶。另一方面是为学生提供一种计数工具，呈现另外一种直观表示数的方法，在增强学生学习兴趣的同时强化数的概念。

（四）回顾，计算工具的演进历史

师：从借助身体部位到使用工具，从算盘的使用到计算机的问世，人类在不断探索发明创造，而科学家们正在研制新一代计算技术——神经网络技术及神经计算机，这将是我们新的征程。

（五）总结，谈一谈收获、感受和想法

认 识 倍

北京市昌平第二实验小学 李嫚

一、年级学科

二年级 数学

二、背景分析

《认识倍》属于小学数学第一学段“数与代数”领域的概念课，是北京版二年级上册《表内乘法和表内除法（二）》中的内容。它是在学生学习了乘除法基础上进行的教学，更是后续学习分数、百分数、比等概念的基础。二年级学生以具体形象思维为主，对抽象概念的理解需以足够的直观材料和充分的实践经验为基础。学习“倍”之前，学生脑海中建构的是加法模型，只有数量的合并与多少的比较。“倍”虽然也反映两个数量之间的比较关系，但它体现的是两个数量之间的比率关系，相较“比大小”更抽象。为了准确了解学生的学习起点，学习“倍”之前对班里的学生进行如下前测：

前测学习单
班级：　　　　　　　　姓名：
1. 有 2 个白萝卜，6 个胡萝卜，比一比，你能提出数学问题吗？
2. 生活中你听说过“倍”吗？可以写一写，画一画。

由前测结果看出，学生在第 1 题“比一比，提出数学问题”时，全班 44 名同学均能提出比多少的问题。第 2 题对于“倍”的理解多数来源于生活中的大致描述，例如图 1、图 2 所示学生能够通过生活经验感知“倍”就是比之前变大、变多了。在图 3、图 4 中学生用图列举出心目中的“倍”，能够发现数量在逐渐变多，倍数也在逐渐变大。

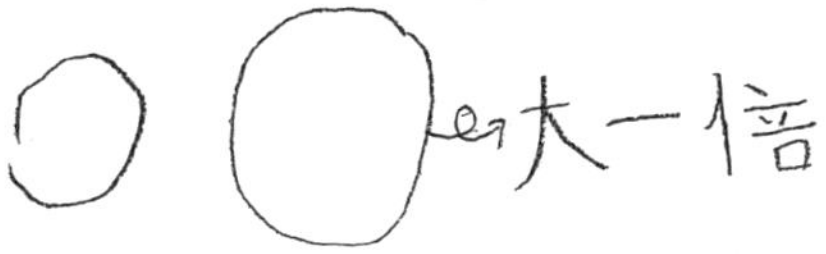

图 1　学生前测学习单

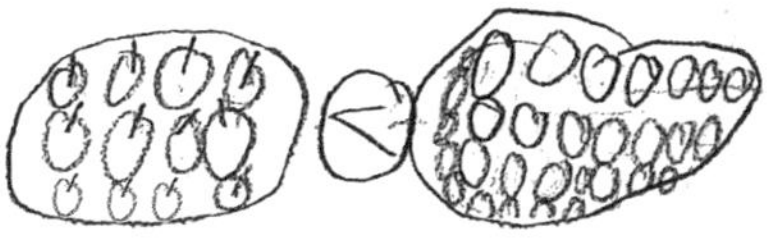

图 2　学生前测学习单

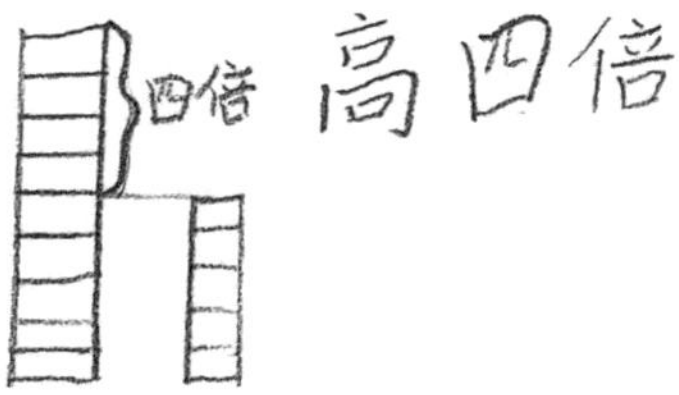

图 3　学生前测学习单

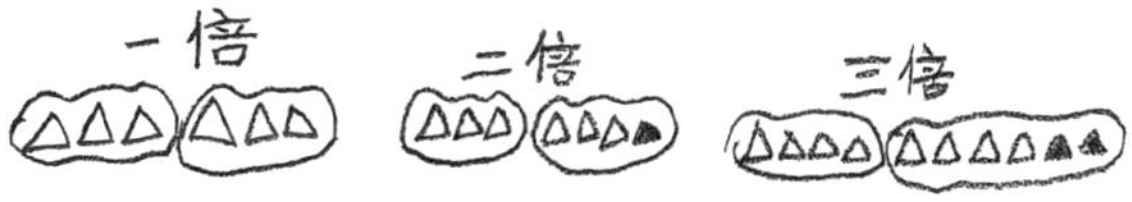

图 4　学生前测学习单

通过分析得出，学生对“倍”的理解更多是基于生活层面的理解，并没有理解“倍”在比较两个数量时标准的选择，更没有领悟到本质。但学生从内心是认可“倍”，也是在“比较”，隐约感受到和之前的比多少是有关联的。因此，本节课重点是帮助学生理解“倍”的概念，建立“倍”的直观模型。

三、教学目标

1. 结合真实生活情境，借助旧知进行迁移，通过摆、圈、画、说等活动，初步理解“倍”的意义，建立“倍”的概念，体会数量之间新的比较关系。

2. 在观察、比较、变化、抽象中经历构建“倍”直观模型的过程，深刻理解“倍”的本质，培养学生推理意识和表达能力。

3. 学生在操作、实践中体验数学知识与日常生活的联系，从而激发学生的学习兴趣。

四、教学重点

初步建立"倍"的概念，正确表达两个数量之间的倍数关系。

五、教学难点

经历不断对比与抽象的过程，深入理解"倍"的本质。

六、教学过程

（一）比一比，认识"倍"

1. 情境导入，激发兴趣

出示情境图：2个梨、6个苹果

2. 比较中感悟一一对应

根据苹果和梨的数量，比一比，能提出数学问题吗？

预设1：苹果比梨多几个？

预设2：梨比苹果少几个？

追问：请你用教具摆一摆，让别人一眼看出苹果比梨多4个。

（生板演贴图）

小结：就这样一个一个比就是之前学过的相差问题。（板书：一个一个比）

3. 引出"倍"，揭示课题

（1）水果装盘，引出"倍"

现场装盘，2个一盘，李老师是怎么摆的？

预设：2个梨放1盘，2个苹果放1盘，苹果放了3盘。

师：两个数在比较时，可以一个一个比出相差多少。装好盘以后的梨和苹果还隐藏着一种新的数量关系，你知道吗？

（2）揭示课题

（二）摆一摆，找到"倍"

1. 活动一：认识"3倍"

到底是不是呢？请用学具把你脑海中的倍数摆出来，也可以画一画。

（1）出示活动要求

①摆一摆，画一画，让别人一眼看出来苹果的个数是梨的（ ）倍。

②摆好后，小组互相说一说想法。

（2）汇报展示（投影展示小组素材）

预设 1

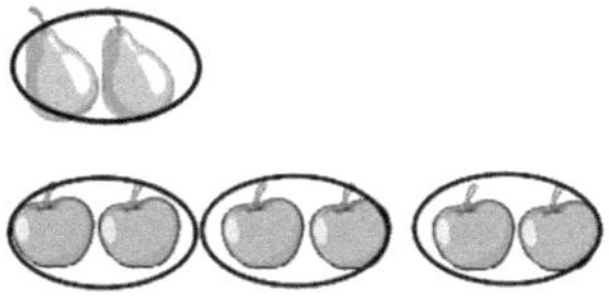

预设 2

预设 3

对比追问：几号作品能让我们一眼看出苹果的个数是梨的 3 倍？

预设：2 号作品能让别人一眼看出来，通过圈圈一下子就找到了 3 倍。

师：你想对 1 号和 3 号作品说些什么？

预设：1 号作品最好是把 2 个梨圈圈，2 个苹果圈圈；3 号作品最好把梨摆在一行，苹果摆在一行，这样更清楚。

小结：用学具摆一摆，画一画，我们知道了苹果的个数是梨的 3 倍。

（3）规范语言

把两个梨装成一盘，看成 1 份（板书：1 份），苹果也要像梨一样，2 个一份、2 个一份，有这样的 3 份（板书：3 份），我们就说苹果的个数是梨的 3 倍（板书：的个数是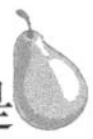的 3 倍）。

2. 强调标准的重要性

(1) 2倍资源

师追问：这样摆苹果的个数还是梨的3倍吗？

预设：梨有3个是1份，苹果有6个是2份，所以苹果的个数是梨的2倍。

(2) 对比强调标准

重点追问：同样是6个苹果，为什么一会是3倍一会是2倍呢？

小结：看来标准很重要！当确定了标准，就找到了1份，然后就这样1份、1份去比，有这样的几份就是几倍。(板书：1份1份比)

【设计意图】结合具体情境理解"几倍"与"几个几"的联系，建立"倍"的概念，突出标准量的重要性。

(三) 画一画，创造"倍"

1. 活动二：创造4倍

(1) 活动要求

①用○和△画出你心目中的4倍。

②画好后，同桌说想法，同桌两人尽可能画得不一样。

(2) 汇报交流

重点追问1：他们的作品都是4倍关系吗？

重点追问2：1份的个数都不一样，为什么都是4倍呢？

教师小结：不管这一份有多少个，只要有这样的4份，就是4倍。

(3) 变化数量，巩固4倍关系

活动三：和我一起变变变

增加或减少○或者△的数量，学生快速做出调整，使△个数仍是○个数的4倍。

①考察你反应能力的时候到了，如果一份○有2个，△每份怎么办？

②增加一个○，△怎么办？

追问：你发现了什么？

教师小结 1：标准 1 份有几个，后面的每一份就要有几个。

教师小结 2：看来一份不管有多少，只要有这样的 4 份，就是 4 倍。

2. 构建“倍”直观模型

既然 1 份多少都行，请你闭上眼睛想象，1 份逐渐增加，逐渐减少，后面的每一份都怎么样？

如果用一根透明长条表示 1 份，那后面的每根长条有要求吗？

预设：同样长，因为每一份要同样多。

3. 变化中认识 1 倍

绿色长条个数是蓝色长条的 4 倍，如果把绿色长条遮住 1 份呢？

【设计意图】倍数关系不变，标准量和比较量同时变化，帮助学生构建“倍”的直观模型，理解本质。

（四）说一说，发现“倍”

1. 你用心观察，其实“倍”就在我们身边

出示图片 1：教室里的卫生角有 2 把簸箕、4 把扫把

出示图片 2：班级合影

你能在图片中找到“倍”吗？

预设 1：咱们班教室里扫把的个数是簸箕个数的 2 倍。

预设 2：咱们班有 44 名同学，22 名男生，22 名女生，男生人数是女生人数的 1 倍。

2. 谈收获

通过本节课的学习，你对“倍”有哪些新的认识呢？

附：板书设计

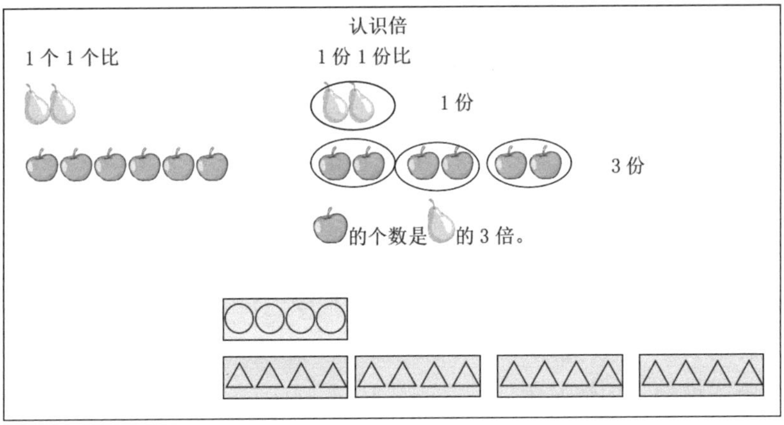

认识周长

北京市昌平第二实验小学　王乃娟

一、年级学科

三年级　数学

二、背景分析

《认识周长》是北京版三年级上册第六单元第二课时的内容，本节课是平面图形周长的起始课，具有重要的意义和作用。从《义务教育数学课程标准（2022 版）》来看，“度量”这一大观念处于数学学科教学的核心地位，具有可迁移、可持续的特性。而周长充分体现了度量的本质，在图形与几何范围中，周长是图形测量的一个重要内容，同时“周长”是对长度学习的延续，是将来学习面积和体积度量有关知识的基础。

从数学核心素养来看，平面图形的周长教学，其重点是借助生活中的实例帮助学生建立周长的概念，使学生在具体的活动和动手操作中积累活动经验，逐渐理解周长的实际含义，形成量感，培养学生的几何直观。

认识周长是在学生认识了长方形、正方形、三角形、平行四边形等图形，掌握了这些平面图形的基本特征，认识了厘米、米等长度单位的基础上展开学习的。为了完成本单元的整体设计，掌握学生已有的生活经验和知识水平，恰当地定位教学目标，针对学校三年级两个班共 85 名学生做了如下学情调研与分析。

题目 1：摸一摸下面物品的周长，并用彩笔描出图形的周长，说一说你认为什么是周长？它可以测量吗？如果可以，请你想办法测量出下面一个物品的周长。

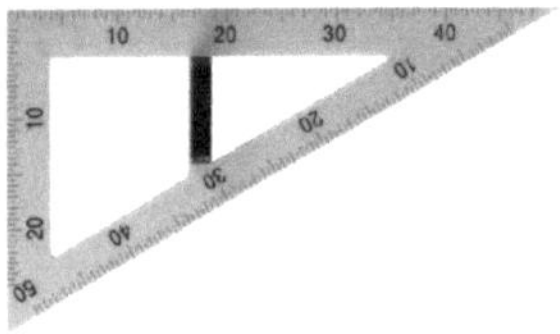

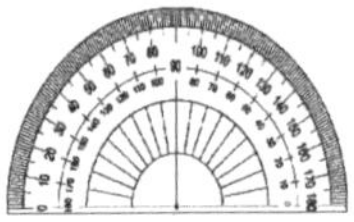

题目 2：比一比，下面两个图形谁的一周长？（一个小格表示 1 厘米）

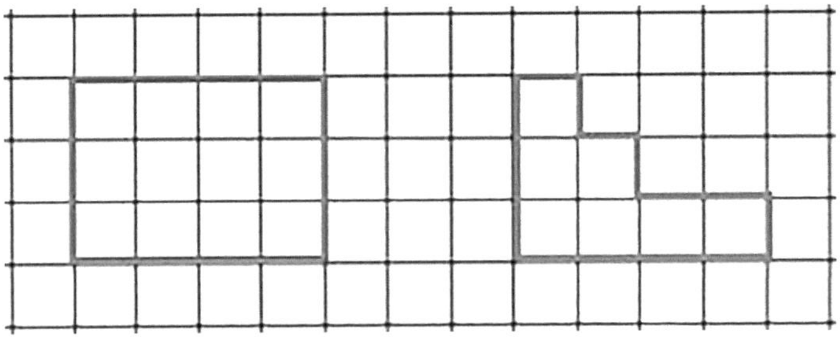

通过学情调研分析，我们发现学生对周长虽有一定了解，但是较为模糊，测量周长时不能灵活选择合适的方法，且学生在对比图形的周长时很容易受面积的影响。通过前测，发现学生对度量长度有一定的经验与基础，会把周长和长度挂钩，但对于长度的认识局限于线段的长度，对“一周长度”表象的建立不够，图形的周长与线段的长度不能建立联系，甚至一部分学生认为只有长方形、正方形、圆等规则图形才有周长。

基于以上学情分析，确定在建立“周长”概念时强化“周长”的本质；增加感悟周长“形”可以千变万化，但“归一”的是边的长度总和；增加感悟周长是边线的长度和，与面积的大小无关。

三、教学目标

1. 结合具体的情景，感知周长与实际生活的联系，通过分一分、比一比活动，感知周长的长度属性。

2. 在具体操作中，感受、体验、探索图形的周长，逐步积累活动经验，通过描一描、剥一剥、画一画等活动，进一步理解周长的概念，增强空间观念、形成量感。

3. 在具体情境中，感受周长的变与不变，初步形成几何直观和推理意识。

四、教学重点

理解和掌握周长的概念。

五、教学难点

探索周长的变与不变，感悟周长的本质。

六、教学过程

（一）创设情境，感知周长的属性

1. 情境导入，感知属性

观察运动打卡记录，发现数学信息。

师：同学们，王老师平时比较喜欢运动，经常通过健走锻炼身体。这些是我手机 APP 里面的一些记录截图。

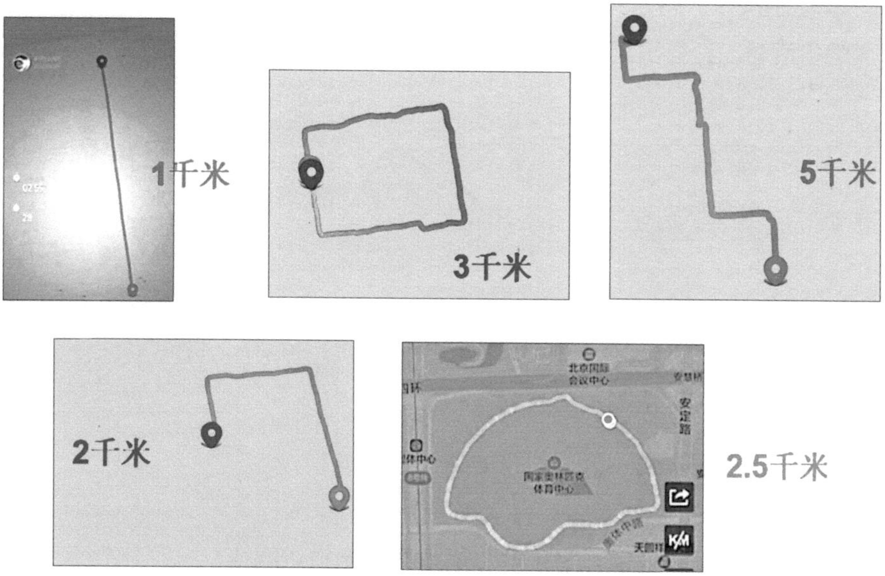

提问：你知道了哪些数学信息？你能说一说它们表示什么意思吗？

2. 学生活动一：分一分、比一比

出示要求：分一分，把上面的健走运动记录分类，你会怎么分。

说一说，跟同桌说一说你是怎么分的。

学生独立完成，同桌交流，全班展示。

预设：分为两类，图 1、3、4 分为一类；图 2、5 分为一类。

分为三类，图1分为一类；图3、4分为一类；图2、5分为一类。

师：你是怎么分的？生活中你还知道哪些需要测量物体一圈的长度？

【设计意图】利用教师健走路线如何分类这个情境，可以有效激发学生的兴趣。学生通过分一分、比一比活动，有利于获得鲜明、生动、形象的直观认识，感知周长可测量的属性。

小结：在生活中我们需要测量一些长度，如限高、身高等只研究一个长度，又如相框、健康步道、跑道的长度等需要研究一圈一周的长度。

（二）深化认识，建立周长的模型

师：生活中，为了防止孩子被桌子磕碰，我们经常会在桌子外围加装一圈防撞条。咱们学校的综合教室有三种不同形状的桌子，如果在外围加装防撞条，你会加装在哪里呢？

1. 动手操作，感悟“一周”

学生活动二：描出桌面的一周——感悟“一周”

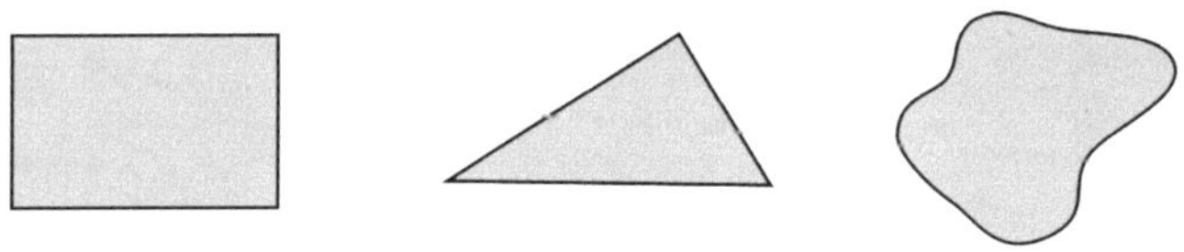

活动要求：

描一描：周长在哪呢？

想一想：什么是周长？

说一说：跟同桌说一说你们描的方法一样吗？

2. 展示交流

预设：学生沿边线描；学生有可能没有完全沿边线描。

核心问题：你是怎么描的？

他们的方法有什么不同？有什么相同？

小结：我们把从一个图形的起点开始，沿着边线，再回到起点，叫做图形的“一周”。

3. 引导概括，抽象周长

(1) 猜一猜、剥一剥

师：猜一猜哪个图形的周长长一些？想象周长打开是什么样子。

学生展示图形周长打开过程，贴在黑板上。

学生比一比，和想象得一样不一样。

(2) 画一画、说一说

学生任意画一个图形，描出它的周长。

学生尝试概括：什么是周长。

核心问题：

说一说：什么是周长？

图形不一样，你们怎么都能找出图形的一周？

小结：我们把图形一周的长度叫做周长。周长的“周”指的是一周边线，“长”指的是长度。

小结：无论图形的形状怎么变，只要我们从起点出发，再回到起点，就是它的一周。

(3) 找一找生活中的周长

师：你能找一找生活中的周长吗？说一说、指一指。

预设：数学书表面一圈的长度就是表面的周长；篮球场一圈边线的长度就是篮球场的周长；黑板面一圈的长度就是黑板的周长……

核心问题：你们找到的周长大小不一样，怎么也都有周长呢？

小结：无论图形大还是小，只要沿着边线，从起点出发再回到起点，这条边线的长度就是它的周长。

【意图说明】学生通过描一描、剥一剥、画一画等多种实践活动，积累一定的活动经验。在直观感知的基础上，深化认识周长，规范概括定义，凸显周长概念“形”的本质，初步发展学生的量感和几何直观。

(三) 小组合作，刻画周长的本质

1. 小组合作，刻画周长

师：王老师每天下班都要去遛狗，平时都是围着小区走一圈（左图），有的时候对面会碰到同样遛狗的人，为了避免一些麻烦，王老师就会提前拐弯（右图），两种遛狗路线的周长一样吗？

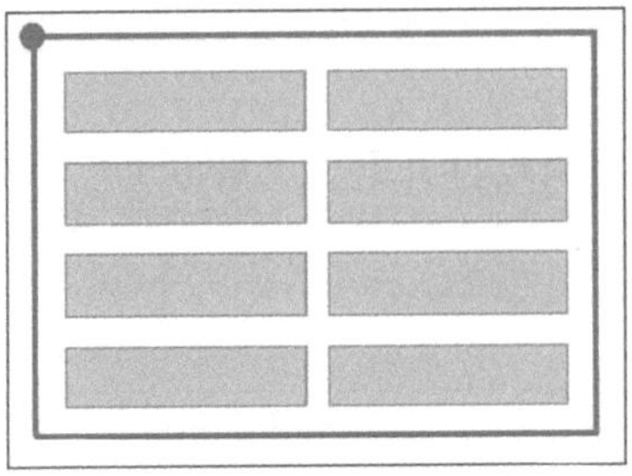

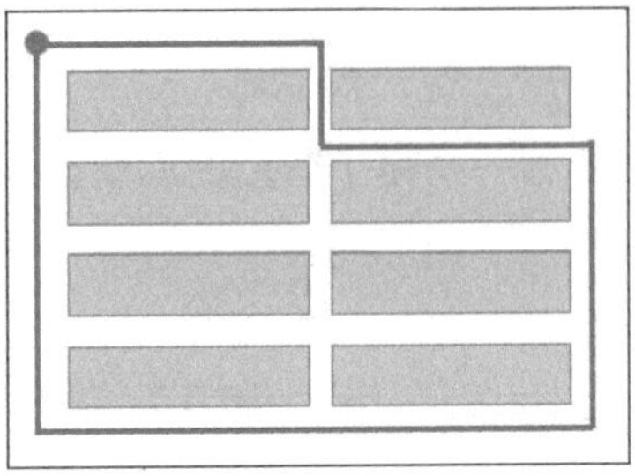

学生活动三：周长变了吗？怎么变？

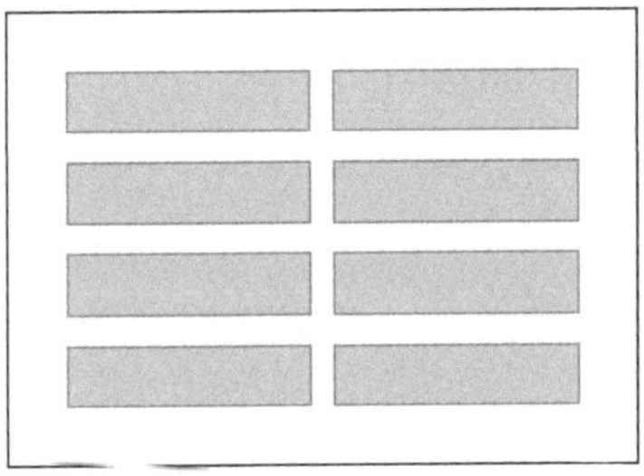

出示要求：

画一画：画出可能出现的情况。

想一想：周长变了吗，怎么变的？

说一说：跟小组说一说你是怎么画的，你们画的方法一样吗？

2. 关注差异，凸显本质

教师巡视指导，收集作品，小组汇报展示。

预设：周长不变的情况；周长变长的情况；周长变短的情况。

小结：通过刚刚的探究，我们发现，形状不同，周长可能相同，也可能不同。如果要周长变长，就要增加走的边线，如果要周长变短，就要减少走的边线。

【设计意图】利用生活中设计遛狗路线的问题，激发学生探究的积极性，积累活动经验促使学生进一步理解周长"可测量长度"的本质。同时，学生在自己设计路线的活动中，利用平移方法，切实感受图形的周长是边线的长度，与面积的大小无关，发展学生的几何直观。

（四）回顾反思，拓展“周”的来历

1. 知识窗：“周”的来历

2. 总结收获、评价反思

附：板书设计

认识周长

沿边线　　　　一圈　　　　长度

从起点出发再回到起点

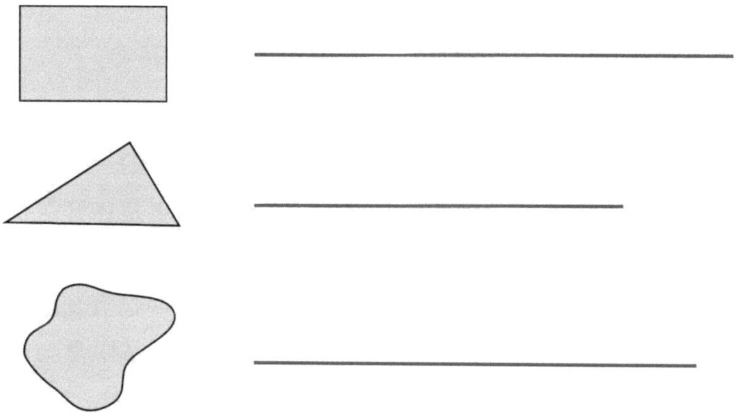

搭　配

北京市昌平第二实验小学　李然

一、年级学科

三年级　数学

二、背景分析

《合理搭配》属于“综合与实践”的领域，是北京版三年级上册《数学百花园》中的内容，本节课的内容是对搭配知识进行初步渗透的一节主题实践活动课，搭配不仅是学习“综合与实践”领域的重要基础，更是在日常生活中有着非常广泛的应用。《义务教育数学课程标准（2022年版）》中指出：“重要的数学概念与数学思想宜逐步深入。”因此本册教材就是在学生已有知识和经验的基础上，试图让学生用直观的画图、连线等方法解决问题，从中学会有序、全面地思考，从而体会数学的实际价值。这也是课标中提出的要求：“在解决问题的过程中，使学生能进行简单地、有条理地思考。”教材中研究的是服装和食物的搭配，但我考虑到教材中不同颜色的卡通衣服不够贴近学生的生活实际，“试一试”中的面包和饮料的搭配也不够吸引学生。因此我把服装的情境改为真实的舞蹈团演出服进行搭配，食物的搭配也设计成贴近生活的随心配套餐，让学生在实践活动中尝试按一定顺序进行搭配，进而培养学生有序思考的能力，以及发现数学问题的意识和运用知识与方法解决实际问题的能力。

三、教学目标

1. 初步学会解决生活中最简单、最基本的搭配问题，掌握有序的搭配方法，能用自己的方式表示搭配的方法。

2. 培养有序、全面思考问题的能力，提高学生知识迁移类推理能力，并综合运用所学知识和技能解决生活中的问题，发展应用意识。能够根据真实情境从搭配中选择出合理和合适的方案，并简单说明理由。

3. 培养学生独立思考与交流合作的意识，体验数学与生活的紧密联系，养成良好的思维习惯，让学生“学会”学习，“会学”“乐学”。

四、教学重点

掌握简单搭配的方法，能够合理进行搭配。

五、教学难点

有序思考问题，能够清楚地表达自己的思考过程，并根据真实的情境从搭配中进行选择。

六、教学过程

（一）激趣导入

学生分享学校舞蹈团在区级艺术节比赛中取得了优异成绩，并介绍演出时自己的服装是怎样穿的。互动：如果是你们，演出时想怎么穿？

预设1：我喜欢粉上衣和红裤子。

预设2：我喜欢蓝上衣和橘色裤子。

根据学生说出的不同穿衣方法，引出本课课题——《搭配》。

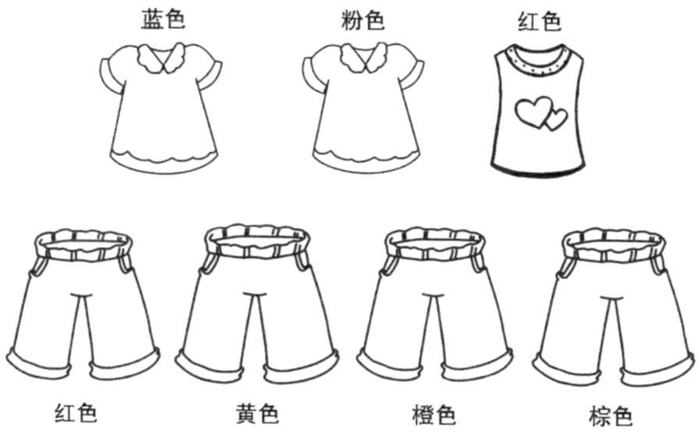

提出驱动性问题：猜想，一共有多少种搭配方法呢？

（二）活动探究

找出所有的搭配情况，活动要求：

（1）写一写，画一画。

（2）尝试列式表达。

（3）和同桌讨论分享。

预设1：学生从上衣开始搭配，记录的方式用图形和数字来表示。

预设2：从上衣开始搭配，用数字和字母表示衣服，并用连线的方式记录。

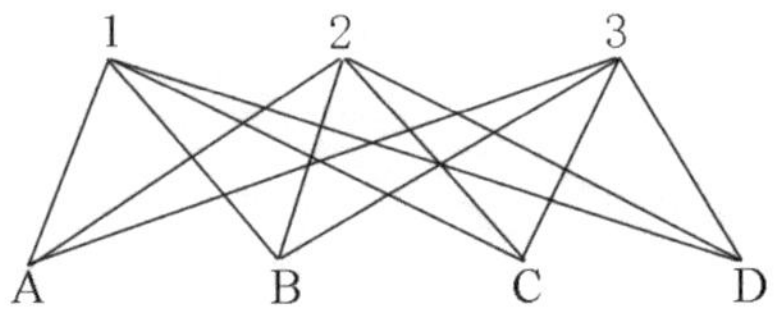

3×4=12（种）

两幅作品进行对比，找一找他们的相同点。

小结：固定一件上衣，依次搭配裤子，找到几个几，就能找出所有的搭配。这样做有什么好处？引导“有序思考”。

预设3：学生从裤子开始搭配。

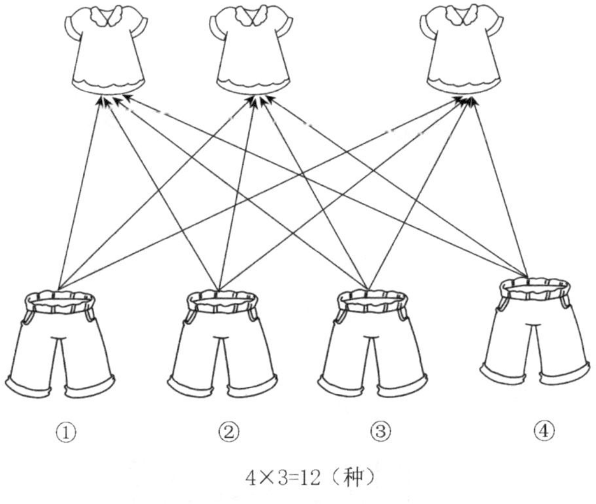

4×3=12（种）

三种方法一起观察，有什么相同点？

预设：不论是从上衣开始搭配，还是从裤子开始搭配，都是有顺序的，这样搭配出来的衣服就会很清楚了。

提升练习：如果再多一件上衣，裤子数量不变，一共有多少种搭配？如果再多一件短裤，上衣数量不变，一共有多少种搭配？

【活动意图】从真实情境入手，通过贴图和画图的活动，让学生思维可视化，在搭配中感悟思考和表达方式的多样性。同时让学生在活动中注重有序思考，感受有序带来的好处，培养学生的符号意识和解题策略，感受数学与生活的密切联系，激发学生的学习兴趣。

（三）巩固强化

比赛结束了，老师打算奖励大家美食，店里推出了一款随心配套餐，红区和白区各选一个组合成一套，一共有多少种搭配美食的方法呢？

预设：

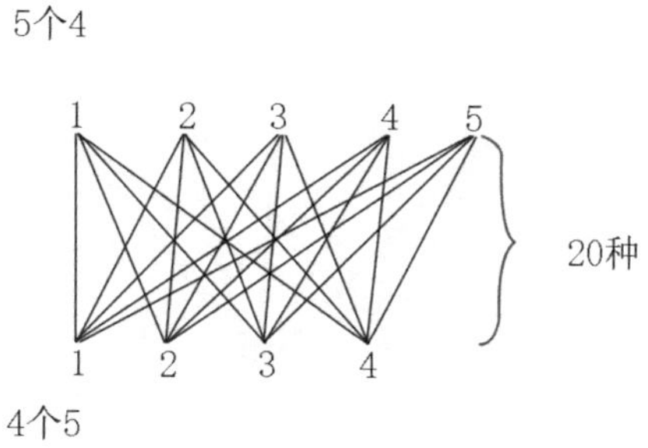

4×5=20（种）/5×4=20（种）

你最喜欢哪个搭配？

预设1：我喜欢鸡块和冰淇淋的搭配。

预设2：我喜欢汉堡和可乐的搭配，这样吃的喝的都有，能吃饱。

一共有多少种回学校的路线？

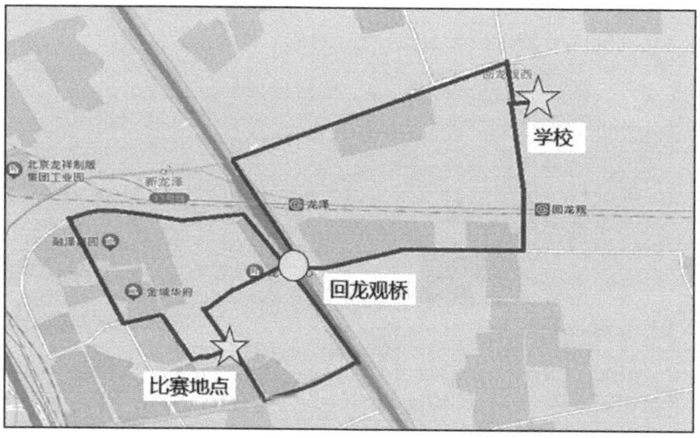

预设：2×3＝6（种）。

你想选择哪种搭配路线回学校？为什么？

预设：我想选择2和B进行搭配的路线，这样最近。

老师在地图上查了当时的路况，发现2号道路非常堵，现在你想选择搭配哪条路回学校？为什么？

预设：2号路太堵了，那可以选择3和B进行搭配的路线，这样虽然远了一些，但是不堵车。

【活动意图】在路线选择的活动中，紧密联系生活实际，体会不同的搭配方案，并根据自身需要或实际情况进行合理地选择，突出方法的合理性、重要性，让学生感受方法的应用价值。

（四）课堂总结

乘法分配律

北京市昌平第二实验小学　周娜娜

一、年级学科

四年级　数学

二、背景分析

《乘法分配律》是小学数学第二学段中“数与运算”领域的重点内容，是北京版四年级上册《运算定律》中的内容。它是在学生已经学习掌握了乘法交换律、结合律，并能初步应用这些定律进行一些简便计算的基础上进行教学的，更是学生以后进行相关简便计算的前提和依据，对提高学生解决问题的能力发挥着重要的作用。四年级学生虽然在之前的学习中已经接触到“两个积相加”形式的四则混合运算，但最近学习的都是同级的运算定律和简便运算，含有两级的运算定律从来没有接触过，在一定程度上影响了学生对乘法分配律的理解和掌握。

因此本课在教学中为学生创设情境，使学生在具体情境中通过观察、比较、抽象、概括等方法，探索和理解乘法分配律，掌握它的结构特征，以及会用字母表示运算定律，并能运用运算定律进行一些简便计算。本课重点帮助学生结合具体情况，探索分析，灵活选择合理的算法解决实际问题，从而培养学生运用所学运算定律解决实际问题的能力和数学交流的能力。

三、教学目标

1. 通过实例学习，用自己喜欢的方式总结概括出乘法分配律，并能理解乘法分配律。

2. 在探究中，经历举例、观察、分析、比较、验证的过程，培养学生归纳概括的能力。

3. 让学生用数学的眼光观察生活，感受乘法分配律在生活中无处不在。

四、教学重点

理解掌握乘法分配律。

五、教学难点

理解掌握乘法分配律。

六、教学过程

（一）设计情境，初步感知

升入四年级后，我们年级转来了4名新同学，学校为新同学购买了课桌椅。一张桌子85元，一把椅子40元，你能算算需要多少钱吗？

汇报：要求说清楚每一种解题方法的道理。

(1)（85+40）×4

说说每一步求的是什么？学生在PPT中圈画并讲解。

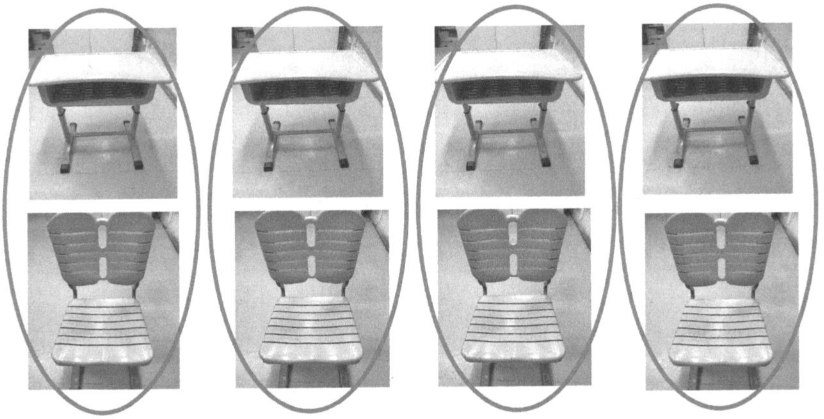

85+40的和表示一套，乘4就是4套，那也就是4个85+40的和。

(2) 85×4+40×4

每一步求的是什么？学生在PPT中圈画并讲解。

85×4就是4张桌子也就是4个85。

40×4就是4把椅子也就是4个10。

把它们合起来也是4套桌椅，也就是4个85与4个40的和。

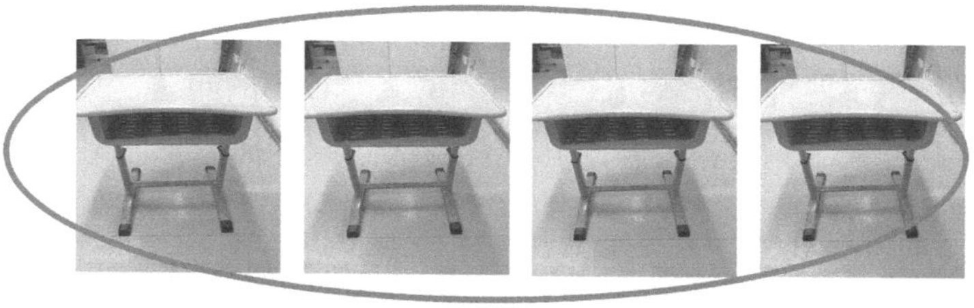

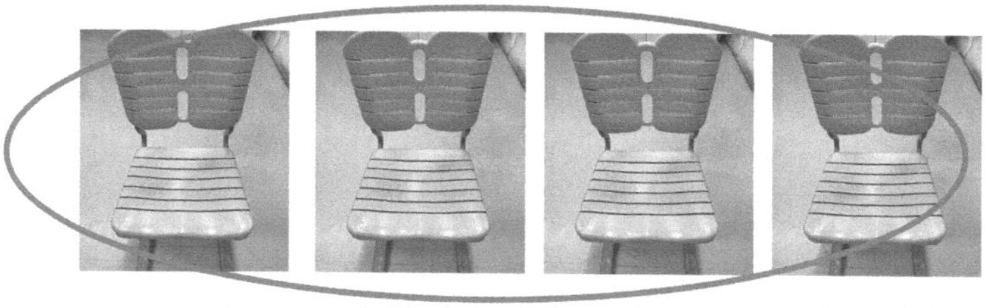

小结：刚刚我们用不同的思路求了 4 套桌椅的和，虽然算式不一样，但是他们表达的意思都是一样的。

由学生发言得到等式：

(85＋40) ×4＝85×4＋40×4

这些新同学还需要补定校服，同时还有 6 名同学因为校服小了也需要补定。上衣每件 68 元，裤子每条 42 元，你能算出 10 套校服需要多少钱吗？

要求：根据刚刚的经验，这次你能不能用多种方法解决这个问题？

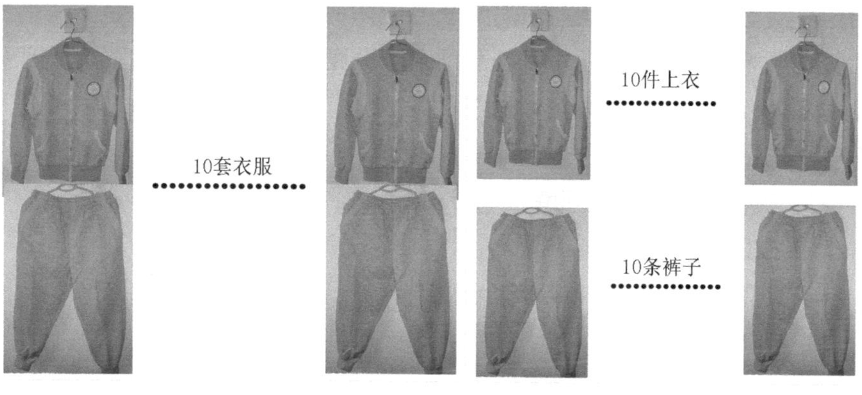

汇报：说清楚每种算法的道理。

得到等式：(68＋42) ×10＝68×10＋42×10

（二）引导观察，启迪思维

刚刚我们用了两种方法解决4套桌椅和10套校服的问题，其实在我们的生活中有很多这样先求一套一份再求几套几份的问题，你能不能想一个你生活中这样的实例。

根据学生提供的情境写算式。学生汇报，教师随机板书。

观察一下，你们写出这么多算式，你有什么发现？

小组活动，交流讨论：

（1）观察这组算式，有什么共同点？

（2）与小组同学交流一下。

小组汇报：

（1）发现了……（根据学生汇报进行追问，板书圈画）

（2）字母，图形，符号……

$(a+b)\times c=a\times c+b\times c$（标注板书重点）

两个数的和与一个数相乘，可以把两个加数分别与这个数相乘，再把这两个积相加，结果不变。

揭示课题：

同学们真是太了不起了，通过刚刚你们的验证学习得到的这个结论就是伟大的数学家们发现的一条运算定律——乘法分配律。

【设计意图】让学生自己写出类似例子的学习方式，既能使学生兴趣盎然地参与学习活动，又能使学生积累对乘法分配律的感性认识。通过多个实例展示在黑板上，极大地丰富了学生发现总结乘法分配律的资源，更重要的是有利于学生初步理解和掌握乘法分配律的结构特征。针对众多的数学事实，不急于引导学生发现规律，而是让学生运用朴素的语言概括出这些等式的共同特点。

（三）巩固提升，加深理解

1. 乘法分配律的实际应用

其实我们很早之前接触过乘法分配律。

（1）笔算：

2 1 3	
× 2 4	
8 5 2	………………4个213
4 2 6	………………20个213
5 1 1 2	………………34个12

213×（20+4）=213×4+213×20

（2）简便运算：

8 ×（125 +11）　　　　37×59 + 37×41

【设计意图】给学生提供回顾整理所学知识的空间。讨论交流活动，使学生加深对乘法分配律的认识，促使学生形成更好的认知结构。

（四）课堂小结，梳理重点

1. 与结合律进行对比

（1）结合律是连乘，分配律含有两级运算。

（2）乘法结合律等号左右两边因数同样多，乘法分配律到等号右边有一个因数要用两次。

2. 说说这节课你有什么收获？

小数的性质

北京市昌平第二实验小学　王建平

一、年级学科

四年级　数学

二、背景分析

《小数的性质》是在学生学习了小数的意义的基础上，深入学习小数有关知识的开始。本单元包括《小数的意义和性质》《小数的大小比较》（包括小数点的位置移动引起小数大小变化的规律）、《小数的改写和近似数》以及整理与复习。其中，《小数的意义》是本单元教学的核心。掌握小数的性质，不但可以加深对小数意义的理解，而且它是小数四则运算的基础，根据小数的性质可以把末尾有0的小数化简，也可以不改变小数的大小，把一个数改写成指定位数的小数。从课前的访谈中，我了解到：学生对于像0.30＝0.3等知识有一定的认识，但是为什么会这样就理解得不是很透彻。为了了解全班学生的情况，我做了简单的前测，测试结果分析是这样的：

到附近的超市了解小数在生活中的应用，学生很有兴趣。测量讲台的长度，因为不能用整米数表示，该如何表示？对学生来说有难度。30％的学生正确，45％的学生写厘米数，10％的学生空着，15％的学生写估计长度。

三、教学目标

1. 让学生在自主探究、合作交流中理解和掌握小数的性质，能利用小数的性质化简和把整数或小数改写成指定位数的小数。

2. 在引导学生发现小数性质的过程中，培养学生观察、比较、概括和语言表达能力。

3. 体验数学问题的探究性和挑战性，从而激发学生学习数学的兴趣，积极主动地参与数学活动。

四、教学重点

理解为什么 0.30 和 0.3 是相等的，从而进一步巩固小数的意义。

五、教学难点

灵活运用小数的性质。

六、教学过程

（一）观察比较，引入新课

出示 PPT：读出这些商品的价钱。

0.20元

30.00元

7.00元

8.50元

（二）合作研究，探索规律

1. 创设情境，引发思考

出示问题：张红和王军到超市去买相同的铅笔。

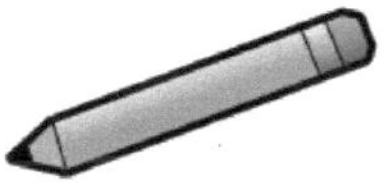

0.30元

张红

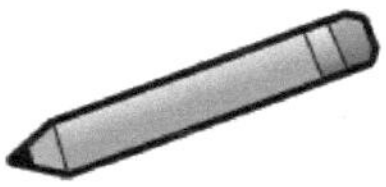

0.3元

王军

2. 提出问题

他们花的钱数相等吗？为什么？你能想办法证明吗？

3. 小组合作

（1）用手中的学具（正方形格纸或数位顺序表），说明0.30和0.3相等的理由。

（2）也可以用其他材料说明。

（3）表达时要清楚、明白。

4. 全班交流

预设学生可能出现的比较方法：

（1）用具体钱数解释：0.3元和0.30元都是3角，所以0.3元=0.30元。

（2）用图表示：把两个同样大小的正方形分别平均分成10份、100份，其中的3份、30份分别用0.3、0.30表示。因为阴影部分大小相同，所以0.3=0.30。

（3）结合计数单位理解：0.3是3个0.1，0.30是30个0.01，10个0.01是1个0.1，所以30个0.01是3个0.1，所以0.3=0.30。

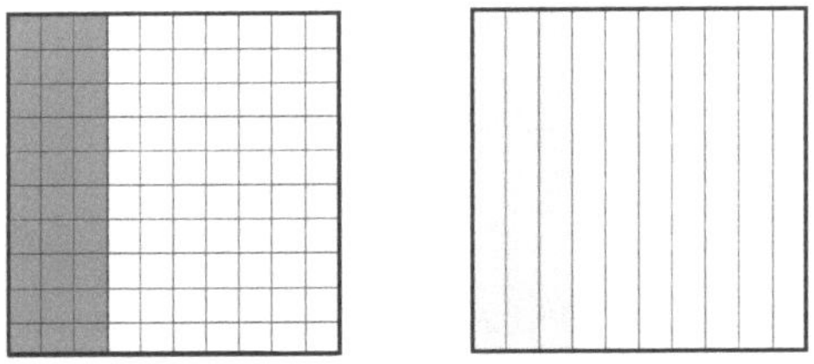

0.30　　=　　0.3

【设计意图】这里选取学生熟悉的购物题材作为研究对象，一方面学生凭借一定的生活经验能够判断0.3元=0.30元，"知其必然"。同时，学生借助已有的知识经验又能"知其所以然"，运用多种方法自主验证0.3元=0.30元。

5.300个0.001是多少？它们相等吗？

（三）引导发现，概括规律

1. 出示刻度尺

分别用分数和小数表示1分米、10厘米、100毫米。

预设：因为 100 毫米＝10 厘米＝1 分米，所以 0.100 米＝0.10 米＝0.1 米。

【设计意图】“为什么去掉 0.100 米末尾的一个 0、两个 0，小数依然相等?”这是学生思维受阻、理解较为困难的地方。借助直观的直尺和小数计数单位等相关经验，学生就会发现 0.100 米、0.10 米和 0.1 米之间的关系，这为小数性质合理性的体验提供了另一素材。通过引读使学生体验小数末尾去掉 0 和小数大小的关系，为下一环节的总结概括做出必要的认知准备。

2. 小组合作

（1）先从左到右观察，再从右到左观察这几组小数。

（2）什么变了，什么没变?

（3）你们发现了什么规律?

3. 全班交流

（1）小数的末尾添上“0”或去掉“0”，小数的大小不变，但小数表示的意义不同。

（2）引导学生用一句话概括：小数的末尾添上“0”或去掉“0”，小数的大小不变。这就是小数的性质。（教师板书）

（四）实践应用，解决问题

1. 做标价签

要求：用元作单位，把下列商品的单价改写成小数部分是两位的小数。

薯条 7 元 2 角　小夹子 2 角 5 分　钢笔 5 元　橡皮 6 角　水果糖 5 分

2. 用 3 个“0”和 1 个“8”按要求写小数

（1）所有的“0”都不能去掉。

（2）所有都“0”都能去掉。

（3）既有能去掉的“0”，又有不能去掉的“0”。

3. 思维训练

你能想个办法让这个等式成立吗?

200　＝　20　＝　2

附：板书设计

化简

小数的性质

改写

小数的末尾添上“0”或去掉“0”，小数的大小不变。

0.300	=	0.30	=0.3	
300个0.001	=	30个0.01	=3个0.1	意义不同
0.100	=	0.10	=0.1	大小相等

种植中草药——植树问题

北京市昌平第二实验小学　李梦娜

一、年级学科

四年级　数学

二、背景分析

《义务教育数学课程标准（2022 年版）》中明确指出：教学目标的设置要以发展学生的核心素养为导向，要引导学生在发现问题、提出问题的同时，会用数学的眼光观察现实世界；在分析问题的同时，会用数学的思维思考现实世界；在用数学方法解决问题的过程中，会用数学的语言表达现实世界。因此，数学教学活动必须建立在学生的认知发展水平和已有的知识经验基础之上。让学生经历知识产生、发展的过程，体验从实际背景中抽象出数学问题、构建数学模型、寻求结果、解决问题的全过程。

课标在学段目标中对问题解决相关主题的教学也提出了指导意见："尝试从日常生活中发现和提出数学问题，探索分析和解决问题的方法，经历独立思考并与他人合作交流解决问题的过程，会用常见的数量关系和其他学科的知识与方法解决问题，能初步判断结果的合理性；形成初步的模型意识、几何直观和应用意识。"植树问题属于数与代数领域问题解决中的探索规律部分，其核心就是模型思想。小学阶段的数学建模通常是从实际生活原型或实际背景出发，去掉非本质的外壳，用数学语言或数学符号表达数学模型，最后再回归生活的，可以运用这个数学模型解决一类问题。

因此，在教学植树问题时，教师不只要让学生获得具体的结论，更重要的是让学生学会从数学的角度发现问题、提出问题、分析问题并自主解决问题，在这个过程中获得分析和解决问题的基本策略，感悟数形结合、一一对应、数学模型等思想方法，让学生建构有意义的学习过程。

三、教学目标

1. 在熟悉的生活情境中，借助摆一摆、画一画、算一算等活动，理解植树问题中总长、间隔长及间隔数之间包含除的数量关系，初步构建解决该类问题的数学模型。

2. 在探究点与段关系的活动中渗透数形结合及一一对应的数学思想。

3. 通过观察操作、分析讨论等研究活动，提高学生分析问题、解决问题的能力，感悟数学和生活的密切联系。

四、教学重点

帮助学生运用一一对应的思想，理解植树问题中的数量关系。

五、教学难点

建立间隔数与棵数之间的关系。

六、教学过程

（一）创设情境，引入新课

1. 真实问题情境

为了丰富学生的校园生活，学校给大家开设了多种多样的校本课程。本学期我们新开了中草药研究这门课程，最近这门课程的老师正在带领同学们自己动手在空地种植中草药。看！这是他们种植的场景。在大家的精心照料下，这些中草药也在慢慢长大。而我们在种植中草药的时候有没有需要考虑的数学问题呢？

预设：种多长？隔多远种一棵？要种多少棵？……

今天我们就一起来研究种植中草药中的数学问题。一片空地上可以种多少棵呢？为了便于研究，我们先以种一行为例。

2. 提出问题，分析问题

一行长150厘米，每隔30厘米种一棵中草药（中草药宽度忽略不计），种一行共需要多少棵？

师：你认为题目中哪些信息比较重要？

预设：（1）长150厘米——总长。

（2）每隔30厘米种一棵——间隔长30厘米。

（3）求总棵数。

追问：如果你是种中草药的小小设计师，你想要怎样来种？

（二）自主探究，解决问题

师：在学习单上画出你的设计草图，可以摆一摆，再列式计算。

1. 分析 150÷30＝5 中的包含除的数量关系

作品 1：谁看懂了他的设计草图？

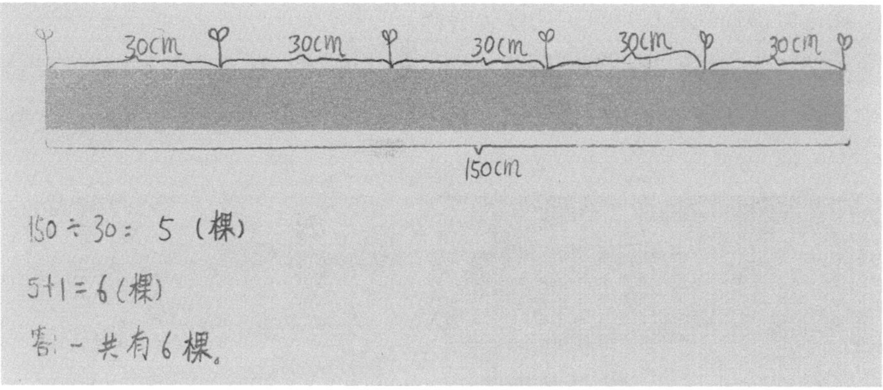

预设：150 厘米代表的是总长，开始先种了一棵，隔了 30 厘米又种了一棵，隔了 30 厘米又种了一棵，一共种了 6 棵。

师：这个算式 150÷30＝5 到底是什么意思？

预设：30 代表的是每两棵中草药之间的距离，5 代表 150 厘米里有 5 个 30 厘米，也就是有 5 个间隔。

作品 2：你能在他的这幅图上找一找这个 5 在哪吗？

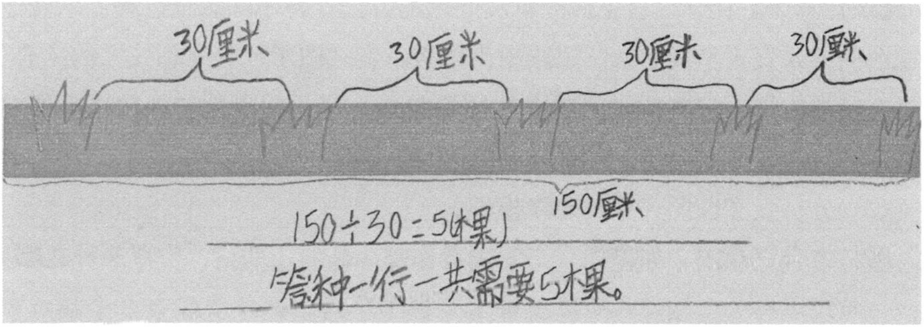

可以帮他完善一下这个设计图吗？

小结：通过这两幅图的对比，我们是不是就更清楚了这个 5 其实就是 5 个间隔，而不是 5 棵中草药。

2. 分析 5 段与 5 棵之间的一一对应关系

(1) 借助直观分析问题。

师：为什么我们要先算出 5 个间隔呢？这个间隔和棵数有什么关系呢？

你可以借助学具摆一摆，边摆边解释。

小结：像这样，有一个间隔就对应一棵中草药，有 5 个间隔就对应出来 5 棵中草药。这在数学上就叫做“一一对应”。

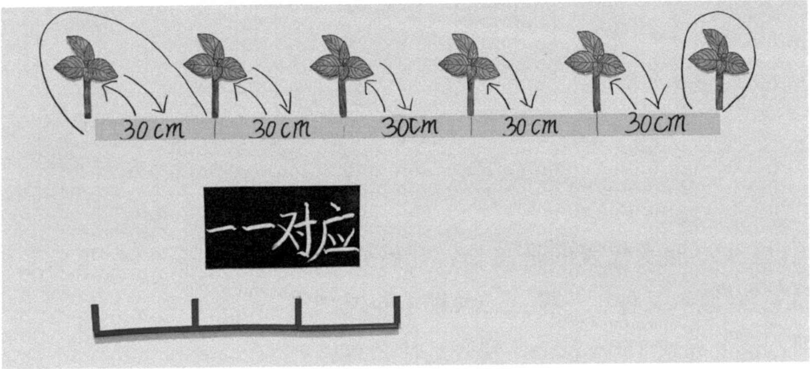

师：原来这个 5 开始表示的 5 个间隔，而后面就变身了，变身成了与 5 个间隔对应的 5 棵中草药，这个 1 是最后一棵中草药，没有间隔和它对应了，但是这棵中草药我们也种了，所以要加上 1。

【设计意图】让学生自主探究解决问题的方法，将不同思维过程以示意图或线段图的方式直观呈现出来。以画图为跳板，在“图示”与“算式”的结合中，通过互动交流深入理解植树问题中的数量关系，感悟间隔数与棵数之间的对应关系。

(2) 分析点和段的关系，建立模型。

师：结合直观图，如果把一个间隔看作是一条线段的话，中草药种在哪里？

一条线段有 2 个端点，所以就种了 2 棵中草药；两条线段有 3 个端点；三条线段有 4 个端点。你发现了什么？

预设：点的数量总是比线段的数量多 1。

所以有 5 个间隔或者说 5 段，我们种了 6 棵树。

【设计意图】从直观图抽象出点段模型，突出植树问题的特征，加深学生对植树问题本质的认识。

（3）问题延伸，拓展思维。

刚才大多数同学设计的草图基本上都是种 6 棵，但是只能种 6 棵中草药吗？再来看看这幅作品，能看明白吗？

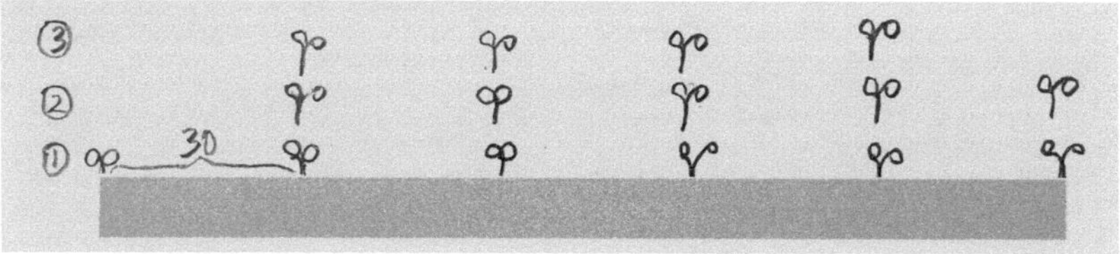

预设：刚才是两端各种 1 棵中草药，但这幅作品还设计了不同种法，一个是只种了 1 端，1 个是两端都不种。

师：这两种种法有没有道理呢？留给大家课下思考，下节课我们继续研究。

（三）抽象概括，深化理解

师：同学们，现在伸出你的一只手，你看到中草药的影子了吗？

预设：我们的手指可以看成中草药，手指间的缝隙可以看成间隔。

师：在生活中，除了种中草药和我们的手当中存在与间隔相关的问题，你还能举出一些其他的例子吗？

预设：锯木头、安装路灯、爬楼梯、插彩旗、做操站队、公交或地铁站示意图……

师：大家的生活经验都很丰富，这些问题虽然不是种中草药，但其中隐含的规律和道理跟种中草药是相通的。在数学中，我们把研究点和间隔之间的关系的这类问题统称为“植树问题”，今天我们只研究了其中一种情况，后面我们还会进行更深入的研究。

【设计意图】回归生活，让学生寻找生活中与种中草药类似的问题，将学生的眼光引向现实生活，从而抽象出一类问题，在无形中强化模型思想。

（四）回顾总结，思想提升

本节课同学们借助画图主动思考，在探究中发现问题，不断反思交流，一层一层揭开了植树问题的神秘面纱。其实生活中的植树问题还有很多，希望大家能够带着数学的眼光多观察、多思考、多实践，做一个会探究、会学习的二小龙娃。

密　　铺

北京市昌平第二实验小学　时海霞

一、年级学科

五年级　数学

二、背景分析

（一）教学背景分析

本课教学内容实践性较强。学生在动手铺摆的过程中，感知密铺与图形特征之间的关系，探索密铺中蕴含的有趣的数学规律，对于培养学生观察、分析、猜测、验证和交流能力，以及培养学生的空间观念有着重要的意义。

《义务教育数学课程标准（2022 年版）》指出，学生的核心素养包括“会用数学的眼光观察世界，会用数学的思维思考世界，会用数学的语言表达世界”。“引导学生在真实的情境中发现问题和提出问题，利用观察、猜测……推理、验证、直观想象等方法分析问题和解决问题”，促进学生掌握和理解数学的基础知识和基本技能，体会和运用数学的思想和方法，形成积极的情感、态度和价值观，逐步形成核心素养。因此，本课程设计让学生在活动中通过观察、猜想、验证等数学方法发现图形能否密铺，初步感受密铺。学生对密铺进行深入探究后，通过欣赏密铺作品，使学生感受数学的魅力，同时激发学生的创作热情。最后让学生发挥想象的翅膀，创作自己的密铺作品。

本课教学内容富有艺术性和创造性。通过生活中、艺术中的密铺，让学生感受数学之美，培养学生欣赏美的能力，激发学生创造美的欲望，体会数学与生活的密切联系。本课学习对学生数学素养的综合提升有着重要价值。

遇到问题：在创作过程中，学生要不断重复画相同的图画，还要尽可能地一样。如此高的要求，又一味地重复，使得学生放弃创意，选择了简单的元素，以便完成作品。这样的创作无论是从热情上还是从思维上都会对培养学生的创新思维大打折扣。

突破方式：混合式教学。利用信息技术对元素可复制拖拽的优势，快速完成密铺，从而留出大量时间思考创造作品，解决了手工重复绘画的难题，让学生更有创作的热情和欲望，真正锻炼了学生的创造性思维。

（二）学生分析

在本课教学之前，学生已经掌握了常见平面图形的特征，对正多边形也有所认识；学生学习了平移、旋转和对称，同时具有一定的生活经验。五年级学生能够较熟练应用学生终端（Pad）及相关软件，在网络环境的教室中能够与教师、同学顺畅互动。

三、教学目标

1. 通过课前微课学习，观察生活中常见的密铺现象，初步理解密铺的含义。知道几种可以密铺的图形，以及验证密铺的方法。

2. 课上进一步探究，根据学生的质疑提出问题，通过观察、猜想、验证等方法得出几种正多边形的密铺情况，从而培养学生的质疑能力，初步体会数学方法，发展学生的空间想象力和合情推理能力。

3. 通过欣赏密铺图案和设计简单的密铺，让学生感受数学之美，培养学生欣赏美的能力，激发学生创造美的欲望，体会数学与生活的密切联系。

四、教学重点

初步理解密铺的含义。知道几种可以密铺的图形，以及验证密铺的方法。

五、教学难点

通过观察、猜想、验证等方法得出几种正多边形的密铺情况，培养学生的质疑能力，初步体会数学方法，发展学生的空间想象力和合情推理能力。

六、教学过程

（一）温故知新

昨天我们通过小视频自学了密铺的基础知识，相信同学们都有所收获，欢迎大家与同学分享收获。

（二）探究新知

1. 质疑

对于昨天学习，你还想知道些什么？（根据学生的问题选择其中1～2个进行探索实践）

2. 探究

向学生终端（Pad）推送探究活动：探究正五边形、正六边形、正八边形，这些图形能密铺吗？

学生在平板终端进行实践操作。通过拖拽、旋转、平移等操作对于图形是否能密铺进行验证。

思考：为什么有的图形可以密铺，有的图形不能密铺？

教师巡视指导，参与线上点评。学生线上互相评价、学习，不断改进。

3. 交流

分享验证过程，得出结论。

正五边形和正八边形不能密铺。

4. 思考

对于不能密铺的图形，你又有哪些思考？

猜想（多图形组合），演示学生的猜想，师生共同验证。

【设计意图】培养学生发现问题，并能用数学的思考方法大胆解决问题的能力。

（三）欣赏创作

1. 欣赏

在微课中，我们知道密铺在生活中应用特别广泛，著名的荷兰版画家埃舍尔的作品里就有很多密铺平面，我们来欣赏一下他的作品。

这些美丽的密铺作品，是怎样被设计出来的呢？

猜想密铺设计的方法，介绍几种简单的设计方法。

2. 创作

同学们想不想自己设计一幅漂亮的密铺作品呢？大家可以先设计密铺作品

中用到的基础元素，再利用平板上的软件完成密铺作品。

完成后同学之间进行欣赏、学习、互动。

学生在终端通过对基本图形的复制、粘贴、移动、旋转组成密铺图案，这种方式显著提高了学生的创作热情和完成效率。

3. 展示

学生提交的优秀作品。

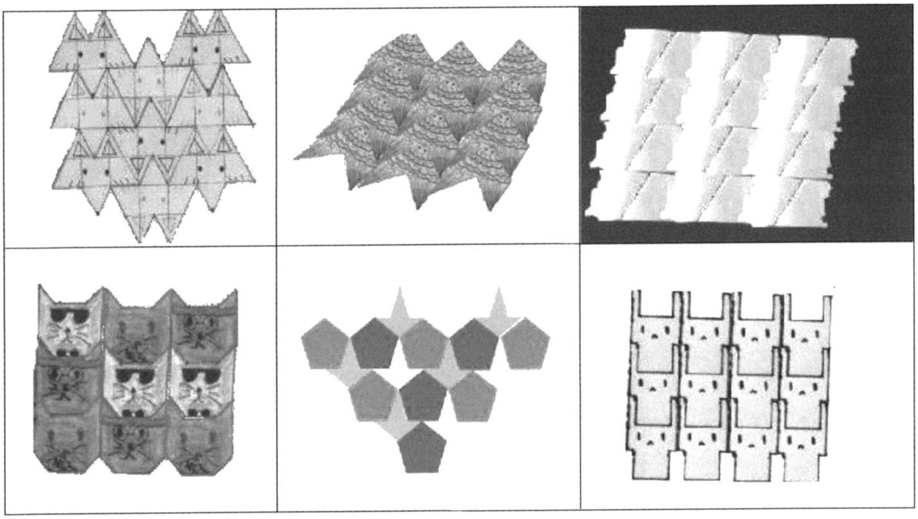

（四）总结全课

这节课你有什么收获和体会？

附：板书设计

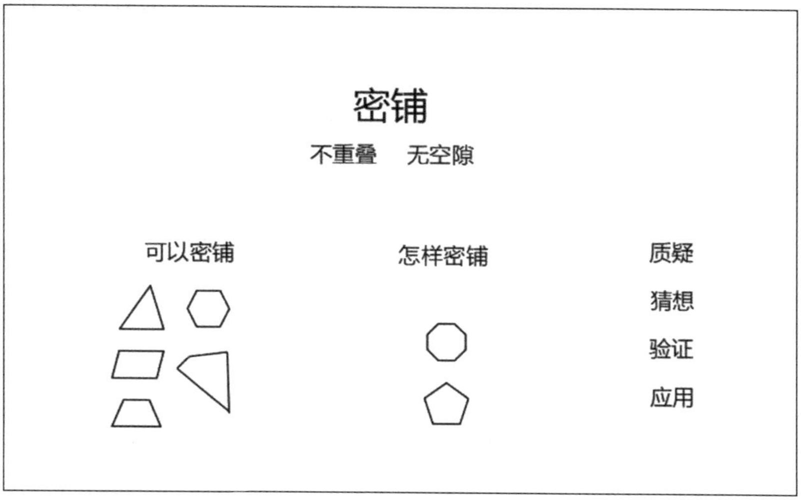

除数是小数的除法

北京市昌平第二实验小学　秦京利

一、年级学科

五年级　数学

二、背景分析

（一）教材分析

“除数是小数的除法”属于数与代数领域，本单元内容与旧知识联系十分紧密。小数除法的计算法则是以整数除法中被除数和除数同时乘相同的数（0除外）商不变，以及小数点位置移动规律等知识为基础来说明的。小数除法的试商方法，除的步骤和整数除法基本相同，不同的只是小数点的处理问题。因此，要注意复习和运用整数除法的有关知识，为新知识的学习奠定良好基础。在教学除数是小数时，可以引导学生运用已有的知识经验，通过迁移、转化、类推等学习方法来学习新知识，学好这部分知识对于今后学习小数四则混合运算及解决问题有着重要作用。

（二）学情分析

《义务教育数学课程标准（2022年版）》中明确指出：数学教学活动必须建立在学生认知发展水平与已有的知识经验基础之上。从学生学情与教学内容本身出发，通过课前调研，发现一小部分学生已经能够计算除数是小数的除法，大部分学生喜欢用竖式进行解答，但存在答案对、格式上不能体现的情况，同时还有绝大部分学生不会计算，对怎样转化成整数还不明白其中的道理。为此，在教学中可以进行分层教学，对于基础薄弱的学生可以从简单地入手，并借助老师提供的素材帮助理解，对于基础好的同学，也可借用素材进行检验，真正让学生进行自主学习，成为学习的主人。

三、教学目标

1. 利用“商不变的性质”将“除数是小数的除法”转化成“除数是整数的

除法”，并能够正确计算。

2. 培养学生利用旧知识解决新问题的能力，渗透转化的数学思想，培养学生迁移推理和抽象概括能力，提升主动解决问题的意识。

3. 让学生学会遇到困难时，通过动手操作、合作交流等方式解决问题，在主动探究中获得成功的体验，同时磨砺学生克服困难的意志。

四、教学重点

探索并掌握除数是小数的除法的算理和算法。

五、教学难点

理解“被除数的小数点位置的移动要随着除数的变化而变化”的道理。

六、教学过程

（一）创设情境，激发兴趣

1. 十一假期，大家都出去玩了，简单地介绍一下

2. 出示：老北京胡同游介绍

3. 出示情境图引出学习内容

李叔叔来北京游览。他先乘三轮车参加了“老北京胡同游”，然后去了步行街。

（1）根据这些信息你能提出什么数学问题？

预设：李叔叔乘三轮车平均每小时行多少千米？

(2) 怎样解决？你是怎么想的？(板书：10.32÷2.4)

(3) 它和前面学过的除法有什么不同？

(二) 自主探究，解决问题

1. 尝试找到新知识的增长点

(1) 除数是小数的除法，你会算吗？

(2) 不会算的同学：你遇到什么困难了？

(3) 有没有什么好办法？(化繁为简) 探究：3.6÷0.3

2. 分层研究，探寻方法

(1) 独立探究，任选一个内容进行研究：3.6÷0.3 或 10.32÷2.4

(2) 可以借助素材袋的材料，动手画一画、算一算、填一填来解决问题。

(3) 小组互相说一说想法。

3. 交流汇报 (希沃白板投影展示)

第一层：初探，理解算理。(解决 3.6÷0.3)

(1) 预设：

方法 1：3.6 元＝36 角，0.3 元＝3 角，36÷12＝12→3.6÷0.3＝1.2

方法 2：圈一圈

方法 3：运用商不变的性质

方法 4：竖式

(2) 归纳概括：

借助不同素材我们解决了 3.6÷0.3 这道题，在解决过程中有什么发现？

(板书：转化为整数)

【设计意图】通过课前调研，了解学生对新知识的掌握，从而开展分层教学，使不同层次的学生学有所获，满足学习的心理需求，真正成为学习的主人。

第二层：再探，理解算法。

（1）展示 10.32÷2.4 的各种算法：

法 1：
```
      0.43
2.4)10.32
     9.6
     ----
      72
      72
     ----
       0
```

法 2：
```
       43
24)1032
     96
    ----
     72
     72
    ----
      0
```

法 3：
```
       4.3
2.4)10.32
     9 6
    -----
      72
      72
    -----
       0
```

法 4：
```
       4.3
2.4)10.32
      9.6
    -----
       72
       72
    -----
        0
```

法 5：
```
       4.3
24)103.2
    96
   -----
     72
     72
   -----
      0
```

法 6：
```
        4.3
2.4)10.3.2
     9 6
    -----
      72
      72
    -----
       0
```

法 7：
```
         4.3
240)1032
     960
    -----
     720
     720
    -----
       0
```

（2）你觉得哪个结果是正确的？有什么办法来证明？

（3）追问：不笔算能不能知道？（估算）

（4）师：结果正确的每一种方法，你都看明白了吗？哪个不懂？

重点追问：方法 3：10÷2.4 可以商 4，4×24＝96，再商 3，得 4.3，而 4×2.4＝9.6，为什么不写 9.6？如果把 2.4 当成 24 来做，可写的是 2.4，会让人产生误会，怎么办呢？

重点追问：方法 5 的同学是根据什么把小数变成整数的呢？

重点追问：对比方法 6 和方法 7，你更喜欢哪种呢？

（5）除数的小数点去掉后，原数发生了什么变化？为什么要把除数扩大到原来的 10 倍？这样做的根据是什么？所得的商是谁的商？

重点追问：方法 1、方法 2 不正确，错在哪里了？

小结：根据商不变的性质，我们发现，除数的小数点向右移动一位，被除数的小数点也只能向右移动一位。如果除数的小数点向右移动两位，被除数的小数点也要向右移动两位。

（6）梳理并规范竖式板书。

师：回忆一下，我们是怎么解决除数是小数的除法？（将除数的小数转化为

整数）

师：怎样转化？（根据商不变的性质）

小结：我们在计算除数是小数的除法的时候，要先移动除数的小数点，使它变成整数，除数的小数点向右移动几位，被除数的小数点也向右移动几位，然后就可以把它变成我们学过的知识来算了。

师：除数是小数的除法在计算时与除数是整数的小数除法最大的不同是什么？

学生总结：除数是小数的除法一般要先转化成除数是整数的除法，在转化过程中依据的是商不变的性质。

【设计意图】通过情境创设——独立思考——交流协商——形成共识的活动模式，使学生了解在学习中遇到困难时，可以通过全班合作交流、讨论碰撞找到解决小数转化为整数的方法。通过探索做题方法，交流根据商不变的性质，将“除数是小数的除法”转化成“除数是整数的除法”，培养学生利用旧知识解决新问题的能力，渗透转化的数学思想，培养学生迁移推理和抽象概括能力。

（三）巩固练习

1. 出示情境

步行街全长约 2.16 千米，李叔叔用 0.75 小时游览完。他平均每小时行多少千米？

独立完成，小组交流。

2. 火眼金睛

（1）91.2÷3.8=912÷38

（2）0.756÷0.18=756÷18

追问：0.756÷0.18 转化成 756÷18 为什么不对？你认为 0.756÷0.18 计算时应怎样转化？

什么情况下转化后被除数是整数？什么情况下转化后仍是小数？

当除数和被除数的小数位数相同时，转化后被除数是整数；当被除数的小数位数大于除数的小数位数时，转化后被除数还是小数。

【设计意图】练习的设计重视学生对新知识的运用，学生在知识的应用中提高解决问题和思辨能力，尤其是培养学生在理解数学知识、掌握学习方法的基础上，实现知识的正迁移。

3. 归纳总结，提出问题

师：这节课你有什么收获？学会了什么？你还想研究什么？

附：板书设计

除数是小数的除法

转化为整数

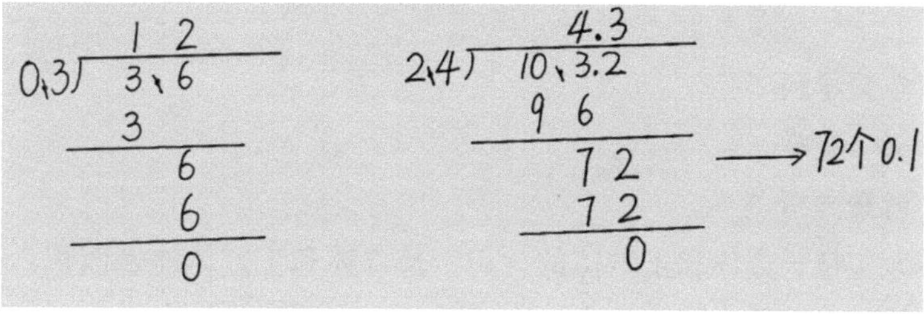

立体图形的表面积

北京市昌平第二实验小学　周明

一、年级学科

五年级　数学

二、背景分析

本单元包括长方体和正方体的认识、长方体和正方体的表面积、长方体和正方体的体积，以及容积的概念、容积单位、规则形体的容积和不规则形体的容积的计算方法。

《长方体和正方体》单元知识的学习，是小学阶段学生系统认识立体图形特征的开始。从认识平面图形扩展到认识立体图形，是学生空间观念发展的一次飞跃。长方体和正方体是最基本的立体图形，通过教学不仅可以使学生掌握有关立体图形最基础的知识，还可以使学生对自己周围的空间和空间中的物体形成初步的空间观念，为进一步学习与发展打下基础。在《长方体和正方体的表面积》的学习中，教材加强了独立探索、动手操作的力度，使学生能够更好地建立表面积的概念。同时让学生在反复折叠、展开的过程中，把展开后的每个面与其展开前的位置联系起来，更清楚地看出长方体相对面的面积相等，以及展开后每个面的长和宽与长方体的长、宽、高之间的关系。“立体图形的表面积”这一内容是探索由小正方体摆成的立体图形上增加或减少1块小正方体，表面积所发生的变化的规律。教学重点是让学生通过观察、操作、分析推理解决问题，发展学生借助几何直观探究解决问题的能力，发展学生的空间观念，提高学生的分析推理能力，同时让学生在经历探索规律的过程中，对其渗透相关的数学思想方法。

长方体和正方体的表面积、观察物体是学习本节课的知识基础。在以前的数学学习中，学生所获得的探索规律的方法与能力，以及借助几何直观探究解决问题的经验是学习本节课的能力基础，但学生并未直接学习计算由小正方体摆成的立体图形的表面积。本课欲通过操作、观察等活动，让学生不断发现问题、提出问题，经历探索规律的过程，发展学生解决问题的能力，帮助学生积累数学活动经验，养成借助直观思考问题的意识。

三、教学目标

1. 借助几何直观，在观察、想象、分析等活动中，综合运用有关知识，会计算立体图形表面积，探索增加 1 块小正方体立体表面积发生变化的规律。

2. 经历操作、观察、分析、推理、发现、解决问题的全过程，积累数学思想方法、数学活动经验，进一步发展学生的空间观念。

3. 在解决问题的过程中，激发学生的探究欲望，并体验成功解决问题的愉悦。

四、教学重点

经历操作、观察、分析、推理、发现、解决问题的全过程，积累数学思想方法、数学活动经验，进一步发展学生的空间观念。

五、教学难点

在经历表面积的不同计算方法和探究过程中提高学生的实践能力及空间想象能力。

六、教学过程

（一）联系旧知，明确立体图形表面积的计算方法

学生回忆长方体和正方体的表面积。

活动一：思考交流，发现立体图形表面积的计算方法

情景：用 10 块棱长 1 厘米的小正方体摆出一个立体图形。这个立体图形的表面积是多少平方厘米？

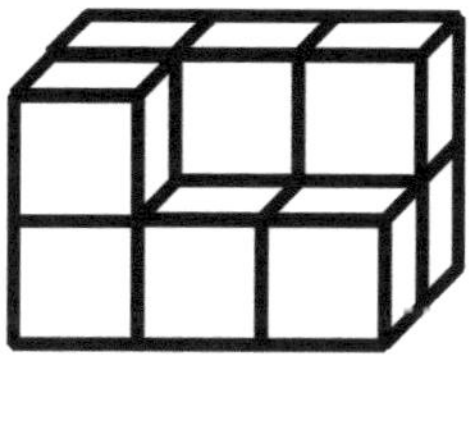

学生通过观察、思考、交流，发现计算由小正方体摆成的立体图形的表面积时，就可以采用计算长方体表面积的计算方法去解决。

上下方向看：6×2=12 个小正方形的面露在外面。

前后方向看：6×2=12 个小正方形的面露在外面。

左右方向看：4×2=8 个小正方形的面露在外面。

合在一起：12+12+8=32 个小正方形的面露在外面。

立体图形表面积：1×1×32=32（平方厘米）

【设计意图】引导学生动态观察，通过平移转化成规则的长方体再计算表面积。形成"出现面"和"消失面"互相抵消的概念，培养学生的空间想象能力。

（二）探究立体图形表面积的变化规律

1. 增加 1 块小正方体立体图形表面积的变化规律

活动二：探究增加 1 块小正方体后立体图形表面积的变化

问题：用 10 块棱长 1 厘米的小正方体摆出了一个立体图形。如果再放上 1 块同样的小正方体，并要求它至少有一个面和已有小正方体的面完全接触。放上一块小正方体后，立体图形的表面积是多少呢？

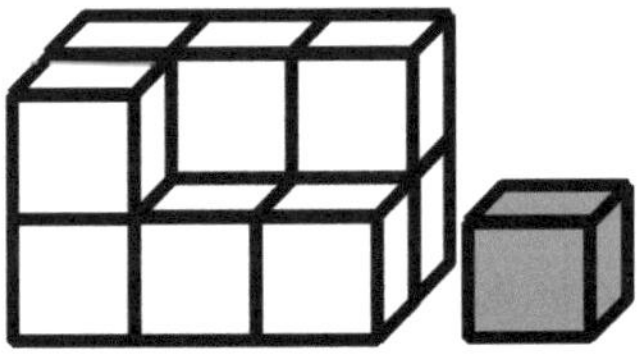

2. 活动要求

（1）先想一想，也可以用小正方体摆一摆。

（2）把摆放的位置在学习单上做出标记，画一画。

（3）仔细观察，把结果记录在学习单上。

表 1　学习单

方案名称	增加的小正方体摆放在哪儿（在下图中做出标记）	减少的小正方形面的个数	增加的小正方形面的个数	摆出立体图形的表面积
方案一	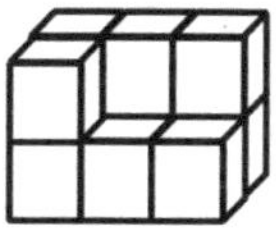			
方案二	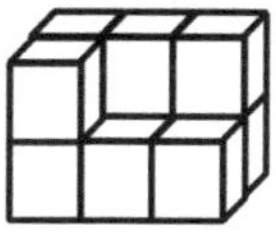			
方案三	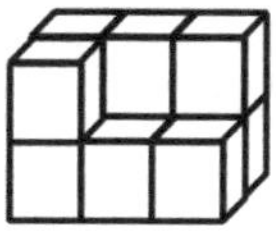			

3. 汇报交流

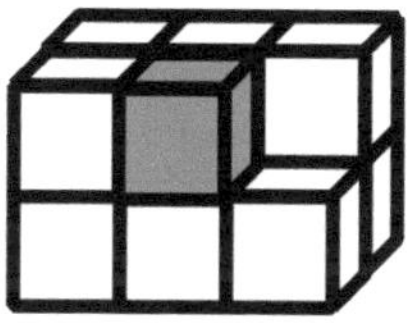

（1）方案一：

第一种分析：上下方向看 12 个，前后方向看 12 个，左右方向看 8 个，一共 32 个，表面积是 32 平方厘米。

第二种分析：遮住 3 个面，露出 3 个面，表面积不变，还是 32 平方厘米。

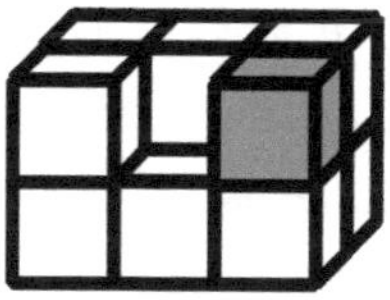

（2）方案二：

遮住 2 个面，露出 4 个面，立体图形的表面积增加 2 个面，32＋2＝34，表面积是 34 平方厘米。

（3）方案三：

交流展示：32＋4＝36，立体图形表面积为 36 平方厘米。

（4）其他方案：

问题：它们的表面积是多少？

分析：增加 4 个面，32＋4＝36，表面积都是 36 平方厘米。

4. 梳理与思考

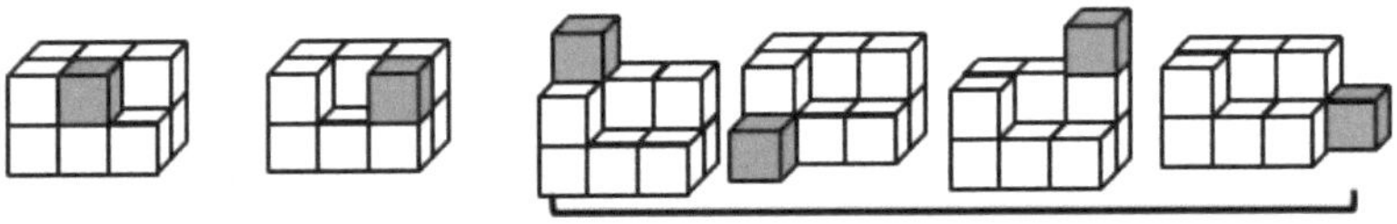

32平方厘米　34平方厘米　36平方厘米

看到这些不同的情况，你有什么想法吗？

预设 1：同样是再放 1 块小正方体，为什么得到的立体图形的表面积不同呢？

预设 2：为什么有时候摆放的位置不同，但摆出的立体图形的表面积却相同呢？

引导学生认识：如果最后放上的小正方体有 1 个面与原立体图形相接，就露出 5 个面，表面积增加 4 个小正方形的面积；如果最后放上的小正方体有 2 个面与原立体图形相接，就露出 4 个面，表面积增加 2 个小正方形的面积；如果最后放上的小正方体有 3 个面与原立体图形相接，就露出 3 个面，表面积不发生变化。

【设计意图】通过动手操作，直观观察，发现小正方体放在不同的位置上引起的表面积不同的变化情况，培养学生的空间观念和观察总结能力。

放上 1 块小正方体，得到的立体图形的表面积可能不变，也可能会增多，但会不会减少呢？

5. 探究在不同的立体图形中加 1 块小正方体立体图形表面积的变化规律

活动三：用棱长 1 厘米的小正方体任意摆出一个立体图形。如果再放上 1 块同样的小正方体，并要求它至少有一个面和已有小正方体的面完全接触。放上一块小正方体后，立体图形的表面积有什么变化

预设一：

遮住 4 个面，露出 2 个面，立体图形的表面积减少 2 个面。

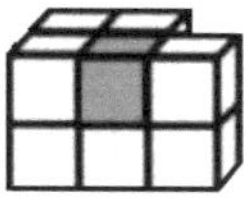

预设二：

遮住 5 个面，露出 1 个面，立体图形的表面积减少 4 个面。

预设三：

学生猜测“不可能有遮住 6 个面的情况”。

引发学生讨论：为什么不会出现这种情况？

【设计意图】本环节主要是培养学生的空间想象能力，在上个环节中出现过表面积三种变化的基础上，先想象出怎样放才能出现不同的变化，然后直观地摆出来验证。最后一种情况则只能通过想象来理解，无法操作。

（三）归纳总结

看到这些不同的情况，你有什么发现吗？

预设一：

我发现遮住的面数和露出的面数加在一起正好 6 个面。

预设二：

放上 1 块小正方体，得到的立体图形的表面积可能不变，也可能会增多，还可能会减少。

引导学生认识：如果最后放上的小正方体有 1 个面与原立体图形相接，就露出 5 个面，表面积增加 4 个小正方形的面积；如果最后放上的小正方体有 2 个面与原立体图形相接，就露出 4 个面，表面积增加 2 个小正方形的面积；如

果最后放上的小正方体有 3 个面与原立体图形相接，就露出 3 个面，表面积不发生变化。

附：板书设计

立体图形的表面积

	增加	减少	表面积变化
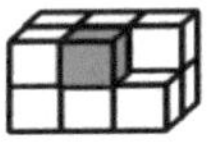	3	3	不变
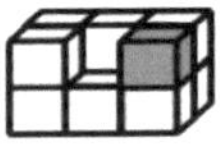	4	2	变大
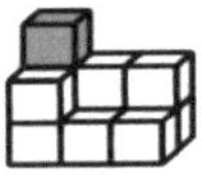	5	1	变大
	2	4	变小
	1	5	变小

聚焦核心素养　培养数据意识
——统计的秘密

北京市昌平第二实验小学　张士平

一、年级学科

六年级　数学

二、背景分析

（一）教学内容分析

“统计与概率”作为义务教育阶段数学课程的四个学习领域之一，从第一学段起就安排了有关学习内容。《义务教育数学课程标准（2022 年版）》中提出：把从收集、整理、描述和分析数据的活动过程作为统计学习的主要任务，倡导在教学中鼓励学生积极投入到统计活动的全过程中来，鼓励学生独立思考、自主探索与同伴合作交流。

（二）学生情况分析

通过调研分析，六年级学生对统计图中数据的理解能力分为三个层次：第一水平，直接读取数据信息。第二水平，局部比较和加工数据信息。第三水平，全面、理性地分析数据，进而形成趋势、预测等。随着社会信息化程度日益提高，人们每天都要面对来自网络、新闻媒体等渠道的各种数据信息，我们的日常生活、学习与工作都比过去更加依赖数据信息。数据分析是统计的核心，数据分析观念已成为当今社会每一位公民不可或缺的基本素养。

三、教学目标

1. 进一步掌握统计图的特征和作用，初步形成合理评价与反思的意识，对数据进行客观、全面地分析，培养学生的批判意识和思辨能力。

2. 能正确描述、分析统计图反映的相关数据，根据问题的背景选择合适的数据分析方法。

3. 发展学生初步推理能力和综合应用意识，感受数学与生活的密切联系，激发学生学习兴趣。

四、教学重点

学会利用数据描述、解释、抉择、推测等方法发展学生数据分析观念及批判性思维能力。

五、教学难点

从图和数据中提取信息，辩证地进行数据分析，合理利用数据解决问题。

六、教学过程

（一）问题引入，回顾梳理

看到“统计”你想到了什么？梳理学生回答信息，板书呈现。

收集数据

↓

整理数据

↓

分析数据

（二）创设问题情境，引发深度思考

1. 看到这幅图，你认为可能统计什么内容？

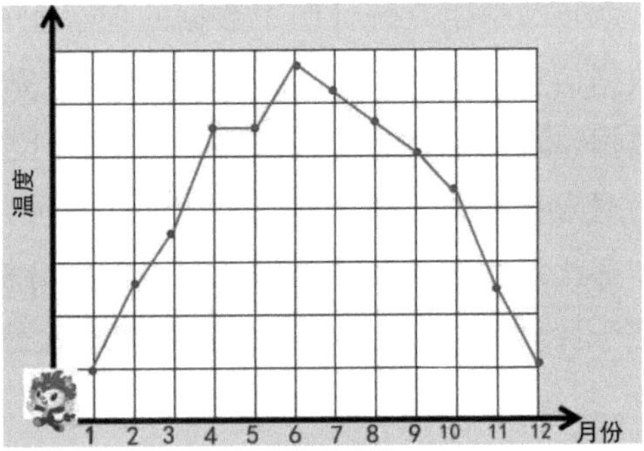

图1　月份统计图

学生观察猜测，深度思考后继续分析数据。

2. 猜测

这幅天气统计图可能是哪个城市的平均气温的变化情况呢？（四季如春的昆明还是四季分明的北京抑或是全年比较凉快的哈尔滨）请说明你的理由。

3. 怎样把这幅图变成我们感觉中的四季如春的样子？

4. 合理选择：你喜欢哪种整理方式？

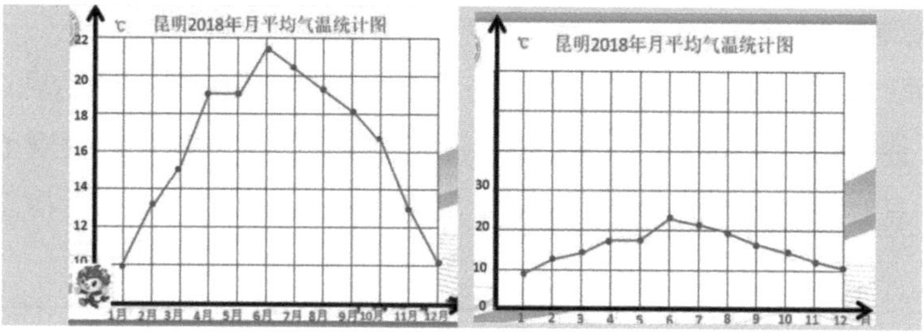

图 2　昆明气温统计图

如果昆明旅游局发布旅游信息或者提醒市民关注今年的天气变化，你想用哪种统计图？

【设计意图】对比两种不同刻度的图像特征和生活应用，让学生体会统计方式与制作细节的选择没有更好，适合的才是最好的。

5. 如果继续观察统计图，给你的启示是什么？

预设：不仅要看图，还要看数据。

（三）选取热点话题，展开思辨，建立科学的数据分析观念

1. 选择感兴趣的话题小组交流。

（1）小明想买一个书包，买哪家好？

宝贝好不好，问问已买的人。

A 商店好评率 98%；B 商店好评率 100%。

（2）今年 4 月 23 日是第 29 个世界读书日，中国新闻出版研究院组织实施的全国国民阅读调查已持续开展了 21 次。调查结果新鲜出炉：我国去年人均纸书阅读量 4.75 本。结论：中国人年平均读书量较少！

（3）北京市人力资源和社会保障局公布北京市职工 2023 年月平均工资：15701.08 元。（结论：北京工资相对高）

2. 小组汇报，展开思辨。

3. 回顾、梳理统计中的“坑”，以及想一想解决的对策。

【设计意图】将当下热点话题作为探讨素材进行分析，激发学生探讨交流的兴趣；对小学阶段学习的“统计”进行全面反思，从研究背景、数据收集、取样方法、分析方法中建立完整的数据分析观念。

（四）扩展应用，利用数据，解决问题

1. 预测2024年“双十一”天猫销售额

天猫智囊团目标：2024年“双十一”我们销售额你觉得应该达到多少呢？

师：你们想要参照什么？先给出2022和2023两年数据可以预测了吗？

生：只有两年的数据还是不能科学预测，我们要多看几年，找找规律。

年份	2014	2015	2016	2017	2018	2019	2020	2021	2022	2023	2024
销售额（亿元）	571	912	1270	1682	2135	2684	3723	5403	5571	6278	

学生再次进行预测，说明理由。

2. 大数据在生活中的应用

播放“黄金周”旅游景点人数和车位报道视频。

【设计意图】只有两年的数据不能找到变化的幅度，再多看几年的数据，让学生进行更科学、更理性地思考。让学生了解到大数据广泛应用于我们的生活和工作中，为我们提供了很多便利。

（五）课堂总结提升

让数据为我们所用，统计学是科学也是艺术。

七、教学特色

发展学生核心素养的课堂教学要完成三大核心任务：价值引领、思维启迪、品格塑造。作为统计这一主题我们围绕以下两个方面进行教学。

（一）选取典型（情境），培养学生的数据意识

统计的秘密是统计主题的拓展课，在统计这一大主题下，选取典型案例，展开思辨。通过猜测气温图，让学生感受到变化，（看图像变化幅度应该是北京，但实则是昆明）引发数据分析的内在需求（要数据）。进而对比两种不同刻

度的图像特征和生活应用，让学生体会统计方式与制作细节的选择没有更好，适合的才是最好的。学生根据自己的亲身体会，阐明观点，充分感悟要跳出图像的“迷惑”，看图还要看数据，正可谓：有图有数有真相！

（二）对统计主题内容系统整理、全面盘活、深度挖掘

课始，师生简短的梳理过程打通了统计教学的基本内容。提到“统计你想到了什么？怎样进行统计？要注意什么？……”把前几年所学的相关内容进行“唤醒”与“对接”，既引领学生感受到数据收集与处理的完整过程，又让学生站在统计的视角来审视这个主题的内容，登高望远，系统中理解。课中，通过一组热点话题（好评率、阅读量、平均工资）展开思辨，让学生形成对信息统计的全程进行合理评价与反思的意识。从数据的收集、整理、呈现中透过现象看本质，挖掘数据背后隐含的信息。学生基于数据分析、决策、合理质疑等方式培养孩子求真、有理有据的审辩式思维，促进学生数学素养的生长。

铁链的长度

北京市昌平第二实验小学　沈秀花

一、年级学科

六年级　数学

二、背景分析

《义务教育与数学课程标准（2022年版）》中指出：综合与实践是小学数学学习的重要领域。学生将在实际情境和真实问题中，运用数学和其他学科的知识与方法，经历发现问题、提出问题、分析问题、解决问题的过程，感悟数学知识之间、数学与其他学科知识之间、数学与科学技术和社会生活之间的联系，积累活动经验，感悟思想方法，形成和发展模型意识、创新意识，提高解决实际问题的能力，形成和发展核心素养。

《铁链的长度》安排在《数学百花园》单元中，属于综合实践范畴，其内容具有较强的知识性。学生在四年级学习了"重叠问题"，但他们平时很少接触这方面的内容，计算"铁链的长度"不是简单的"重叠"。另外，探索规律对学生来说本身有一定难度，更难的是学生不能用精准的语言表达自己的发现。基于以上分析，本节课的主要目的是借助几何直观发现规律，引导学生进行自主探究解决问题。

三、教学目标

1. 通过探究铁链的长度问题，发现规律，掌握化繁为简解决问题的方法。

2. 让学生经历探索规律的过程，培养学生观察、分析、推理、归纳能力。

3. 发展学生借助几何直观解决问题的能力，帮助学生积累数学活动经验和数学思想方法。

四、教学重点

1. 通过探究铁链的长度问题，发现规律，掌握化繁为简解决问题的方法。

2. 经历探索规律的过程，发展学生观察、分析、推理、归纳的能力，以及借助几何直观解决问题的能力。

五、教学难点

借助化繁为简的方法，发展学生观察、分析、推理、归纳的能力。

六、教学过程

（一）问题引领，揭示课题

1. 观看电影《飞夺泸定桥》片段

（1）情景导入。

故事发生在 1935 年 5 月 29 日，红军途经四川省泸定县大渡河，22 位勇士作为突击队，冒着敌人的枪林弹雨在铁索桥上匍匐前进，一举歼灭桥头守军，打开了红军北上的通道，谱写了中国革命史，乃至世界军事“精、险、奇、绝”的战争奇迹。

（2）观看电影《飞夺泸定桥》片段，思考：从数学的角度，你能提出哪些问题。

2. 揭示课题

（1）桥有多长呢？跟什么有关？

桥面上的铁链有 862 个铁环，每个铁环大约 16 厘米。

铁链的总长度是不是用“862×16”表示呢？

（2）揭示课题。

862 个铁环，研究起来有什么感觉，你有什么好办法？

【设计意图】问题引领，直接揭示课题，使学生感悟到“化繁为简”是解决问题的好办法。

（二）合作探究，发现规律

1. 出示问题

一个铁环，它的内径是 12 厘米，外径是 16 厘米，把 6 个这样的铁环连成一条铁链，拉直后有多长？

2. 出示活动要求

（1）认真观察，你能发现怎样的规律，在图上画一画。

（2）思想碰撞，在小组内分享你的发现，找到简单易懂的方法。

（3）组织语言，做好汇报、交流的准备。

【设计意图】独立观察思考是小组活动的基础，在小组活动中才会有思维的碰撞，产生智慧的火花。

3. 交流汇报

预设一：16+12×（6−1）=76（厘米）

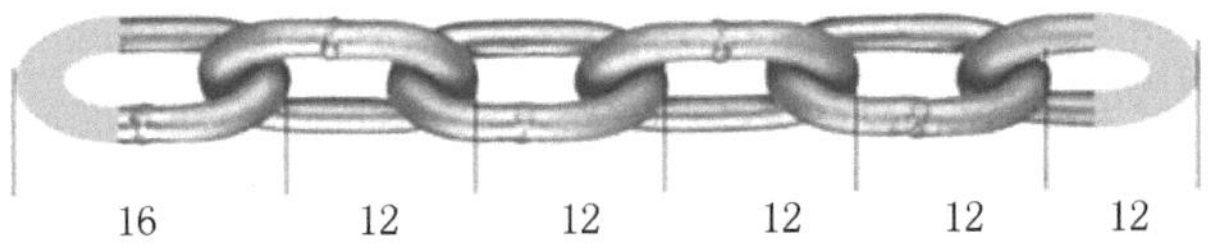

点评：这个方法特别有画面感，能让我们看到动态的研究过程。第一个铁环是16厘米，每增加一个铁环就增加一个12厘米。

预设二：16×6 −4×（6 −1）=76（厘米）

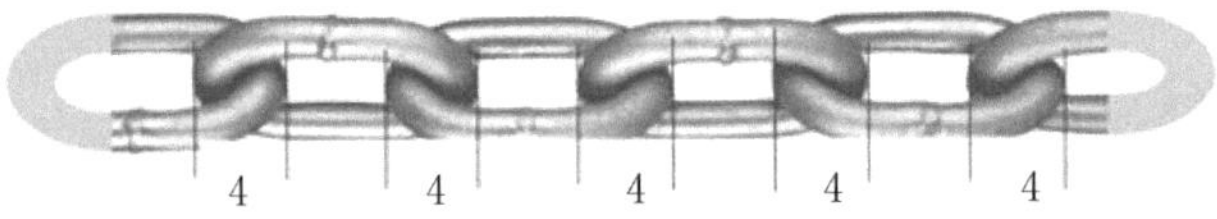

点评：这种方法利用了假设的思想，用6个外径长度减去了中间5个重合部分的4厘米。

预设三：12×6+2×2=76（厘米）

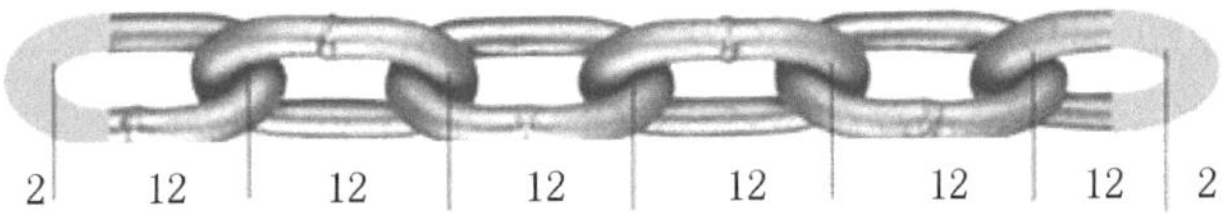

点评：能找到这个方法不简单，利用了每一个铁环的内径，然后加上左右两边的2个环宽。

【设计意图】使学生在分享汇报中互相启发、完善，拓展解题思路，丰富学习经验。

（三）总结提升，解决问题

1. 由特殊到一般

如果用字母n表示铁环的数量，n个这样的铁环连成一条铁链，拉直后长多少呢?

(1)16+12×(n−1)

(2)16×n−4×(n−1)

(3)12×n ＋2×2

……

2. 学生整理算式

得到：12 n ＋ 4

追问：12 和 4 分别是什么？

【设计意图】学生在学习过程中不仅仅是为解决某一道题，培养学生总结归纳的能力，建立解题模型同样重要。

3. 回归问题

（1）泸定桥桥底有 862 根铁环，连在一起多长呢？

12×862＋4＝10348（厘米）＝103.48（米）

（2）情感升华。

103.48 米是个什么概念呢？是我们西校区操场东看台从北至南的总长度。我们的战士冒着枪林弹雨，在铁索桥上匍匐前进这么长的距离，此时此刻，你有什么想和大家分享的？

预设：学会感恩，学会珍惜……最好的方式就是当下好好学习，将来报效祖国。

（四）课堂小结，提高认识

1. 学生谈收获

2. 教师小结

通过这节课的学习，我们用“化繁为简”的方法解决了铁链长度的问题；在学习的过程中，大家互相启发，完善思路，开阔视野，这样的学习方法、学习过程是轻松的、愉悦的。

附：板书设计

铁链的长度

16＋12×(n－1)

12×n＋2×2

16×－4×(n－1)

内直径　　　2 个环宽

12　n　＋4

12×862＋4＝10348(厘米)

＝103.48(米)

“巧拼巧绘巧创新”延伸课堂构建七巧生活

北京市昌平第二实验小学　徐丽杰

一、案例背景

（一）基于综合实践活动的性质

《义务教育数学课程标准（2022年版）》中指出：综合与实践是小学数学学习的重要领域。学生将在实际情境中和真实问题中，运用数学和其他学科的知识与方法，经历发现问题、提出问题、分析问题、解决问题的过程，积累活动经验，感悟思想方法，形成和发展模型意识、创新意识，提高解决实际问题的能力，形成和发展核心素养，它以“实践、创新、发展”为主线，使学生通过综合性、开放性的实践，获得积极的、全面的发展。

（二）基于教材内容教育价值的延伸

北京版小学数学一年级下册第五单元《认识图形》中，在学习了平面图形的基础上安排了《神奇的七巧板》。在我国，七巧板已经有几千年历史，它由5个直角三角形、1个正方形、1个平行四边形七块板组成，变化无穷，是古今用于启发幼儿智力的良好伙伴。它能够使孩童在实物与形态之间建立起连接的桥梁，培养孩童的观察力和想象力，使之形成形状概念，锻炼视觉分辨、手眼协调、发散思维和动手创作的能力。操作七巧板这种发散思维的活动，给认知技巧、形状分析和创意逻辑的发展提供了巨大的空间，不仅具有娱乐价值，还具有教育价值，对于培养学生核心素养也有很大的促进作用。

（三）基于学生的认知需要

小学阶段，学生的心理、生理快速发展，他们渴望成长，对各种事物充满好奇。一两节课的《七巧板》教学并不能满足学生浓厚的求知欲，对于七巧板的知识他们还想探究、了解更多。“兴趣是最好的老师”，因此教师应站在学生的角度，抓住学生的兴趣点，激发学生学习数学的兴趣，培养学生的核心素养，提高学生的整体素质，培养学生的观察力、注意力、想象力和创造力，发展学生的空间观念、几何直观。

二、教育目标

1. 通过学习，使学生掌握七巧板的基本组成，了解其基本拼图方法，培养学生的空间想象能力和动手能力。

2. 让学生在观察、分析、实践的过程中，自主探索七巧板的拼图规律，培养学生的创新思维和解决问题的能力。

3. 激发学生对数学的兴趣，培养学生的团队合作精神和审美能力。

三、案例分析

"巧"是七巧板课程的灵魂。七巧板本身是巧妙的，七片小板，通过无穷的想象和衍变，加之双手灵巧地拼合，能够组成无数图形。整个七巧板课程共设12课时，让学生在"动中玩，玩中学，玩中拓展思维，玩中开发智力"，进而提高学生的创新实践能力。

（一）游戏引入

第一关：根据这幅图所表达的意思，你能想到哪个成语？

第二关：根据这幅图所表达的意思，你能想到哪首古诗？

第三关：根据这幅图所表达的意思，你能想到听过的哪个故事？

看看这三幅图，你有什么发现？这几幅图里面的树、兔子、人还有乌鸦都是用七巧板拼出来的。这节课我们就继续来认识七巧板。

（二）观察联系

1. 观察七巧板中的各个图形，找一找它们之间的联系。

预设1：发现两个小三角形一样大，两个大三角形一样大。

预设2：发现两个小三角形能拼成一个中等的三角形。

预设3：发现两个小三角形还可以拼成小正方形和平行四边形，拼成的大小和七巧板中的正方形、平行四边形同样大。

预设4：发现两个大三角形也可以拼成更大的三角形、正方形和平行四边形。

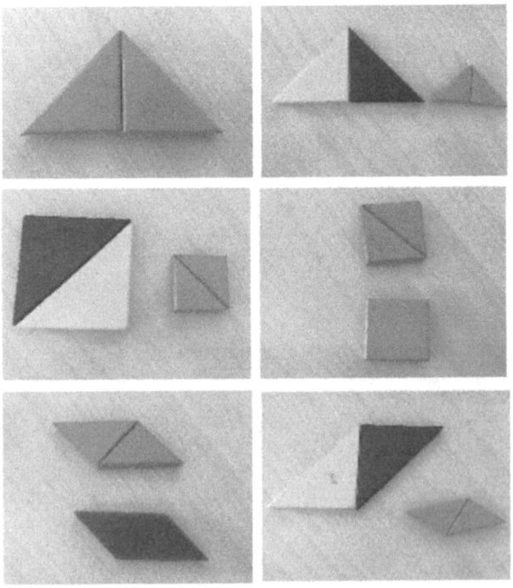

小结：两个完全一样的三角形，拼出的图形却不一样，是不是很神奇？我

们在拼的时候好像有一个小妙招，是什么呢？

生：可以先拿出一块，比如拿出小三角形，然后再依次用其他的板块和它试一试、拼一拼就知道了。

2. 提问：为什么不能拼摆出圆形？

预设：因为圆的边是曲线，而七巧板里各个图形的边都是直直的。

3. 这些都是用 2 块七巧板拼成的，3 块能拼成这些图形吗？先独立思考、尝试，然后和小组内的同学说一说你拼摆出了什么图形，是用几块板拼成的。

4. 用不同块数的七巧板拼出了常见的平面图形，其中还藏着一个有趣的现象呢，我们一起来看一看！

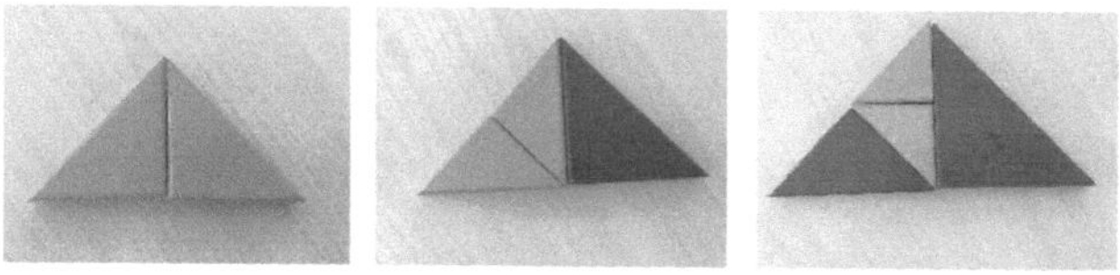

都是拼三角形，2 块、3 块、4 块三角形拼成大三角形的变化有什么规律？

预设：我发现它们都是一半不动，另一边分开，换成更多块数拼成的和留下来一样大的三角形。

小结：编成一个顺口溜来记住它"留一半、分一半，分一半多一块"。

5. 用 2 块、3 块、4 块拼摆大正方形、平行四边形等其他图形时是否也有这样的规律呢，敢于挑战的孩子们，请你们课下大胆地去试一试，拼一拼吧。

（三）用七巧板拼图案

1. 出示乌鸦喝水组图。

2. 你能用七巧板拼出美丽的图案吗？请你自己试一试，拼一拼。

3. 欣赏一下同学们的作品。

《猴王出世》

《哮天犬大战美猴王》

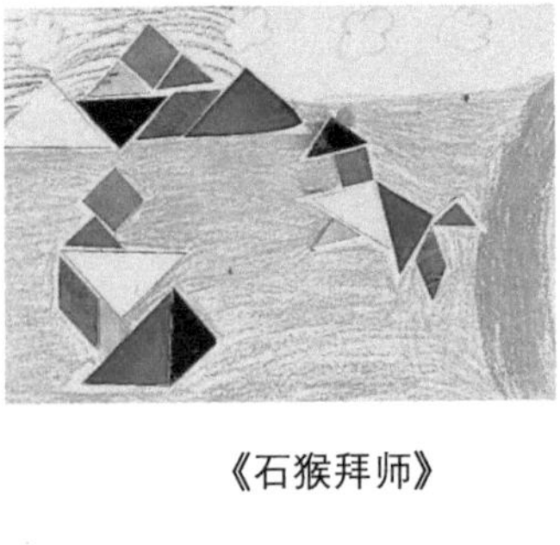

《石猴拜师》

《收服白龙马》

（四）课后活动

课后，同学们还可以完成这个小活动——创意拼图。发挥你的想象力和创造力，用七巧板拼出一些美丽的图案，讲述更多精彩的故事！

（五）七巧引路、触类旁通

七巧板还有一位好兄弟——四巧板，都是类似的拼摆游戏，大家课下可阅读《四巧板之古迹探险》，跟随摩比豆和红小豆去“莫比森林”探险。据说四巧板在日本叫做“博士板”，可以训练和提高游戏者的图形思维和智力，大家可以大胆去挑战。

四、案例反思

本次“‘巧拼巧绘巧创新’延伸课堂　构建七巧生活”数学实践活动研究历经前期调研、中期实践、后期整理等环节，贯穿整个学期，使学生对“七巧板”这类拼摆益智器具有了更加深入的了解，这种方式不仅有利于培养学生综合实践活动的能力，更是对教师教学水平的提升。本次活动主题鲜明、目的明确、实践效果显著。

（一）提供观察操作的机会，鼓励积极探索

本课利用实际生活中熟悉的事物，为学生提供了丰富的素材，创设了大量观察、操作的机会。通过丰富的活动，激发了学生学习兴趣，加深了学生对各种物体形状的体验，为学生创设了积极探索的环境，增强了学生对图形特征的感悟与认知。

（二）通过实践操作，培养大胆创新的能力

创造性思维是创新意识和创新能力的基础与核心，是创新人才最基础的素质，培养创新人才的核心就是要培养创造性思维。我们以教材内容为生长点，延展课堂，并结合学生的兴趣点，开展让学生在玩中学、玩中思的活动，这种形式有利于开发学生的智力，提高其动手操作能力。同时，通过练习也引发了学生对生活中一系列活动的联想，促进了学生观察能力和想象能力的提高，培养了创新意识。

（三）提供数学交流的环境，培养合作意识

合作是人类社会赖以生存和发展的重要方式，同龄人之间的启发和帮助会使大家共同提高和进步。因而在这次综合实践活动中不仅鼓励学生独立创作，更推荐采取小组合作的形式进行，有意识地为学生创设良好的数学交流情境，鼓励学生发表自己的意见，与同伴交流，开展自评和互评，培养学生从多角度欣赏他人的良好心态，以及培养学生自我监控，自我调节的能力。

随处可见的能量转换

北京市昌平第二实验小学　李莹

一、年级学科

五年级　科学

二、背景分析

《随处可见的能量转换》一课为《义务教育科学课程标准（2022 年版）》中“物质与能量”这一核心概念下的学习内容，包括能的形式、转移和转化。需要达成：“知道自然界中存在多种形式的能，如动能、声能、光能、热能、电能、磁能等，不同形式的能可以相互转化”的学业要求。

此外，本课是《能量的转换》这一单元的最后一课，本课的教学重点是引导学生认识更多的能量转换现象，使学生通过调查、体验和解释说明等活动认识到生活中能量转换和能量传递现象的普遍存在，以及不同能量形式之间的转换是相互的。

通过课前访谈不难发现，大部分五年级学生对生活中的能量转换现象有一定的观察经验，能列举出简单的实例，例如：电灯可以将电能转换为光能、热能。但是对不同能量之间可以相互转换则没有过多的关注，并且对于能量在不同物体间的传递缺乏也一定的逻辑思考和总结梳理。此外，学生的自控力和协调能力还处于发展中，可能会在学习活动中出现分散注意力的情况。结合五年级学生好奇心和求知欲较强，且具备一定实践探究能力的特点，可以借助实践活动更好地激发学生的学习兴趣，帮助学生在探究中边观察分析，边总结归纳出能量转换与能量传递之间的关联性。另外，还可以借助探究活动的紧密关联与环环相扣，在教学中不断引导学生在动手动脑的过程中保持专注力。

三、教学目标

1. 描述出声、光、电、热、磁、运动等事物中包含自然界中存在的能量形式，并通过分析说出不同形式的能量之间可以相互转换。

2. 学生通过调查、分析、实验，论证到处都有能量和不同能量形式的相互转换现象。通过设计制作简单的能量转换装置，进行能量转换规律的实验探究与验证。

3. 学生在感受、探究和解释说明能量转换和传递现象过程中，发展其分析、比较、归纳等思维能力。

4. 学生对生活中的能量转换现象乐于探究、合作、分享，能结合实际现象从不同角度分析问题。使学生感受到能量转换与生活息息相关，科学与技术的发展可以促进能量转换技术的前进，进而改善我们的生活，促进社会发展。

四、教学重点

1. 一种表现形式的能量可以转换为另一种表现形式。

2. 调查和说明生活中哪些器材、设备或现象中存在不同能量之间的转换。

五、教学难点

1. 理解抽象的不同形式能量之间的相互转换。

2. 通过调查分析，实验探究能量的转换规律，并设计和制作简单的能量转换装置。

六、教学过程

（一）回顾旧知，聚焦新问题

在本单元的前面几节课中，我们探究了几种电器工作时的能量转换情况，请你回忆一下，说说它们工作时发生了什么能量转换。

（1）电灯：电能→光能、热能

（2）电铃：电能→磁能→动能→声能

（3）电动机：电能＋磁能→动能

能量的转换只存在于电器的工作中吗？现在我们就一起来分析一下这些现象背后隐藏的能量转换过程吧。

（二）调查生活中的能量转换现象并分析

1. 调查分析

（1）出示图片或视频，引导学生交流与分析，并进行能量转换的记录。

①植物生长：光能→化学能

②太阳能灯：光能→电能→光能、热能

③萤火虫：化学能→光能

④手摇发电机：动能＋磁能→电能

⑤钻木取火：化学能→热能、光能

2. 梳理记录，分析规律

能量转换随处可见，且能量转换的方向不是只能朝着一个方向，不同形式的能量之间可以相互转换。

【设计意图】结合具体的现象描述出声、光、电、热、磁、运动等事物中包含自然界中存在的能量形式，并通过分析与归纳，初步建立起“不同形式的能量之间可以相互转换”的概念。

（三）动手实践，感受能量转换和能量传递

1. 利用身边的材料，感受能量的转换

活动1：拍手与擦橡皮擦

教师：让我们一起拍拍手，你发现什么能量之间的转换了吗？

预设：拍手——动能→声能

活动2：“热情的”橡皮擦

明确实验材料、步骤与方法：①实验材料：练习本、1块橡皮擦。②实验方法：先用手指摸一下橡皮头的位置，然后用橡皮擦在本子某个位置快速地来回摩擦5—10次，再用手指触摸刚刚橡皮与练习本相摩擦的位置，感受有什么不同。

预设：橡皮刚刚擦过的地方变热了；练习本被橡皮擦过的地方也变热了

想一想：这是为什么呢？这中间产生了什么能量转换？

预设：动能→热能

2. 观察实验现象，发现能量转换的规律

活动3：观察实验——小摆锤的运动

明确实验材料、步骤与方法：①实验材料：小摆锤2个、铁架台1个。②实验方法：先将两个小摆锤挂在铁架台上，使两个小摆锤相接触并保持竖直向下的静止状态，然后将其中一个小摆锤用手拉起一定的角度（约30°），再松开手中的小摆锤，让我们通过视频看看会发生什么现象。

预设：白色的小球先运动起来了，这是因为重力势能转换成了动能；静止的橙色小球也动起来了，因为白色小球撞击了它，并将动能传递给了它才动起来的小结：通过观察这个小实验，我们可以发现不同形式的能量之间不仅可以相互转换，还可以从一个物体传递给另一个物体。

【设计意图】通过有针对性地探究活动，学生边实践感受，边观察分析出能量转换与能量传递之间的关系，进一步总结归纳出能量的转换规律。

（四）应用能量转换解决问题

通过以上调查和实践，我们发现生活中能量转换的现象随处可见，社会与科技的发展更离不开能量的转换，请大家观看一段火箭发射视频，并分析火箭升空的时候发生了什么能量转换？

预测：化学能→动能＋势能

还有哪些能量也能转换成动能？请你利用老师提供的材料和玩具小车，尝试利用本节课上了解到的能量转换规律，让小车动起来。

活动材料：玩具小车、硬卡纸、橡皮筋、扇子和一些磁铁。

活动要求：请你设计一个简单的方案，并尝试着按照方案让小车运动起来。

预测 1：磁力小车

预测 2：橡筋动力小车

预测 3：重力小车

预测 4：风力小车

【设计意图】感受能量转换在人类社会进步与发展过程中的重要作用，通过在小车动起来的实际应用能量转换的过程中，帮助学生理解能量转换规律的本质。

（五）总结提升

小结：通过今天的调查、实验和分析，我们知道了能量转换现象随处可见，并且形式多样，不同能量之间的转换不仅是单向的，还是相互之间的双向转换。此外，我们还发现能量可以从一个物体传递给另一个物体。

课后拓展学习任务：请你想一想还有哪些能量能让小车动起来，可以利用身边的材料，设计并制作出一个与众不同的动力小车。

沉与浮——制作警示浮标

北京市昌平第二实验小学　王翠霞

一、年级学科

五年级　科学

二、背景分析

《沉与浮》单元是湘教版科学教材中五年级上册的教学内容，包含物质科学领域和技术与工程领域两个教学要求，围绕《义务教育科学课程标准（2022年版）》中的“物质具有一定的特性与功能（核心概念11）”“技术、工程与社会（核心概念12）”“工程物化与设计（核心概念13）”建构本单元的教学活动。

在四年级的科学学习中学生已经了解了“浮力是施加在物体上的力”，初步达成了课标中关于认识浮力的要求。“沉与浮”这一单元内容是要从材料在水中的沉浮状态与材料性能的角度组织学习的，进一步完善“物质具有一定的特性与功能”这一概念的建构。原有的单元教学设计忽视了北京作为内陆城市，绝大多数的学生没有见过真实的航道浮标，从而很难理解航道浮标的使用需求与结构特点之间的内在联系这一真实学情，教学实施过程中存在以下三个问题：

第一，任务驱动不强，学习兴趣不足，第三、四课时教学内容是学生制作航道浮标的学习活动，其源于教师的任务布置而不是真实的生活需求。

第二，生活在北京的孩子很少见过航道浮标，在设计制作浮标过程中，不能主动将沉浮知识迁移运用，更多的是根据结构分析进行简单的模拟复制，没有深层次地思考结构与功能之间的内在联系。

第三，没有情境贯穿始终，思维连贯性不足。教师结合教材中的教学内容和项目式学习的逻辑，对教学活动进行了重组，将教材中的知识点以问题链的形式呈现在学生面前，以学生熟悉的救援警示浮标为项目情境，依托连续的问题链：“如何避免险滩？→我们制作警示浮标要经历哪些环节？→哪些材料适合制作浮标？→什么样的结构能使浮标漂浮不倒且不被刮走？→选择常见物品制作浮标模型使用效果如何？→如何更好地推广我们的设计制作？”组织教学内容，让学生在实践的过程中感受、理解核心概念在真实情境中的应用，并能利用身边常见的材料进行构思、设计、操作、实验、验证、优化，促进学生问题解决能力和创造性思维的发展。

本课时为整个单元教学的起始课，旨在让学生在真实的问题驱动中拆解主题任务，明确后续的研究步骤，并初步探寻制作警示浮标的材料。

三、教学目标

（一）科学观念

1. 观察常见材料的漂浮能力，知道浮的材料可以用于制作警示浮标。

2. 知道沉的材料可以通过做成中空、捆绑浮的材料等方式浮起来。

（二）科学探究

1. 经历物体材料沉浮的探究过程，提升学生的科学观察、比较、分析能力。

2. 根据自己的设想，设计验证实验方法，根据实验结果验证自己的设想。

（三）科学态度

1. 乐于探究材料的沉浮，知道实验是证明假设是否成立的重要方法。

2. 从不同角度提出改变沉浮的新思路和新方法。

（四）科学、技术、社会与环境

1. 初步体验项目式学习探究问题的过程。

2. 感知改变材料沉浮状态源自设计需求，同时懂得社会的需求是科技发展的动力。

四、教学重点

寻找适合制作警示浮标模型的材料类型。

五、教学难点

从不同角度思考方法，并设计验证设想的可行性方法。

六、教学过程

（一）活动导入，聚焦话题

创设情境：同学们，沙河水库由东沙河、南沙河和北沙河三条支流汇合而成，是距离回龙观社区最近的一片水域，沙河水库凭借完整的湿地生态系统成为东亚—澳大利亚鸟类迁徙路线上重要的停歇点。即使在寒冷的冬季这里也是鸟类的家园，许多鸟类选择在沙河水库生活居住。前几天收到市民的求助热线，在沙河水库中有一只落单的鸬鹚。沙河林业站的工作人员通过实地勘察，最后发现并确定了所伤鸬鹚的躲避位置。鉴于受伤鸬鹚胸部挂有丝状物体，无法正常飞行，但是精神状态良好，可能会下水潜泳躲避救援人员，所以蓝天救援队的救援人员决定从鸬鹚躲避地的对岸划至鸬鹚附近进行救助，但由于河道较狭长，存在一些险滩可能会使船只行驶至此处搁浅，影响救援速度。提问：我们如何帮助救援人员躲避险滩等危险安全快速地抵达救援区域？

提问：我们制作一个放置在河道内的警示浮标，提醒救援人员在船行驶的过程中注意安全，我们要完成这个任务需要经历哪几个环节？

学生小组讨论，交流汇报制作警示浮标的基本步骤。

师生梳理、确定研究步骤：明确任务、认识浮标、设计制作、测试改进、实践应用。

（二）认识浮标，寻找材料

提问：河道内的警示浮标有怎样的特点？请大家结合图片进行分析。

学生预设：能够漂浮在水面上、醒目、结实。

教师小结：颜色鲜艳，便于观察；上窄下宽，结构稳定；漂浮在水面。

【设计意图】借助图片和学生已有的生活经验引导学生分析警示浮标的特点，为后续警示浮标的设计制作做好铺垫，同时也可以初步了解学生已有知识的迁移应用情况。

谈话：要想制作一个产品首先我们需要找到合适制作的材料，想一想我们生活中都有哪些材料可以用于制作警示浮标？并简要说明你的选择理由。

学生预设：

（1）我们想用泡沫来做，因为泡沫能漂浮在水面上还防水。

（2）我们想用木板来做，因为木板比较容易找到。

提问：大家选择的材料都具备什么特点？

学生分析材料的共同特点：能够漂浮在水面上。

提问：什么叫做沉？什么叫做浮？

学生结合图片观察材料是沉还是浮，分析“沉”“浮”概念，教师小结科学概念：物体在水中碰到容器底部的现象叫“沉”；不接触容器底部的现象叫“浮”。

提问：我们要验证沉浮，就需要把材料分别放置在水中，我们应该怎样放呢？教师结合图片讲解放置方法：用手轻轻将被测物按到水底后松手，再观察物体的沉浮情况。

谈话：我们在实验探究的过程中还要注意以下事情？

学生预设：

（1）实验测试后及时整理材料。

（2）一个材料一个材料地放，不要把所有材料一起放在水中。

提问：通过实验探究，你们有什么发现？

提问：哪些材料更加适合制作浮标，小组讨论并说明理由。

学生预设：

（1）我认为泡沫可以用来制作浮标，因为它可以漂浮在水面上。

（2）我认为塑料可以用来制作浮标，因为它可以漂浮在水面上。

（3）我认为金属可以用来制作浮标，虽然它沉在水底但是我们生活中的船就是金属做的。

（三）探究沉的材料可以浮起来吗

提问：沉的材料可以用于制作浮标吗？

学生预设：

（1）沉的材料不能制作警示浮标，因为它无法漂浮在水面上。

（2）沉的材料可以制作浮标，因为我们可以想办法让沉的材料浮起来。

（3）沉的材料可以制作浮标，因为我们生活中的船就是使用金属制作的。

提问：我们可以利用哪些方法让沉的材料浮起来？

学生预设：

（1）我们可以把沉和浮的材料叠加在一起。

（2）我们可以把沉的材料制作成空心。

谈话：同学们设计实验来验证你们的设想？

学生小组讨论。

谈话：请大家结合我们交流汇报得到的最好方案，来验证我的设想。

小结：使沉的材料浮起来的方法：

（1）沉的材料和浮的材料的叠加。

（2）将沉的材料制成空心结构。

【设计意图】引导学生从不同角度思考问题、解决问题，并能够根据探究需求设计实施可行性的科学探究活动，提升学生的科学研究能力。

（四）总结反思

从种瓜得瓜说起

北京市昌平第二实验小学　林珊

一、年级学科

六年级　科学

二、背景分析

（一）教材分析

《遗传与变异》单元从认识生物性状入手，按照“现象→规律→应用”的逻辑，帮助学生发现、认识生物的遗传与变异现象，并结合实物观察、分析、归纳遗传变异的规律，了解遗传变异规律在实际生产生活中的应用。意在让学生通过观察、阅读等方式了解生物遗传与变异的特征，再通过课后探究，联系实际生活，关注与生物繁殖有关的生物技术来建构单元概念。

本课是《遗传与变异》单元第二课内容，在第一课《人的相似与差异》学习的基础上引导学生大胆猜测、小心求证，通过观察实物与课后持续探究，总结动植物的遗传变异规律。

（二）课标分析

在《义务教育生物学课程标准（2022 年版）》中本单元涉及的核心概念是“生命的延续与进化”，围绕学习内容“生物体的遗传信息逐代传递，可发生改变”展开。生物通过生殖、发育和遗传使遗传信息代代相传，实现生命的延续。在生命延续的过程中，遗传信息可能会发生改变。生物的遗传、变异与环境因素的共同作用导致了生物的进化。本学科核心概念的学习有助于学生形成结构与功能、稳定与变化等跨学科概念。

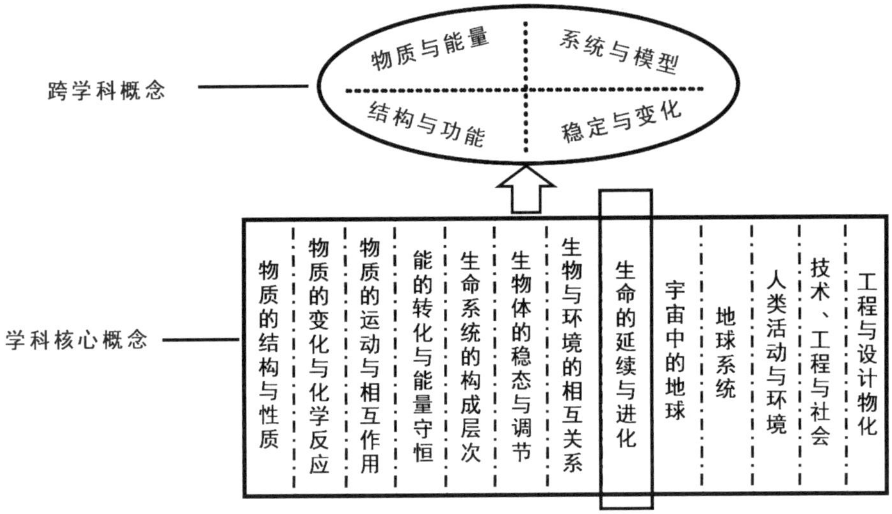

图1　科学课程的内容结构

（三）学情分析

1. 认知方面

对于“生物的繁殖”，学生在中年级已经有所了解。三年级下册学习了《植物的一生》，认识根、茎、叶作为营养器官，它们的花、果实、种子作为繁殖器官，互为存在条件，实现各自功能，为了一个共同的目的：物种繁衍。四年级下册学习了《动物的一生》，在养蚕的过程中认识各种动物生命有长有短，具体生命过程也不尽相同，但一生都会经历出生、生长、发育、繁殖、衰老和死亡。有了繁殖，动物才得以生生不息。通过两个单元的学习，学生已经认识了生物的生命过程以及繁殖方式。本单元是在中年级学习的基础上，进一步认识生物的子代与亲代间性状方面的关系。

2. 思维方面

通过前面的学习，以及在教师的引导下，大部分学生能够观察并描述出事物的特征。在大胆猜测后，教师引导学生依据证据运用分析、比较、概括等方法，分析数据、信息，得出结论。

3. 探究能力方面

六年级学生能够根据现有知识对未知进行大胆猜测，并能够较为全面地收集、记录信息并进行分析求证，且大部分学生能够在比较、分析中归纳概括出结论。

三、教学目标

1. 科学观念：通过对生物亲代与子代的性状相似与差异的观察分析，认识到生物普遍存在遗传和变异的特征。

2. 科学思维：运用猜测、观察、分析求证等方法归纳概括子代的性状遗传亲代，有些差异是变异的结果。

3. 探究实践：通过小组合作观察、记录、分析获取信息，验证猜测。课后继续探究、分享动植物遗传变异现象的事例，进行深度学习。

4. 态度责任：愿意倾听、乐于表达、分享信息，有对生物遗传变异现象探究的兴趣，同时在活动中愿意与同学合作，能以事实为依据，调整自己的想法。

四、教学重点

1. 学生能描述和比较出动、植物亲代与子代间性状上的相似与差异之处。

2. 学生在活动中知道生物普遍存在遗传和变异的特征。

五、教学难点

找寻证据证实动、植物亲代与子代间存在相似与差异，即遗传变异现象。

六、教学过程

（一）问题导入，揭示主题

谈话：俗话说“种瓜得瓜，种豆得豆”，怎么理解这句话？

学生举实例说明植物亲代与子代间存在相似与差异。

谈话：植物亲代与子代间性状存在相似与差异，是否符合这种说法，需要进行验证。

谈话：今天我们就“从种瓜得瓜说起”。（出示课题）

【设计意图】问题导入，直接揭示主题，驱动学生快速进入学习状态。

（二）探究植物亲代子代间相似与差异

提问：验证需要观察的植物，从哪些方面观察植物亲代与子代的性状？

学生回答：花、果实、种子、根、茎、叶等。

出示图片，提问：老师准备了植物的果实，柚子、葡萄柚、橙子，这三种水果是亲代与子代的关系，你猜猜谁是亲代，谁是子代，简单说下理由？

学生自由猜测，简述理由。

提问：同学们的猜测需要实际观察验证，对于水果可以从哪些方面进行观察验证？

1. 小组合作探究验证柚子、橙子、葡萄柚间的关系

（1）出示学习单、评价表。

表1　学习单

从种瓜得瓜说起（　　）组

一、探究柚子、橙子和葡萄柚之间的关系（记录可以图文并茂）

你的猜测：亲代（　　）和（　　）、子代（　　）

项目	名称		
	柚子	橙子	葡萄柚
完整果实大小			
完整果实形状			
果皮样子			
果实气味			

（2）课后上交学习单进行评分。

（3）出示实验要求。

（4）小组分享探究结果。

2. 视频揭晓答案

小结：植物亲代子代间存在性状相似与差异，即遗传变异现象。

【设计意图】带着猜测进行探究，驱动学生学习，在观察、对比、分析时学生的专注度更高，发现的性状更全面，证实也更加有力度。

（三）探究动物亲代子代间相似与差异

提问：植物、人有遗传变异现象，动物是否也有这种现象？

学生猜测：动物可能也有遗传变异现象。

出示图片，请你找出猫亲代与子代间性状相似与差异之处。

提问：图中的猫除了亲代与子代间存在相似与差异，还有哪方面也有性状相似与差异？

学生回答：子代间也存在相似与差异。

小结：植物、动物、人亲代与子代、子代与子代间存在相似与差异的遗传变异现象，这是生物的基本特征之一。

【设计意图】由学生已知的植物、人的亲代与子代性状关系引发学生对动物亲代子代间性状的思考，驱动学生积极观察，知道遗传变异是生物的基本特征之一。

（四）课后探究

谈话：人们在发现生物的遗传变异现象后加以应用，根据人们的需要培育出优良品种。比如，柑橘家族其他成员，有自然杂交也有人工培育。同学们课下完成组内评价表，课后可以继续探究动、植物遗传变异现象的事例。分享形式可用PPT、表格分析等，分享加入积分，作为评奖依据。

学生课后探究分享。

附：板书设计

从种瓜得瓜说起

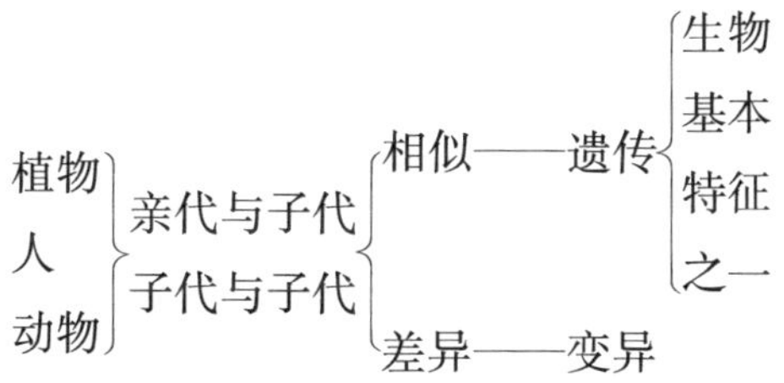

Scratch游戏制作——勇闯白虎岭

北京市昌平第二实验小学　柳静涵

一、年级学科

四年级　信息科技

二、背景分析

（一）学情分析

本单元的授课对象为五年级学生，通过之前的学习，学生已经具备了一定的计算机操作能力，有较好的自主学习能力和理解能力，能够在教师的引导下进行思考和效果想象。通过课前访谈和对之前课堂教学的观察，绝大部分学生对编程学习，特别是游戏编程学习兴趣强烈，教师应合理引导学生的兴趣，提高学生的学习效果。

五年级学生在四年级开始进行编程的初步学习，通过之前的学习，学生对于Scratch编程有了一定的操作能力，能够顺利完成添加角色背景、简单运动等基础操作，有坐标的概念，能使用广播命令实现效果，以及能够实现简单的循环结构。但之前大部分学习任务针对性较强，学生对命令的综合应用能力相对欠缺，需要教师进行提示启发，使学生的操作效率逐步提高。另外，随着编程教学的深入，任务难度逐渐加大，学生之间思维逻辑上的差异开始显现，同时由于每周课时较少，学生对于编程接触的时间也较短，大部分学生操作的熟练程度一般，此时需要教师控制任务难度和任务量并充分考虑分层教学需求，注意学习任务的分层设计。有个别同学在课余时间进行过编程软件的学习，有较好的编程基础，在课堂教学过程中教师应当鼓励这类学生发挥正面的引领作用，帮助周围同学进行学习。

此外，我校围绕《西游记》进行了综合实践活动课程的构建，全学科开展《西游记》探究学习。通过全校共读活动，学生在语文老师的带领下对《西游记》进行了深入细致的阅读，对该著作内容熟悉，为本单元的情境搭建提供了条件。对于学生来说，围绕西游故事设计程序，开发相关游戏，使学习情境和学习任务真实且贴近校园生活，从而有处于提高学生的学习兴趣和创作兴趣。

（二）教学内容分析

本单元是在教材内容的基础上自主创设的学习单元，单元整体共三课时，以《西游记》主题的小游戏为教学载体，在与学校阅读课程相链接的同时，激发学生的学习积极性，增强学生的学习动力，促进学生快乐学习。学生的学习目标是学习并创作完成“勇闯白虎岭”游戏，同时学习和应用部分侦测和逻辑运算命令，并初步形成编创游戏的思路。

通过第一课时的学习，学生创作完成了一个简单的角色控制的小游戏，玩家通过键盘控制唐僧角色按规定路线行走，顺利到达终点即为胜利，走出线路即为失败，在判断角色是否走出路线的过程中，学习“颜色侦测”命令。第二课时的教学内容为游戏升级，学生在第一课时成果的基础上，为游戏增加障碍角色，让游戏更有挑战性。在游戏升级的过程中，通过分析目标效果，以需求为导向，推动学生找到并理解、应用“碰到……”命令和“或”命令，锻炼学生的逻辑分析能力和自主探究能力。第三课时的学习任务为创作完成一个以“帮助八戒去花果山寻回被唐僧赶走的孙悟空”为情境的游戏关卡，在复习第二课时命令学习的基础上，类比学习“且”命令。

本节课是单元的第二课时，其中涉及的“或”命令是学生第一次进行逻辑连接命令的学习。相较于“且”命令和“不成立”命令，“或”命令与自然语言间的差距更小，更加贴近学生生活，更易于学生理解，因此选择把该命令作为第一个逻辑连接命令进行教学，为学生后续学习“且”和“不成立”命令，以及多个逻辑连接命令同时使用建立更好的基础。

三、教学目标

1. 复习侦测命令中的颜色侦测命令，学习并使用角色侦测命令；使学生能够理解“或”命令的使用逻辑，并能根据需要合理应用该命令进行程序搭建。

2. 引导学生根据目标效果，提取信息，寻找合适的命令搭建程序，锻炼学生的逻辑分析能力和自主探究能力，培养学生的信息素养和计算思维能力。

3. 通过本课的学习和操作，绝大部分学生能够完成完整的“勇闯白虎岭”游戏，并初步体会游戏升级的思路和步骤。

四、教学重点

1. 对逻辑连接命令中的“或”命令和侦测命令中的角色侦测命令的理解和使用。

2. 对游戏效果的分析和程序搭建过程的梳理。

五、教学难点

1. “或”命令的使用条件。

2. 根据需要综合运用已经掌握的命令。

六、教学过程

（一）情景导入

1. 提问

上节课我们制作了一个什么样的小游戏？规则是什么？

2. 师生问答，情境创设

（1）取经路上唐僧会遇到很多困难，除了路线要正确，还有什么在阻碍着他？

（2）定睛一看，原来此山名为白虎岭。这里是谁的地盘？

（3）白骨精轻易让唐僧走过自己的地盘了吗？她怎么拦路了？

（二）游戏搭建

1. 梳理障碍角色程序

提问：新添加了什么需要编写脚本的角色？它们是如何运动的？如何搭建程序实现？

引导学生进一步观察三个角色的差异性。

提问：仔细观察，少女和老翁的运动有什么不同？靠什么命令实现？

提问：哪个障碍容易过，哪个比较困难？

提炼要点：游戏中设置障碍的难度应该是循序渐进的。

2. 出示复习任务

请根据《西游记》故事情节选择你喜欢的角色素材，添加进入游戏，使它成为合理运动的障碍角色，搭建好程序后注意进行调试。

3. 梳理规则程序

提问：增加了什么规则？

提问：上节课我们是如何判断唐僧走出路线的？

提出问题：如何判断碰到其他角色？

4. 出示探究任务

根据你的猜想，探究尝试应用命令，补充完整的游戏规则，实现游戏效果。

【设计意图】鼓励学生大胆尝试，积极寻求有效的解决方法；培养学生的探究能力和知识应用能力，落实学生的课堂主体地位。

5. 展示学生作品

展示使用多个判断实现效果的学生作品。

6. 梳理规则语句

（1）PPT出示多句话描述的规则语句：

唐僧如果走出路线，那么游戏失败

唐僧如果碰到少女，那么游戏失败

唐僧如果碰到老妇，那么游戏失败

唐僧如果碰到老翁，那么游戏失败

（2）教师引导分析，归纳判断内容的共同点：同一个判断对象；同一个判断结果。

（3）出示优化版规则表达：如果唐僧走出路线或者碰到少女或者碰到老妇或者碰到老翁，那么游戏失败。

（4）类比连接词“或者”，介绍新命令“或”。

（三）应用练习

1. 出示课堂作业

（1）请你试一试用“或”命令将判断语句进行合并，实现游戏效果。

（2）完成的同学可以打开桌面的“拓展作业”文件夹，观看优化版游戏效果，并运用你学过的知识尝试实现优化效果。（优化游戏效果：唐僧成功避开人物后，人物变成白骨）

2. 学生作品展示

（1）展示使用“或”命令的程序脚本。

（2）展示实现游戏优化效果的学生作品。

3. 学生互评

（四）课堂总结

1. 复习提问

（1）判断两个角色碰没碰到的方法。

（2）“或”命令的使用条件。

教师引导梳理，PPT出示总结：当判断对象和判断结果都相同，且多个判断内容只用满足一个时，可以使用“或”命令将判断内容进行连接。

2. 教师梳理本课内容，并为下节课学习进行铺垫

有趣的密码学

北京市昌平第二实验小学　章静

一、年级学科

四年级　信息科技

二、单元指导思想与理论依据

进入信息时代后，数据的内涵和外延开始扩大，数据不再等同于“数字”或者“数值”，文本、图像、音频、视频等都被纳入了数据的范畴。《数字与编码》这部分内容主要围绕数据及数据编码相关知识进行组织的，旨在帮助学生认识数据在信息社会中的重要作用，理解编码的目的及其在保持社会秩序中的作用，知道编码可以建立数据之间的内在联系，能够让信息得以有效利用。同时了解数字化的优势和编码作为信息的表达，连通现实世界与虚拟世界，让虚拟世界中相互分散的数据变成一个有机的整体。《数据与编码》这部分内容对培养学生的核心素养，尤其是发展学生的计算思维起着重要作用。

三、单元教学背景分析

信息社会每时每刻都产生着大量的数据，《数字与编码》这部分一方面可以帮助学生认识数据在信息社会中的重要价值，帮助学生认识编码作为唯一标识的目的，理解编码的作用及其意义，理解数据编码是保持信息社会组织与秩序的基础学科。另一方面，让学生通过编码建立数据之间的内在联系，并通过小游戏的方式了解编码的规则，理解编码和解码的步骤，了解编码在计算机的管理下给生活带来的便捷，知道信息安全的重要性，增强信息安全意识。依据新课标，《数据与编码》单元大致设计了以下内容，第一课时：认识生活中的编码。第二课时：制作二维码。第三课时：初步认识摩斯密码。第四课时：用硬件实现莫尔斯电码。

学情分析：四年级学生对于编码已有所接触，在第一学期数学教学中探究过身份证的编码规则，但很少与计算机编码及其目的进行关联思考。四年级学生主要以形象思维为主，愿意在动手实践或者真实体验中学习，而且编码这部分知识比较枯燥，所以不能采用简单的知识灌输式学习，在设计教学活动中，可以设计一些有趣的活动，在体验的过程中解决问题，学习新知。

四、单元教学目标

1. 通过体验和认识典型的信息科技应用场景，感受身边无所不在的数据，可以使用数字、字母或文字表示信息。

2. 结合真实情境，了解编码在生活中的应用，认识数据编码的目的，理解数据编码是保持信息社会组织与秩序的科学基础。

3. 通过观察身边的真实案例，知道如何使用编码建立数据间的内在联系，以便计算机的识别和管理，了解编码长度与所包含信息量之间的关系。

4. 通过分析生活中的具体应用，了解数字化表示信息的优势，体验信息存储和传输过程中所必需的编码和解码步骤，初步理解数据校验的目的和意义。

5. 通过真实案例了解数据安全的因素，认识自主可接技术对数据安全的影响，在学习和生活中有意识地保护数据，并遵守相关的法律法规。

6. 在对简单问题的分析过程中，使用数字化工具组织并实现收集的数据，借助可视化方式表示数据之间的关系以支持自己的观点。

7. 在学习与生活中，能用数据记录并描述规律间发生的事件，简单地表达自己的想法或预测结果。

五、教学目标、教学重点和教学难点

（一）教学目标

1. 通过“嘀、嗒、停”的方式运用莫尔斯电码规则进行简单编码。

2. 使用发光二极管、面包板搭建一个简单的信号发射工具。

3. 运用编程的方式，控制发光二极管正确传递摩斯密码。

（二）教学重点

体会信息按照规则进行编码的过程，并动手实践莫尔斯电码的编码、传递、解码过程。

（三）教学难点

理解程序控制发光二极管连续发出信号的方法。

六、教学过程

（一）游戏导入，引入新课

今天，我们来到了一个新的领域：密码王国，在密码王国里，有很多我们的密码朋友，比如像波雷费密码、四方密码、三分密码、ADFGVX密码、仿射密码等，而今天接待也是我们的老朋友莫尔斯电码。

【设计意图】通过趣味导入，揭示本节课的教学内容，创设情景，激发学生的学习兴趣。

（二）巩固旧知，学习新知

通过上节课的学习，我们一起了解了莫尔斯电码，知道了莫尔斯电码的组成和表示方式，请同学们回忆一下，莫尔斯电码主要有哪几种代码?

预设：表示短促的点信号“·”，读“滴”，保持一定时间的长信号“—”，读“嗒”。

【设计意图】巩固已学习过的知识，为新知识打基础。

（三）尝试编写莫尔斯电码“SOS”

刚刚来到密码王国就出现了一个问题，我们的老朋友莫尔斯电码被困在山洞里了，洞里非常黑，伸手不见五指，他在向我们求救。你们想一想，有没有什么办法可以帮到他?我们可不可以利用之前学习过的知识来帮助他呢?

预设：因为洞里很黑，所以我们可以使用亮的东西，比如发光二极管，它可以发光。

你们真是太聪明了，想到了这么好的办法，发光二极管可以在黑暗的环境中被我们看到，并且我们可以利用上节课学习的单片机的知识来实现发光二极管的亮灭，比如同学们提到的“SOS”，就可以达到传递信息的效果，首先我们要完成电路连接和程序编写的过程。

1. 连接电路

需提示学生注意：

（1）电阻要连在AVCC上。

（2）发光二极管要对应数字针脚，方便编程，如果要完成一个完整的电路，我们还要注意正负极，发光二极管的长针脚需要连接在正极上，短针脚需要连接在负极上，否则会造成短路。

2. 编写代码

（1）分析如何编写字母S的代码。

S在莫尔斯电码里的表示方式是三个点信号，读作：“滴 滴 滴”，如果用发光二极管该如何来表示?在单片机中，又如何实现一亮一灭的效果呢?

预设：一亮一灭，重复执行三次，延迟不要太长，低电平灯亮，高电平灯灭。

知识扩展：在单片机编程中，我们在区分长短信号时，只要长信号比短信号长就可以了，也就是延迟可以设置得长一些，可以是2倍也可以是3倍。

（2）学生上台尝试编写。

教师注意提示学生需要选择板卡和串口。

（3）学生独立完成SOS的代码编写。

3. 检验程序

通过灯的亮灭发现问题、解决问题。

【设计意图】通过动手实践，完成利用单片机实现莫尔斯电码的过程，让学生获得成就感。

（四）知识拓展

在我们成功帮助莫尔斯电码脱险之后，他为了感谢你们，有礼物送给你们，但是他不知道你们喜欢什么，需要你们用莫尔斯电码的方式告诉他，现在，请你们以小组为单位，把你们想要的礼物通过名称告诉国王吧！

课堂作业：小组尝试编写礼物名称。

课堂活动：你编我猜小游戏。

展示小组通过发光二极管的亮。灭以及停顿进行编码的过程，灯的亮灭表示一样物品，并将发光二极管的亮灯情况通过投影展示出来，同学需要仔细观察灯光的闪烁，以及停顿时间的长短来判断物品是什么，猜对的同学可以为自己的小组加分，最后评价出优秀小组。

【设计意图】通过小游戏的方式，用莫尔斯电码编写单词，增加了本课的趣味性，孩子们的积极性很高，他们喜欢动手去创作，也喜欢去猜猜看，在玩中学，既巩固了本节课所学的知识，又在此基础上对所学知识进行了应用和实践。

探索密码的奥秘

北京市昌平第二实验小学　邵宇翔

一、年级学科

五年级　信息科技

二、背景分析

本课选自北京版教材第三册第十四课《猜数游戏》。教材内容的主要活动是A同学从1到100中选出一个整数，B同学猜数字，A同学给予提示，直到B同学猜出正确的数字结束。本课主要操作问题有两个：一个是“询问”，另一个是“变量”。“询问”是图形化编程中的一个常见指令，是实现“人机互动”的主要途径。创设什么样的情境去引导学生认识这一问题呢？我将猜数游戏和生活中处处都需要输入的密码联系了起来：密码输入正确则进入系统，密码输入不正确则提示错误。让学生通过制作这一程序，了解计算机的运算模式，探索密码的奥秘，最终达到理解人机互动，并进一步将“询问”指令内化的目的。

本课的教学对象为五年级学生，他们具备了初步的编程基础，学习了顺序、分支、循环三种程序结构，会使用“侦测”模块，了解“逻辑运算”，以及能够调用不同的触发程序指令，和使用基础指令实现角色的“移动位置、变换造型”等基础操作。同时学生在生活中也有很多需要输入密码登录的APP、输入密码打开手机等经历，这为本节课学生融入学习情境打下了很好的基础。但是对怎么实现询问，并根据输入的结果、进行人机互动尝试解决问题学生还不是很了解，需要教师引导完成。

三、教学目标

1. 经历发现问题、分析问题、解决问题的过程，培养学生解决问题的能力。

2. 掌握“询问并等待”指令的用法，了解人机互动。

3. 增强学生的信息安全意识，培养信息社会责任。

四、教学重点

经历发现问题、分析问题、解决问题的过程，培养学生解决问题的能力。

五、教学难点

掌握“询问并等待”指令的用法，了解人机互动。

六、教学过程

（一）激趣导入

教师提出问题：我们生活在一个数字化的世界里，经常会遇到输入密码的情况。在生活中，你都遇到过哪些情况需要输入密码？

学生回答后，教师引导学生尝试：老师这里有一个程序，也是输入密码才能登录。谁愿意来试一试？学生尝试，输入密码会提示密码正确或错误，密码正确则进入系统，密码错误则提示错误。

教师顺势引出课题：这节课，我们就来探究“密码的奥秘”，制作一个你自己的密码小程序。

【设计意图】通过说一说，试一试活动，引发学生对身边问题的思考，培养学生发现问题的能力，同时让课堂成为生活的延伸，体现课标中“让课堂贴近真实生活体验”的指导思想。

（二）发现问题

教师引导学生描述问题：同学们，我们要解决一个问题，先要弄清楚这个问题是什么。刚才我们尝试密码的过程都发生了什么呢，谁能描述一下？

预设：提示输入密码——判断密码是否正确——正确则进入程序，错误则提示输入错误，重新输入。

学生描述整体程序的完整过程后，教师引导学生分析程序构成，并梳理结果，列出本节课需要解决的问题。

（1）提示输入密码。

（2）判断密码是否正确。

（3）进入程序。

（4）提示密码错误。

【设计意图】教师引导学生分析问题，搭建解决问题的支架，培养学生的计算思维。

（三）问题解决

教师布置本节课任务一：抽取问题，尝试解决。组长到讲台上抽取本节课四个问题之一，之后组内讨论抽到的问题，并尝试找到解决问题需要的模块指令。

小组展示：每个小组进行演示汇报，说出小组解决的是哪个问题，怎么解决的，教师适时小结并讲解“询问”指令的使用方法。

教师布置本节课任务二：根据刚才的汇报，每个小组进行自主探究开始编写完整程序。

教师展示学生设计的程序作品并给予鼓励。

教师演示学生操作中出现的共性问题并提问：同样是能在屏幕上输出一句话，“询问”指令和“对话”指令有什么区别，为什么输入密码要用“询问”指令呢？

预设：“询问”指令在输入回答后可以将回答内容进行程序间的逻辑关联，而“对话”指令则是只有显示输入这句话的功能。

教师进行演示并引导，使学生理解当“询问”指令搭配“选择结构”使用时，程序就具有了判断功能，从而实现了人与计算机的互动。

（四）问题思考

教师进行情境创设并提问：假如你刚才在程序中设置的密码就是你家门锁的密码，你觉得安全吗？

预设：不安全，因为刚才为了方便就设置了几个特别简单还有规律的数字。

教师追问：那假如现在让你重新设置一个密码，你觉得怎样设置才安全。

预设：假如是纯数字密码。那就选择没有规律只有自己能记住的几个数字，如果是全键盘的密码，则可以通过特殊符号、大小写字母切换进行设置，提升密码的安全等级。

【设计意图】通过简单的情境创设，使学生认识到密码的重要性，提升学生的信息安全意识。

教师小结并引出我国颁布的《中华人民共和国密码法》：密码是通往个人隐私的钥匙，公民密码依法受法律保护，再次使学生认识到密码安全的重要性。

（五）总结提升

教师请学生说出本节课的收获。

预设：本节课学习并掌握了“询问”指令的方法，并了解了人机互动的原理，同时也感受到了密码安全的重要。

教师总结“询问”指令的主要使用场景，并再次点明要加强生活中密码的安全管理。

分治算法

北京市昌平第二实验小学　焦振洲

一、年级学科

五年级　信息科技

二、背景分析

（一）政策背景

本单元依据《义务教育信息科技课程标准（2022 年版）》中第三学段（5—6 年级）《身边的算法》教学模块设计制定。主要教学目的是希望学生通过本模块的学习，能够初步形成运用算法思维思考问题的意识和习惯，初步实践形成设计与分析简单算法的能力。

本课设计者认为小学阶段学习算法，主要是学习算法的几种思想，例如：穷举思想、分治思想、递推思想、递归思想、贪心思想、动态规划思想、回溯思想等。本单元依据课程标准中对于算法模块的内容划分，将“分治思想”分为“初步认识、算法的描述、算法的执行、算法的效率”四部分内容进行学习。

本单元是学习完穷举思想之后的内容，是对穷举法的进一步思考和提升，相比于“穷举法”，“分治算法”除了凸显计算机速度优势之外，更具有算法巧妙的韵味，能够将学生计算思维的认识水平提升到一个新的高度。

（二）教学内容分析及课时分配

1. 分治算法——初步认识。1 课时，通过大量活动体验、学习分治算法的定义和“分而治之”的基本思想，从整体印象上认识分治算法。

2. 分治算法——算法的描述。1 课时，学习使用流程图描述分治算法，从抽象思维角度理解分治算法的实现方法，能够读懂分治算法的程序，并将程序转化成流程图表示。

3. 分治算法——算法的执行。1 课时，学习、体会简单分治算法实例的编程实现。

4. 分治算法——算法的效率。1课时，尝试分析分治算法的效率问题，将分治算法与穷举算法相比较，在规模相同的情况下比较两者效率的高低。

（三）学生情况分析

1. 该班学生学习习惯良好，有强烈的学习欲望，可以采用小组合作的模式设计课堂活动。

2. 学生愿意思考，思维活跃，平日里发言积极，思路开阔。

3. 抽象思维能力比较平均，但对于流程图的理解不熟练，需要低起步、小台阶、慢理解。

4. 学生编程基础较好，但是不具备独立设计程序解决问题的能力。

三、教学目标

1. 了解科技的最新发展现状，培养学生的民族自豪感。

2. 借助学习与生活中的实例，体验身边的分治算法思想。

3. 识别出哪些流程图表示的是分治算法。

4. 运用分治算法思想解决简单的实际问题。

5. 了解生活中分治算法的实例，体会分治算法对于生活的影响和指导意义。

四、教学重点

理解什么是分治算法？

五、教学难点

如何用分治思想解决问题？

六、教学过程

（一）激趣导入

观看：《1—1 人工智能机器人的普及》

视频的启示：人工智能已经向着民用化、普及化方向发展，将来会大大降低生产成本，节省劳动力，提高生产效率。人工智能的三大支柱：数据、算法、算力。当人工智能的搭建成为玩具级别的应用时，进行简单的算法编程将成为人的一种基本素质。所以，本节课继续新的算法——分治算法。（板书）

【设计意图】开阔视野，吸引学生的注意力。

（二）理解分治算法

1. 体验“一分为二”，初步体会分治算法

活动设计：找一个同学到黑板上任意画一个物品，“男队”和“女队”轮流向老师提问，老师只会用“是”或者“不是”回答，同学们竞猜这个物品是什么，可以抢答，抢答正确+5分，错误-5分。

根据上述规则开展体验活动，3分钟为限，如果猜中，进行后续学习活动，如果猜不中，暂停，进行后续学习活动。

抽象模型：要求孩子根据自己的体验，从学习资料中挑选出符合刚才活动过程的流程图，并讲给全班听。怎么保证发言的正确性呢？小组内投票决定用哪张流程图进行表达，要形成统一的观点和想法。选人方法：随机抽取，用5积分可以换1人。评价：讲解队伍+10分；另外一支队伍补充，补充1点+3分。

本环节流程图如下：

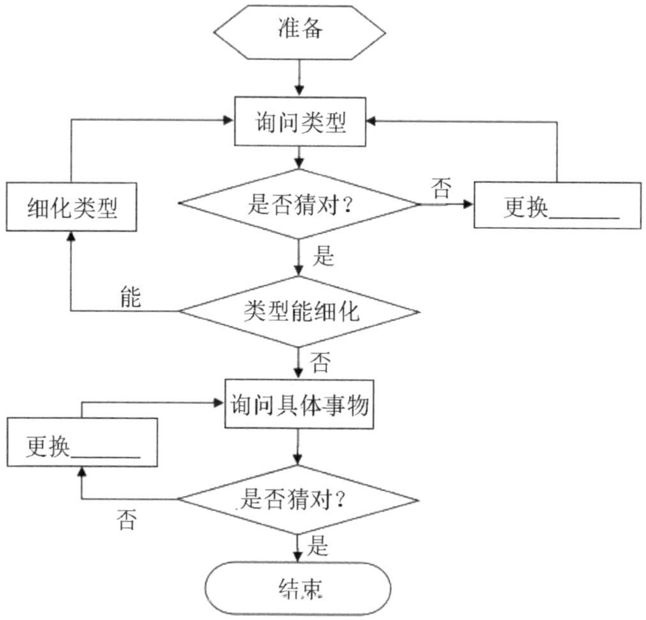

对比分析流程图如下：

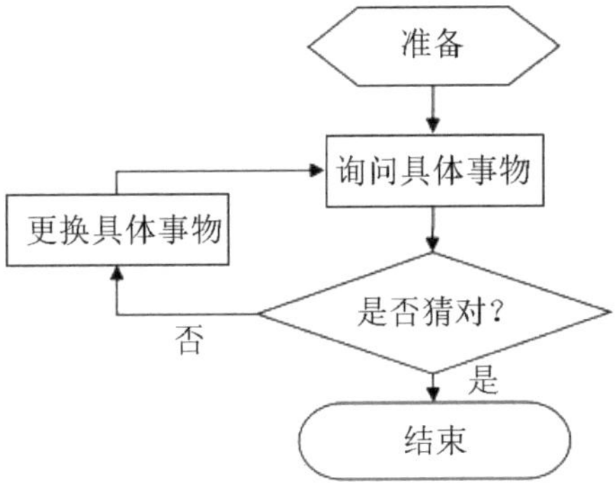

教师总结：这个活动我们可以这样理解：一个未知的事物，可以是世界上任何事物，我们通过大类型的筛选可以将世界一分为二地细化，每次细化都能去除一大部分未知，直到缩小范围至可以进行“枚举猜测”的有限集合——一分为二的分治思想。

再来一轮竞猜，或者继续竞猜。

【设计意图】体会一分为二的判断方法，练习阅读流程图，理解流程图表达的含义。

2. 运用“一分为二”的思想，解决问题

活动设计：小明拥有16枚硬币，其中一枚为假币，已知假币比真币轻。请设计一个方案，用最少的步骤找到这枚假币。

小组内讨论，可结合流程图说明解决办法。

本环节出现的流程图 1：一分为二

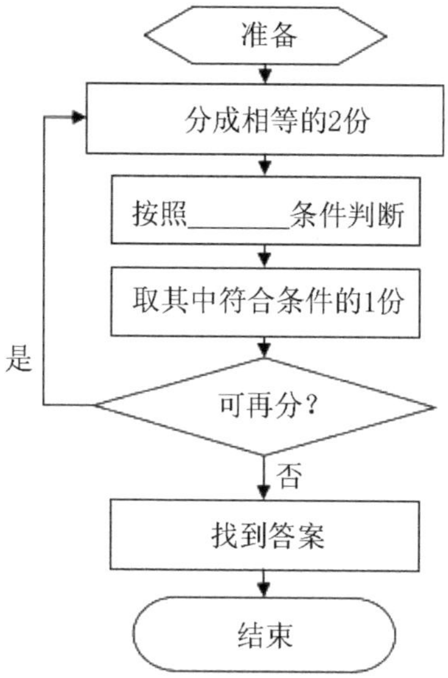

本环节出现的流程图 2：一分为多

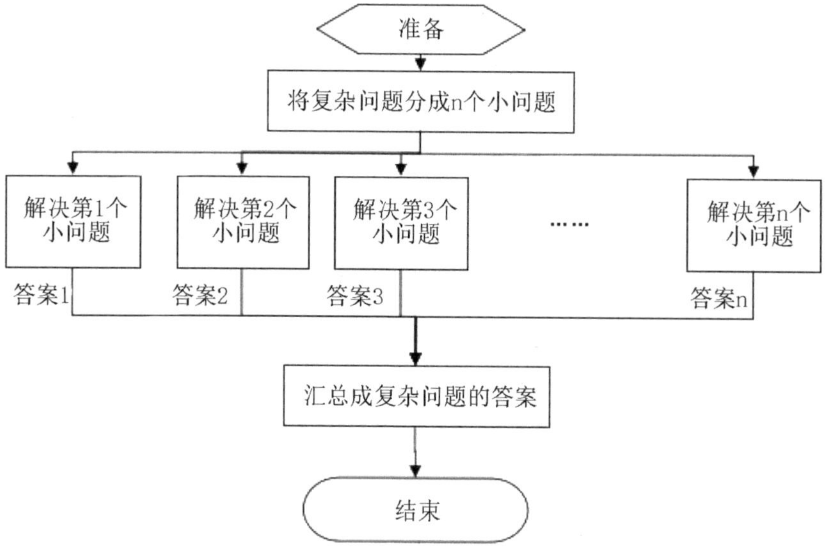

抽象模型：小组内投票决定用哪张流程图进行表达，要形成统计的观点和想法。随机点名发言，说出组内讨论结果，可以用5分换一次人。发言+10分，另一组提出质疑，质疑成功一次+3分。

教师总结：我们刚才体验的假币问题，是典型分治算法处理的问题。与此类似的还有折半查找数字、折半查找汉字等。

预设：刚才的活动中用到了一分为多的方法。一分为多的分治算法更能提高对复杂问题的处理，例如刚才XXX同学的发言。让我们为他鼓掌，我为拥有这样思维的同学感到自豪。

预设：如果刚才活动中没有一分为多的方法。研究完一分为二的分治算法，我没有一分为多的分治算法呢？请同学们跟随老师继续挑战下一个问题。

3. 体验“一分为多”的分治算法，创造性解决问题

寻找301—325之间的质数。什么是质数？质数是指在大于1的自然数中，除了1和它本身以外不再有其他数整除的自然数。例如：2、3、5、7、11、13、17……

质数的用途：例1：像两个并排的风扇如一个是37片叶片，一个是41片叶片，不一样的质数，他们之间不容易产生共振、噪声，能量利用率高。例2：齿轮通常优先使用的齿数为质数，都是为了保证两个齿轮齿数的最大公约数是1，这样每两个齿轮的任何齿牙之间都有机会啮合因为硬度、加工误差、材料质量等原因造成不同齿牙有细微差别，这样能使齿轮在工作中磨损得更加均匀，减少震动，延长使用寿命。例3：编程最常见的两个质数应用场景：加密、哈希。

请小组设计一个方案，寻找301、302、303、304、305、306、307、308、309、310、311、312、313、314、315、316、317、318、319、320、321、322、323、324、325之间的质数。要求用思维导图说明解决办法。教师提供一个程序，程序功能是验证任意一个大于2的自然是“质数”还是“合数”。教师演示程序使用方法。

小组讨论尝试5分钟。摇号交流汇报。

【设计意图】让学生通过思维导图资料，尝试理解一分为二的分治算法，要先分、再求解、再合并这一流程，并利用这一思想和提供的学习资源，解决寻找质数的问题。

（三）生活中常见分治思想的应用

故事发生在20世纪80年代，浙江一所中学的图书馆要搬迁，面临着搬书问题。一个老师灵机一动，要求每个同学在暑假放假前必须借10本书，利用暑假的时候写不少于5篇读书心得体会，开学的时候交作业，同时把书还到图书馆新址。

（四）课堂小结

分治算法——分而治之，将规模大的问题分解成规模小的问题进行解决，将每个小问题的结果再进行汇总与归并，最终得到复杂问题的解决办法。

九 宫 格

北京市昌平第二实验小学　郝跃辉

一、年级学科

五年级　信息科技

二、背景分析

本节课内容为北京版教材第三册第三单元《程序设计小能手》。本课以设计九宫格为主要内容，通过教师的引导，让学生在研讨、分析、归纳总结的基础上，完成九宫格的程序设计，设计过程能够锻炼学生的计算思维，以及提高学生的逻辑运算、控制模块等多方面的能力，让学生在学习过程中养成良好的信息技术素养。安排课时：1课时。

我校四年级开始开设信息技术课，五年级学生已经有了一定的Scratch编程基础。本节课的教学内容涉及基础外观模块、声音模块、事件和控制模块，重点内容为：数字和逻辑运算模块和数据模块，通过数据模块中的新建变量，完成九宫格数学游戏的程序设计。为了更好地突出以学生为主体，让学生在学习中学会思考、学会与同伴交流互动，本课主要采用“简说多做”的原则，充分发挥学生的学习能动性，并借助学生间的同伴互助，让学生在学习过程中不仅学到知识与技能，培养学生的互助协作能力，还能让学生在学习中获得成就感，收获成功的喜悦，激发学生的学习兴趣。

三、教学目标

1. 知识与技能：建立变量的概念，学会创建变量并利用变量设置程序命令参数；运用数字和逻辑运算模块，学会设备程序的运算及逻辑关系。

2. 过程与方法：通过启发、引导学生自主学习，生生间研讨、分析、归纳提升学生解决问题的能力，并利用信息技术完成简单程序设计。

3. 情感态度及价值观：在学习程序设计中提高学生的学习兴趣和学习积极性。正确感知玩游戏和设计游戏的区别，培养学生的综合信息素养。

四、教学重点

1. 理清九宫格游戏规则，运用数字和逻辑运算模块合理配置条件。

2. 利用控制模块、数字和逻辑运算模块完成九宫格程序搭建。

五、教学难点

利用控制模块、数字和逻辑运算模块完成九宫格程序搭建。

六、教学过程

（一）导入

九宫格最早叫“洛书”，现在也叫“幻方”，又名为九宫图，源于我国古代，有 9 个空位，称之为宫，以线段连接，也叫“九宫格”。九宫格游戏在锻炼人们思维能力方面发挥有着极大的作用，从古时起人们便意识到九宫的教育意义。

1	2	3
4	5	6
7	8	9

图 1　九宫格

游戏规则：横、竖、斜线三数之和均等于 15，1—9 九个数字不能重复。

【设计意图】引导学生观察、思考，建立数组意识，为下面的游戏规则编程起到铺垫作用。

（二）学习分析

1. 九宫格数字分组

如何将九宫格中的数字进行分组？分为几个组？（可以按编号进行分组）

相邻两个同学为一组合作学习。（横、竖、斜线进行分组，共有 8 个组，编号：123、456、789、147、258、369、159、357）

2. 选择程序模块

如何通过 Scratch 程序完成九宫格相邻 3 个数的求和等于 15，我们应该用哪个模块完成？

学生通过小组交流和实际操作找到运算和逻辑运算模块，并完成 3 个数的程序搭建。

【设计意图】理清九宫格游戏规则，为设置计算程序打基础。让学生通过小组合作学习，提高学习能力。

（三）质疑

当3个数字均为5时，它们的和也是15，如何避免数字重复？

学生通过交流发现解决问题的方法，通过“比较”＋“条件为真”逻辑运算模块，实现数字不重复。

如何将3数之和＋数字不重复两个脚本进行同步运算？用到哪个模块的什么脚本？

学生通过小组交流、研讨、观察找到相对应的模块，完成计算过程。

【设计意图】利用学生研讨学习的方式，通过相互交流，训练学生的逻辑思维和计算思维。

（四）整合

如果将九宫格的游戏规则进行整合，使程序完整有效。（3个数相加之和等于15且3个数字均不重复！如果……那么……否则程序）

学生学会通过控制模块＋数字和逻辑运算模块进行整合实现。

【设计意图】通过九宫格程序的搭建，发展学生的逻辑思维和计算思维，培养学生程序整体搭建的能力。

（四）实际操作

用刚刚同学们梳理总结出来的方法完成九宫格游戏的终极程序。学生进行实际操作，完成九宫格游戏的整体搭建。

【设计意图】训练学生的编程技能，提高学习效率，巩固计算思维。

（五）展示评价

教师选择 1－2 名同学的作品进行展示，同时对作品进行评价，师评、生评。

【设计意图】通过多种评价方式，训练学生整理、归纳、总结信息的能力。

智能机器人——环游城市

北京市昌平第二实验小学　王婧

一、年级学科

六年级　信息科技

二、背景分析

随着现代科技的快速发展，智能车在各个领域的应用越来越广泛。本课程的授课对象是六年级学生，他们已经具备了一些基本编程能力以及传感器的基础知识，在学习过程中，让学生更加深入地学习用编程的方式控制智能硬件，通过使用语音播报和避障模块完成环游城市的任务。通过实践操作，培养学生综合运用多种技术的能力，以及让学生在完成任务的过程中提高其解决问题能力和发展创新思维。不同学生的基础和学习能力存在差异，需要教师进行个性化指导。

三、教学目标

了解喇叭的基本原理和避障传感器的种类，掌握语音播报模块和避障模块的使用方法。在完成任务的过程中学会编写流程图，实现智能车巡线过程中检测到障碍物、停车并播报语音。通过 Mixly 平台进行编程、熟悉智能硬件的功能，实现智能车环游城市任务。

初步培养学生的探索精神和计算思维，锻炼学生发现问题、解决问题的能力。让学生感受创客教育和学科融合，在动手实践的过程中培养其创新能力。

四、教学重点

掌握语音播报模块和避障模块的使用方法。

五、教学难点

通过学习掌握用编程的方式控制智能硬件，通过使用语音播报和避障模块完成环游城市任务。

六、教学过程

（一）智能语音

创设情境：播放机器人小Q智能语音对话视频。

抛出问题：视频中小Q是智能家庭生活机器人，它都具有哪些功能呢?

预设回答学生回答：播报天气、播放音乐和小说、通信等等。

抛出问题：当我们一个人在家无聊的时候，智能小Q可以陪我们聊天、玩耍，那么小Q能实现的所有功能都需要通过一个“嘴巴”来帮助他，这个“嘴巴”是什么?

预设回答学生回答：喇叭、语音播报。

抛出问题：想要赋予智能机器人嘴巴，让它能够与人类说话、交流，我们需要用到哪些元器件呢？请小组同学查找资料，列举出能够帮助机器人进行语音播报的元器件，并分析这些元器件的优缺点。

小组讨论，分享讨论的结果，并在黑板上罗列学生讨论的结果。

教师讲解：那么智能车能不能实现语音播报呢？答案是肯定的，还记得我们每次开机的时候，智能车都会播报“hello，你的智能车已启动”的语音吗，那是因为主控板中内置了喇叭。喇叭：又称扬声器，它是一种十分常用的电声换能器件，其作用是将电信号转换为声音。智能车中的喇叭镶嵌在单板电脑中。

（二）避障传感器

除了语音播报，我们还需要学习另外一种功能，请同学们观看视频，并根据视频查找资料，填写表格中的内容。（播放智能车迷宫比赛的视频）

观察智能车前后左右，会发现前方有一个像眼睛一样的传感器，叫做超声波传感器，左右两侧各有一组黑白元器件，叫做红外测距传感器，这两种传感器都可以用来检测是否存在障碍物。

1. 给出定义：超声波传感器的定义

超声波传感器是将超声波信号转换成电信号的一种传感器。通过观察我们可以看到，它的外观像两只眼睛，两只眼睛的内部连接着两个元器件，是超声波传感器工作的核心，这两只眼睛看似一模一样，但功能却截然相反，一只相当于嘴巴，用来发出超声波；另外一只相当于耳朵，接收超声波。

那么如何精确地测出距离呢？我们来举个例子，已知声音在空气中的速度是固定的，当超声波传感器发出声波后，声波遇到障碍物后会反射回来，这中间会产生一段时间差，通过对时间差的测量（距离等于时间×速度），即可算出超声波传感器和障碍物之间的距离。因此严格算起来，超声波属于数字量传感器而非模拟量传感器。

2. 给出定义：红外测距传感器的定义

红外测距传感器是一种传感装置，具有一对红外信号发射与接收管。首先，发射管发射红外光，当红外光照射到前方物体后会反射回来，接收管就负责接收前方物体的反射光。此时，传感器内部的信号处理器通过处理发射与接收的时间差数据，计算出物体的距离，以此判断前方是否有障碍物。

接收管接收的光的强弱随反射物体的距离而变化，距离近则反射光强，距离远则反射光弱，红外传感器根据反射光的强弱来判断物体的距离，检测范围0～30厘米。

3. 介绍更多传感器

除了超声波传感器和红外测距传感器，还有许多传感器具有避障功能。激光测距模块用于智能车的自主避障，用来检测周围存在的障碍物以及车与障碍物之间的距离，测量范围为0～60厘米。

（三）语音播报模块的使用

1. 认识语音播报模块

请小组成员利用智能车播报音频1号。

2. 讲解程序

每次执行该模块时，音频会从头开始播放，如果在主程序中使用该模块，需要在后面添加延时模块，或通过程序逻辑避免模块在短时间内重复执行。

现在请同学们分别播报1号音频、2号音频、3号音频，测试，每个音频对应的语音。

（四）避障模块的使用

布置任务：请学生利用“如果……”执行模块、逻辑连接模块、超声波测距模块、红外测距模块、设置电机转速模块、条件判断模块、数字模块。编写程序实现：如果左右两侧同时检测到双手，智能车开始前进；如果智能车前方10厘米内遇到障碍物，停止前进。注意：超声波测距模块的单位是厘米，红外测距模块无单位，以数值形式出现，需要学生自行测试。

第四章　体质与健康课程群

本部分以体育、心理为主阵地，重点关注学生身心健康，以体质提升、健康习惯、心理健康、安全急救等作为课程重点，激发学生运动的积极性和主动性，促进学生积极参加体育运动，养成健康生活方式，营造健康向上的校园环境，让学生在健康管理中成长，拥有一副好身体。

小足球——左右脚交替踩球

北京市昌平第二实验小学　路全水

一、年级学科

一年级　体育与健康

二、背景分析

本课选自北京版《体育与健康》一年级全一册。对于刚刚开始接触足球的一年级学生而言，足球基础一片空白，这个阶段培养学生对足球的认识和兴趣尤为重要，也是现阶段最重要的任务。根据一年级学生的身心特点，此时学生的认知水平和身体素质还达不到专门技术学习的要求，所以本年级的教学内容以足球的球性练习为主，通过游戏的形式使学生逐渐熟悉球性并从中体验足球带来的乐趣，打好入门基础。这是培养学生逐渐步入技术学习的关键，也是学生学会踢球的第一步。

三、教学目标

1. 通过球性练习，使学生初步对足球运动有感性认识。

2. 通过运动，发展学生的速度、灵敏度、协调性等身体素质，促进儿童正常的生长发育，增强心肺功能。

3. 培养学生对足球的兴趣，感受来自足球的乐趣，获得成功的体验，并在此过程中建立群体意识，培养团队合作精神。运用踩球、踩球换人等多种方法初步学习足球，了解球性，培养球感。

四、教学重点

脚用力大小的掌握程度。

五、教学难点

人球位置关系的合理调控。

六、教学过程

（一）开始部分（3 分钟）

（1）体育委员整队。

（2）师生问好。

（3）宣布本课内容、任务、要求。

（4）原地转法练习。

（5）队列练习。

（二）准备部分（5 分钟）

1. 徒手操

播放歌曲《青春修炼手册》。

2. 专项练习

（1）腕关节、踝关节绕环。

（2）膝关节绕环。

（3）原地高抬腿跑。

（4）体转运动。

（5）跳跃运动。

（三）基本部分（28 分钟）

教师讲解踩球的方法和注意事项：教师进行示范，传授技艺学踩球。学生认真听讲，用前脚掌踩球体会动作要领，学生左右脚交替慢踩球练习（蜻蜓点水）。（讲、练与评价结合）

【设计意图】为学生创设轻松的学习环境，以“哪吒学习踩风火轮”为例，将学生带入课堂中，感受踩球的快乐。

教师组织学生分组练习：学生进行练习，进一步掌握踩球的方法。教师巡视观察，及时纠正错误。（练与评价结合）

【设计意图】提高学生的学习兴趣，减少教师讲解的时间，降低学生间相互学习指导的难度，从而产生较好的学习效果。

挑战赛，突破难点。教师巡视观察，及时发现难点，从教法上进行突破。

（1）学生进行练习。

（2）连贯性左右脚交替踩球练习（对于踩球时间的把控）。

（3）优秀学生展示。

(4) 30秒集体踩球练习看手势练习。

(5) 连贯性左右脚交替踩球练习（对于人与球距离的把控）。

(6) 学生练习有节奏地踩（赛与评价结合）。

【设计意图】通过在呼啦圈里面放足球的形式提高学生的学习兴趣，有效减少教师讲解的时间，有利于突破教学难点，收获更好的教学效果，从而使学生能够更好地体会人、球位置的合理性，使学生更加熟练地进行踩球练习。

4. 分层教学

(1) 走动中听哨音练习。

(2) 2人交换踩球。

(3) 3人交换踩球（拓展练习与评价结合）。

5. 复习游戏：哪吒智慧大比拼（8分钟）

(1) 教师讲解游戏规则并组织学生分组练习，对学生进行安全教育。

(2) 学生认真听规则，明确跑的方向，有组织地进行游戏活动。

（四）结束部分（4分钟）

播放歌曲《荷塘月色》放松，学生听音乐进行放松活动。

教师对本课情况进行总结。

（五）教学评价标准

对于本堂课，教师从课堂纪律、课堂学习、比赛成绩三方面进行评价。我将采用评价板的方式进行量化，其中课堂学习是重点。根据课标要求我将课堂学习评价与游戏比赛相结合进行评价，分为优秀、良好、合格和待合格四项。评价标准如下：

优秀：踩球部位正确，动作连贯协调，能够连续进行30秒踩球45个以上。

良好：踩球部位较正确，动作较连贯协调，能够在30秒踩球30个以上。

合格：踩球部位基本正确，能够在30秒踩球15个以上。失误次数较多。

待合格：不能完成动作。

小足球——行进间单双脚踩球

北京市昌平第二实验小学　张杰伟

一、年级学科

一年级　体育与健康

二、背景分析

（一）教学内容分析

教材的性质与功能：足球是一项以“整体性、大局性、精细性、对抗性、多变性、易行性”相结合，以个人技术、身体素质为基础，以战术、意识为核心的集体项目，并且近年来校园足球大力推广，足球逐渐成为升学考核的重点项目。足球具有发展学生下肢力量及核心区力量，速度、耐力、灵敏、协调、柔韧等身体素质，提高心肺功能的作用，具有参与体育锻炼的态度和行为。而踩球是足球运动中最基础的动作，也是学习和掌握好足球技术的前提条件，球性脚感的好坏直接影响着足球技术的掌握。

本单元教学设置为四课时，本课为第四课时，本课时内容为：行进间单双脚踩球。

（二）学生情况分析

1. 学生应有的学习基础（知识、技能、身体素质）

作为一年级的任课教师，学生在之前已经进行过一些球性脚感的练习，在足球的特性和感觉等方面有了一些了解。但学生需要加强对身体的认知，以及针对身体协调性和灵敏性的练习。所以在本节课教学内容的设计中，教师应注重多样性、趣味性的原则，带动学生协调灵敏地发展，注意启发诱导，鼓励学生互学互练。

2. 学生实际的学习基础（前测）

通过前测的效果来看，之前的课程虽然学习过脚背运球，但学生掌握熟练度不够，与之前预想学生应有基础有一定的差距。学生的上下肢力量不足，身体协调性一般，所以要加强这方面的练习。

3. 确定学生的学习起点

一年级学生没有系统地接触过足球训练，大部分学生不能熟练掌握这些技术动作，学生仍存在较多的问题。本课通过练习行进间单双脚踩球，提高学生对球性的熟悉、对球的控制以及做动作时身体和球的协调一致。

三、教学目标

1. 通过练习使学生了解在遇到阻拦时运用单双脚踩球方法能够改变球的方向。

2. 通过练习提升学生的下肢力量和对球的控制能力。

3. 培养学生坚强的意志品质，具备良好的体育道德和形成合作意识与能力。

四、教学重点

踩球时脚的部位与球点准确。

五、教学难点

踩球变向时人与球的位置关系。

六、教学过程

（一）开始部分（3 分钟）

集合整队；师生问好，宣布内容，激励引导；检查服装；安排见习生；队列练习：三面转法，原地踏步走、立定。

（二）准备部分（7 分钟）

1. 听音乐做单双脚原地踩球，穿插准备活动

由上至下活动头颈、肩、腰、膝、踝，重点是下肢。

2. 准备活动

运球跑，穿插认识脚内侧、外侧等部位和复习动作要领。

（三）基本部分（26 分钟）

1. 引导学生运球时如何使用单双脚踩球

（1）学生听音乐自主移动单双脚踩球，认识踩球部位为脚底，当踩球的正上方，能够使球停在原地。

提问哪些情况下可以采用单双脚踩球的方法，学生思考并回答。如要出界、对手要来抢球等。

总结并展示：今天我们主要解决对手抢球时，如何使用踩球技术使对手抢不到球的技巧。同学们可以采取向后、向左右单双脚踩球的方法。

刚刚有的同学表现出身体不稳的情况，引导学生分小组进行不同方向的踩球练习，踩球时脚的部位与球点准确；体会踩球变向时人与球的位置关系；体验力量和支撑脚位置。

总结踩球变向力量和支撑脚位置移动对身体的平衡和协调作用。

优秀生展示：展示支撑脚落地时提前转动，为不同方向踩球留出空间和支撑准备。

（2）指导体验尝试练习。学生注意观察，把控踩球时机，并向后踩球后，利用脚内外侧变换方向，继续运球。

指导分组进行障碍踩球次数比赛。女生原地不动，男生进行运球，男生遇到女生时利用踩球方法绕过去。男女生分别进行，比比谁的次数多。

（3）小结比赛结果。

【设计意图】通过学生间的对比练习，使学生自主观察、思考、体会动作，并引出本节课的重点“踩球位置、力量、距离与身体重心的关系”。

2. 游戏练习

木头人游戏：教师站在中线，利用音乐或哨声做媒介，要求学生用四肢撑地的方式将球运送到中线，游戏暂停过程中发现没有停住的学生罚回起点，先到线者获胜。游戏进行两次，第一次尝试，第二次比赛。

（四）结束部分（4 分钟）

1. 放松整理：听音乐做放松活动

由上至下活动头颈、肩、腰、膝、踝，重点是下肢。

2. 教师小结本课情况

3. 布置作业

4. 收器材

七、教学资源

器材：足球 40 个、音响 1 个（场地：长 30 米、宽 20 米）。

韵律活动和舞蹈——垫上操

北京市昌平第二实验小学　姚驰

一、年级学科

二年级　体育与健康

二、背景分析

本节课选自人教版《体育与健康》水平一全一册，韵律活动和舞蹈是在音乐伴奏下，由简单的舞蹈手势、基本舞步组成的，其特点是能够伴随音乐展现节奏明快、刚劲有力、舒展优美的动作。练习韵律操不仅能够增加学生下肢等部位的活动和身体基本姿态的练习，发展身体的协调性和韵律感，也能够有效激发学生的想象力、创造力、表现力，从而培养学生健美的身体姿态以及与同伴合作的体育品德。

在本节课前，学生依次学习过健美操中的基本步伐，包括：开合跳、弓步跳、吸腿跳、一字步、侧并步五种步伐，具备基本的韵律感，但在小组练习中体现出大部分同学吸腿跳时腿抬不起来的情况。通过对学生柔韧和力量的测试发现，大部分男生因为柔韧性问题限制了抬腿的高度，而女生腿部力量不足导致其腿抬不高。

本节课将韵律操中的一字步、上步吸腿动作进行提升，与踏板操相结合，在踏垫的同时完成步伐动作，通过学习形成2个小组合，4名同学为一小组进行练习与展示。在教学过程中，教师通过用垫子模仿障碍，测量吸腿高度环节，激发学生的学习兴趣，使学生掌握踏垫稳、吸腿高的动作要领。同时，通过模拟跨障碍的方式解决学生踏垫吸腿腿抬不高的问题，重点强调学生踏垫吸腿腿抬高、踏垫稳的问题，在完成组合动作时能够节奏准确。

三、教学目标

1. 通过《西游记》情景引导，使学生通过爬山坡找到踏垫方法，了解垫上操的基本动作；通过跨障碍与划小船，学会垫上操组合动作，理解踏垫吸腿腿抬高的重要性。

2. 通过学习垫上操组合动作，发展学生下肢力量，提高上下肢协调配合能力，增强表现力与自信心，使学生动作优美，节奏准确。

3. 使学生在参与韵律操练习的过程中养成不怕困难的精神，并引导学生积极主动地回答问题与展示，勇于承担自己的责任，遵守游戏规则和要求。

四、教学重点

踏垫稳，吸腿高。

五、教学难点

节奏准确，上下肢协调。

六、教学过程

（一）开始部分

1. 体育委员整队，师生问好。

2. 教师提出本节课的学习目标、任务与要求。

情境导入，激发学生兴趣：将学生共读书目《西游记》作为情境导入，取经路上师徒会遇到不同的险境，通过不同方式带领学生一起帮助师徒四人过难关。

3. 检查着装，安排见习生。

4. 队列练习：原地三面转法练习、原地踏步走及立定练习。

（二）准备部分

1. 跟着教师，按照铃鼓节奏完成小游戏——节奏体语

照镜子：模仿老师动作——拍拍膝盖、拍拍大腿、扭扭腰、拍拍肩膀，在模仿的过程中说出身体各部位的名称。

原地小步跑，教师说出身体某个部位后，学生迅速触摸。

节奏体语：教师说肩膀，学生跟着铃鼓节奏，通过拍打肩膀打出节奏，从单个身体部位打节奏，到多个身体部位打节奏，让自己的身体“唱出歌”。

2. 跟着音乐节奏，模仿教师动作，完成韵律操热身

韵律操中的活动包含学生刚刚拍打身体部位的准备活动练习，垫上操需要充分地活动膝关节和踝关节。

【设计意图】让学生了解身体各部位，并且能够根据铃鼓节奏完成节奏练习，为本节课完成组合动作练习做基础。同时通过复习基本步伐，使学生充分

热身，养成良好的锻炼习惯。

（三）基本部分

1.“爬山坡”，学踏垫——组合动作1

展示师徒取经路上遇到的小山坡图片。

引导学生做出爬山坡动作——学生发现自己面前的体操垫刚好可以作为小山坡，之后学生自主踏上体操垫，再从体操垫上下去，模仿爬山坡的动作。

教师示范“爬山坡”动作：左脚前脚掌踏垫后，右脚同样踏垫。

提问：同学们在爬山坡时，身体是立直还是微微前倾？身体立直会导致后仰的情况，所以身体要微微前倾，重心向前用力，让学生发现在做踏垫动作时前脚踏垫后重心要放在前脚上，不能立直身体放在后脚上。

跟着铃鼓节奏完成爬山坡——组合动作1的练习。

【设计意图】使学生建立踏垫动作完整概念，了解踏垫基本动作要领。将教师的动作示范和重点讲解与学生的探究学习相结合，促使学生在教师的示范中发现本节课的重难点，从而使学生更加清晰、明确地掌握动作技能。

2. 过障碍，找方法——组合动作2

情境引导：师徒四人在取经路上遇到了更难通过的峻岭，同时他们会遇到很多障碍，请你试一试跨过眼前这个“体操垫”障碍。

学生尝试各种方法跨过障碍。

教师请2名学生进行展示，并讲解自己跨过障碍时的动作要领。

教师带领学生学习踏垫吸腿动作。

发现问题，用体操垫模拟障碍，找一名同学做“跨障碍”踏垫吸腿动作，学生发现——腿抬得不够高会跨不过障碍，同时得到本节课重点：踏垫稳，吸腿高。

教师示范踏垫吸腿的动作，讲解踏垫吸腿的动作要领，要做到吸腿高，吸绷脚，踏垫稳。

2名同学一组，一名学生用体操垫模拟“障碍”，另一名同学完成踏垫吸腿动作练习，腿抬起高度要平行或超过“障碍”体操垫即可，2名学生交换练习。

教师带领学生跟着铃鼓节奏进行组合动作1、组合动作2的完整练习。

【设计意图】使学生建立踏垫吸腿动作完整概念，掌握踏垫吸腿基本动作要领。从踏垫到踏垫吸腿循序渐进的学习，学生通过教师展示的图片发现爬山坡和过峻岭的区别，引导学生从生活中发现本节课的学习重点，并运用学习到的技能解决生活中的问题。

3. 划小船，懂合作——组合动作 3

情境引导：师徒四人取经路上又遇到了一条小河，我们如何帮助师徒过河？学生看到图片后认为，小河划船就可以通过。

教师示范并讲解划小船的第一个动作要领：手臂伸直来用力。

教师带领学生进行划小船动作练习。

教师带领学生跟着铃鼓节奏进行划船动作练习。

教师引导：仅凭一个人的力量能够成功过河吗？学生发现必须靠集体的力量才能过河，并说出划小船的第二个动作要领：齐心协力能过河。

学生分组，4 人一组，在划船动作时要面对面，进行相互击掌动作，结束后再回到自己的位置继续完成组合动作。

学生 4 人一组进行划小船组合动作练习。

教师请 2 个小组分别进行展示。

教师带领学生一起喊节拍，进行组合动作 1、2、3 的完整练习。

教师打铃鼓节奏，学生完成 3 个组合动作的练习。

教师带领学生跟着音乐节奏，完成 3 个组合动作的展示。

教师组织学生完成钻山洞小游戏，讲解游戏规则与要求：一名学生跑到指定位置后迅速搭好山洞，第二名学生钻过山洞后也搭好山洞，依次完成，最后按照所有同学跑回起点为完成，时间最快的小组获胜。

（四）结束部分

1. 教师带领学生跟随音乐，进行拉伸。

2. 下课后，教师总结本节课内容并布置课后锻炼内容。

附：评价表

<table>
<tr><th>评价维度</th><th>优秀</th><th>良好</th><th>继续加油</th><th>评价方式</th></tr>
<tr><td rowspan="4">运动能力</td><td></td><td></td><td></td><td>师生评价</td></tr>
<tr><td></td><td></td><td></td><td>师生评价</td></tr>
<tr><td></td><td></td><td></td><td>生生互评</td></tr>
<tr><td></td><td></td><td></td><td>生生互评
师生评价</td></tr>
<tr><td>健康行为</td><td colspan="3">认真进行韵律操学习，积极主动回答问题
做到　　一般　　没做到
遵守各项规则，按要求完成各项练习
做到　　一般　　没做到</td><td>师生评价
生生互评</td></tr>
<tr><td>体育品德</td><td colspan="3">积极进取，做到公平竞争
做到　　一般　　没做到</td><td>师生评价</td></tr>
</table>

花式跳绳——踢腿跳

北京市昌平第二实验小学　谷春利　司丙辉

一、指导思想与理论依据

本课以“健康第一”的思想为指导。按照《义务教育体育与健康课程标准（2022年版）》水平三的目标要求，依据运动技能形成规律，运用新授、巩固、提高的方法，由浅入深、由易到难的理念，使学生掌握踢腿跳的正确方法。依据该阶段学生的身心发展特点，依托教材合理运用情景教学、教学展示激发学生学习兴趣，培养学生的意志品质与合作意识。

二、教学背景分析

（一）教材分析

花样跳绳是一项学生十分喜爱，且有益于身体健康的运动项目，也是一项练习体能与技能相结合的非周期性的有氧运动。此项运动对于发展学生的身体协调性、灵巧性、弹跳能力，培养学生的下肢力量具有非常好的锻炼价值。学习这一内容不仅能让学生掌握跳跃活动技能，促进学生下肢肌肉、关节和身体协调性的发展，还能让学生掌握花样跳绳的基本动作。

（二）学情分析

授课年级为三年级，人数40人。学生在课上对花样跳绳有了一定的基础，本次课复习花样跳绳的基本动作，并在此基础上学习踢腿跳。预计在教学过程中学生的学习兴趣会很高，但是会出现动作不够连贯、整齐度不够、参与度不高等情况。教学中采用小组合作学习，使学生在相互协作、互帮互助中掌握花样跳绳的各种动作。

三、教学重点、教学难点

教学重点：勾、踢的配合。

教学难点：上下肢的协调配合。

四、教学目标

1. 学习踢腿跳，使70%以上的学生初步掌握动作要领，同时在学习中培养学生对花样跳绳运动的兴趣。

2. 通过游戏与活动的方式，发展学生速度素质和心肺机能，提高学生身体的灵敏性和协调性。

3. 引导学生在活动中充分展示自我，培养学生积极思考的品质。

五、单元计划

本内容单元计划共设置三课次，本课为第三次课。

表1　花样跳绳单元计划

课次	教学内容及目标	教学重点	教学难点
1	学习开合、弓步跳	手腕柔和摇绳	手脚协调配合
2	学习勾脚尖、提膝跳技术动作	勾脚尖，踝关节自然下垂	大腿提膝与地面平行
3	学习踢腿跳技术动作	小腿勾脚向前弹踢，注意勾体配合，上体自然放松	垫步勾脚踢腿，手脚的协调配合

六、教学流程图

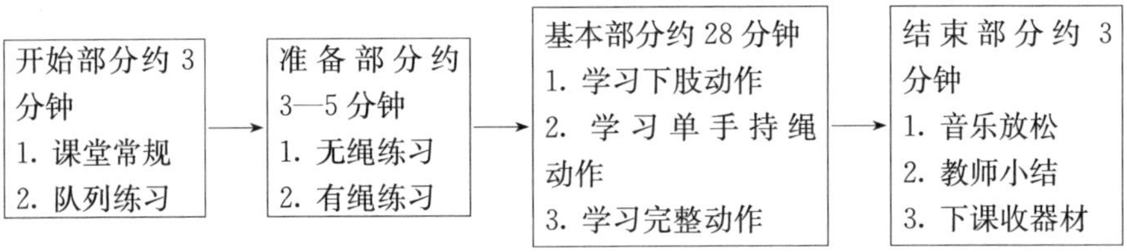

七、教学过程

（一）开始部分（4分钟）

1. 课堂常规

2. 队列练习：三面转法、分队走、合队走

【设计意图】培养学生良好的精神面貌。

（二）准备部分（6分钟）

1. 绳操（听音乐）

2. 专项准备活动

无绳练习：并脚跳、开合跳、弓步跳、勾脚跳。

双手持绳：复习前几节课的内容：并脚跳、开合跳、弓步跳、勾脚跳。

（三）基本部分（27 分钟）

1. 学习踢腿跳的技术动作

（1）双手叉腰练习踢腿跳。

（2）分解动作练习。

（3）单手持绳练习。

（4）双手持绳练习。

2. 讲解展示要求

（1）动作整齐。

（2）精神饱满。

（3）可以进行队形变换。

（4）展示中必须出现至少一个八拍的踢腿跳动作。

【设计意图】通过讲解，使学生了解创编的方法。在小组长的带领下学生集思广益，培养学生团结合作、敢于拼搏创新的精神。

3. 小组展示

【设计意图】通过比赛的方式，评出优秀的小组，鼓励其他小组向优秀小组学习，激发学生练习的兴趣，增强学生的集体荣誉感。

（四）结束部分（3 分钟）

放松练习。

【设计意图】放松身体各关节、肌肉及心理状态，在音乐的带领下，调整呼吸，以饱满的情绪进行下节课的学习。

场地器材：

（1）场地：操场。

（2）器材：24 根跳绳、U 盘 1 个、录音机一台。

九、课堂评价指标

表2　花样跳绳评价标准

组别	优秀	良好	合格
	能够按要求连续完成踢腿跳技术动作一个八拍	能够连贯完成踢腿跳动作	能够完成踢腿跳动作
1			
2			
3			
4			

篮球高、低运球

北京市昌平第二实验小学 柳东红

一、指导思想

坚持以“健康第一，学生为主”的指导思想，以新课标理念为依据，在体育教学中充分发挥学生的主体作用，通过探究性学习和合作学习提高学生的身体素质，发展学生的个性，培养学生体育锻炼的意识和能力，促进学生养成相互学习、团结协作的优秀品质。

根据小学生的心理特点，借用音乐课“节奏教学”为主调，采用多种教法引导，在教学中采用节奏教学方法和条件限制等教学方式，激发学生的学习兴趣，使学生在体验中获取新知，在协作竞争中获得成功喜悦，增强自信心，满足学生的心理需求，达到互相学习，互相交流的目的。

二、教材分析

教材版本：北京版第四册教材内容：高运球和低运球。

本次课的重难点：高运球——大臂用力，手腕放松，力量适中。低运球——上体前屈，自然放松。

本单元计划（高运球和低运球）安排三课时，本次高运球和低运球为第一课时。通过学习高运球和低运球，使学生掌握高运球和低运球的技术方法，提高学生四肢的协调性和灵敏性，激发学生参与活动的兴趣。

任务：通过本单元学习，帮助学生掌握篮球高、低运球的技术方法和动作要领，通过多种教法调动学生主动学习的兴趣，让学生清楚运球在篮球运动中的作用及重要性。通过本单元教学，培养学生相互合作、相互帮助和养成遵守规则的意识，提高学生协调性、反应速度等身体素质，使学生养成勇敢顽强、克服困难的良好品质，树立良好的锻炼意识。

三、学情分析

四年级学生天真、活泼好动、好奇心和好胜心强，随意注意占优势阶段，也是他们知识、能力、情感价值观形成的关键时期，他们对自我、他人、家庭、社会有了一些浅显的认识，养成了一些好的行为习惯。四年级学生在运动能力方面有了一定的基础，但个体差异较大是小学阶段普遍存在的情况。

篮球是我校开展非常好的一项体育活动项目，学校对篮球项目有"五星级评价"标准，因此学校每年举办的篮球通级赛、班级篮球联赛如火如荼，并且班有班队、校有校队，学校产生了很多校园小明星。

在此背景下，学生学习篮球的积极性很高。为了达到更好的学习效果，我借用了音乐课中"音乐节奏引领"的方式进行本课教学，在整个学习过程中，我用到了"沙锤""小鼓"和"木鱼"作为道具，由教师和学生进行击打。通过乐器的节奏变化，让学生进行运球训练，在玩中学，在学中玩，使学生在潜移默化中掌握高、低运球的节奏，并在此过程中穿插着教师的讲解与示范，以及优秀学生的展示环节，这种教学模式改变了以往教师教、学生学的单一模式。为了提升学生在学习过程中的相互配合、相互帮助的能力，我还准备了一根小小的"指挥棒"，给每个学生发一个羽毛球空筒，当运球高度的标杆用，两人一组相互控制，从而达到更好地学习效果，激发学生的学习兴趣，使学生积极主动地参与学习，培养学生的合作能力。

四、教学目标

1. 知识与技能：通过节奏引领式教学，引导学生掌握高、低运球的方法，力争使85%的学生能够掌握高、低运球的动作要领。

2. 过程与方法：通过教学目标的设定，一物多用，让学生在学与练的过程中，通过体验、讨论、学习、尝试等方法，使学生学会高、低运球的动作要领，同时运用纠正、评价、比赛的手段提高学生的学习兴趣。

3. 情感态度价值观：通过教学目标的设定，培养学生爱动脑筋、勤于思考的好习惯，以及培养学生正直、勇敢、团结协作的优秀品质。

五、教学重点、难点

高运球——手腕放松，力量适中；低运球——上体前屈，自然放松。

六、教学方式与手段

1. 采用节奏引领和游戏调动的方法让学生获得知识、掌握知识，让每个学生获得成就感。

2. 课程标准明确指出，小学阶段就是要培养学生对体育的兴趣和参与体育活动的主动性，所以在教法上借用音乐以激发学生兴趣为出发点，启发学生练习的积极主动性、参与性。

3. 注重学生的主体地位，课上给学生提供一定的时间、环境，让学生自主练习，培养学生的创新意识。

七、教学过程

（一）开始部分（时间 3—4 分钟）

1. 与学生沟通，激发学生上课的欲望

2. 课堂常规

队列练习：通过基本的队列练习，如转法、队形变化等练习，使学生养成正确的形体姿态，以及培养学生的高度注意力和组织纪律性。

【设计意图】通过课堂常规的练习，调动学生好的上课状态进入到后面教学内容的学习。

（二）准备部分（时间 6—7 分钟）

1. 师生一起玩篮球：不同的运球姿势

2. 小游戏：创新运球方法

要求：听从指挥，玩中学，乐中悟。

【设计意图】通过不同的运球姿势让学生熟悉球性，达到活动不同身体部位的目的，同时也让教师了解学生对篮球的掌握情况，从而更好地调动学生学习的积极性，玩出孩子的天性，玩中学，学中玩，让学生在玩中掌握动作要领是最理想的目标。

（三）基本部分（时间 25 分钟左右）

1. 学习“高、低运球”

导入：节奏游戏引导。

听节奏，大家一起运球（可以用不同的方式打节奏）。

学生自主练习，尝试运球。

小结学生练习结果，从而引出高运球，示范正确的高运球动作，讲要领。学生跟随音乐练习。

听节奏师生一起运球，引出低运球。学生跟随节拍和音乐练习，教师巡视指导。

教师讲解示范动作后，师生一起练习——学生分组练习——相互学习。

以多种小游戏的方式进行引导与引领，（教师讲规则）学生练习，教师巡视指导。（游戏方式：如运球绕标志物、区域内运球走、运球看颜色等，根据时间选用）

学生用羽毛球筒当成指挥棒，分小组进行游戏性练习，两人一组或者多人一组都可以，不同的指导棒姿势代表高运球或者低运球，一人指挥，一人或者多人听从指挥，然后角色互换。

听音乐或者节拍，跟着节奏练习运球。（高低运球转换）学生跟随音乐练习，教师巡视指导。

【设计意图】玩是学生的天性，教师通过多种方式引领，多种教法带动，让学生在主动玩中进行学习，从而达到更好的学习效果。

2. 新授：游戏——“赶猪入圈”

教师导入，讲解游戏规则及安全事项，组织比赛。

规则：每人手中的篮球当成小猪，每个小组的篮球上贴有不同颜色的贴纸，让学生背对自己把球扔到远处，这样全班同学的球就会混在一起。游戏开始后，教师要求学生用手中的羽毛球筒当赶猪棒，找到本组颜色的“小猪”，只能用赶猪棒把球赶到本组指定的呼啦圈内，先完成任务的同学可以帮助本组没有完成任务的同学，先完成任务的小组获胜。

要求：学生认真听讲，严守游戏规则，进行比赛。

教师给予准确、激励性评价。

（四）结束部分（时间4分钟左右）

1. 老师和学生一起完成放松活动——平衡和协调性练习。

2. 教师总结本节课情况：以表扬激励为主。

3. 宣布下课，收拾器材。

八、场地器材与教学资源

考虑到学生个体差异和安全因素，我借用体育馆地上的线条，将场地设计为长方形。

所用器材：少儿篮球每人1个、呼啦圈4个、羽毛球空筒每人1个、扩音器1台、打节奏音乐器具2个。

跳跃——连续跳跃

北京市昌平第二实验小学　刘忠堂

一、指导思想

本单元依据水平二少年儿童的心理、生理特点以及认识规律和动作技能的形成规律，遵循以人为本“健康第一”的指导思想，突出学生的主体地位，努力为学生创设轻松愉悦的教学环境，引导学生在玩中学，学中练，充分发挥学生的主观能动性。这种模式的开展，不仅能让学生的运动技能得到发展，而且还能提高学生自身的学习兴趣，让学生通过自身的努力，基本掌握本课的知识与技能，实现身心全面发展。

二、背景分析

（一）教材分析

《连续跳跃》是小学水平二教材中的跳跃项目。本单元的教学目的是通过跳跃技术学练赛，培养学生正确的跳跃姿势，发展学生的跳跃能力，促进学生身体机能的发展，对提高学生的灵敏、速度、力量、协调能力具有重要意义。通过本单元设计一系列分层教学，让学生在玩中完成教学任务，有助于培养学生果断、团结合作和勇于克服困难的良好品质。

（二）学情分析

四年级具有很强的观察能力，以及一定的推断、分析能力，属于人体发育最快的童年时期，速度、腰腹力量、柔韧、耐力指标为四年级学生的敏感期，即关键发展时期。学生灵敏素质发展也极为敏感，学习和掌握技术动作较快。本校学生体测成绩良好以上居多，综合素质普遍不错，但由于刚开学不久，因此第一次课以体验式教学创建学习情境为主，设置探究的各活动环节，让学生通过亲身体验，主动获得知识，形成活跃的学习氛围。本节课利用引导、实物、游戏竞赛等直观教学手段，呈现教学内容，激发学生兴趣，提高学生学习效率。

三、教学目标

1. 运动能力：激发学生兴趣，使学生积极主动地参与到体育学习中。使90%的学生能在各个连续跳跃活动中做出多种形式的提升跳跃动作，并结合上肢展示出一定的幅度、高度、远度、次数，提升学生的力量、速度、灵敏性等。

2. 健康行为：使学生在学练中充分展示自我，增强自信心和意志品质，体验成功的喜悦。

3. 体育品德：培养学生团结友爱、勇敢、克服困难的良好品质。

四、教学重点

有节奏地进行连续跳跃。

五、教学难点

四肢的协调性，平衡性。

六、教学过程

（一）教学流程图

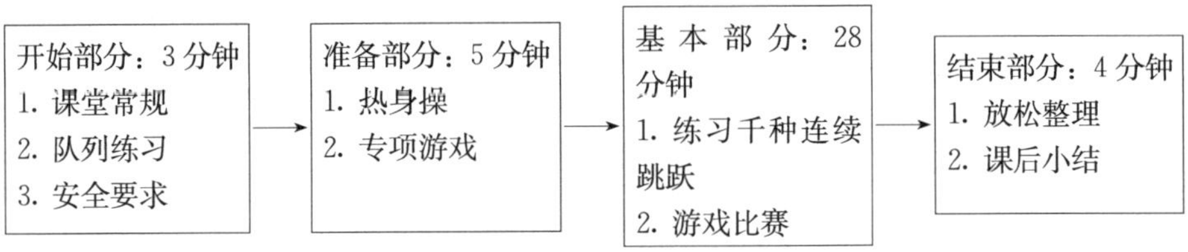

（二）教学过程

1. 开始部分（3分钟）

课堂常规：

（1）体育委员整队、报告人数、师生问好、检查服装、安排见习生。

（2）宣布课堂内容。

队列练习：

（1）原地转法练习。

（2）向左、向右、向后转走。

2. 准备部分（5分钟）

热身操：

（1）开合跳。

（2）并腿跳。

（3）交叉步跳。

（4）弓步跳。

（5）交换腿跳。

（6）吸腿跳。

（7）小马跳。

专项练习：小游戏——石头剪刀布。

3. 基本部分（28分钟）

（1）练习连续跳跃：

教师依次讲解示范动作。（双脚连续跳跃、单脚连续跳跃、单双脚交换结合连续跳跃）

教师讲解动作要领。

教师指导学生根据动作要领进行各个连续跳跃动作的练习。

【设计意图】将连续跳跃动作按照难度层次递进的方式让学生进行练习，让学生体验成就感，并增加挑战的神秘感。

教师提出疑问：在跳跃过程当中，可以适当加上哪些手臂动作进行练习？

教师指导练习双人配合的连续跳跃动作、四人配合的连续跳跃动作。

（2）游戏比赛：

游戏名称：争分夺秒。

游戏方法：每组4名学生，对应4个距离不一样的圆圈，每名学生每次轮转后有1次机会将沙包投入圆圈中，如果投中，跑回将沙包传递给下一名同学，下一名同学投下一个圆圈；如果没有投中，下一名学生继续投这个圆圈，直到4个圆圈按照顺序被投中两轮获胜。

【设计意图】在练习了半节课的跳跃后，加之上肢的掷准练习，能够达到这堂课全身练习，培养学生信心的目的，进而体现出学生间互帮互助的精神和合作意识，增强小组之间的信任程度和配合能力。

4. 结束部分（4分钟）

（1）放松操（音乐）。

（2）小结。

（3）宣布下课。

七、场地器材与教学资源

所用器材：体能练习圈80个、沙包8个、播放器1个、U盘一个、评价板1块。

八、安全措施

1. 教师课前检查场地、器材，课中检查学生着装。

2. 带领学生做好充分的准备活动，避免受伤。

3. 在练习小组配合任务时，多关注运动能力相对较弱的小组，并实施指导。

4. 带领学生做好放松整理活动，让学生的体能及时得到恢复。

小足球——脚背正面运球

北京市昌平第二实验小学　赵春晓

一、指导思想

本课以“健康第一”为指导思想，依照水平二课程目标的要求进行设计。足球运动是一项速度、协调灵敏性、团队合作意识较强的项目。小学四年级是水平二的第一阶段，根据这个教学阶段学生的生理、心理发展特点和水平可以开展较为简单的小足球技术教学。一切教学活动以学生发展为中心，提高学生的体育学习能力。在教学中，教师要努力让学生体验到学习的乐趣，满足学生身心成长的需要，让学生体验到体育的乐趣，培养学生终身体育的思想。

二、背景分析

（一）教材分析

足球—脚背正面运球不仅是足球项目中比较基础且实用的技术动作，也是培养学生兴趣、提升控制球能力的重要学习内容，更是后续足球技术学习的关键。脚背正面运球对球感以及人球结合能力较强，通过学习脚背正确的触球位置，为后续的快速运球打下基础。

（二）学情分析

四年级学生在足球练习中具有对抗和比赛的渴望，但没有学习过快速运球的方法，控制能力较差。本班学生中有一部分学生是学校运动队的队员，运动能力强，参与体育运动热情高，可以起到很好的榜样带头作用，为本课内容的教学提供了非常有利的条件。

三、教学方法

1. 循序渐进方式：进行教学，由易到难帮助学生快速掌握技术动作。

2. 启发式：通过不同的练习方法和设问，提高学生对脚背正面运球的认识。

3. 归纳式：结合每一次练习和提问引导出脚背正面运球的动作方法后，总结归纳如何做到动作规范。

通过多人练习，提高小组合作学习，培养同学间团结互助的集体精神。

四、教学目标

1. 认知与技能目标：通过足球教学，使85%的学生初步掌握脚内侧运球、脚背正面运球和脚背外侧运球技术。

2. 过程与方法：通过学练活动促进学生正常发育，逐步改善学生的神经系统，拓展学生的速度、力量、耐力、灵敏协调能力。

3. 情感态度价值观：培养学生对足球的兴趣，感受来自足球的乐趣，从中获得成功的喜悦，建立群体意识、培养团结合作精神。

五、教学重点、教学难点

教学重点：脚触球的部位及用力的大小。

教学难点：对球的控制与速度的协调一致。

六、教学过程

（一）教学过程

1. 开始部分（4分钟）

（1）集合整队。

（2）师生问好。

（3）宣布内容。

（4）队列练习。

2. 准备部分（5分钟）

（1）球性操6节。

（2）专项活动2节。

3. 基本部分（27分钟）

（1）小足球—脚背正面运球。（23分钟）

设疑：除了第一次课学会的运球技术，同学们还知道哪些呢？

教师示范动作，讲解脚背正面运球的要领，提出注意事项，学生练习。

无球练习：原地做脚背正面运球动作，练习次数每人10—15次。

【设计意图】掌握正确的触球动作，及时察觉问题、纠正问题，同时教师通过巡视指导，鼓励学生，关注优秀学生的同时也要关注接受掌握动作较慢的学生，注意学生间的差异。

走动中做脚背正面运球动作，练习次数每人 2 次（左右脚各一次），触球次数 6—10 次。使学生克服心理畏惧，进行自主练习。

两人一组脚背触固定球，练习次数每人 10—15 次。辅助教具：标识贴。

两人一组面对面直线走动练习脚背运球，练习次数每人 2 次。根据区别对待的原则，使学生自主进行练习。

四人一组顺（逆）时针脚背运球。练习次数每人 4 次（左右脚各 2 次）。

四人一组向中脚背带运球。练习次数每人 1—2 次。教具：网兜球。

优秀学生展示正确动作，强调动作要领，教师对学生提出鼓励表扬。

（2）复习游戏：运球射门。（4 分钟）（音乐）

4. 结束部分（4 分钟）

（1）瑜伽拉伸放松。

（2）课后小结。

六、教学效果预计与评价

预计练习密度：30％—35％，85％的学生掌握运球用力大小，认识脚背运球在足球中的价值，并且能够顺利完成动作。学生在教师指导下认真参与练习，课堂气氛活跃，师生感情融洽。通过本课的学习提升了学生的合作意识和团结友爱的优良品质。

七、教学资源

器材：足球 36 个，标志盘（红）9 个、（黄）9 个、（绿）9 个、（蓝）9 个，挂图 1 张，标识贴若干，小黑板 1 个，便携式音响 1 个，平价板 1 个。

场地：篮球馆。

八、课堂教学评价

	优秀	良好	及格
评价标准	运球时触球部位准确，力量适宜，动作协调，人球位置合理，有一定速度；主动参与，认真学练，积极性高，自信心强；主动与同学交流，相互纠正动作。	运球时触球部位准确，力量较适宜，动作较协调，人球位置较合理；学练比较积极，能遵守纪律，基本能完成，有一定自信；能与同学一起配合练习。	运球时触球部位基本准确，动作协调，速度较慢；学练不积极，不认真；不能与同学配合练习。

评价方法：教师评价、小组互评。

小篮球——单手肩上投篮

北京市昌平第二实验小学　高悦

一、指导思想

本单元落实《义务教育体育与健康课程标准（2022年版）》中“激发学生运动兴趣，培养学生体育锻炼意识”的基本理念，以“健康第一”为指导思想，依据我区所倡导的“坚持全面育人、培养关键能力、关注实际获得”的育人目标，以提升教学质量，引导学生健康快乐成长为切入点，结合我校“升本、对话、求真、累加”课堂文化，通过“教、学、练、赛”的形式设计本单元的教学过程及教学环节。根据我校六年级学生的年龄特点、认知结构和技能水平，在教学中，利用学生已有的基础资源，通过教师示范、创编动作口诀、自主学练等教学方法及小组合作等学习方式进行教学。

二、背景分析

（一）教材分析

本单元教学内容——《单手肩上投篮》，选自北京版义务教育教师用书《体育与健康》六年级。小篮球是学生喜欢的运动项目之一，此教材在小学一至五年级的教学中都有涉及，六年级的学生强调在掌握单个教学技术动作的基础上，能够运用所学技术进行游戏或简单的教学比赛，做到学以致用。单手肩上投篮动作是由“持球”和“投篮”两个动作环节组成的，学生知道并掌握两个环节名称及动作方法是本单元的教学重点。为了使学生重点做到“持球——三个90°投篮——球向后旋转”的技术动作效果，在教学时教师着重强调“持球：手型正确；投篮：快速压腕，用食指、中指拨球”技术动作，以便学生体会、掌握投篮技术。

主教材《单手肩上投篮》主要以练习技能为主，在附教材内容的设计上，我创编了游戏——“简易篮球赛”，以此提高每次课的运动量和增加练习密度，让学生在快乐的游戏比赛中养成勇敢、机敏、果断、顽强的心理品质和团队协作意识，同时养成尊重对手、勇于承担、遵守规则的良好体育品德，进而达到锻炼身体和育人的双重目的。

（二）学情分析

授课年级大多数学生喜欢篮球运动，对篮球课的学习兴趣浓厚，有部分学生是校篮球队队员，具备一定的篮球基础，学过原地双手胸前投篮，具备一定的“运、传、投”等控球能力，因此有利于本课的技术教学。

学生身体素质水平存在差异，理解能力和接受能力也不一样。基于此，我在教学中采用两人一组、多人一组等小组合作的方式，通过互帮互助，让接受能力强的同学去帮助接受能力稍弱的同学，从而达到共同进步的目的。另外针对个别能力较弱的学生，我在游戏或比赛分组时采取异质分组形式，发挥能力较强学生的带动作用，提高全体学生的练习效果，激发学生练习的积极性。

三、教学目标

1. 运动能力：能够说出单手肩上投篮的两个环节及名称；80%的学生掌握投篮技术动作，并将此技术动作尝试运用到简易规则的篮球赛中；提高学生的力量、协调性、灵敏度等身体素质，发展学生的体能。

2. 健康行为：知道篮球专项热身的重要性；在游戏比赛中，增强安全意识，避免危险动作，防止受伤；在学练中能够积极参与，主动思考，合作探究学习，享受篮球运动带来的乐趣。

3. 体育品德：在游戏或比赛中，尊重对手，遵守规则，具有良好体育道德精神及团队协作意识，胜不骄败不馁。

四、教学重点

持球手型正确，投篮时压腕、用食指和中指拨球。

五、教学难点

自下而上的发力顺序及球出手时手指手腕的连贯协调用力。

六、教学过程

（一）教学流程图

开始部分：3分钟	→	准备部分：5分钟	→	基本部分：28分钟	→	结束部分：4分钟
1. 课堂常规 2. 队列练习 3. 安全要求		1. 球性操 2. 专项练习		1. 学习 2. 篮球—单手肩上投篮		1. 放松整理 2. 课后小结

（二）教学过程

1. 开始部分（3分钟）

课堂常规：

（1）体育委员整队、报告人数、师生问好、检查服装、安排见习生。

（2）宣布课堂内容。

队列练习：

（1）原地转法练习。

（2）向左、向右、向后转练习。

【设计意图】使学生进一步了解体育课的要求，培养学生良好的身体姿态、纪律作风和安全意识，养成良好的课堂规范，为后边的课堂教学做好思想上的准备。

2. 准备部分（5分钟）

篮球操：

（1）上肢、腹背。

（2）体转、体侧。

（3）持球绕膝。

（4）前后拉球。

（5）左右拉球。

（6）运球游戏（石头、剪刀、布）。

（7）模仿投篮。

（8）向上投、接球。

诱导练习：

（1）挑战小游戏：

看谁拨球准：两人一组拨、传球练习。

看谁传球准：两人一组单手胸前传、接球。

（2）体会蹲下和站起两种不同姿势的投球动作。

【设计意图】利用球性操和专项准备活动使学生的四肢得到充分活动，加强球感，避免在练习中受伤，并使学生复习已经学过的内容，起到温故知新的作用。

3. 基本部分（28 分钟）

（1）学习单手肩上投篮：

引入：教师出示明星比赛画面，激发学生学习热情，引出单手肩上投篮技术。

教师讲解示范动作。

出示动作小口诀。

教师指导学生根据口诀原地练习投篮动作。

教师指导学生每人一球体会压腕、用手指拨球的练习，使球落地向后反弹。

教师请同学展示，并请其他同学指出优点和不足。

教师指导学生同伴间互帮互助，利用篮球检查手型、三个 90°动作及向前上方伸臂动作。

教师指导学生 4—5 人一组，练习投篮。

教师指导学生投篮积分赛，并及时评价。

（2）游戏比赛：

运球投篮赛：

游戏方法：学生 8—10 人一组接力完成，规定时间内，看进球数量，依此排名。

传、接球投篮赛：

游戏方法：学生 8—10 人一组，按顺序接到队友传球后进行投篮，规定时间内，看进球数量，依次排名。

简易规则篮球赛：

游戏方法：将学生分成 4 组，2 队同时进行比赛，另 2 队素质练习，投篮时不得干扰（消极防守），看进球数量，决定胜负。

【设计意图】通过观看比赛激发学练兴趣；通过口诀记忆动作要领；通过游戏比赛，激发学练兴趣，养成团队合作意识及遵守规则、尊重裁判的良好体育品德。

4. 结束部分（4分钟）

（1）放松操（音乐）。

（2）课后小结。

七、场地器材与教学资源

考虑到学生个体差异和安全因素，我将本课场地设计为长方形。所用器材：少儿篮球每人1个、播放器1个、展示板1块。

八、安全措施

1. 教师课前检查场地、器材。

2. 带领学生做好充分的准备活动，避免受伤。

3. 在练习过程中，特别关注戴眼镜的同学及时提醒其注意安全避免被球砸到，增强学生的安全意识。

4. 带领学生做好放松整理活动，让学生的体能及时得到恢复。

拥抱“不完美”的自己

北京市昌平第二实验小学　强悦

一、年级学科

六年级　心理

二、背景分析

自我意识在人一生中是不断发展变化并逐渐成熟的，小学六年级学生的自我意识已初步形成，且处于重要的发展阶段。我在日常与小学高年级学生的接触过程中了解到很多学生并不能正确地认识自我，更不能深层次、多角度地评价自己。他们会因他人不友好的评价而形成消极的自我概念。

小学高年级阶段是从儿童期向青少年期转变的重要时期，此阶段的学生有强烈的自我发展和自我完善的欲望，他们特别关心自己在他人心中的地位和评价，希望得到他人的认可和称赞。但由于缺少生活的经验和磨砺，很多学生常常表现出自我评价低、不自信、自卑感强的特点，难以接受自己的缺点。如果不能正确认识自己，会影响他们在现实生活中的人际交往和对学业成就的追求，因此解决这一问题具有很大的实践意义。已有研究发现，尽管小学高年级学生自我意识初步形成，但教师要对其进行积极引导，使其悦纳自我。因此教师既要引导学生接纳自己的优点和长处，更要让他们接受自己的缺点和不足，使学生客观地认识自我，正确地评价自我，积极地悦纳自我，建立健康的自我形象，形成符合要求的自我，促进人格的健康成长。因此本节课教师重在引导学生转换看问题的角度寻找自身不完美的积极面，帮助学生发现并利用自身的资源和能力。

三、教学目标

1. 知识与技能：学生能够正视自己的不完美之处，积极地进行自我评价。
2. 过程与方法：通过活动学生能够寻找办法，不断完善自己。
3. 情感态度与价值观：学生能够悦纳自己的不完美之处。

四、教学重点

正视、接纳自己的不完美之处，能换个角度积极赋义，并采取行动不断完善自己。

五、教学难点

用积极的视角看待不足，接纳自己的不完美。

六、教学过程

（一）热身活动：给自己打分

1. 热身活动，激发兴趣

课前教师给每位学生发一个磁片花朵作为打分工具。

活动规则：请每位同学根据自己的外貌、性格、才能、学习等，综合各个方面给自己打一个分数。0—10分，分数越高代表对自己越满意。选择一个数字，把花朵贴在相应数字的正上方。

2. 问题追问，引出主题

提问：你给自己打了多少分？为什么这样打分？

预设1：我给自己打了10分，因为我觉得自己很优秀。

预设2：我给自己打了7分，因为我既有优点又有一些缺点。

追问：给自己打分数低的原因是什么？

预设1：因为我个子有点矮，成绩也一般。

预设2：因为我长得不够漂亮。

教师小结：每个人对自己的认识都不一样。有的同学对自己满意，有的同学对自己不满意。上节课我们一起找到了自身的优点，那面对自己的不完美该怎么做呢？就让我们一起走进今天这节心理课——拥抱“不完美”的自己。

【设计意图】通过活动调动学生积极参与课堂的主动性，从而引出本课主题。

（二）头脑风暴

1. 通过观察，引发思考

教师展示两片叶子，第一片叶子嫩绿完好，第二片叶子满身是洞还有些干枯发黄。请学生说一说对两片叶子的看法。

提问：这两片叶子哪一个更完美？

预设：第一片完整的叶子看起来更完美。

教师导语：第二片叶子干枯发黄满身是洞，难道这些缺点真的那么糟糕吗？如果我们换一个角度看又会发现什么呢？

呈现视频，内容为满身是洞的叶子在阳光的照射下，漏出的洞太阳闪闪发光，虽然满身破洞但依然自信。

提问：通过这个视频你有什么发现呢？

预设1：第二片叶子的破洞在阳光下闪闪发光非常耀眼。

预设2：换个角度看事物会有更美的发现。

教师小结：当我们转换角度看待事物时，原来还会发现不一样的美。

2. 转换视角，积极看待

教师导语：最近老师观察到了同学们的一些烦恼，这些都是他们对自己感到不满意的地方。下面请同学们来一场头脑大风暴，尽可能多地找到这些不完美的积极面，或者这些不完美在哪些时候会有积极的作用。

找出以下“不完美”的积极面或在哪些方面可能有积极作用：

皮肤黑　　　个子矮

胆子小　　　爱哭

提问：你找到了以上“不完美”的哪些积极面？

预设1：皮肤黑看起来更健康。

预设2：个子矮的人更灵活。

预设3：胆子小的人更谨慎，注重安全。

预设4：爱哭的人会表达自己的情绪。

追问：刚才在寻找积极面的时候，你有什么感受？

预设：看到这些积极面我觉得更容易接受这些不完美的存在了。

教师进行小结，并完成板书“积极看待”。

教师小结：当我们换一个角度看待不完美，给它积极赋义的时候，是不是感觉不完美也没有我们想象中的那么糟糕，而且这个时候你也会更加富有智慧，来完善这样的不完美。

【设计意图】通过游戏让学生在充满趣味的情境中发动智慧，学会转换角度看到事物的积极面。

（三）我有办法来面对

教师提问：你觉得自己有哪些不完美，不满意的地方？

预设1：我写字慢。

预设2：我长得矮。

教师追问：想一想这些不完美哪些是可以改变的，哪些是不能改变的？

1. 学会积极面对不可改变的

导语：面对不能改变的请你找出你最关注的一点写在学案单上，并找到它的积极面。

（1）学生完成学习单，寻找自己“不完美”的积极意义。

我当前不能改变的：______________________________。

我发现它的积极面有：______________________________。

（2）学生分享学习单。学生分享过程中追问在找到积极面后有哪些感受。

教师进行小结，并完成板书“尝试接纳”。

教师小结：追求完美是每个人的天性，而接纳不完美需要一定勇气、智慧与方法。面对不能改变的事情我们换个角度看待，就会提升自己的接纳度。

2. 寻找办法解决可以改变的

（1）学生完成学习单。

面对可以改变的不完美，找出你最关注的一点写在学习单上，并通过4人小组讨论找到解决办法。

我可以改变的______________________________。

虽然：______________________________。

但是我可以：______________________________。

（2）学生分享讨论结果。

教师进行小结，并完成板书“寻找办法，主动改变”。

教师小结：面对我们的不完美如果我们可以改变那可以去做一些努力，如果没办法我们就试着去接纳它们，它们也是我们重要的一部分。

【设计意图】通过小组讨论学生寻找能够转换积极的角度看待自己的不完美，寻找解决办法，从而完善自身。

（四）小叶子大变身

1. 音乐冥想

请学生拿出课前所发的树叶，并播放背景音乐，在教师的指导语下进行冥想观察。

指导语：请同学们拿起自己的这片树叶，仔细观察它的形状、颜色、表面的纹路。它有哪些不完美的地方？请你尝试去接纳它不完美的部分，然后发挥你的想象力和创造力，帮助它来个华丽的变身。

2. 作品创作

活动要求：同学们可以把叶子贴在（固定）作画区域内的任何位置，然后用你喜欢的颜色、图案去创作属于你的画作。根据自己心中的想法去创作就可以了，不必在意作品好不好看，只要能表达自己内心的真实感受即可。完成后给你的作品起个名字。

3. 学生分享作品

在学生分享作品的过程中教师追问学生，在为叶子变身时运用了本堂课所学的：积极看待、尝试接纳、寻找办法、主动改变四种方法中的哪一种。

教师小结：今天的课堂上，我们很幸运地见证了一片片小树叶在大家的努力下实现了华丽的蜕变，有了不一样的意义。

【设计意图】通过绘画的方式帮助学生将自己的不完美部分外化出来，并给自己的作品赋予积极的意义，将缺憾转变成力量，从而更好地悦纳自我。

（五）课堂总结

教师提问：通过今天这节课你有哪些收获呢？

请学生说一说本节课的收获，教师进行总结。

课堂总结：面对不完美的自己，我们可以做的就是接纳不可改变的，改变可以改变的。最后送给每位同学一句话：面对真实的自己，学会欣赏并接纳自己，才是真正地爱自己。

附：板书设计

拥抱“不完美”的自己

积极看待　　　　　　　　　　　　寻找办法

尝试接纳　　　　　　　　　　　　主动改变

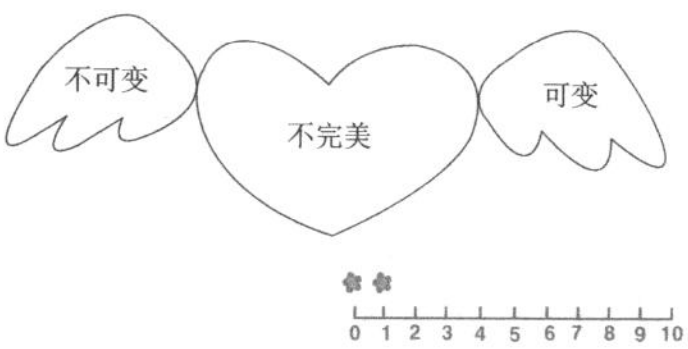

我要变成谁？

北京市昌平第二实验小学　华丹

一、年级学科

四年级　心理

二、背景分析

随着小学中高年级学生自我意识的迅速发展，尤其是四年级学生相较于低年级开始变得尤为关注自我，重视同伴关系，同时也开始重视来自同伴的评价。在这一阶段，同伴评价对学生来说十分重要，因为这是他们认识自我、了解自我的重要渠道。但四年级学生心智欠成熟，没有创建客观、全面的自我评价标准，所以他们容易出现过高或过低的自我评价，从而产生自负或自卑的情绪。因此，正确认识自我，悦纳自我是非常重要的。

三、教学目标

1. 知识与技能目标：知道自己是世界上独一无二的，每个人都有自己的优势和不足，正确认识自己。

2. 过程与方法目标：在正确认识自己的基础上客观分析自己的优势和不足，能够主动进行自我觉察与反思，对自己做出客观合理的评价。

3. 情感、态度与价值观目标：接受自己身上的优势和不足，悦纳自己。

四、教学重点

正确认识自己，能够主动进行自我觉察与反思，客观分析自己的优势和不足。

五、教学难点

接受自己身上的优势和不足，悦纳自己。

六、教学过程

（一）动物模仿秀

分享绘本故事《神奇变身水》。猜猜，这只小老鼠最终变成了什么？

预设：小狗、蜻蜓、小鸟、老虎等。

如果你们现在也拥有一瓶神奇药水，你想变成什么呢？我想请几位同学上来演一演他们即将变成的动物，并说说为什么。

学生表演并说明原因。

小结：我们发现，同学们和小老鼠一样，之所以想变身，是因为嫌弃自己的缺点，而之所以想变身成某种动物，大多是因为羡慕这种动物身上的某种优势。

（二）丛林一日游

活动——如果现在你可以选择成为一种动物，在丛林里度过一天，你会选择什么？小组共同选择其中一种动物进行头脑风暴，填写表格。同学们先不做评价，组员想到什么都可以写下来。讨论完毕后每个小组选一位代表上台分享你们小组的成果。

表 1　选择成为哪种动物

我想成为__________（动物名称）
__________（动物名称）的优势是：
__________（动物名称）的不足是：

小组分享。

发现了什么？

小结：每一种动物都有自己的优势和不足。

【设计意图】引导学生在活动中认识自己。学生各抒己见，倾听他人不同的想法。分组活动让学生自由发言，展示活动让学生体验小组学习的收获。

（三）个人评价与他人评价

1. 独一无二的我

每种动物都有自己的优势和劣势，就像每个人身上都有优点和不足，才组成了我们独一无二的生命。老师现在给每个人发一张“自我评价卡”，请你独自完成，填写自己最显著的三个特点，至少要包括一个自己不满意的地方，也就是自己的不足之处。

表2 自我评价卡

____________（姓名）自我评价卡
我最显著的三个特点（至少包括一个不足之处）：
1.
2.
3. 不足之处：

2. 我们眼中的彼此

填写完“自我评价卡”后，老师现在发第二张卡片。这张卡片你们只需要填上自己的姓名即可，然后按照老师的口令进行卡片的传递与填写。小组成员轮流在卡片上填写他们认为你最显著的三个特点，其中至少要包含一个他们认为你做得不够好的地方。小组成员轮流写，互相评价。

表3 他人评价卡

____________（姓名）他人评价卡
你认为______（姓名）最显著的三个特点（至少包括一个不足之处）：
1.
2.
3. 不足之处：

3. 对比个人评价与他人评价

4. 学生分享内容，谈发现与感受

【设计意图】互相评价这一环节让学生在活动中开始感受到每个生命个体都是不一样的，各有各的优点和不足，各有各的精彩。从他人的评价中，学生也看到了乔哈里视窗里“盲目区”的自我，从而能够更加理性、客观、全面地认识自我。

（四）畅谈收获

1. 我们应该怎么对待他人的评价呢

2. 讨论

别人肯定我们时，我们可以怎么想、怎么做？他人提出批评或指出我们的不足时，我们可以怎么面对？

（五）总结

课上到这里，大家还记得这节课开始时老师分享的故事中那只小老鼠吗？你们知道它最终选择变身成什么吗？它做了什么决定呢？我们一起来看看。（播放绘本故事结尾部分）

现在请你看着自己手上的评价卡面对自己的优点和缺点，你能理解小老鼠最终做的这个决定吗？

每个人身上既有优点，也有缺点，我们各有各的特点，各有各的精彩，不必羡慕别人，喜欢自己也是一件很美好的事情。

集中注意力　助你成功

北京市昌平第二实验小学　王丽丽

一、年级学科

五年级　心理

二、背景分析

《中小学心理健康教育指导纲要》指出：心理健康教育的总目标包括培养学生积极乐观、健康向上的心理品质。心理健康的具体目标包括：学会学习与生活，增强承受挫折、适应环境的能力，培养学生健全人格和良好的个性心理品质。其中，小学中高年级的培养内容就包括：帮助学生在学习生活中品尝解决困难的快乐，调整学习心态，提高学习兴趣与自信心，体验学习成功的乐趣。

《普通心理学》一书中指出：“注意是心理活动或意识对一定对象的指向和集中。”指向意味着注意是有对象的，是对特定物体的注意，而集中则表明要把注意固定在注意对象上，做到专心致志，聚精会神。注意力是一切认知活动的基础，它始终与其他的认知活动相伴发生，记忆、想象、思维等认知过程中无一没有注意的参与。没有注意力，就没有学习、思考、探索的可能，而且注意力不仅是一种学习能力，更是一种行为习惯与思维品质。一个人的专注程度，对于他未来的学习和生活都至关重要。五年级学生有意注意在逐步发展注意的稳定性、集中性、注意的分配、广度、转移等方面都较低年级学生有不同程度的发展，有意注意开始占主导地位，正是训练其注意力的最好时机。

有意注意是一种有目的的、需要意志参与的注意。它的发展一方面同四、五年级学生大脑的不断成熟、神经系统的兴奋和抑制过程的逐步协调有密切关系，另一方面受教学及训练的影响。所以通过心理活动课培养学生的注意力具有很强的适切性，通过开展注意力训练，不断提高学生的学习效率和学习质量，增强学习自信心。

五年级学生整体处于活泼好动的年龄，平均年龄在10—11岁，学生在课堂上可以集中注意力的时间为25分钟左右，这是因为小学生的无意注意和注意的抑制功能发展还不完善，再加上五年级学生是个体有意注意发展的转折点。然而五年级的孩子们在课堂学习中又是尤为活泼好动的，如果注意力不集中，就不可能有良好的学习效果，也因此阻碍了行为习惯和思维品质的形成。

三、教学目标

1. 认知目标：通过心理课，改变学生自我控制不足的心理认知，可以通过后天训练得到改变，进而让学生明白集中注意力的重要性。

2. 技能目标：教会学生注意力的训练方法和技巧，提升学生专注力的能力，使学生自觉养成在学习中集中注意力的习惯。

3. 情感态度目标：在活动中，让学生体验集中注意力带来的喜悦感。解决专注力问题后获得开心、愉悦、快乐等情绪的成就感。

四、教学重点

教会学生提高注意力的训练方法和技巧。

五、教学难点

通过训练，使学生自觉养成集中注意力的好习惯和思维品质。

六、教学过程

（一）游戏《乌鸦和乌龟》导入

在上课之前我们先做一个小游戏，大家请听游戏要求。

出示游戏要求：

（1）听到乌鸦就拍手，听到乌龟就轻轻拍桌子。

（2）漏拍、拍错的同学就悄悄地坐下。

播放音频，学生游戏。

游戏结束，在谈话中引出集中注意力及注意力的基本范围。（板书：集中注意力听、看、想、做）

通过游戏活动，我们简单了解一下什么是注意力。

出示：注意力就是将我们的心理活动指向或集中到一个事情上，而不去关注其他不相关的事情。这个注意力就像舞台上的聚光灯。

（二）走进情景《喧闹中的专注》

听故事，播放音频《喧闹中的专注》。

讨论：

（1）高士其遇到的困难是什么？他当时的心情怎样？

（2）他是怎样做的呢？

（3）高士其专注力这么强，那我们小组讨论讨论：高士其因此会收获到什么呢？

活动小结：

通过小故事让我们也看到——在小高士其的成长过程中，注意力对他的学习和人生都有着很大的影响。

【设计意图】让学生了解，在小高士其的成长过程中，集中注意力对他学习和人生的影响都很大，再次感受集中注意力的重要性。在活动中，让学生体验集中注意力带来的喜悦感。

（三）来到我的生活里，解决问题

问题：在课堂上我们现在还存在哪些注意力不集中的现象呢？

小组学习提示：（3分钟）

（1）请小组同学拿起手中的笔在卡片上写出一个这样的现象。

（2）小组讨论：你觉得他应该怎样做？运用注意力的知识给他/她出几个小妙招。

发卡片记录。

小组分享。

出示：注意力是学习和生活的基本能力，注意力既影响学习效率又影响学习成绩。

（四）注意力的训练方法

1. 布谷鸟拍手节奏

（1）大家坐直身体，双手准备好。

（2）播放音乐。（学生听音乐，跟着节奏进行活动）

2. 体验注意力之圈字母

（1）请你用最短的时间找出所有的M。

（2）结束之后，看看大家的准确率是多少？

3. 孩子针对初次练习，谈谈感受

（五）总结提升

打败拖延“小怪兽”

北京市昌平第二实验小学　李慧

一、年级学科

四年级　心理

二、背景分析

疫情期间，学生转为居家线上学习，而家长大多都已复工，大部分小学生都是独自在家学习，缺乏家长监督的情况下，学习效果完全取决于其自制力的强度。居家期间，许多学生已养成了散漫的学习习惯。在新冠病毒感染实施“乙类乙管”后，学生开始返校复课，虽已回到课堂，但大部分孩子仍旧出现了迟到、做作业不积极、做事慢的拖延情况。而拖延不仅会对学生学习产生影响，更会让学生体验到焦虑和烦躁等情绪。

调查表明，疫情后学生比较担心的问题列前三位的依次是：“学习能力不足造成自己学习差距与其他同学拉大”“通过网络学习无法很好地掌握学习内容，需要重新学习”“长时间假期造成的学习习惯不良等因素影响学习主动性，影响学习成绩”，相应的人数比例分别为 40.37％、18.55％、22.68％。较长时间居家学习导致学生学习习惯改变，复学后中小学面临重塑学生学习行为的难题。有 64.61％的学生认为自己需要 1—2 周的时间恢复学习状态。然而教师若直接对学生拖延的情况进行批评，往往会降低学生自我效能感，甚至激发其逆反行为，降低改变的动力。因此本节心理课将通过拖延“小怪兽”的设定，提升学生对于改变拖延行为的动力。

三、教学目标

1. 认知目标：学生通过找一找活动发现身边的拖延“小怪兽”。

2. 情感目标：学生通过了解拖延“小怪兽”带来的危害，主动愿意改变。

3. 行为与技能目标：学生掌握打败拖延“小怪兽”的秘诀。

四、教学重点

学生能够发现身边的拖延“小怪兽”。

五、教学难点

通过学习，学生掌握打败拖延“小怪兽”的秘诀。

六、教学过程

（一）问题引入

观察：课件展示跑步动图，提问：你们观察到屏幕左边的这个人在做什么呢？（答案：跑步）

导入主题：没错，她正在跑步，跑步是我们常见的一种运动方式，可最近有位叫小东的同学的双脚明明没有受伤，但是他却怎么也跑不起来了。我们一起来听听他身上的故事吧。

【设计意图】通过观察图片自然引出主题，激发学生的好奇心。

（二）拖延“小怪兽”的危害

小东同学的故事：以第一人称讲述小东同学被拖延“小怪兽”缠上后一系列麻烦的故事。

拖延“小怪兽”带来的危害：通过故事引导学生发现拖延“小怪兽”给我们带来的危害：“拖延‘小怪兽’出现在我们生活中，就会拖慢我们的脚步，甚至还会带来很多麻烦事。”

点出危害：作业做不好、被批评、事情越变越多。

【设计意图】通过案例故事，让学生更真实地了解拖延“小怪兽”给我们生活和学习带来的危害。

（三）打败拖延“小怪兽”的秘诀

1. 秘诀一：找到它

过渡语：这时候，肯定有同学问道：“那我们该如何打败拖延‘小怪兽’呢？”不要着急，智慧城堡派出了最聪明的大象，给我们带来了打败拖延“小怪兽”的秘诀，让我们一起来看一看都有哪些秘诀呢！

导入语：如果我们想要打败敌人，首先必须确定它的方位。接下来我给同学们呈现一些情景卡片，我们一起去找一找“小怪兽”都藏在哪里吧！

找一找活动：通过翻页卡牌增加趣味性，每张卡牌展示不同的情景（总共设置了6张卡牌：3张拖延、3张不拖延）。列举情景时选择学生生活中最常见的情况，让学生学会发现我们身边存在的拖延现象。

总结语：通过刚刚的情景卡片，同学们发现了吗？拖延“小怪兽”最喜欢藏在：“再等一等”“现在还早”“再玩一会儿”中间了。下次我们若再遇到这些情景，就可以快速认出它了。

2. 秘诀二：改变环境

导入语：找到拖延“小怪兽”之后，我们又该怎么办呢？不要担心我们还有秘诀二：改变环境。

学习环境中的诱惑：很多时候啊，我们也不想做作业半途而废，可是学习环境中总是有一些诱惑，会让拖延“小怪兽”趁虚而入。那这些诱惑究竟是什么呢？

播放视频动画：主要内容是欢欢做作业时看到漫画书在旁边，就忍不住去看漫画书了。通过视频展示环境中存在的诱惑（漫画、手机、零食等）。

总结：所以我们在学习时，要保持自己处于简单干净的环境中，具体标准可以参考我们学校的学习环境，让玩具、手机、零食等诱惑远离我们的视线，正所谓“眼不见，心不乱”，减少环境干扰自然就能更轻松地摆脱拖延，专心当下了。需要注意的是，改变环境这一步，是与拖延“小怪兽”直接对抗的过程，需要屏幕前最勇敢的你去执行！我相信你一定可以的！

3. 秘诀三：成功奖励

导入：当你执行之后，就可以领取打败拖延“小怪兽”的成功奖励了！没有听错，我们打败拖延“小怪兽”的第三个秘诀就是成功奖励！

为什么要奖励：观看小视频。（主要内容：我们大脑有时候也会被拖延“小怪兽”吸引，有奖励时大脑更愿意积极工作）

如何奖励：小视频示范与方法讲解。

奖励方法：集五角星法，即通过代币法，让学生在打败拖延“小怪兽”之后积攒五角星，当集满五颗星就可以兑换一次奖励，同时鼓励学生与父母商量制定奖励约定。

4. 总结回顾

总结语：同学们，打败拖延“小怪兽”的秘诀你都掌握了吗？我们一起来简单回顾一下！首先第一个秘诀是找到它，即发现我们身边的拖延“小怪兽”。第二个秘诀呢，是改变环境，减少学习环境中的诱惑。第三个秘诀则是成功奖励，即在打败拖延“小怪兽”后用喜欢的东西奖励大脑！

【设计意图】小学低年段学生很难自我认识到自己的拖延习惯，因此设置秘诀一寻找拖延“小怪兽”，可以激发学生主动寻找拖延的兴趣。再通过秘诀二改变环境，减少诱惑来调整拖延的习惯。最后秘诀三增加代币奖励环节，巩固学生主动改变拖延的行为。

（四）闯关游戏

导入语：好了，秘诀大家都掌握了吗，我们一起来做个闯关游戏吧！

第一关（考察秘诀一）：请问以下哪种情景中出现了拖延“小怪兽”？

（1）周五布置的作业，乐乐想着还早，等周日再做吧。

（2）东东喜欢在院子里玩耍，当妈妈呼唤他回家，他能立马停下玩耍，直接回家。同学们你选1还是2呢？

第二关（考察秘诀二）：我们做作业时，旁边可以放手机吗？1. 可以。2. 不可以。请选择！

第三关（考察秘诀三）：请问以下做法正确吗？丽丽在与拖延“小怪兽”战斗前就把作为奖励的零食吃了。1. 正确。2. 错误。请选择！

总结：亲爱的同学们，你猜对了吗！如果你都答对了，恭喜你，闯关成功！你们本节课的表现非常棒！期待同学们成功打败拖延“小怪兽”！好了，又到该和大家说再见的时候了，谢谢同学们的认真聆听，我们下节课再见。

【设计意图】通过简单的测试闯关游戏，巩固学生对本节课重点的掌握，增加课堂的互动性，同时增强学生对打败拖延“小怪兽”的信心！

学会沟通　和谐相处

北京市昌平第二实验小学　胡建丽

一、年级学科

六年级　心理

二、背景分析

《北京市中小学心理健康教育工作纲要（修订）》中指出，小学高年级心理健康教育的内容及要点中包括："进一步了解人际交往的意义与作用，与他人和睦相处，良好的师生关系和同伴关系，学习与家长沟通的正确态度和方法。"

对于六年级孩子来说，他们的一般年龄是11—12岁，正处在生理和心理特点变化明显阶段，虽然开始有了一些自己的想法，但是辨别是非的能力还有限，社会交往缺乏经验，经常会遇到很多自己难以解决的问题。

通过对本校六年级学生的调查发现，75.3%的学生因为不同原因与家长沟通时发生过愤怒的情况，而在调查过程中也发现65.9%的学生因为沟通问题与同学之间发生过冲突和矛盾的情况。

在同伴沟通方面，六年级孩子的自主意识逐渐强烈，喜欢用批判的眼光看待其他事物。在与同伴相处时比较敏感，情绪不稳定，有时甚至出现矛盾冲突。在亲子沟通方面，父母由于工作忙或其他原因，在与孩子相处时常常忽视他们的感受，因而引起亲子沟通不畅，有时甚至出现矛盾，所以孩子需要被看见、被关注。

因此，帮助学生建立良好的人际关系，应从协助学生形成正确的人际交往态度、获得有效的人际沟通技能开始，通过不断地实践和学习提高自己的沟通能力。

三、教学目标

1. 通过体验，让学生初步学会沟通的技巧。

2. 调动学生多感官活动，全方位参与，使他们倾听、表达、解决实际问题等能力得到提升。

3. 通过各种活动，让学生自主解决沟通中的困惑问题，养成乐于沟通和敢于敞开心扉与人沟通的习惯。

四、教学重点

引导学生建立自我觉察意识，初步学会沟通的技巧，自主解决沟通中的困惑。

五、教学难点

把掌握的沟通技巧运用到学习和生活中，在与他人互动中提高沟通能力。

六、教学过程

（一）团体游戏

1. 体验活动："一起来撕纸"

体验活动分成两种形式，同时进行。

1—3 组学生在老师的指令下参与活动。要求：同学之间不能商量、沟通，各自根据老师的指令撕纸。

4—6 组学生以小组为单位，按照撕纸的要求进行活动。要求：同组之间可以一边沟通交流一边撕纸，看看哪个小组能撕出一模一样的图形？完成后的小组共同举手示意。

教师发布指令：1—3 组学生闭上眼睛，全程不许问问题。把纸对折，再对折，把右上角撕下来，把左上角也撕下来。（选择一组撕纸贴在黑板上）

看一看：4—6 组完成后，教师引导学生把手中的纸举起来，大家看一看哪组成功了。（选择一组撕纸贴在黑板上）

2. 交流分享

师：成功的小组你们是如何撕出来一模一样的图形的？哪个小组愿意跟大家分享一下你们的成功经验。

学生分享撕纸成功经验。

3. 教师小结

从大家的分享中我们知道了成功需要良好的沟通，在沟通中最重要的是什么？对！准确地表达和领会他人的信息，并能与他人达成共识，会让我们成功率更高，合作得更愉快。

同学们，在我们成长的道路上会遇到很多需要沟通的情况，比如：当我们与同学或父母发生矛盾时，有时候我们会感觉不知从何说起，感觉很无助，今天就让我们一起来学习沟通的技巧。

【设计意图】通过撕纸游戏，让学生体验和感受到良好沟通中信息交流的重要性。

（二）学习沟通技巧

情景一：同学之间

小明快迟到了，在匆忙中撞到了小军，他还没有来得及道歉，小军就骂道："你没长眼睛啊！干嘛撞我！"小明说道："你才没长眼睛呢！我又不是故意的！"于是，两人争吵起来。

观看情景剧，思考：

小明和小军此时心里是什么感受？

面对这种情况，我们怎样帮助他们呢？

学生以小组为单位进行交流讨论，也可以通过情景剧的形式演出来。

教师提问：我们看到改编后的情景剧中，小明和小军的关系发生了怎样的变化？为什么会发生这样的变化？学生思考回答。

教师小结：当同学之间发生冲撞时，我们及时表达歉意、主动沟通，能体现出我们真诚有礼的素养，这是沟通解决问题的一个技巧。（板书：主动沟通）

从这个情景剧中我们看出：沟通不仅可以传达信息，还能通过沟通来表达情感。

情景二：亲子之间

今天放学回到家，小兰兴高采烈地来到爸爸面前说："爸爸，周五我们要开运动会啦！您觉得我报名 100 米跑还是 800 米跑？"爸爸一边看手机，一边心不在焉地说："你说什么？"小兰说："您觉得我报名哪个项目好啊？"爸爸随口说："报跳高吧！"小兰说："我根本就没有说跳高，您就知道看手机，一点都不关心我！"于是小兰转身就走了。

师：请大家观看第二部情景剧《亲子之间》。我想采访一下情景剧中的孩子遇到这样的情形，带给你怎样的感受？你希望爸爸这时怎样做呢？你可以跟爸爸怎样沟通呢？

学生思考回答。（板书：用心倾听）

教师小结：正如大家所说，当我们身处其境时，要控制自己的情绪，可以跟爸爸耐心地沟通，告诉他你的感受和想法，我想下一次他一定会用心倾听的。

情景三：视频小故事

师：接下来，让我们一起来观看一个视频故事吧！看了这个视频你有什么感受？

学生思考回答。

教师小结：是啊！由于我们各自的角色不同，立场不同，有时我们很难了解对方的感受。因此，对他人的做法我们要进行换位思考，尊重理解他人。

（板书：换位思考）

【设计意图】通过调动学生多感官参与活动，促使他们倾听、表达等能力得到提升。

（三）解决“我的沟通小困惑”问题

教师引导学生拿出自己课前写好的“沟通小困惑”问题，进行小组内交流讨论，并运用沟通技巧解决自己的沟通困惑或者帮助同学想办法解决沟通困惑。

师：接下来，请大家拿出你的“沟通小困惑”进行小组内交流讨论，也可以请同学帮忙想办法解决。

谁来跟大家分享一下你想怎样解决自己或者同学的沟通小困惑呢？

分享要求：

你分享的沟通困惑是什么？

你想用什么技巧解决谁的沟通困惑？

【设计意图】通过讨论交流、分享的方式，让学生运用所学沟通技巧，解决实际困惑。

（四）总结、提升

师：同学们，通过今天的学习，你对沟通有了什么新的认识？

学生分享所学内容和收获。

师：在与人沟通方面，你觉得自己还存在哪些不足的地方，接下来你打算怎样做呢？

学生觉察自己的不足，思考分享改进办法。

教师总结：今天，同学们用学到的这些沟通技巧不但帮助他人解决了沟通中的问题，同时也解决了自己的“沟通小困惑”，希望在今后的学习和生活中，大家能够更好地与他人沟通、和谐相处，收获更多的快乐与幸福！

第五章　艺术与审美课程群

本部分以音乐、美术、书法为主阵地，将音乐、美术、舞蹈、声乐等相关内容融入课程中，抓住小学阶段儿童喜爱表演与模仿的天性，为学生搭建丰富多彩的展示空间，实现以美育人、以美化人、以美润心、以美培元，引领学生在健康向上的审美实践中感知、体验与理解艺术，逐步提高感受美、欣赏美、表现美、创造美的能力，让学生在艺术展演中成长，收获一项好才艺。

面　　塑

北京市昌平第二实验小学　李贵东

一、年级学科

三年级　美术

二、背景分析

《义务教育艺术（音乐）课程标准（2022年版）》指出：以习近平新时代中国特色社会主义思想为指导，以落实核心素养为主线，引导学生积极参与各类艺术活动，感受美、欣赏美、表现美、创造美，丰富审美体验，学习和领会中华民族艺术精髓，增强民族自信心与自豪感；了解世界文化的多样性，开阔艺术视野。充分发挥艺术课程在培育学生审美和人文素养中的重要作用。

本课通过对传统面塑基本技法的学习，让学生逐渐深入了解面塑，培养学生热爱民族艺术，提升学生的艺术素养。

在抗击新冠疫情这个特殊时期，学生停课不停学，利用网络接受老师的指导，《面塑》这一课，我结合这个特殊时期的特点，考虑到传统面塑材料不好准备，便教学生创作"食用面塑"，把我们平时吃的馒头通过面塑技法变成生动的小动物馒头。在老师的指导下，在家长的帮助下，在学生的创作下，完成精美有创意的面塑作品，充分体验艺术创作的乐趣，感受传统文化的魅力。

三、教学目标

1. 审美感知：初步了解面塑文化，学会运用剪的技法，并结合已学面塑技法进行面塑创作。

2. 艺术表现：让学生从不同角度了解面塑，体验面塑，创作面塑。

3. 创意实践：采取体验式学习方式，创作可食用面塑，使美术与生活有机结合，增强体验，提升学习效果。

4. 文化理解：通过了解面塑，体验面塑，创作面塑，感受面塑文化的魅力，提升美术素养。

四、教学重点

初步了解面塑文化，学会运用剪的技法，并结合已学面塑技法进行面塑创作。

五、教学难点

学生对面塑剪制技法的灵活应用，并结合已学面塑技法进行面塑创作。

六、教学过程

（一）生活导入，感受文化

我们在商场、公园和庙会上经常看到捏面艺人的精彩表演。

“面人”也叫“面塑”，今天我们就来学习“面塑”一课。别看面塑作品不大，但是它的历史很悠久，从新疆吐鲁番阿斯塔那唐墓出土的面塑文物来推断，距今至少已有一千三百四十多年了。南宋《东京梦华录》中对捏面人也有记载：“以油面糖蜜造如笑靥儿。”那时的面人都是能吃的，谓之为“果食”。

随着面塑的发展，分成两类：一种是精美的面塑，主要用于观赏，我们叫它“观赏面塑”。另一种是既好看又好吃的面塑，我们叫它“食用面塑”。

图 1　观赏面塑和食用面塑

设计意图：谈话导入，使学生进一步了解面塑小知识，引出课题。

（二）技法体验，领悟特点

1. 体会“食用面塑”特点

通过普通馒头和小刺猬的面塑作品对比，深入了解“食用面塑”的特点。

2. 初步体验技法

(1) 教师示范小刺猬的创作技法。

(2) 面团揉成水滴状，用剪刀在面团上面一排一排地剪，用剪刀分层剪出刺猬的硬刺，用两颗红豆做出眼睛。

3. 举一反三，探究技法

(1) 剪的技法在面塑当中应用是非常广的，我们一起来看图片欣赏。

(2) 学生边看边研究剪的技法。

(3) 强调易错的地方。

图2　食用面塑

【设计意图】给学生以强烈的直观感受，为更好地自主探究技法做准备。

（三）共同创作，分享快乐

1. 在家长的帮助下把创作好的作品放到蒸锅里去蒸。

2. 和家长一起品尝艺术创作的果实。

图3　学生作品

【设计意图】品尝艺术创作成果，品味面塑文化。

图4　学生作品

【设计意图】参考面塑作品，发挥想象，展示艺术创作成果，品味面塑文化。

（四）真情实感，体会分享

1. 和家长说一说自己此时的内心感受。

2. 在家长的帮助下，可以把此次艺术创作精彩瞬间以照片的形式分享到微信群或爸爸妈妈的朋友圈里。

小花猫在睡觉

北京市昌平第二实验小学　许嘉

一、年级学科

二年级　美术

二、背景分析

《义务教育艺术（音乐）课程标准（2022年版）》中指出："通过造型·表现"，使学生掌握美术知识、技能和思维方式，并能够围绕题材，提炼主题，采用平面、立体或动态等多种表现形式表达思想和情感。

《小花猫在睡觉》一课是教育部2013年审定义务教育教科书美术二年级上册第三课的内容，属于"造型·表现"领域。在以往的学习中，学生已经初步学习了用基本形概括表现动物特征的方法，可以将之前学过的知识与技能迁移到本课，使学生能够快速抓住小花猫的基本特征。本课通过学习画面主次关系的表现，进一步深入学习构图方法，为在创作中合理安排画面打下基础。在造型方面，侧重引导学生回忆、体验、观察小花猫睡觉时的不同睡姿，如何富有创造性地表现小花猫睡觉，如何将故事画得生动有趣。在构图方面，引导学生学会表现画面的主次关系。

小花猫是儿童喜爱的小动物之一，学生对于小花猫是比较熟悉的。本课既注重激发学生对小动物的兴趣，引导学生体验造型活动的乐趣，又注重培养学生敢于联想与表现，从而使学生产生对美术持久的学习热情。

三、教学目标

1. 审美感知：观察、概括小花猫各种睡姿的方法，了解画面的主次关系。

2. 艺术表现：学习画面主次关系的表现方法，能大胆想象并表现出小花猫睡觉时有趣情景。

3. 创意实践：学生在课堂上通过回忆、观察、表现，学会概括小花猫睡觉时的姿态，通过分析画面，学会有主次地安排画面，通过想象小猫睡觉时发生的趣事，以自主探究式学习方法完成造型表现的过程。

4. 文化理解：通过描绘小花猫睡觉的过程，激发学生对小花猫的感情和对动物的喜爱之情，培养学生善于发现生活中的趣事和热爱生活的情感。

在参与美术活动的过程中激发学生的学习兴趣，在自主探究的过程中建立自信心，体验探究的乐趣与成就感。

四、教学重点

怎样通过大和小及线条的变化表现画面的主次关系。

五、教学难点

画面有主有次并富有想象力。

六、教学过程

（一）游戏导入新课

做游戏，“我画你猜”。

师：老师画的是什么？

学生回答：一只正在睡觉的小花猫。

出示并板书课题：《小花猫在睡觉》。

【设计意图】通过做游戏引出课题，激发学生对本课学习的兴趣。

（二）新课讲解

1. 调查汇报：小花猫睡觉的姿势

出示小组任务单：小花猫睡觉的时候都有哪些睡姿呢？

（1）小花猫是我们特别喜爱和熟悉的小动物之一，它们喜欢______睡觉，______活动。

（2）我们组找到的小花猫的睡姿是______。

（3）请你简单描述一下找到的小花猫的睡姿。

小组汇报：

A组：我们组经过调查发现小花猫喜欢白天睡觉，晚上活动。它们在睡觉的时候有仰面睡的和趴着睡的。仰面睡的小花猫它的四肢在身体两侧伸展开来，很舒服；趴着睡的小花猫的头枕在两只伸展的前爪上，睡得很香甜。

B组：我们组经过调查发现小花猫喜欢白天睡觉，晚上活动，跟一组的答案一样。它们在睡觉的时候有侧着睡的和团成一团睡的。侧着睡的小花猫四肢蜷在身体的一侧，睡得太香了；团成一团睡觉的小花猫在睡觉的时候将身体团成一团，有的小花猫的四肢都藏在了身体的下面，有的小花猫的头枕到了蜷着的前肢上。

2. 讨论小花猫在哪睡觉以及睡着之后发生的事情或做的梦

(1) 如果你是一只小花猫，你会选择睡在什么地方呢？

学生回答：地毯上、沙发上、书架上……

(2) 小组探讨：小花猫睡着之后会发生哪些有趣的事情或者会做什么梦呢？

组长汇报：小花猫睡着之后梦到自己成为一个歌唱家。

小花猫睡着之后梦到自己变成了孙悟空跟随唐僧西天取经了。

教师示范：观看教师示范视频，学习创作方法。

出示教师作品：欣赏教师作品。

出示学生作品：欣赏学生作品及书中的作品。

3. 探究画面的主次关系

师：这几幅作品是怎样体现画面主次关系的？

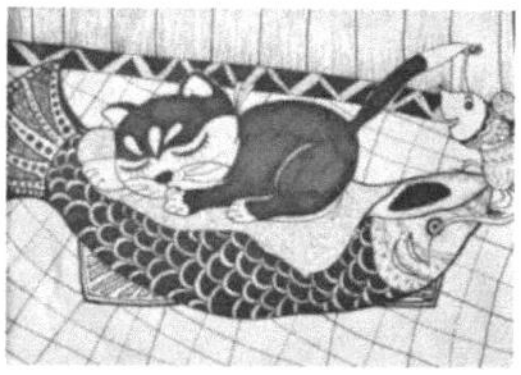

小组探究并汇报：

C组：我们组选的是第 2 幅和第 4 幅作品。这两幅作品都是通过画面中的大小对比来体现画面的主次关系的。睡觉的小花猫它在画面中画得比较大，其他的画得比较小。所以小花猫是主体。

D组：我们组选的是第 3 幅作品。这幅作品是用疏密变化的线条来衬托主体小花猫和次要小老鼠的。

E组：我们组选的是第5幅作品。这幅作品中的小花猫，它的颜色在画面中特别突出，一块白一块黄的，在线条的背景下显得特别突出。

【设计意图】通过观察生活中小花猫睡觉的姿势，启发学生的想象力和创造力，提升学生的造型能力。通过直观演示，解决教学重点和难点。

三、艺术实践

（一）出示艺术实践要求

作业：请你发挥想象力，创作一幅小花猫睡觉的故事画。

要求：

（1）画面有主次关系并富有想象力。

（2）形象表现准确。

学生绘画，教师巡视指导

【设计意图】通过作品拓宽学生的思路，同时播放柔美的音乐，让学生身临其境尽情创作，充分发挥学生的绘画能力及想象能力。

四、展示评价

将学生作品张贴在黑板上，请学生上前介绍自己的作品。

【设计意图】师生互动进行作业展评。这种类似现场直播般的作业交流，一方面充分发挥了学生的主体作用，使学生的情感得到满足，让学生享受创造美的成功喜悦。另一方面，加强了学生间的交流，提高了其语言表达能力。

五、课后拓展

介绍几种表现小花猫的方式，学生欣赏并倾听教师的讲解。

小小旅行壶

北京市昌平第二实验小学　范增宇

一、年级学科

四年级　美术

二、背景分析

《义务教育艺术（音乐）课程标准（2022 年版）》中关于“设计・应用”领域的学习说明中指出，在这一学习领域中的教学应遵循学生认知发展规律，从学生实际出发，教学内容的选择要贴近学生的实际，联系社会，加强趣味性、应用性，使学生始终保持学习的浓厚兴趣和创造欲望，培养创新思维能力。本单元设计意图是结合生活的需求培养学生的设计能力，充分发挥学生的想象力和创造力，使学生在功能设计中感悟美术与生活之间的联系，体验设计的乐趣，培养学生“物以致用”的设计思想，进行有目的的创意、设计表现活动，发展学生的创新意识和创造能力。

《小小旅行壶》这一单元划分为市场调查、绘制设计图、实地考察参观这三个教学板块。通过对知识点的梳理、概括和整合，让学生体验完整的设计过程，同时培养学生“物以致用”以人为本的设计理念。课程开展过程中，为了让学生更加明确地完成课程目标，教师设计了市场调查、任务单填写等环节，增进学生对课程的理解与学习。

本单元的授课对象为四年级学生，该年龄段的学生具有一定的美术学习基础，基本能够完成美术学习任务。在创新能力方面 75％的学生表现优秀，20％的学生能力一般，但整体来说还是具有较强创新能力的。学校日常注重培养学生的语言沟通能力、问题提炼能力、汇报能力、小组合作等综合能力。基于以上调查结果，通过小组合作、协作探究的形式开展课程，以及通过小组间的取长补短，团结协作，发挥优势特长，能够在很大程度上提高学生的课堂参与度，激发学生学习热情和创新能力。同时网络信息时代获取信息的途径多样化，学生可以通过各种途径获取信息，开阔眼界和思路，活跃思维。

三、教学目标

1. 审美感知：关注身边事物，了解旅行壶形态与功能的关系。

2. 艺术表现：根据旅行壶的用途提出设计构想，用手绘草图或效果图的方法加以呈现。

3. 创意实践：通过搜集资料、观察分析、小组讨论、作品对比、体验探究、教师示范等多种教学方法，引导学生思考设计旅行壶的方法，启发学生大胆创新，并感受“物以致用”设计理念，培养创新思维能力。

4. 文化理解：培养学生关注身边事物，以及勤于观察、敏于发现、善于思考的学习习惯，通过多角度的设计培养学生关心环境与生活的美好愿望。

四、教学重点

了解旅行壶的设计方法，发挥想象力，结合实际生活设计旅行壶。

五、教学难点

用手绘草图或效果图的方法表现旅行壶的设计构想。

六、教学过程

（一）创设情境

龙娃娃设计公司项目讨论，上次课同学们进行了市场调查。（观看参访视频）

（二）提出问题

结合调查结果，人们选择旅行壶时注重哪些方面？根据小组讨论的结果，学生结合预学进行汇报，同时发现问题，提出问题。（制定学习任务单）

（三）根据学习任务单，小组合作展开探究式学习

（四）看书分析

学生终端（Pad）出示多幅书中图片，请小组讨论回答图中问题

（五）教师总结

生活中有各种各样的旅行壶，旅行壶的造型、携带、容量、方便卫生（结构）都是根据实际需要进行设计的。

（六）小组探究

结合课前实际调查，团队讨论一下，你们团队准备设计一个什么样的旅行壶。请团队进行汇报。

提出问题：

1. 受众人群？为谁设计？

2. 设计一个什么样的旅行壶？

（七）教师示范

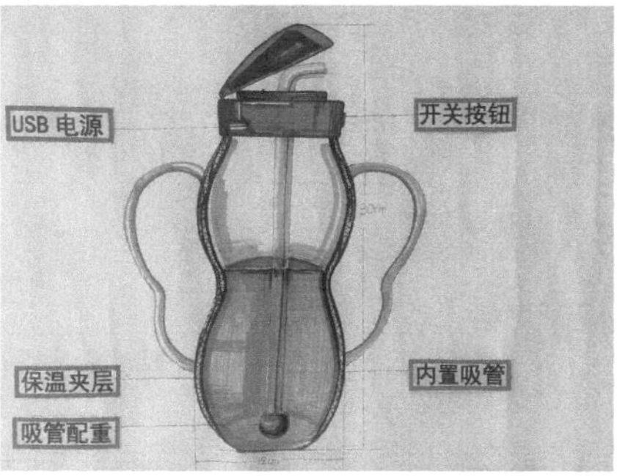

图 1　旅行壶

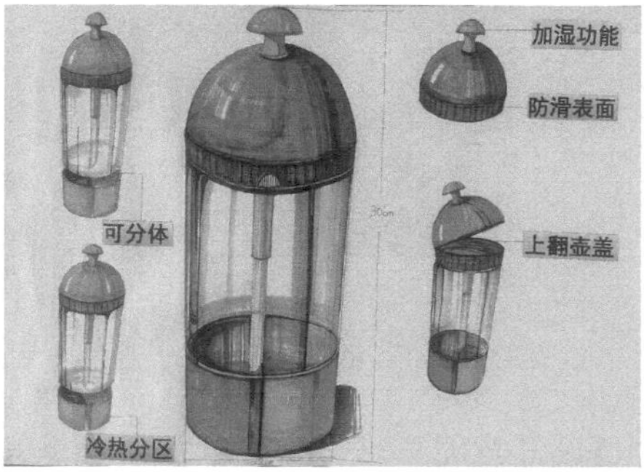

图 2　旅行壶

（八）实践任务

结合实地调查，根据团队制定的设计思路设计旅行壶。

设计要求：

1. 绘制设计草图并标记功能。

2. 设计具有实用性、可操作性。

3. 保持教室卫生。

【设计意图】学生进行美术表现，将自己的设计构思表现在纸上，从而培养学生的动手实践能力。

（九）评价任务

教师组织学生开展评价任务，学生进行作品展示并进行自评互评。

图3　项目方案研讨会

【设计意图】培养学生欣赏、分析、评价能力，进一步发散思维，使学生加深对“物以致用”的设计理念。

头　　饰

北京市昌平第二实验小学　齐雪桐

一、年级学科

二年级　美术

二、背景分析

（一）实施美育的指导思想

新课标中指出，美术课程设计要坚持以美育人：以习近平新时代中国特色社会主义思想为指导，以落实核心素养为主线，引导学生积极参与各类艺术活动，感受美、欣赏美、表现美、创造美，丰富审美体验，学习和领会中华民族的艺术精髓，增强民族自信心与自豪感；了解世界文化的多样性，开阔艺术视野。

本课以任务驱动的形式展开探究，构建校庆展演的情境，让学生在情境中探究头饰的魅力，分小组设计制作头饰，以学生体验为主，引导学生自主探究。学生通过本课的学习，了解头饰的艺术特色，造型手法及其他相关知识，感悟头饰的艺术美，同时领略我国各民族头饰的魅力，激发学生对民族文化的向往。

（二）教材内容分析

新课标中指出，美术课程的设计思路要适应学生发展，聚焦核心素养，体现艺术学习的特点。本课选自义务教育教科书小学美术二年级上册第十九课，是继《新颖的小钟表》《彩蝶》《不倒翁》《看谁的风轮转得快》等几节以纸造型为主的设计·应用课后，一节以纸造型为主的综合·探索课，让学生初步了解国内外不同风格的头饰，能根据创编的故事用多种方法设计制作头饰，并尝试进行综合艺术实践。本课注重体现“综合·探索学习”领域的综合性，引导学生主动探索、研究、创造以及综合解决问题。

（三）学生情况分析

通过第一课时《走进动漫世界》的学习，学生已经准备好自己喜欢的动漫人物，结合角色需要，由学生分组选择设计、制作的头饰题材。根据实物和小组汇报，使学生更深入地落实头饰制作的要领和细节，头饰设计选择材料，分工、合作进行头饰制作。二年级学生均有发展的特殊性与差异性，本课扩大了学生探究活动的空间和机会。学生在佩戴头饰排练和演出中亲密合作，增加了同学之间的互相沟通，加强了友谊和团结。学生在学习制作头饰的过程中多了自由的思想和想象，多了自由的发挥。

三、教学目标

1. 审美感知：初步了解国内外不同风格的头饰，知道不同的头饰意义也不同。

2. 艺术表现：能根据语文教材或创编故事中的角色需要，用多种方法设计制作一个简单的头饰，并小组合作进行节目排练。

3. 创意实践：通过欣赏、观察、探究了解不同地区不同民族的头饰具有不同的意义。通过演示、制作、合作探究、创编、表演等活动，制作完成需要的头饰，并进行课本剧排练。

4. 文化理解：初步了解不同地区不同民族头饰的不同意义，培养学生探索、合作学习及综合实践的能力，体验探究性学习活动的乐趣。加强对民族传统文化的传承与保护，使学生在创作中了解头饰，体验自然之美，废物利用，加强生活中的环保意识。

四、教学重点

了解头饰相关知识，掌握头饰造型特征，学习头饰的制作方法，并运用多种形式制作头饰。

五、教学难点

根据相应的故事角色，运用生活中的废旧材料制作头饰。

六、教学过程

（一）情境导入

创设情境：以校庆为切入点，推出以相应的展演活动为背景，运用视频任务的形式展现出来。

马上就要到实验二小20岁的生日啦，校长说要为我们20年校庆准备一个超大型的课本剧展演，需要同学们制作课本剧中重要的道具——头饰。

问题：头饰应该怎样制作呢？

【设计意图】创设情景，通过校庆引出课题，激发学生对本课学习的兴趣，贴近生活，提高课堂参与度。

（二）知识讲解

1. 头饰小讲堂——课后任务汇报

通过课后的调查学习，掌握头饰历史，了解头饰是指戴在头上的饰物。与其他部位的首饰相比，头饰的装饰性最强。

中国汉字中美术的“美”字，其实就是一个戴着头饰的人。有人说它带着一个羊头头饰，有两只角；有人说像是带着两根长长的翎毛，而“美”字就像人带着羽毛头饰翩翩起舞的样子。

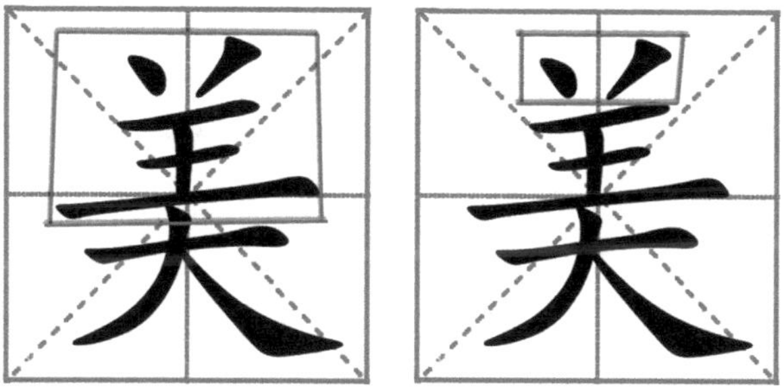

图 1　中国汉字“美”

【设计意图】了解头饰相关知识，提高学生提炼信息的能力，提升文化理解能力。

2. 一起来欣赏——中国的少数民族头饰

问题 1：少数民族头饰运用了哪些材质？

问题 2：头饰的造型有什么特殊的意义吗？

【设计意图】体验民族文化的多样性与统一性，感受传统文化的美。

3. 完成任务单——小组讨论

【设计意图】回归任务本身，发散学生思维，针对校庆展演提出详细问题，引导学生深入探究。贴近自身生活，增强学生的学习兴趣，锻炼学生总结表达能力。

20年 润泽生命

设计思考

二十年校庆课本剧展演，你们组想表演什么故事？

故事中有什么人物？

4. 头饰的基本制作——看书学习

通过书中的制作步骤，了解头饰分为头围与人物两大部分。

问题 1：书中的头饰是如何制作的，如何改变大小？

问题 2：还有哪些方式可以改变头围大小？

【设计意图】锻炼学生整理分析能力，通过分析头饰的组成部分解决本课的重难点，培养学生的观察能力。

（三）教师示范

1. 教师制作

出示教师制作的两个头饰人物形象，引导学生观察分析。

图 2　教师作品

（1）先制作简单的平面人物形象。

（2）运用扭扭棒制作兔子的胡子，彩泥制作嘴巴，卡纸制作卷筒当鼻子。

问题1：两个头饰人物有什么区别？

问题2：添加了哪些辅助用具？

问题3：平面头饰和立体头饰哪个更适合课本剧展演？

（四）小组汇报与制作

1. 小组汇报

（1）你们组想表演的是什么故事？

（2）故事中有哪些人物？

（3）可以用哪些废旧材料制作？

【设计意图】学生通过小组分析的方式，在了解头饰的基本制作步骤的前提下，能够根据不同的故事内容找到更适合自己的制作方法和制作材料，为之后的设计制作做好铺垫，同时进一步体会设计来源于生活。

2. 学生利用搜集到的废旧材料，梳理设计思路

（1）根据废旧材料的不同形态与材质制作头饰。

（2）夸张头饰人物的特点。

（3）添加头饰细节。

3. 明确制作要求

（1）各组合理分工，整理各小组相应的故事人物及其特性。

（2）运用废旧材料制作头饰。

（3）运用特殊工具时注意安全。

（五）展示与评价

展示头饰。

学生根据本组相应的小故事，对其人物展开故事创编，可结合语文课本中的故事，也可结合舞蹈课中的简易舞蹈，配合本课学习并制作的头饰进行小型的展示活动。

【设计意图】融入跨学科学习，通过创设情境探究问题，提高学生的综合探索和小组合作能力，以及培养学生的表达能力。

附：板书设计

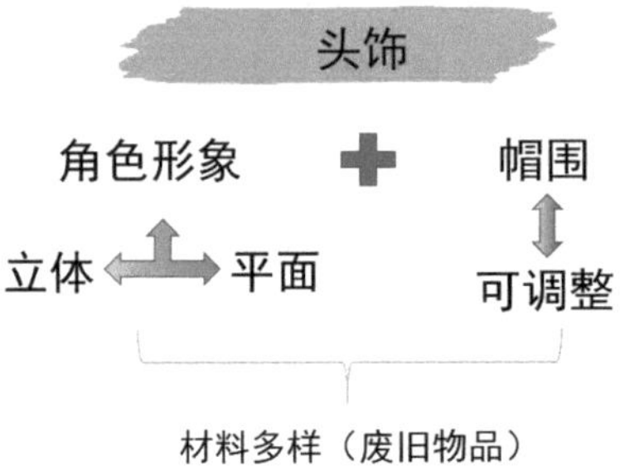

多样的小饼干

北京市昌平第二实验小学　陟尚

一、年级学科

一年级　美术

二、背景分析

本课选自义务教育教科书小学美术一年级上册第六课，属于“设计·应用”学习领域，根据美术新课标的要求，低段教学要注重引导学生感知身边的美，并大胆地表达自己的情感、想象和理解，激发学生表现美、创造美的兴趣。本节课根据学生年龄特点，采用多种教学手段，以知识构建为目标，尊重学生的认知发展。通过创设情境，培养学生的设计意识，通过对泥塑的简单技法以及装饰的研究，将带有设计意识的研究方式潜移默化地融入学生的课堂学习中，学生学习了体验设计活动的乐趣。本课的授课对象是一年级学生，一年级学生思维活跃，在本册第一课《涂涂画画》中，学生学习了简单的色彩搭配；在第二课《图形变变变》中，学生认识了基本图形；在第三课《可爱的家》中，学生学习了各种方形的组合；在第四课《找妈妈》中，学生学习了以圆为基本型进行动物的表现。基于以上内容，学生对基本图形有了深刻的认识，能够用撕纸及绘画的方式表现简单的平面图形，为本课制作小饼干的基本型打下了良好的基础。学生在第五课《玩泥巴》中已经体验、感知了泥的可塑性，尝试了揉、压、捏等基本技法，为本课的造型设计做了铺垫。

小饼干是学生熟悉而喜爱的食品，本课中的“小饼干”并不仅限于泥塑饼干，而是着重培养学生的设计意识。通过创设情景，欣赏饼干、设计饼干等活动方式，激发学生的学习兴趣，体验泥塑创作的乐趣，潜移默化地引导学生进行研究、探索、尝试。低年级学生年龄小，阅历少，主动注意力持续时间短，动手能力弱，表达能力有限，因此本课的教学内容应充分调动学生学习的积极性，培养学生的学习兴趣。除了知识与技能的研究外，还有帮助学生养成好的学习习惯，为之后更加深入的学习打下坚实基础。本节课利用所学搓、捏等新技法，设计形状、色彩、花纹多样的饼干，进一步培养学生的创作能力。

三、教学目标

1. 审美感知：引导学生感知身边的美，学习掌握不同的技法，制作形式多样的小饼干，激发学生表现美、创造美的兴趣，培养学生的设计意识。

2. 艺术表现：运用揉、搓、捏、压的技法，制作形式多样且有创意的小饼干。

3. 创意实践：通过学习技法和观察图片，引导学生自主探究，了解小饼干的形状和颜色，学习使用丰富的颜色和纹理装饰小饼干，利用小组讨论的学习方式完成小饼干的创作，提高美术创造能力。

4. 文化理解：通过本课的学习，引导学生巧妙利用身边物品的肌理效果制作饼干，增强学生的创新意识，培养学生的观察能力和手眼协调能力，以及培养学生细心观察的好习惯，增强学生对生活的热爱之情。

四、教学重点

1. 运用揉、压、搓的基础技法，制作造型多样的小饼干。

2. 灵活运用所学技法，为小饼干添加好看的装饰，美化小饼干。

五、教学难点

巧用身边的各种工具结合所学习的基本技法，制作多样的小饼干。

六、教学过程

（一）问题导入，激发兴趣

1. 课件出示问题，请学生们说一说喜欢的饼干是什么样子的？

2. 学生分享自己喜欢的饼干的形状、颜色及口味。

3. 出示课题《多样的小饼干》。

（二）新课讲解和讲解示范

1. 复习技法，课件出示揉、压的图片，引导学生观察说出相关技法。

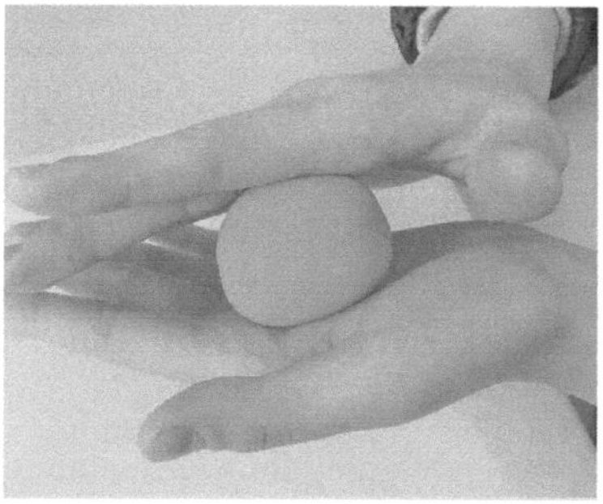

图1　揉

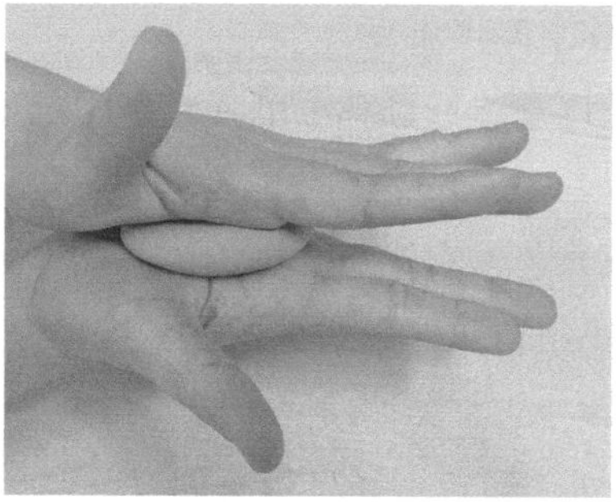

图2　压

2. 看书学习新技法——搓，第一次自己探究尝试搓的技法，尝试后发现问题、提出问题。

【设计意图】通过复习、观察思考，尝试培养学生独立思考及动手实践的能力。

3. 教师现场示范面塑技法——搓的难点及注意事项。

课件出示不同造型的饼干图片，学生观察并思考，在制作这些饼干时哪些地方有难度？

图3　饼干

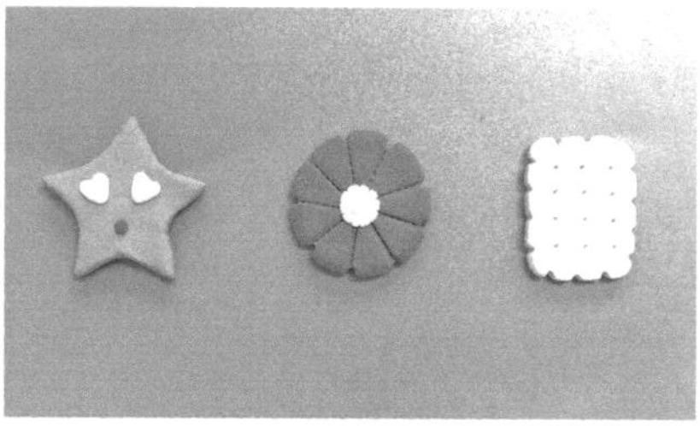

图4　饼干

小组讨论并尝试解决问题，说一说解决的方法。如饼干外形如何制作？饼干上的花纹可以用什么工具？

【设计意图】培养学生发现问题、提出问题、解决问题的能力，在了解技法的同时，发现制作小饼干存在的难点。

教师结合学生提出的问题，借助不同的工具进行示范，解决饼干在外形和纹理制作上的重难点。

【设计意图】直观示范突破本课重难点，激发学生的学习兴趣，为自主创作做好铺垫。

（三）艺术实践

以小组合作的形式运用揉、搓、捏、压的技法，制作形式多样的小饼干。

实践要求：

1. 饼干形状多样且富有创意。

2. 制作精细并进行装饰。

（四）展示评价

1. 通过自评、师评的方式介绍自己创作的作品。

2. 评价要点：引导学生从所学知识、制作优点及不足等方面来评价。

（五）课后拓展

出示具有不同功能、形式多样的小饼干，拓展学生的思路。推荐《饼干城堡》这本绘本故事书，与语文相结合，挖掘学生感兴趣的情景材料，引导学生知识和技能的有效迁移。

手绘导游图

北京市昌平第二实验小学　谭乃千

一、年级学科

四年级　美术

二、背景分析

（一）实施美育的指导思想

美术新课标中关于“设计·应用”领域的学习说明中指出，在这一学习领域中的教学应遵循学生认知发展规律，从学生实际出发，使学生始终保持学习的浓厚兴趣与创造欲望，培养学生的创新思维能力。在“设计·应用”的课程中，有效的导入环节会直接影响学生对课程学习的兴趣与效果，让学生在有效导入中全面地思考问题，培养学生的设计意识，让学生理解设计的目的是更好地服务生活、改变生活。教学内容的选择要贴近学生的实际，联系社会，加强趣味性、应用性，使学生始终保持学习的浓厚兴趣和创造欲望，培养创新思维能力。

同时教学实施建议中指出，美术教学要营造有利于激发学生创新精神的学习氛围，设置问题情境，提供原型启发，引导学生进行观察、想象和表现等活动，鼓励学生独立思考，发现问题，形成创意，并运用美术语言和多种媒材创造性地加以表达、解决问题。

（二）教材内容分析

本课是义务教育教科书小学美术四年级上册第十七课，属于“设计·应用”领域课程。上接低年级的简单组合初步体验，下接高年级的多种形式改善生活的设计理念，在小学阶段设计·应用的课程中，起着承上启下的作用。

（三）学生情况分析

在日常的教学中，我发现我校四年级学生已经有了一定的造型能力，但在创意、想象力方面，及综合应用方面还有待提升。针对此特点，创设龙娃娃设计公司的情境，调动学生思维的积极性，让学生融入情境。学生自主提出问题、解决问题，从实际生活出发，激发学生学习兴趣，培养学生对生活的热爱之情。

三、教学目标

1. 审美感知：关注身边事物，初步了解导游图的特点，理解导游图和地图之间的关系。

2. 艺术表现：学习手绘导游图的制作方法，为生活中的情景问题设计导游图。

3. 创意实践：通过学生发起求助信息的形式导入，激发学生学习兴趣；通过创设设计公司的情境，引发学生对导游图的思考；通过观察、对比、分析探究等方法，感悟导游图的实际应用价值与创作过程，设计一张为生活服务的导游图。

4. 文化理解：通过对生活实际问题的解决，培养学生热爱生活、热爱设计的情感，树立设计应用于生活、服务于生活的意识。通过创作作品与家乡文化的结合，加强学生热爱家乡、服务家乡的美好愿望。

四、教学重点

学习设计导游图的相关制作知识，掌握导游图的绘制步骤。

五、教学难点

设计出美观且具有实用价值的导游图。

六、教学过程

（一）情境导入

创设情境：以学生在计划出游中遇到的困难为情境，把生活中实际出现的问题以求助信息的形式展现出来。

问题1：他们遇到了什么困难？

问题2：我们如何帮助他们解决这个困难？

【设计意图】通过生活中的实际问题，引入教学，激发学生学习兴趣，提高课堂参与度，学生自主提出问题、解决问题。

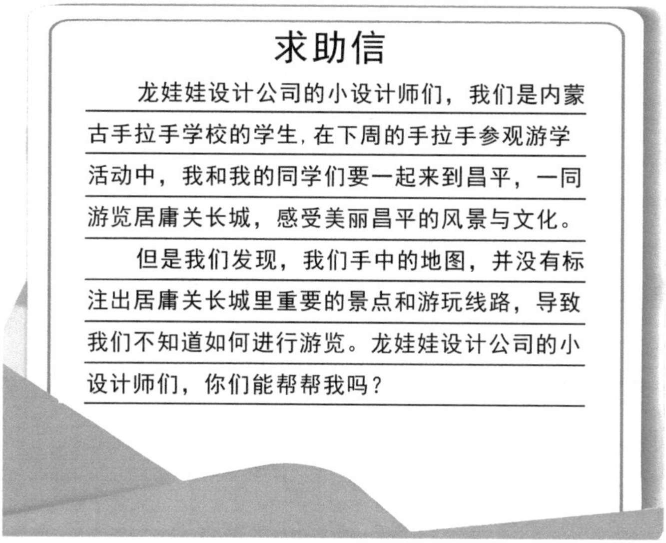

求助信

龙娃娃设计公司的小设计师们，我们是内蒙古手拉手学校的学生，在下周的手拉手参观游学活动中，我和我的同学们要一起来到昌平，一同游览居庸关长城，感受美丽昌平的风景与文化。

但是我们发现，我们手中的地图，并没有标注出居庸关长城里重要的景点和游玩线路，导致我们不知道如何进行游览。龙娃娃设计公司的小设计师们，你们能帮帮我吗？

（二）知识讲解

1. 一起找不同——看书分析

通过书中描述与实际案例结合，理解导游图和地图之间的关系与区别，在地图中加入标志性建筑与行进线路，使之变成一个导游图。

导游图的定义：具有标志性建筑和行进路线的区域图。

问题1：观察北海公园的地图和导游图，它们之间有什么区别？

问题2：什么是导游图，导游图的定义是什么？

【设计意图】学生将北海公园地图与导游图进行比对，发现其中的关系，并结合教材中的文字描述理解导游图和地图的区别。

2. 一起看一看——结合生活实际场景

出示学校周边地区的区域地图，通过学生寻找地图当中的某些位置，让学生体会到导游图的方便性。

提出从回龙观地铁站到体育文化公园，应该怎么走的问题。让学生在思考问题的同时，发现地图在某一时刻的局限性，并且尝试着用导游图的办法解决问题。

（三）教师示范

1. 教师带领学生制作

将周边地区的地图制作成一个简易的手绘导游图。

（1）将主要道路以手绘的形式重新绘制。

（2）找到并绘制出地图中的标志性建筑。

（3）将绘制完成的标志性建筑组合到手绘地图中，并加入行进路线。

（四）小组汇报与制作

1. 小组汇报搜集材料

（1）你们推荐的居庸关长城的景点是什么？

（2）你们为什么推荐这里？这个景点有什么故事？

（3）用红色的画笔标注出推荐景点的位置。

【设计意图】学生通过实地探访、资料收集和小组分析的方式了解和认识居庸关长城，明白设计制作中各个设计元素的来由，为之后的设计制作起到铺垫作用，进一步体会设计来源于生活。

2. 学生利用共同搜集到的材料，梳理设计思路

（1）手绘居庸关长城地图。

（2）绘制出标志性建筑。

（3）添加行进路线。

3. 明确制作要求

（1）各组合理分工，共同完成居庸关长城的手绘导游图。

（2）制作出的导游图绘制精美，有实用价值。

（五）学习体会

1. 学习感受与体会

学生在掌握手绘导游图的制作方法之后，说一说还想为生活中的那些场景制作导游图，树立设计应用于生活、服务于生活的意识。

（六）拓展与延伸

插画家绘制的苏州第一张物质与非物质文化搜索图《苏州手绘地图》不仅方便了苏州的游客，也延伸出了各种文创产品，同时还助推了当地文化传播的进程。

【设计意图】学生理解导游图不仅仅是一件工具，而是可以变成文化的载体，弘扬不同地区的文化。通过创作作品与家乡文化的结合，加强学生的文化理解能力。

口字底——善

北京市昌平第二实验小学　刘嘉慧

一、年级学科

四年级　书法

二、背景分析

（一）分析课标

在书法教育教学中，以《中小学书法教育指导纲要》为基本宗旨，纲要指出，以提高汉字书写能力为基本目标，以书写实践为基本途径，适度融入书法审美和书法文化教育，同时结合《义务教育艺术课程标准（2022年版）》的要求。新课标提出在教学中要以培养学生的艺术核心素养为导向，以立德树人为根本任务，强调以美育人、重视艺术体验、注重艺术与自然生活的关联。在课堂教学中遵循“九三一”的基本理念，面向全体学生，让每一个学生写好简化字、熟知繁体字，遵循书写规范，关注个性体验，加强技能训练，提高文化素养。

（二）教材分析

本课选自北师大版四年级下册第七课《口字底·善》，教材分为两页，左边部分包括五体演变、书写要领、书写范字，右边部分包括汉字特点分析及书法知识拓展。根据学生实际情况，本课以“善”字为学习内容，通过“善”字的学习，对教材中其他两个口字底的汉字“唐”“后”进行举一反三，了解欧体口字底汉字的特点。

（三）学情分析

参与本节课的学生是我校四年级（7）班的学生，他们具备了一定的书写技能，以及基本掌握了各种基本笔画的写法。全班28人的书写水平大致分三个层次：笔画书写处于合格水平的学生9人，笔画书写良好的学生14人，书写基础比较扎实、临摹字形比较准确的学生5人。学生会借助一些常用的方法分析笔画之间的关系，观察字形的特点。学生在课前试写“善”字时，可以掌握“善”字的基本笔画特点，但在整字结构的把握上有待提高。

三、教学目标

（一）技术目标

1. 运用正确的“双姿”进行书写。

2. 规范、熟练书写欧体“善”字。

（二）艺术目标

1. 了解“善”字不同书体的特点。

2. 了解欧体口字底汉字的平正与险崛。

（三）文化目标

1. 了解“善”字金文到楷书的演变过程。

2. 了解“善”字的含义。

四、教学重点

学生自我探索“善”字的结构和用笔特点。

五、教学难点

1. 口字底的大小及位置，使整个字平止。

2. 结构方面，使各笔画之间的搭配达到和谐统一。

六、教学过程

1. 自主观察，体验“善”字书写

学生自主观察“善”字的结构和用笔特点，体验“善”字的书写。

2. 发现不同，找出试写与范字的不同

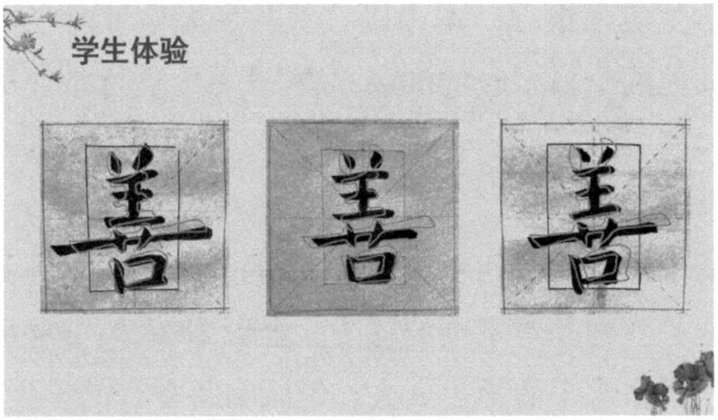

（教师板书：口字底——善）

3. 新知传授，总结“善”字书写要领

（1）总结第一个书写要领——横画平行

教师提出想要书写好“善”字的诀窍即“三个平”。借助红色横线，引导学生观察其横画斜度和间距相当的特点。

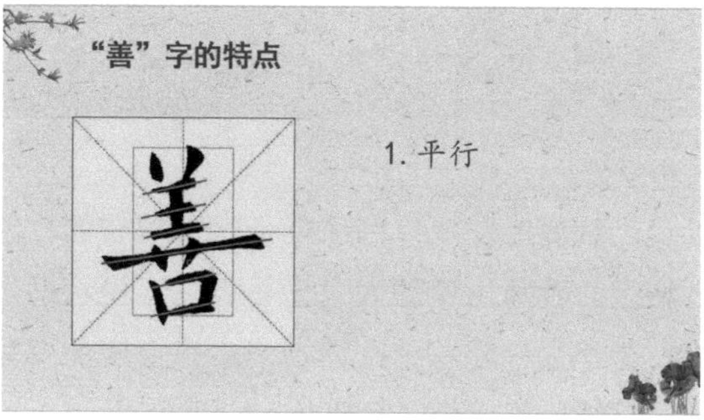

学生观察横画的斜度和间距，认识平行的重要性。提出第一个书写要领——平行。

（2）总结第二个书写要领——长横平衡

教师请学生观察长横绿笔和红笔的部分，找出哪部分最长，并思考这样书写的作用？

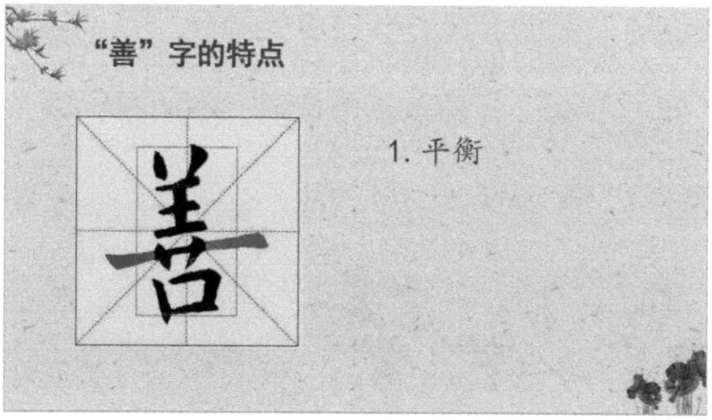

学生观察绿笔与红笔长短的不同，发现绿短红长，总结长横可以保持平衡，得出第二个书写要领——平衡。

（3）总结第三个书写要领——字形平稳

教师用红笔标出口字底，带领大家观察口字底在字中的位置和特点。

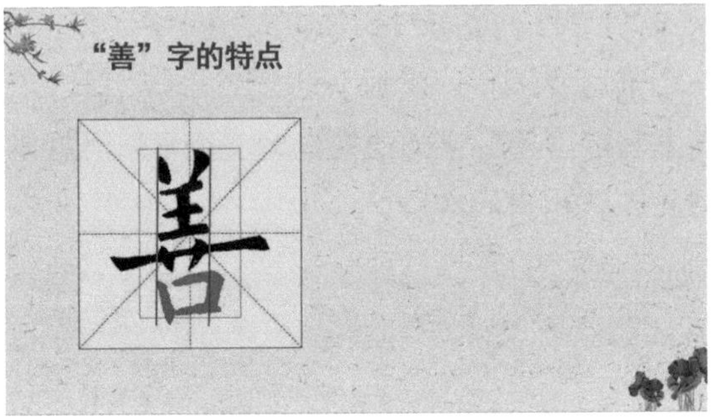

学生借助辅助线，直观地发现口字底处于字中偏右的位置，总结出欧体楷书平正中见险绝的特点。教师再带领大家举一反三，展示书中其他带有口字底的“唐、后”二字，与学生一起总结欧体楷书中口字底的书写特点，并分析这样书写的目的，共同总结出第三个书写要领——平稳。

【设计意图】学生在教师的引导下，观察“善”字的横画特点，归纳总结出书写要领，便于学生更好地理解“善”字，掌握“善”字的书写，充分调动学生学习积极性，加深学习印象。

4. 书写实践

(1) 第一次练习

教师展示书写示范视频，讲解每个笔画的起收笔位置和形态特点。

学生了解“善”字书写时的占格位置和每个笔画的注意事项，结合“平行、平衡、平稳”三个书写要领，在回宫格中练习一个“善”字，然后互相评价。

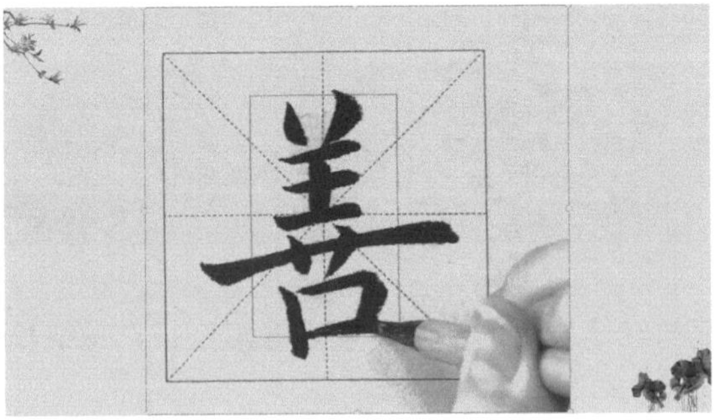

（2）分层练习

学生根据自身书写情况的不同，选择适合自己的练习方法。学生将自己书写的“善”字与范字进行对比，重合度达到80%的同学可挑战在空白格中练习，重合度在80%以下的同学在米字格中继续练习提高。

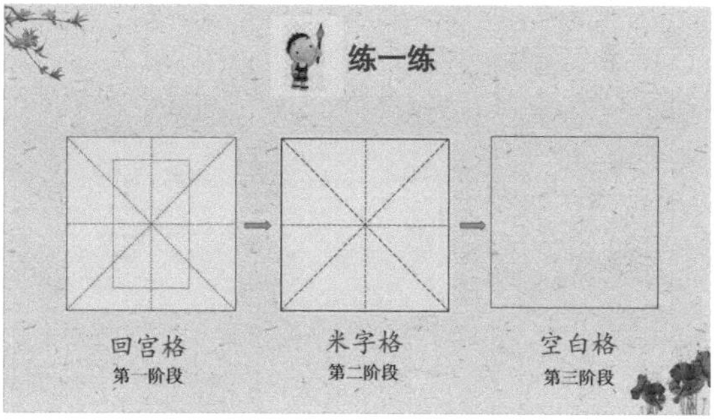

5. 展示评价

学生展示自己书写的“善”字，通过教师引导，从“三个平”的书写要领、结构、用笔、占格位置等方面展开评价，最后教师总结评价。

【设计意图】教师展示示范视频并仔细讲解书写要领，有助于学生更好地掌握“善”字的书写要领，让不同水平的学生在书写的过程中都有学习的获得感和成就感。

6. 了解“善”字的演变及含义

（1）教师带领学生了解“善”字最初的本义。展示教师书写的“善”字金文，提问学生它的上部分像什么。

学生可以看出金文上部分字形像“羊”。教师讲述“善”字上部分是“羊”

字，并解释羊在古代有吉祥之意，“善”字下部分是两个语言的“言”字组合，表示两个人在说话。整个字的本义就是两个人在说吉祥的话。

（2）教师展示“善”字的小篆、隶书、楷书，利用不同颜色的标注来分析书体演变过程中发生的变化和每个书体的特点。

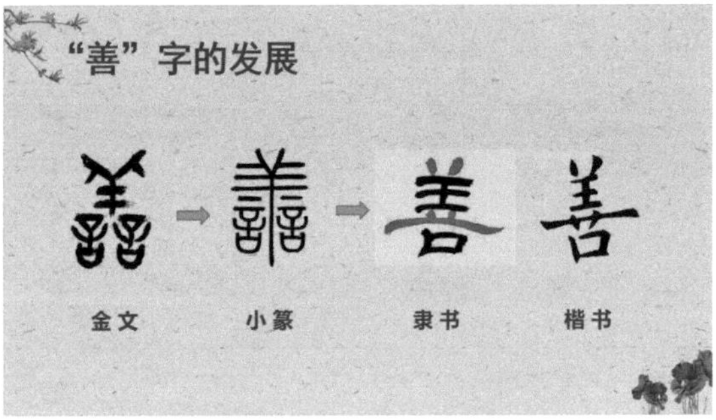

学生根据不同颜色的标注分析书体演变过程中发生的变化和每个书体的特点。

（3）教师引导学生观察软笔书写的“善”字和硬笔书写的“善”字的异同，强调软笔写“古”硬笔写“今”。

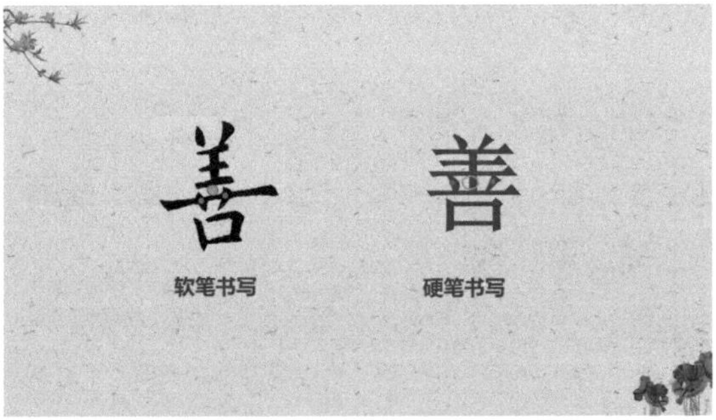

【设计意图】通过标注让学生直观地了解到书体演变过程中关键笔画的变化，体会整个演变过程，理解“善”字的含义，进而了解中华传统文化的博大精深，树立文化自信。

7. 书法与生活相结合

教师展示自己带有“善”字的文创用品，包括扇面、手提袋、书签，讲述其中“善爱无疆”的现实含义，引导学生在生活中应用书法，传播善意。

学生欣赏教师的作品，思考可以将自己的书法作品应用到生活中的哪些地方。

附：板书设计

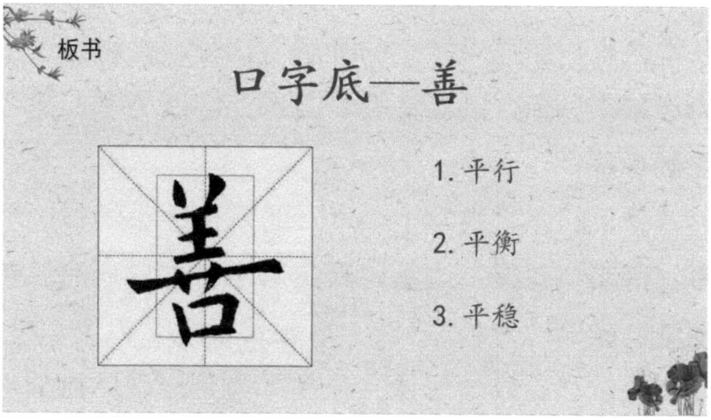

竖心旁——惜

北京市昌平第二实验小学　张文

一、年级学科

四年级　书法

二、背景分析

中小学书法教育以《中小学书法教育指导纲要》为指导，落实《关于深化教育教学改革全面提高义务教育质量的意见》，以“汉字文化、经典碑帖与实用硬笔”为三大基本内容，加强对文字的理解与热爱，以提高汉字书写能力和书法艺术审美能力为基本目标，以课堂教学与课外实践为基本途径，适时融入中华优秀传统文化教育。

在核心素养背景下的课堂教学中，以《北京市中小学书法学科学生活动指导手册》为参考，落实“双减”政策，聚焦跨学科主题研究。参照语文、艺术“双标”，采用硬笔、软笔“双径”，以“单元式教学”为主，根据学校、教师、学生实际，设计有效教学，以“写像、记住”为目标，严抓学生实际获得，切实提高书法课堂教学的实效性。

本课从课型上属于单元式教学的类型。《竖心旁——惜》选自北师大版书法四年级上册第三课的教学内容。《日字旁——时》选自北师大版书法四年级第二课的教学内容。本单元设置三课时，分别是：第一课时《竖心旁——惜》，第二课时《日字旁——时》以及第三课时《集字练习——惜时》，其中，“惜”字属于左右结构。本课利用自制课件带领学生分析“惜”字字形左窄右宽、左右穿插的特点，从而归纳出“惜”字的书写要领。通过书写实践让学生学会观察、分析字形的方法，在临写实践中体会欧体楷书结构和用笔的美感。通过书写实践活动，激发学生学习书法的兴趣，了解书法汉字的文化常识，感受书法艺术的博大精深。

三、教学目标

(一) 任务目标

1. 基本目标

(1) 了解欧体楷书“竖心旁”的写法。

(2) 在米字格中正确临写“惜”字，并达到七分像。

2. 高级目标

(1) 掌握“惜”字的书写要领。

(2) 80%的学生能够达到用摹卡复合“惜”字。

(二) 三维目标

1. 技术目标：准确掌握“惜”字的结构特点。

2. 艺术目标：了解“竖心旁”在不同字体中的变化。

3. 文化目标：了解“竖心旁”的演变过程。

四、教学重点

1. 准确掌握欧体“竖心旁”“横折”的书写技巧。

2. 注意“惜”字左右部分的高低搭配。

3. 在黄金米格中临写“惜”字，每一笔画占格坐标准确。

五、教学难点

1. 进行脱格练习。

2. 达到摹卡复合。

3. 能够准确背临“秋”字。

六、教学过程

(一) 情境创设，通过作品揭示本课的授课内容

1. 课件出示作品“惜时如金”，请学生谈一谈看到作品的感受。

2. 学生谈“惜时如金”的含义，珍惜时光。

3. 揭示课题：竖心旁——惜。

【设计意图】从完整作品的展示中导入本课程的学习，体现“单元式”备课。

（二）新知传授与讲解示范

1. 课件出示“竖心旁”的文字演变，带领学生了解“竖心旁”的演变过程。

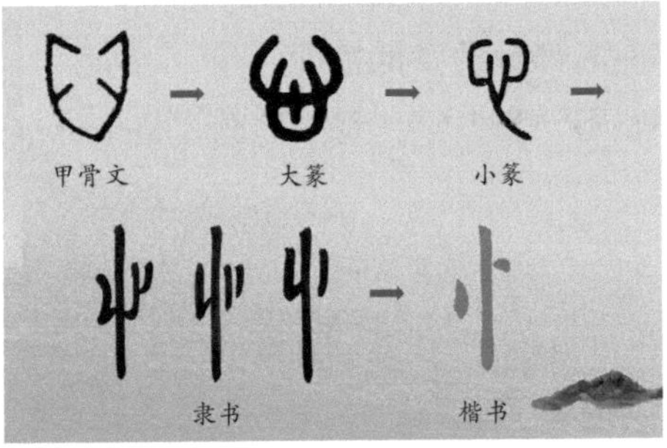

2. 课件出示“竖心旁”，学生分析竖心旁左右两点的特点。

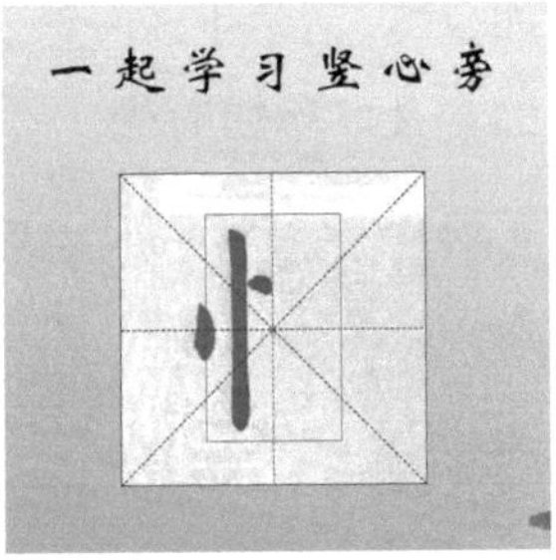

3. 总结“竖心旁”的书写要点，并示范。

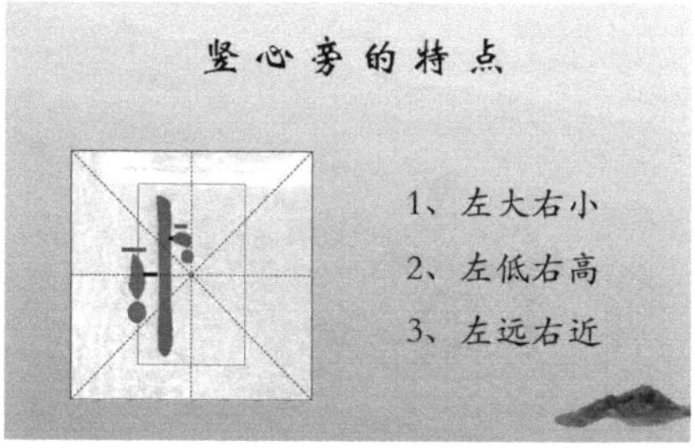

4. 学生认真临写“竖心旁”。

5. 展示学生书写的“竖心旁”，教师进行点评。

6. 课件出示例字“惜”字，讲解“惜”字左低右高、左窄右宽的特点。

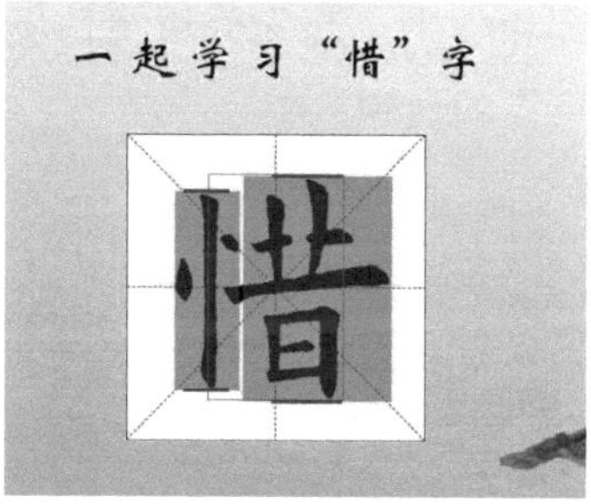

7. 出示例字与练习的图片，学生进行观察，思考例字与练习之间的不同。

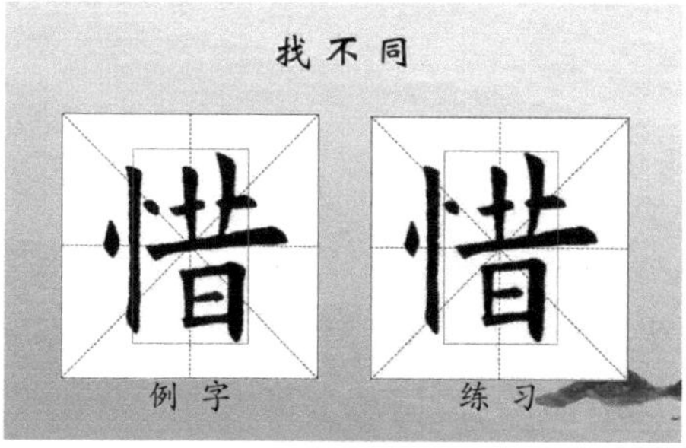

8. 通过“找不同”的方法，教师引导学生说出“惜”字的结构关系，加以总结并板书。

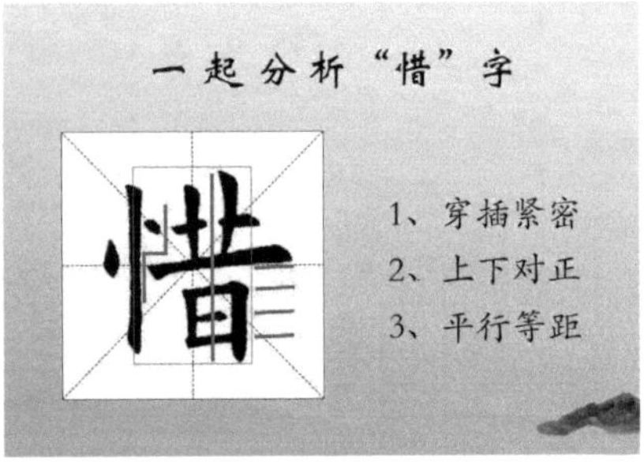

9. 老师示范“惜”字的书写过程，并详细讲解“惜”字的占位特点。

【设计意图】通过对五体进行演变，让学生了解“竖心旁”的演变过程。同时，在课堂中通过“找不同”的方式引导学生说出字形的结构特点，调动学生学习的积极性。最后，教师和学生一起先分析清楚例字的结构特点，再进行示范，让学生加深对本节课重点的认识。

（三）学生实践与分享交流

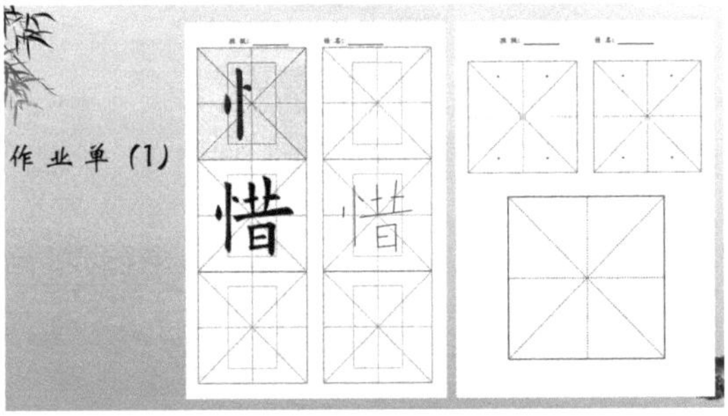

1. 布置摹写任务：要求在单钩字形上临写一次，并用摹卡进行对比。

2. 摹写点评：展示个别学生的练习作品，并让其他学生进行点评。

3. 再次临写：学生针对单钩临写时存在的不足加以改正，在回米格中对照范字，认真临写两个“惜”字。使用摹卡再次进行对比，再在米字格中认真临写两个“惜”字。

4. 作业点评：展示学生书写成果，并进行点评。

【设计意图】通过临写——点评——再临写——再点评的方式，并辅助使用不同类型的练习纸，层层递进，让学生不断提高书写水平。

（四）拓展提高与作品展示

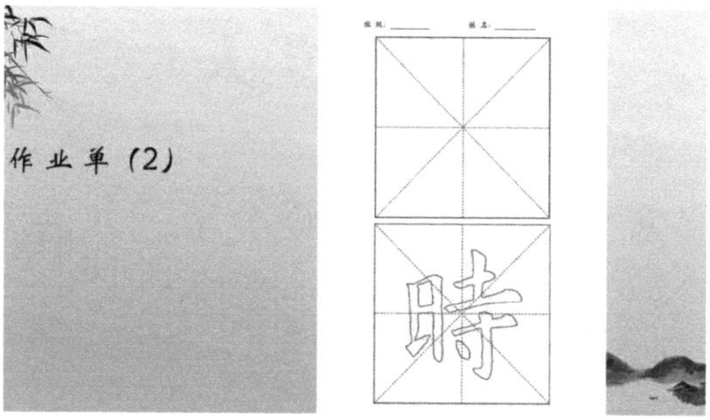

1. 布置任务：学生先在放大的米字格中临写一个大点的“惜”字，再摹写一个“时”字，组成完整作品。

2. 作品展示：以小组为单位选出一张作品，其他学生点评，最后展示作品至黑板。

3. 作品点评：学生点评作品，老师总结点评。

【设计意图】换练习纸放大书写“惜”字，并摹写“时”字，进行强化练习，组成作品，以提高学生的学习兴趣。

（五）课堂小结

1. 总结课堂表现，提醒学生“惜时如金”。

【设计意图】与课堂导入环节进行呼应，强化学生的作品意识。

龙的传人

北京市昌平第二实验小学　郭洪涛

一、年级学科

六年级　音乐

二、背景分析

（一）教学内容分析

《龙的传人》这首歌曲词意新颖、曲调舒缓，呼应了20世纪80年代台湾人民的社会民心和对大陆的思乡情感，民族情感尤为强烈。歌曲本身所呈现出的那种身为“龙的传人”的自豪感，以超越政治、超越时空的高度传达出一种民族感情和民族精神。曲调采用自然小调，深沉稳健，两个段落都为平行乐段，每段两个乐句，结构方整、对称，为不带再现的单二部曲式。首段两个乐句结尾采用常规属主呼应，主题材料几乎全部采用级进，口语化音调，从主音开始形成小的抛物线回到主音。旋律内在安静，娓娓道来，节奏简洁，前长后短，铿锵有力。第二乐段有不强烈的对比因素出现，从主音开始的音调增加了不稳定性，强调了属方向的调性色彩，音调形成先下后上的曲线，并整体下行移动，同样没有跳进的音程。节奏稍稍拉长为音乐增加了抒情性，但仍旧保持原节奏的基本特点。歌曲极大地鼓舞了华夏儿女的爱国热情和高尚的民族情结，为多民族的团结建设做出了不可估量的价值与贡献。

（二）学生情况分析

六年级学生处于小学高年级阶段，他们情感丰富、善于表达，具有一定的音乐思维模式，并且已经具备了一定识读乐谱的能力，音准和节奏把握相对准确，同时他们也喜欢挑战有难度的二声部歌曲，能够对歌曲进行简单的二声部编创。因此在本节课教学中我加入了二声部的训练激发学生的学习兴趣，在学唱中运用柯尔文手势来辅助音准教学。

三、教学目标

1. 在聆听、歌唱、律动、创编等音乐活动中，提升节奏、音准、乐感等音乐综合素养。

2. 利用柯达伊音乐教学法，把教学内容融入丰富的游戏中，活跃课堂气氛，激发学生主动参与音乐活动的热情。

3. 在学习歌曲中培养学生爱国主义情怀，实现核心素养中“发现、感知、欣赏美”的基本能力。

四、教学重点

1. 使学生能用坚定有力的声音演唱歌曲，表达作为炎黄子孙的自豪感，培养学生爱国主义情怀。

2. 通过二声部的演唱，体会二声部演唱给歌曲带来的音响变化。

五、教学难点

1. 感受并正确地演唱歌曲二声部。

2. 熟练地利用科尔文手势，辅助演唱二声部歌曲。

六、教学过程

（一）新课导入

聆听歌曲，记忆歌曲旋律。

（二）初听歌曲

聆听歌曲加深印象，通过课前预习了解曲作者和演唱者。

学生活动：《龙的传人》由台湾作曲家侯德健于 1978 年创作，台湾歌手李建复首次演唱。

（三）发声练习

借助之前聆听的歌曲旋律做发声练习，学生用 mi 哼唱之前聆听的旋律。

（四）律动练习

节奏编创，课前布置小组任务，为歌曲旋律创编恰当的节奏身体律动，学生进行律动创编展示。

（五）学唱歌曲

1. 借助手指五线谱，根据老师指出的音符识读乐谱，快速练习识谱。

2. 学生思考乐曲的分段。

3. 加入歌词完整演唱歌曲。

请同学们看看这首歌曲do在什么位置？

游戏：黑板上有5个音符，老师用手指出它们，请你有节奏地唱出音高！听听这是哪首歌曲？是的，就是《龙的传人》，这首歌曲就是由这5个音符构成的。

请同学们看着乐谱再来演唱一下这首歌曲曲谱，边唱边思考，这首歌曲分为几个乐段、几个乐句？

加入歌词，完整演唱歌曲。

【设计意图】通过教师指读音符，降低学生学唱歌谱的难度；分析乐曲结构，降低学习难度，使学生能够完整演唱歌曲。

（六）编创活动

课前布置编创任务展示，学生为歌曲创编二声部旋律。

【设计意图】让学生充当小老师，调动学习积极性，在学唱的同时感受演唱形式变化对歌曲听觉效果的改变。

（七）成果展示

加入律动和创编的低声部旋律，完整演唱歌曲。

【设计意图】本环节在整堂课中属于表演阶段，从初级的身体律动到学唱单旋律歌曲再到二声部演唱，体现了学生创作思维的多样性，锻炼了学生的表演能力。

（八）总结升华

从你们的歌声中老师感受到了你们作为炎黄子孙，龙的传人的自豪感，让我们感受到东方巨龙的觉醒，希望同学们能够努力学习，为我们的国家做出自己应有的一份贡献。

我创作的民族打击乐

北京市昌平第二实验小学　赵琬儒

一、年级学科

五年级　音乐

二、背景分析

（一）教学内容分析

1. 教学内容与课程标准的关系

本课围绕“民族打击乐”这一主题进行教学设计。关于节奏创编和民族打击乐《义务教育艺术（音乐）课程标准（2022 年版）》在学业要求中明确指出：

听赏与评述：能听辨音乐中的情绪和情感，并判断哪些音乐要素引起音乐情绪、情感的变化。

独奏与合作演奏：能用打击乐乐器或其他课堂乐器进行独奏、简单的合奏或为歌（乐）曲伴奏，正确表现音乐的节拍、节奏和音高；能运用乐器编创简单的节奏和旋律。

创编与展示：能运用多种声音材料和乐器自编简单的节奏或旋律，为朗诵、歌曲、舞蹈等进行即兴伴奏；能根据特定主体和表现需要，选择合适的声音材料和表现形式，与同伴合作编创并表演音乐故事、音乐游戏、短小音乐剧和情景剧等。

2. 教学内容与学校课程背景的关系

本主题在全校共读《西游记》，构建多维、特色西游课程的背景下完成。课堂实施过程中，以学生细致阅读名著《西游记》为基础素材，聆听大量民族打击乐器的音乐作品为音响素材。通过阅读与欣赏量的积累，分析《西游记》中的人物性格、不同场景情绪，了解、感受民族打击乐的多样表现手法，同时通过分析、讨论、创造、表现等多种手法培养学生审美感知和艺术创造的能力。

3. 教学内容与单元主题的关系

本课为《再识民族打击乐》主题单元的第三课时。单元教学通过欣赏感受民族乐曲，激发学生对民族音乐的喜爱，到对比分析民族打击乐乐曲，逐渐加深对民族打击乐的认识与了解，再到运用民族打击乐器，结合《西游记》情景创编表现故事情节，提升创新思维及小组合作能力。三课时层层递进，让学生从被动学习到主动表现，从机械认知到主动探究创编，深层次地感受民族打击乐的独特表现力。

表1　具体课时分配情况

课时分配	教学内容	形式	民族乐器	表达情绪
第一课时	《丰收锣鼓》	民族管弦乐	鼓、锣、铙、钹等	紧张地 激烈地 欢快地等
第二课时	急急风	打击乐合奏	单皮鼓、檀板、大锣、铙钹、小锣	紧张地
	《鸭子拌嘴》	打击乐合奏	大镲、小镲、木鱼	激烈地
	《老鼠娶亲》	打击乐合奏	鼓、镲、木鱼、锣	紧张地 欢快地
第三课时	创编节奏表现《西游记》故事情节	打击乐合奏	鼓、锣、镲、木鱼、双响筒等	紧张地 激烈地 悄悄地等

（二）学生情况分析

结合《北京市中小学生音乐学科教学常规和能力要求》对学生在民族乐器认知、民族音乐作品了解、识读节奏能力等进行前期测试，对学生学习情况分析如下：

1. 认知特点

（1）学生模仿力强，创新思维能力强。

（2）学生对音乐有学习兴趣，多数能自信地表现音乐作品，愿意在课堂上参与音乐实践活动。

2. 知识储备

能够读出四分、八分、十六分、附点、切分等常用节奏型；能够正确使用镲、鼓、镲、双响筒、碰钟等常用打击乐器；熟悉《西游记》故事情节。

3. 能力基础

能够感知和表现作品中的“音乐形象”和“音乐情绪”，听辨出乐曲中出现的音乐要素的变化（如音高、力度、速度）；能够简单区分乐器音色；能够在教师指导下编创 6—8 小节的固定节奏型。

4. 学习方法

通过聆听、模仿、体验、对比、编创、合作等方法学习音乐作品。

5. 思维障碍点及发展点

障碍点：通过以上分析，了解到学生对民族音乐作品及演奏民族打击乐器接触较少，对民族打击乐器认知方面不够全面和准确；在知识学习方面，学生对音色的理解不够清晰；在学生的思维发展方面还存在一些困难：主要表现在实现课程目标中的高级认知的“分析”和“创造”上稍有难度。

发展点：在民族乐器认知方面，教师通过视听结合，帮助学生拓展打击乐器种类。在知识学习方面，通过节奏听辨、分析、练习让学生学习节奏型并相对熟练地掌握；在音色方面，通过对比聆听让学生区分乐器音色；在思维发展方面，通过感受、对比、表现等方法，综合运用不同的传统乐器创造出学生个体想要表达的音乐情感。

三、教学目标

1. 通过听辨、分析，总结出使音乐情绪发生改变的因素。

2. 分析《老鼠娶亲》的特色表演方式，适当将肢体动作、神情融入表演。

3. 基于对《西游记》著作的了解，能够运用多种节奏型、创作手法（急急风、螺蛳结顶、上下对答呼应）恰当表现出不同情节的音乐情绪和场景。

4. 启发学生发现生活中的打击乐，并运用其开展创编活动。

四、教学重点

1. 探究通过改变音乐要素，运用打击乐进行节奏的创编。

2. 根据创编意图，选择合适的打击乐器并尝试加入多样的表现形式（表演、神情等）表现故事情节。

五、教学难点

1. 如何将多种节奏型与不同情绪配合运用得当。

2. 改变音乐要素（速度、时值等）进行节奏创编，加入多样的表现形式进行展示。

六、教学过程

（一）了解民族打击乐器分类

1. 识别民族打击乐器

师：出示图片：这些民族打击乐器你都认识吗？说一说乐器的名字？

2. 了解民族打击乐器分类

师：请同学们观察一下，这些乐器都是怎样发声的呢？它们有什么共同和不同之处？

总结：体鸣乐器：乐器自己可以发声。

膜鸣乐器：乐器上覆盖着一层膜，打击膜发声。

（二）听辨节奏，音乐创作手法，分析适用情绪

1. 播放音乐，分析类型、出处，带领学生进行节奏敲击或律动

(1)《金蛇狂舞》螺蛳结顶部分。

(2)《鸭子拌嘴》第三乐段。

(3) 京剧锣鼓"急急风"节奏型。

(4)《丰收锣鼓》浙江鼓乐自编节奏。

(5)《丰收锣鼓主题一》部分自编律动节奏。

2. 分析以上创作手法、节奏型的适用情绪

（三）总结可以使音乐情绪发生改变的多种节奏变化因素

1. 分析不同节奏组合表现不同情绪的方法

师：生活中还存在多种情绪，我们可以怎样变化节奏来表现不同的情绪？

(1) 引导学生改变音符时值、节奏型，改变节奏情绪。

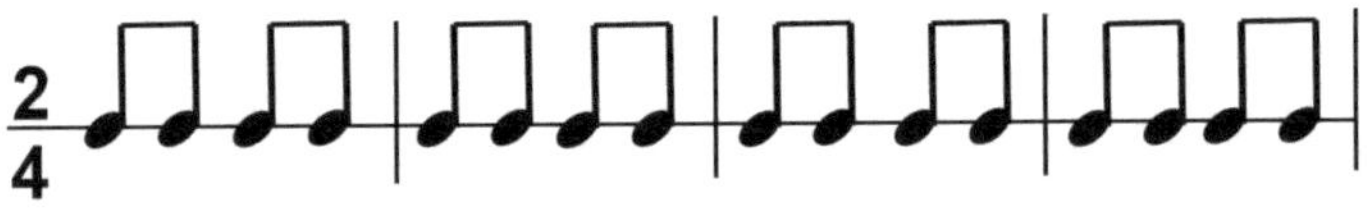

（2）引导学生改变重音位置，改变节奏情绪。

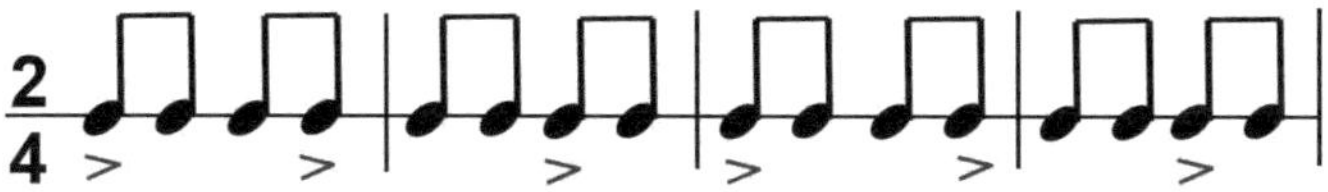

（3）引导学生将不同时值节奏组合，体会情绪变化。

（4）引导学生改变节奏中部分节奏型或加入休止符，创编不同情绪节奏。

总结：通过改变音符数量、时值、节奏型、重音位置来改变音乐情绪。

【设计意图】基于此前知识积累及教师引导，学生总结适用于不同情绪的节奏变化方法，再次为节奏创编做铺垫。

（四）观看《老鼠娶亲》片段

感受肢体动作、神情在音乐表现中所起的作用，并尝试运用

播放视频，引导学生观察演奏者的肢体动作、神情。

（五）根据《西游记》不同情节进行小组节奏创编、表演

1. 出示《西游记》不同情节的图片

（得名齐天大圣、大战红孩儿、紧箍咒受罚、真假美猴王、偷食人参果）

2. 提出创编要求，组织小组创编

创编要求：

（1）组员合理分工，每人都要有自己的任务（演奏、表演）。

（2）创编节奏符合所选情景。

（3）根据情节需要合理使用乐器。

（4）创编节奏记录在每组小黑板上（不少于 8 小节）。

（5）讨论过程中音量保持在同组人员听清即可。

3. 出示不同节奏型，为学生创编提供参考

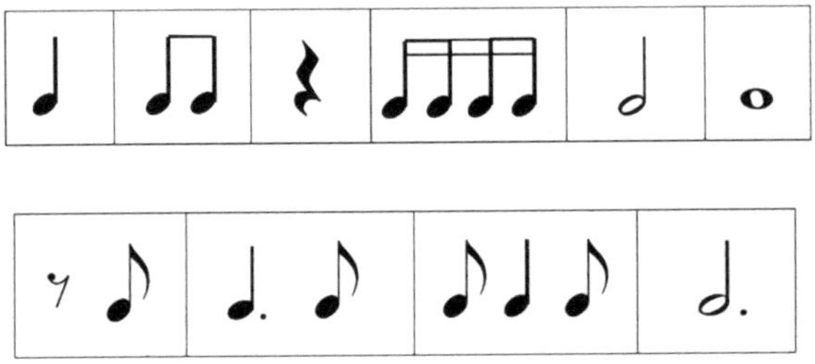

【设计意图】与姊妹艺术结合，对学生熟悉的《西游记》章节进行节奏创编，将相关节奏知识加以运用。

（六）组织展示，评价、总结

小组汇报设计意图、使用节奏型并进行展示、评价。

表2　创作评价量规

维度	评价规则	评价等级 ☆☆☆☆☆
节奏	每小节音符时值组合准确	
记谱	规范	
情感表达	速度、力度等音乐要素与故事情节相匹配	
乐器选择	与故事情节相匹配	

表3　表演评价量规

维度	评价规则	评价等级 ☆☆☆☆☆
乐器演奏	创作意图完成度	
肢体动作（选做）	创作意图完成度	
	与乐器演奏配合度	

（七）拓展

1. 播放生活中的打击乐演奏视频。

2. 启发学生发现生活中的打击乐。

师以奶粉桶、尺子为教具表现螺丝结顶手法，启发学生发现生活中的打击乐器并进行节奏创编。

跳圆舞曲的小猫

北京市昌平第二实验小学　郑瑜

一、年级学科

一年级　音乐

二、背景分析

（一）教学内容分析

《跳圆舞曲的小猫》是人音版小学第二册的教学内容，由美国作曲家莱罗尔·安德森（1908～1975 年）于 1950 年创作，为三部曲式的管弦乐曲。即 A＋B＋A′，降 A 大调，3/4 拍，乐曲具有拟人化与写实的特点，全曲情绪既优美抒情又活泼欢快，描述了小猫优雅舞蹈的样子，不时发出惹人怜爱的“喵喵”叫声，音乐形象鲜活生动。

引子：4 小节的引子，好似一个自豪的小猫一步步走进了“舞场”，准备翩翩起舞。

A 段：主题旋律用弦乐器主奏，优美抒情。小提琴“滑奏”技巧的运用，形象地模拟了小猫的叫声，在旋律进行中快慢交替，充分表现了小猫顽皮好动的性格。重复时旋律的力度变强、速度变快，演奏的乐器增加。

B 段：旋律欢快活泼，表现了十分热烈的场面。旋律中大量的跳音表现了小猫欢快活泼的舞步，描绘出小猫越跳越高兴，在快速地旋转。

A′段：它是 A 段的再现，优美抒情的主题音乐再次出现。

尾声：乐曲的结尾处突然传来了几声狗叫，使正在专心跳舞的小猫大为震惊，作曲家用了一连串的上行音结束了全曲，形象地描绘了小猫听到狗叫后迅速逃离舞场的情景。

（二）学生情况分析

这一学段的学生具有以形象思维为主，好奇、好动、模仿力强的身心特点。因此，教师要善于利用儿童自然的嗓音和灵巧的形体，采用歌、舞、图片、游戏结合的综合手段进行直观教学，激发和培养学生对音乐的兴趣，开发音乐的感知力，体验音乐的美感。

本班同学活泼好动，对节奏很感兴趣，具备一定的音乐知识和能力。

1. 节奏与节拍

较好地掌握了♩、♫、𝄽、𝅗𝅥、四种节奏型及其组合节奏；基本掌握2/4、3/4的节拍特点，并能够跟随音乐律动。

2. 音准与读谱能力

经过训练，80％的学生能够唱准大二度、小三度，并能识读字母谱。

3. 音乐知识

能感知、听辨音乐的速度和力度的变化，了解节拍、节奏、旋律、结构、重复等音乐术语，并知其含义。

4. 其他能力

(1) 乐于参与音乐表演和即兴创造活动。

(2) 具备一定的音乐活动能力。

5. 本课中不具备的知识与能力

熟悉乐曲的主题旋律并哼唱，加深对乐曲的印象，掌握三拍子圆舞曲的节奏特点并跟着音乐的强弱弱跳一跳，逐步养成聆听音乐的良好习惯，积累感受与鉴赏音乐的经验，并大胆地表现。

三、教学目标

1. 在形象生动的聆听活动中，感知乐曲所讲述的故事发展，乐于用自己的身体动作、声音进行表现，培养学生对音乐的喜爱，领悟动物是人类的朋友，要爱护动物。

2. 通过聆听、律动表演、图谱等教学活动，听辨乐曲不同的主题旋律与音乐情绪，并能用不同的方式随音乐进行表现，提高听觉记忆、想象、判断等各项能力。

3. 通过聆听、身体律动，感受三拍子的节拍特点和韵律感，突出节奏在音乐要素中的重要地位。

4. 根据音乐和故事情节，主动参与编创活动，提高自主思考及创造能力。

四、教学重点

1. 感受圆舞曲的特点，体验乐曲中不同的音乐主题与情绪变化。

2. 通过律动感受、表现音乐，感知作品结构。

五、教学难点

能够根据速度、力度等音乐元素感受音乐形象的情绪变化。

六、教学过程

（一）导入新课

1. 播放《杜鹃圆舞曲》，律动表现圆舞曲三拍子的韵律。

2. 聆听主题音乐，感受乐曲的主人公形象——小猫。

（二）分段聆听

1. 聆听 A 乐段（A+A′）

（1）初次聆听 A 段，利用图形谱听辨猫叫次数。

①播放音乐，结合图形谱，引导学生聆听猫叫声的次数。（八次）

②听辨主奏乐器。

③讲解作曲家用下滑音模仿猫叫声，并用图形谱提示律动动作。

（2）再次聆听 A 段，学生跟随音乐画图形谱，感受音乐情绪（优美、慵懒）。

（3）第三次聆听 A 段主题，教师带领学生律动。（提示：引子做邀请的动作）

【设计意图】引导学生理解音乐表达的情绪，并结合音乐用肢体表达出小猫顽皮好动的性格。

（4）聆听 A′乐段，对比与 A 乐段在力度、猫叫次数的区别。

这段音乐加入了铜管乐器和打击乐（鼓），使音乐力度变强，变得欢快活泼。

【设计意图】引导学生从力度方面再次聆听音乐，了解配器的变化，加深对主题 A′音乐的记忆。

（5）第二次聆听 A′乐段，教师画图形谱，学生听辨猫叫声次数的变化。（六次）

（6）第三次聆听 A′乐段，加入律动表现。（提示：跳跃落下动作轻声）

【设计意图】结合生活实际，模拟小猫的活动特点来设计律动动作，引导学生了解艺术来源于生活，需要多观察生活中的事物。

（7）完整聆听 A 乐段（A+A′），加入律动表现。

2. 聆听B乐段

（1）初次聆听，感受情绪（速度变快，情绪更激烈、热闹）。

（2）再次聆听，结合图形谱听辨木鱼声。

（3）第三次聆听，引导学生在木鱼敲响处准确地拍手。

【设计意图】根据二年级学生的认知特点，抓住他们感兴趣的打击乐器木鱼的声音，进行聆听并声势活动，利于学生记忆主题B。

（4）第四次聆听，师生律动（加入分组转圈的动作）。

3. 聆听A′再现段

（1）初次聆听，结合图形谱想象故事情节。

师：小猫们转起了圆圈，舞会达到了高潮，接下来发生了什么事呢？这个乐段跟哪一段一样？

师：音乐结尾处出现了谁的叫声？想象舞会此时发生了什么事情？

（2）再次聆听，请学生扮演小狗，师生律动表现。

（三）整体聆听

1. 出示课题，简介作品

师：刚才我们听到的这三段音乐就是管弦乐曲《跳圆舞曲的小猫》中的三个部分，这首乐曲是由美国作曲家安德森所作。当时他正在为创作发愁，正好一只小猫和一只小狗跳到了钢琴上玩耍，于是他就用两个小动物做乐曲的主人公，写出了这么有意思的管弦乐曲。

2. 完整聆听整首乐曲，画图形谱

3. 再次聆听，分角色律动

【设计意图】分段聆听之后再完整聆听，减轻了学习的难度，利于学生记忆、理解音乐。

（四）小结

师：安德森爷爷之所以能写出这么有意思的管弦乐曲，正是因为仔细观察了小猫和小狗嬉戏玩耍的情景，并且发现小提琴用下滑音的奏法能很生动地模仿出小猫的叫声，那么我们在平常生活当中也可以用我们明亮的双眼多去观察、发现，未来的发明家、科学家、作曲家就是你们！

附：板书设计

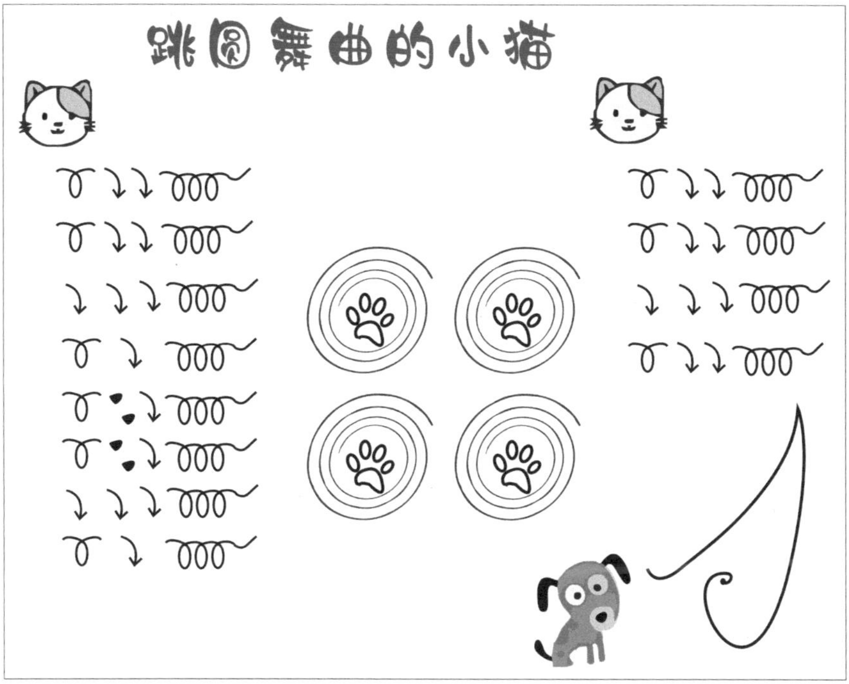

国韵悠扬　中西融合——瑶族舞曲

北京市昌平第二实验小学　洪涛

一、年级学科

六年级　音乐

二、背景分析

（一）乐曲分析

这首乐曲最初是由刘铁山基于粤北瑶族传统歌舞鼓乐的场景创作出的《瑶族长鼓舞》之后，作曲家茅沅对其中的部分主题进行了改编，形成了适合管弦乐队演奏的版本，也就是现在的《瑶族舞曲》。

《瑶族舞曲》在结构上采用了单乐章复三段体（A→B→A）的形式，这种结构有助于突出音乐的主题并增强作品的整体性。乐曲的引子部分以D小调、2/4拍子开始，为听众描绘出一幅瑶族节日庆典的生动画面。

（二）学情分析

已具备能力：六年级学生的抽象思维能力逐渐增强，已经在学校接受了五年的音乐教育，具备了一定的体验、感受音乐的能力和探索创造的能力。他们的注意力集中时间长，有能力进行更长时间的专注学习，能够灵敏地判断出乐曲的速度、力度、情绪变化。对音乐的感受、理解和分析也有了自己独到的见解，

障碍点：六年级学生对西洋管弦乐和民族乐器种类了解较少，以及对我国少数民族音乐了解得也较少。主动探究民族音乐作品、提炼要素区分音乐形象的能力有所欠缺，对单一的欣赏方式、枯燥的曲式分析很难有持续兴趣。

由于年龄特点，六年级学生偏内敛，不太乐于表现自己，害羞于在同学面前利用肢体动作或舞蹈动作来表现音乐。本单元就是采用多种形式的方式方法听赏，让学生整体感知音乐的风格，激发他们的学习兴趣和积极性，从而活跃想象力，为进一步的听赏和学习做良好的铺垫。

三、教学目标

1. 聆听、感受、记忆《瑶族舞曲》四个音乐主题，聆听出音乐主题的主奏乐器，通过自己对音乐的理解说出不同主题所描绘的场景。

2. 能积极、投入地参与到以聆听、演唱、演奏、声势律动为主的多种音乐实践活动中，体验主题音乐力度、速度、节拍、情绪等音乐要素。

3. 配合主题音乐，利用自制乐器（瑶族长鼓）感受瑶族人民的愉悦感和幸福感。

四、教学重点

用多种方式体验、表现四个音乐主题，在参与中加深对音乐作品的感受。

五、教学难点

听辨主题，能说出不同主题音乐要素的变化。

六、教学过程

（一）导入

1. 教师活动

（1）引导学生用正确的声音演唱《瑶族舞曲》，并利用自制乐器为乐曲伴奏。

（2）认识管弦乐团的声部编制。

（3）了解瑶族的背景文化。

2. 学生活动

（1）有感情地演唱《瑶族舞曲》。

（2）利用自制乐器（瑶鼓）完成教师出示的节奏。

【设计意图】引导学生用正确的声音演唱《瑶族舞曲》，培养学生的音准、节奏感和音色控制能力，提高演唱技巧；鼓励学生使用自制乐器为乐曲伴奏的方式，不仅能够激发学生的创造力和动手能力，还能让他们体验到音乐制作的乐趣，增强对音乐实践的兴趣；认识管弦乐团的声部编制，使学生了解不同乐器在乐团中的作用和位置，增进对管弦乐合奏形式的理解；了解瑶族的背景文

化，扩展学生对中国传统文化的认识，理解《瑶族舞曲》背后的文化内涵，从而更加深入地感受和理解这首音乐作品。本环节还涉及跨学科的学习，将音乐与文化、历史相结合，让学生在多个领域中进行探索和学习，有助于拓宽学生的视野，培养综合素养。

（二）分段欣赏，感受主题

主题 a：

1. 教师活动

（1）主题 a 完整出现了几次？每次的主奏乐器是什么？

（2）模仿音乐中的鼓声（有音高），随音乐表现。

（3）教师唱主题 a，学生用引子部分伴奏，形成一个二声部。

（4）教师和学生配合演奏《瑶族舞曲》主题 a。

2. 学生反馈

主题 b：

3. 教师活动

（1）听辨主题共重复几次，每次的力度有什么变化？

（2）用语言描绘音乐表达场景。

（3）听辨主题 b 重复几次？主奏乐器是什么？

（4）主题 b 的第一次呈现，大管和双簧管是什么顺序出现？

（5）引导学生编创声势动作。

（6）出示打击乐器“摇铃”，感受打击乐器伴奏音效。

4. 学生活动

（1）认真聆听，对比主题 a 和主题 b 力度、速度以及情绪变化，能自主从音乐中找到答案。

（2）跟随教师编创符合旋律特点的声势动作。

【设计意图】通过声势动作，学生能够用身体去感受和体验音乐的节奏、速度和力度，这有助于提高他们的音乐感知能力。引导学生关注主题 b 中主奏乐器的变化和出现的顺序，培养学生对音乐细节的观察力和理解力。在比较主题 b 前两次和后两次的音乐表现中，使学生理解乐队全奏带来的音乐表现方面的变化，从而加深对音乐结构的理解。

本环节通过感受丰满的音响效果和热烈欢腾的情绪，使学生体验到音乐的情感表达和传递，有助于培养他们的情感认知和表达能力。

主题 c、d

5. 教师活动

（1）对比聆听主题c和主题d，分析音乐所表达的内涵。

（2）小组合作引导学生创编突出主题特点的舞蹈动作。

6. 学生活动

分小组讨论，思考用什么样舞蹈方式展现主题？

【设计意图】通过对比聆听主题c和主题d，锻炼学生的对比分析能力，学会从不同的角度去理解和感受音乐，有助于学生认识到即使是在相同的作品中，不同的主题也可以传达出不同的情感和内涵。通过分析音乐所表达的内涵，使学生理解音乐的表层意义，深入探索音乐背后的深层含义。

小组合作引导学生创编突出主题特点的舞蹈动作，这不仅能够培养学生的团队合作能力，还能够激发他们的创意思维。通过音乐与身体动作相结合，使学生以创新的方式表达自己对音乐的理解，创编舞蹈动作要求学生将听觉感受转化为身体动作，有助于培养学生身体与音乐的协调能力，使学生更加深入地感受音乐的节奏、旋律和情感。

本环节涉及跨学科的学习体验，将音乐与舞蹈相结合，让学生在多个领域中进行探索和学习，培养学生的综合素养。

（三）主题填序，完整展示

1. 教师活动

（1）播放音乐，提示学生配合相应主题动作。

（2）随机演唱四个主题旋律。

2. 学生活动

（1）完整展示编创舞蹈。

（2）快速说出老师演唱的主题旋律名称，并按顺序填写完整。

把主题进行顺序填完整

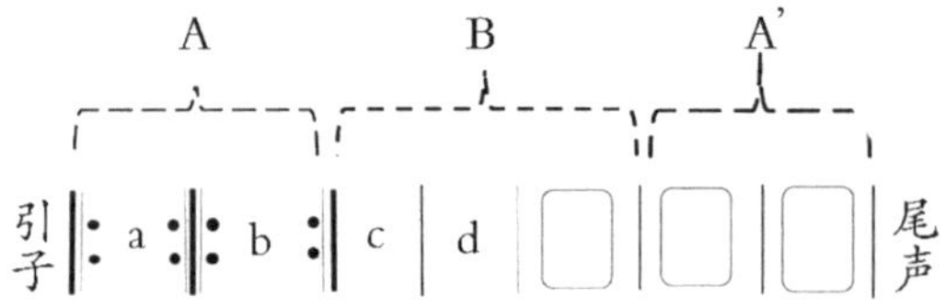

【设计意图】在教师随机演唱四个主题旋律后，学生需要快速识别并说出主题名称，锻炼学生的听力分辨能力和音乐记忆能力。通过教师与学生的互动活动，营造一个积极参与和即时反馈的学习环境，有助于激发学生的学习兴趣和提高学生的课堂参与度。本环节在学生全面而深入地理解音乐的基础上，培养学生的音乐与身体动作的协调能力、音乐识别与记忆能力、舞蹈创作与展示能力，以及对乐曲整个结构的掌握。

外婆的澎湖湾

北京市昌平第二实验小学　王向东

一、年级学科

五年级　音乐

二、背景分析

（一）教学内容分析

《外婆的澎湖湾》是人音版第九册教材第四单元《可爱的家》中的一首学唱歌曲，这是一首非常流行的台湾民谣，歌曲旋律朗朗上口，歌词生动感人，体现了作者对故乡、亲人的思念之情。

歌曲为二段体结构，A乐段从低音区缓缓进入，曲调平稳，第三小节的六度跳进使歌曲富有动感，让人们联想到漫步走在童年时熟悉的沙滩，留下了一步一个脚印的生动场景，心潮起伏，浮想联翩。B乐段节奏拉宽，旋律舒展，情绪充满激情，两个大乐句分列性很强，节奏和音乐情绪与A乐段形成了鲜明的对比。

（二）学生情况分析

五年级学生在思想上比较独立，喜欢提问，喜欢探寻知识，对于教材上歌曲的学习发散性思维较强。对于音乐的学习，学生已经超越了知识层面的学习，他们更乐意参与有创造性的活动，体验不一样的音乐学习形式。部分学生对音乐的节奏感知能力强，歌唱基本功较扎实，视唱能力较强，其他同学学习欲望和能力较强，对音乐的兴趣浓厚，能较为准确地运用肢体参与聆听和表演。教学中要引导学生从分析歌曲旋律、节奏、结构、唱法等入手，由浅入深，逐步提高学生对歌曲的表现能力。

三、教学目标

1. 指导学生乐于参与音乐活动，善于合作，在演唱中表达对美丽家园的赞美之情和祖孙之间的亲情。

2. 通过聆听、体验、分析旋律、对比演唱等，感受节奏对歌曲情绪的影响，感受旋律走向对歌曲演唱力度的作用。

3. 通过肢体律动、加入伴奏与伴唱、编创演绎等活动，实践与感受台湾校园民谣轻快动感、情感真挚细腻、清新自然的特点。

四、教学重点

感受台湾校园民谣的风格特点并加以表现。

五、教学难点

通过加入合唱和肢体律动等，对歌曲进行个性创编。

六、教学过程

（一）歌曲回顾

活动 1：完整演唱《外婆的澎湖湾》

在复习歌曲过程中注意节奏与音高的准确。

活动 2：回忆歌曲背景知识

这是一首由台湾作曲家叶佳修创作的台湾校园民谣，歌曲表达了对澎湖湾的赞美以及对童年亲情的回忆。

（二）演唱细节及情感处理

活动 1：两乐段之间情感对比

学生活动：总结第一乐段欢快，第二乐段抒情。

教师活动：在引导与提示中，带领学生总结出第一乐段节奏紧凑，第二乐段节奏舒展的特点。

活动 2：歌曲最后一句情感分析与处理

导语：在歌曲 B 乐段中，哪一句最具生动的画面感？

教师带领学生分析感受最后一句的画面感，画旋律线感受音高对于情感的推动效果。用断与连的声音以及渐强的力度表现歌曲意境以及饱满的情绪特点，演唱出最后一句由点到线再到面的画面感。

活动3：感受老船长的形象

作者把情绪最高涨的地方放在“老船长”这里，说明他对老船长印象怎样？

学生们可以大胆猜测老船长与主人公的关系，大概分析老船长伟岸的形象以及老船长在主人公童年时光里的榜样作用。

活动4：完整演唱，用歌声细腻表达歌曲情感

提示：第一段和第二段使用不同的演唱方法。

在演唱时，第一乐段要用叙述性的情感、用轻快的声音演唱。第二乐段用赞美的情感、用连贯饱满的声音尽情地表达对澎湖湾的赞美。

【设计意图】用力度变化、演唱的断与连相结合、画旋律线、创设情境的方法，在分析作品和演唱中体会并表达歌曲细腻真挚的情感。

（三）风格的感受与表现

活动1：了解认识校园民谣

校园民谣深受学生喜爱，流行于校园，体现了校园生活和学子心境或感受的音乐风格。校园民谣朝气蓬勃，极富校园味道，毫无矫饰，完全是率真性情的流露，校园民谣从我国的民歌中汲取了丰富的营养，并将西方乡村歌曲的音乐元素融汇其中，形成了一种独特的“通俗歌谣体”体裁。音乐结构短小精悍，旋律简洁朴实、清新爽朗，具有浓郁的乡土气息和时代感。

活动2：吉他参与演唱

教师活动：出示吉他，为学生演唱。

学生活动：猜测伴奏乐器、认真聆听教师弹唱，随后在教师带动下加入演唱，在体验中引发情感共鸣。

提问：用吉他伴奏，和钢琴伴奏有什么区别？

回答预设：这样演唱更加悠闲自在、清新自然。

校园民谣具有清新、自然的特点。同学们起立随着吉他伴奏再把第一乐段唱一唱。

学生活动：站着随吉他演唱歌曲，体会轻松、自由的感觉。

活动3：加入响指或拍手，随音乐晃动身体演唱

活动4：对比聆听潘安邦演唱版本

导语：我这里有本曲的原唱者潘安邦的演唱版本，这首歌正是曲作者叶佳修应潘安邦的邀请而创作的，所以潘安邦唱的就是自己的童年回忆，我们听一听，找一找他的演唱与咱们的演唱有什么不同。

学生活动：拿出乐谱与画笔，聆听并找出原唱音频与乐谱的不同之处，并尝试唱一唱。

教师活动：带领学生体会并总结潘安邦在演唱上从改变节奏和加装饰音两个方面进行了二度创作。

【设计意图】这样不完全按照谱子演唱是歌者对歌曲的个人处理，抒发了自己的情感，同时也体现了校园民谣的即兴性特点。

教师活动：引导学生正确认识潘安邦在演唱上与谱例的出入，总结出台湾校园民谣即兴性的演唱特点，并举例说明在不同时期、不同情境下演唱者的演唱处理方法会不尽相同，进行不同的个性化处理。不同的乐队在不同的时期演唱同一首歌曲的时候，也会对歌曲进行个性化的处理。

活动5：我是歌手尝试改编

(1) 二声部编创

教师活动：讲授具体创编方法（三度创编，辅以和声及流畅性）。

学生活动：通过集体讨论的方式，对歌曲进行二度创编。

教师活动：请学生演唱二声部旋律并填词演唱，最后加入主旋律完整演唱歌曲，体会和声的美。

(2) 打击乐器编创

教师活动：举例并讲授具体做法。

学生活动：通过小组讨论的方式，对歌曲进行二度创编。

教师活动：请学生展示自己的个性创编，并说一说自己为什么要这样唱。

活动6：组建校园小乐队

教师活动：带领学生进行二声部演唱，同时加入打击乐器和捻指、晃动身

体等，在吉他伴奏下多声部合作。

（四）拓展

活动歌曲串烧。

《外婆的澎湖湾》这首歌伴随着我们父母那一代人成长，你们知道吗，其实还有很多校园歌曲流传至今、经久不衰，如《童年》《走在乡间的小路上》《雨中即景》等，都是脍炙人口的校园歌曲。希望大家在课后可以聆听、学习更多的校园歌曲，让校园歌曲成为你童年生活中的美好记忆。

第六章　劳动与生活课程群

本部分以劳动、综合实践为主阵地，充分关注学生的真实生活，与学生的学校生活、家庭生活、社会生活紧密结合，在生活中提升劳动技能，整合校园劳动、家务劳动、劳动技术、社会服务、职业体验等内容，引导学生体验生活，关注生活中的现实问题，给学生提供真正的劳动机会，让学生在真实生活中成长，收获一生好习惯。

我是环保小卫士，垃圾分类我能行

北京市昌平第二实验小学　王露

一、教育背景

（一）理论背景

当今社会，垃圾问题日益严峻，给环境造成了巨大的影响，其不仅导致各种污染，还威胁着人类的健康。在国家政策的推动下，我们积极参与垃圾分类，首先可以实现资源回收与再利用，其次可以减少环境污染，培养学生的环保意识，使学生意识到垃圾分类的重要性。我们要从身边小事做起，保护地球是我们义不容辞的责任。

（二）实践背景

二年级正是初步养成小学生良好行为习惯的重要时期，在这个阶段培养学生正确的环保意识和责任感十分重要，此时对学生进行垃圾分类教育有利于激发他们对于环境污染的重视程度。通过多种多样的班集体活动，加强保护环境人人有责的观念。

二、学情分析

通过课前的观察和了解，学生在垃圾分类教育方面存在一些问题：

1. 不清楚垃圾可以分成几大类。

2. 不了解垃圾分类的标准，在校园摆放的垃圾桶中经常发现随意弃置的垃圾。

3. 在日常生活中不够重视垃圾分类，经常将各种垃圾混合弃置。

三、班会目标

1. 了解垃圾的来源，认识合理处理垃圾、保护环境的重要性。

2. 树立节约资源，保护环境的意识。

3. 掌握相关知识，在生活中不乱扔垃圾，初步学会垃圾分类。

四、班会准备

（一）教师准备

1. 根据教学需要制作 PPT。

2. 与班委商量筹划主题班会，提前与家长沟通。

（二）学生准备

1. 课前认真进行调查、研究，填写垃圾分类调查记录单，小组进行研究成果的汇报准备。

2. 班会活动做好相关准备。

五、班会过程

（一）初步感知　发现问题

1. 认识垃圾，溯其来源

教师开启话题，引出保护地球、创建文明洁净环境的重要性，学生通过课前准备，扮演“地球母亲”的角色，向大家表明自己“伤痕累累”，受到了污染，不知如何是好。

2. 课前调查，一探真知

活动一：

学生倾听地球母亲的心声，畅谈自己的感受。

预设：难过、悲伤；要增强环保意识，减少污染，爱护地球母亲。

活动二：

课前，学生进行了垃圾分类调查，初步了解了四种垃圾桶及具体弃置的种类。为引导学生了解现有的垃圾分类标准，以小组为单位向大家进行介绍，同时学生还创编了一首有趣的儿歌，目的是更好地记住垃圾分类小知识。

【设计意图】通过学生课前的准备，初步了解四种垃圾桶和垃圾分类标准，利用小儿歌吸引学生的注意力和思考，为深入学习做准备。

（二）根据已知　解决问题

1. 垃圾分类，刻不容缓

通过学生课前进行的小组合作探究，进一步了解垃圾分类的知识。教师总结评价，组织学生开展与垃圾对话的活动，学生分别扮演不同种类的垃圾，在活动中体会垃圾分类的必要性，明白垃圾分类刻不容缓，由此引出垃圾分类的游戏竞赛。

2. 小组合作，游戏竞赛

PPT出示小组合作要求：

想一想：现在有很多垃圾宝宝迷路了，想请同学们帮帮忙，帮他们找到自己的家。

分一分：根据你学到的垃圾分类知识，把垃圾的图片摆在正确的垃圾桶下方。

验证答案：同学们可真厉害，把垃圾宝宝送回了家，看看图片上跟你们整理得一样吗?

3. 答题闯关，巩固知识

教师提前准备好问答题目，贴合本节课的学习，学生根据所学知识进行答题闯关，落实垃圾分类。

【设计意图】通过小组合作，巩固垃圾分类的知识，使学生明白如何正确进行垃圾分类。答题闯关的游戏形式不仅能够激发低年级学生的学习兴趣，还能够落实知识，可谓一举两得。

（三）联系生活实际　增强环保意识

1. 减少垃圾，从我做起

教师总结本课所学，结合生活实际询问学生如何在生活中落实垃圾分类。

预设：无论买什么东西都用布袋，坚持不用污染环境的塑料袋，不使用一次性方便筷子、杯子……

2. 垃圾分类，展望未来

评价语表扬学生的学习效果，总结从小事做起，成为环保小卫士就能让我们的家园更加洁净。学生表演《垃圾分类三句半》将课堂气氛推向高潮，在三句半中明确垃圾分类的重要性。

3. 保护环境，势在必得

回顾本课所学，强调从自己做起，从身边小事做起，保护环境，势在必行！组织学生集体宣誓，以生命的名义承诺：珍视天空，关爱大地；抵制污染，植绿护绿；珍爱生命，节省资源；爱护环境，爱护自然；绿色消费，绿色人生。

【设计意图】结合生活实际畅谈如何将垃圾分类做到实处，用三句半和宣誓的方式激发学生成为环保小卫士，垃圾分类我先行的决心。

六、后续计划（自选）

1. 设立垃圾分类小岗位，每个课间让学生轮流值守垃圾桶，检查分类情况，起到提醒和监督的作用。

2. 设计家庭版垃圾分类日常记录表，将课堂所学的垃圾分类知识落实到生活中，真正达到学以致用的效果。

“慧”劳动“乐”成长——巧手叠衣服

北京市昌平第二实验小学　鞠雅

一、年级学科

三年级　劳动学科

二、背景分析

劳动课程内容共设置十个任务群，每个任务群由若干个项目组成。整理与收纳归属于《义务教育劳动课程标准（2022年版）》十大任务群中的日常生活劳动。本任务群第二学段（3—4年级）的课程内容要求：定期整理居室里的衣橱、鞋柜等，将物品摆放整齐，归类收纳，做到有序、合理、便于取用。

依托《“慧”劳动“乐”成长——巧手叠衣服》这个主题，教师通过教学让学生了解上衣、裤子、外套等衣物的基本折叠方法，培养学生整理的意识，让学生通过实践掌握、巩固折叠收纳的方法，记录自己的劳动过程，提高学生的劳动能力，培养学生“自己的事情自己做”，主动劳动，形成良好的生活习惯。

通过班内作业分享，让学生在掌握劳动技能的同时，感知劳动的快乐。让学生把学到的劳动技能运用到生活实际中，丰富学生的劳动体验，促进学生喜欢劳动、主动劳动、积极参加劳动，促进学生全面发展。

从收拾一个抽屉到整理整个衣橱，从摆放整齐到收纳合理、便于取用。在难度不断增加的劳动过程中，逐步提升学生整理与收纳的能力。

三、教学目标

1. 掌握整理厚外套的知识和方法，能够根据外套的不同特点选择合适的收纳方法，做到整理有序、合理、整洁、取用方便。

2. 经历小组合作、实践体验等过程，在劳动实践中逐步提高学生的整理能力和团队合作能力，树立及时取放的意识。

3. 爱护衣物，珍惜劳动成果，养成自己的事情自己做，认真负责的劳动习惯和品质，懂得及时整理收纳让生活、学习环境变得整洁美好的道理。

四、教学重点

使学生掌握叠衣服的知识和技能，做到有序、合理、取用方便。

五、教学难点

培养学生产生主动劳动的意识，体验劳动的快乐。

六、教学过程

（一）回顾方法，引入课题

同学们，上周我们迎来了立冬这个节气，立冬意味着冬季的开始。天气越来越冷，同学们都穿上了厚厚的外套来御寒，可是问题也随之出现了。（出示班内外套放置图）有请卫生委员来说一说最近的发现吧！

卫生委员结合班集体情况谈发现：最近在检查卫生的时候发现，同学们脱下的外套柜子里放不下，只能搭在椅背上。可是外套在椅背上歪七扭八，不仅不美观，还经常滑落到地上，被同学踩到弄脏。

面对这个问题，我们应该怎样解决呢？

同学们，在之前的劳动课上，我们学习过叠薄衣物的方法，你还记得有哪些吗？

学生回顾前两节课所学：立式叠衣法、卷式叠衣法、口袋叠衣法。

那么面对冬天羽绒服之类的厚外套，这些方法还适合吗？你有什么其他的好办法来整理它们吗？

【设计意图】从立冬节气引入，渗透节气知识，由卫生委员分享检查时学生衣物乱放的问题，聚焦学生冬季在教室中的真实情况，引发学生思考，用劳动解决实际问题。回顾之前学习叠轻薄衣物的方法，使主题教育一以贯之。

（二）小组合作，解决问题

1. 小组合作，寻找方法

（1）接下来，请同学们小组交流关于厚外套整理的办法，讨论过后请小组上台演示、汇报。

学习提示：
1. 小组成员各抒己见，讨论整理厚外套的解决方案。
2. 组内实践，动手试一试，检验方法的可行性。

(2) 还记得整理衣物的要求吗?

学生回顾整理衣物的要求：要做到取用方便、整洁美观。

2. 小组汇报，展示成果

预设：

(1) 衣服套在椅背上

衣服套在椅背上：把衣服的后背朝前放置套在椅子上，帽子和袖子反向塞在衣服里面，把拉链拉上或者把扣子扣上，像给椅子穿一件小衣服一样，这样即整洁又美观。天气冷了，外套这样整理后就像一个软软的小靠背，靠起来又舒服又保暖。

(2) 口袋叠衣法（有帽子）

如果衣服有帽子，可以运用口袋叠衣法。先把衣服的拉链拉上，然后把衣服折成和帽子一样的宽度，再把袖子折下去。从衣服的下摆部分往上折，再对折，然后塞进帽子里，最后整理一下就可以了，这样衣服能叠得比较小，也不容易散开。

(3) 口袋叠衣法（没帽子）

没帽子的外套也可以使用口袋叠衣法。第一步：把衣服左右对折，如果是羽绒服就用手好好压一压，把里面的空气排出去。第二步：把衣袖、帽子都折回来，压好。第三步：衣袖以下的部分对折。第四步：将帽子和衣袖藏起来。无论多么厚重的外套，统统变成了小小的豆腐块，柜子里就能放下了。而且一点也不容易散开，如果需要穿时，只要一拉，抖一下，衣服就散开了，非常方便。

(4) 卷式叠衣法和立式叠衣法在叠厚外套时不合适

3. 教师指导，总结方法

老师这里也有一个整理外套的小妙招，考虑到如果同学们穿的是长外套，把外套套在椅背上会卷起来或者被坐在身下，时间长了下摆就变得皱皱的，叠起来柜子里可能也放不下，那我们就可以选择把衣服叠起来后再套在椅背上。同学们想不想学一下?

那就先请同学们看一个小视频吧！学生根据教师演示讲解，进行小组练习。

教师引领示范：同学们跟着老师的方法一起做一做，试一试。第一步：先把一件厚外套平铺在桌子上，拉上拉链。第二步：把袖子对折收在胸前。有帽子的把帽子先折下来，再把下摆对折上去。第三步：把衣服内里向外翻，外套瞬间变成了软包，往椅背上一套，当成小靠垫正好！如果中午睡觉的话还可以当一个小抱枕，抱着睡觉也很舒服。

教师总结：这一个个充满智慧的小妙招解决了外套整理收纳的难题。以后在整理收纳厚外套的时候，可以根据外套的不同选择合适的方法，做一个“慧”劳动的好少年！

【设计意图】以提出问题——探讨问题——解决问题——提炼总结的教学流程，采用启发式教学，充分发挥学生的智慧，引导学生通过小组合作的形式探究解决问题。合作前教师明确叠衣物的要求，为学生合作学习提供支架。课堂上给学生留有充分的动手操作时间，促进学生思考、讨论、操作、展示，体现学生的主体地位，切实帮助学生学习、提高叠衣物的技能。

（三）理解传承，拓展延伸

整理虽说是小事，但却充满了大智慧。你知道吗？从古至今，中国人对于居室环境干净整洁就有很高的要求，其中还蕴含着丰富的哲理。千百年来，中华民族流传下来很多关于居室整洁的名言俗语。

出示名言，学生读，教师讲解：

在《朱子家训》开篇就提到——“黎明即起，洒扫庭除。”它的意思是：天快亮时就起来打扫庭院，要内外整洁。

《弟子规》中说：“房室清　墙壁净　几案洁　笔砚正。”意思是说：书房要整理清洁，墙壁要保持干净，读书时，书桌上笔墨纸砚等文具要放置整齐，不得凌乱，触目所及皆是井井有条，这样才能静下心来读书。

汉语典故：“一屋不扫，何以扫天下。”连一间屋子都不打扫，怎么能够治理天下呢？这句话的原文是：“一室之不治，何以天下家国为？”

“一屋不扫，何以扫天下。”这句话的背后还有一个小故事呢？你想看一看吗？看完故事后，你有什么感受？

凡成大事者，必先从小事做起。希望同学们整理收纳好自己的物品，从这些小事做起，随时勤动手让生活更美好，养成良好的习惯。

【设计意图】通过解读和起居打扫有关的名言和故事，引导学生从叠衣物做起，养成生活自理、自觉保持生活环境整洁有序的劳动意识和习惯，将课上所学延伸到日常活动中，有意识地落实对学生劳动素养的培养。

"塑"战"塑"决

北京市昌平第二实验小学　张懿滢

一、教育背景

（一）理论背景

习近平总书记指出，绿水青山就是金山银山。由此，我们要建设生态文明、推动绿色低碳循环发展，以满足人民日益增长的美好生活需要。生态文明教育包括节约教育、环保教育、国情教育。《中小学德育工作指南》中明确指出，要引导学生树立尊重自然、顺应自然、保护自然的发展理念，养成勤俭节约、低碳环保、自觉劳动的生活习惯，形成健康文明的生活方式。

（二）实践背景

近年来，白色污染的话题越来越活跃在大众视野中，多地也为解决这一问题想尽办法。2023年10月9日中国生物多样性保护与绿色发展基金会利用多平台、多渠道的方式向社会征集"战塑志愿者"。随着学生深入观察自己的生活，发现身边就存在着"白色污染"，为了解决这一问题，帮助美化身边环境，学生展开了一系列研究与探索活动。

二、学情分析

本班学生思维灵活，具有较强的变通能力，能够对于某一问题较有条理地阐述自己的看法，敢于发表个人意见。另外，本班学生热心帮助老师和同学，留心观察身边的生活，善于发现身边的不美观、不和谐的现象，但个别同学环保意识有所欠缺，意识不到自身应采取怎样的举措。因此需要引导学生增强环保意识，了解更多的"战塑"知识，主动参与到美化环境的活动中。

三、班会目标

1. 通过观察、探究的方法，了解塑料制品的广泛应用及原因。

2. 认识并体会塑料垃圾带给人们的困扰以及对环境的危害。

3. 为减少塑料污染想办法，增强环保意识，在生活中自觉减少塑料制品的使用。

四、班会准备

（一）教师准备

1. 视频资源。

2. 搜集“塑料”相关资料、完善班会教学设计、制作课件。

（二）学生准备

1. 采访身边的家人，了解身边“白色污染”的现状。

2. 搜集资料，了解使用塑料的好处及“白色污染”的危害。

五、班会过程

（一）环节一：调动兴趣　联系生活

活动1：发放礼物　观察共性

同学们，最近我们的光盘行动每个人都打卡得特别认真，所以张老师为你们准备了小礼物，快从桌斗里拿出来看看吧！

1. 引导学生观察共同特点。

2. 教师小结。

我们发现塑料再熟悉不过了，每天都或多或少的和塑料打交道。

活动2：联系生活　引发思考

1. 介绍什么是塑料？

塑料主要是由合成树脂及填料、增塑剂、稳定剂、润滑剂、色料等添加剂组成的。其抗形变能力中等，介于纤维和橡胶之间。

2. 说说你身边的塑料制品。

3. 通过你找到的这些塑料制品，你发现了什么？

4. 教师小结。

可见生活中处处有塑料，塑料就在我们身边。正是因为塑料制品的随处可见，渐渐地人们出现了乱扔、不及时清理的情况，从而造成了污染。

（二）环节二：提出问题　辨明真理

活动1：课前调查　发现问题

1. 学生课下进行调查，发现身边塑料造成的“白色污染”现象并进行汇报。

学生：同学们大家好，我是五（1）班的韩烯，前段时间外出旅行的时候，我在大草原上看到了许多垃圾，我问妈妈那是什么？妈妈告诉我是“白色污染”，于是我和妈妈一起捡垃圾，帮助清理。回来后我还查阅了资料，发现“白色污染”不仅发生在陆地上，也发生在海洋里，很多海洋生物受到了“白色污染”的侵袭。

【设计意图】学生通过观察日常生活，发现了存在“白色污染”的现象，调动学生解决问题的兴趣，以及增强学生自身保护环境的责任感。

2. 讲解什么是“白色污染”。

“白色污染”通常指各种生活塑料制品，使用后被弃置为固体废物，由于难以降解处理，以造成城市环境严重污染的现象，是人们对塑料垃圾污染环境的一种称谓。“白色污染”最主要的来源是废旧塑料包装袋、一次性塑料快餐盒、农用地膜等，“白色污染”影响环境美观，所含成分会对生态环境造成潜在危害。

3. 教师小结。

既然如此，面对这样左右为难的情况，不如我们开动脑筋开展一次辩论吧！

活动2：开展辩论　各抒己见

（1）发布辩题

辩题就是塑料，利大于弊或是弊大于利。

正方：塑料，利大于弊。

反方：塑料，弊大于利。

有请主持人上场。

（2）辩论环节

主持人介绍比赛规则。

双方辩手进行自我介绍，开展立论、自由辩论、结辩环节。

（3）教师小结

通过你们激烈地讨论，我们发现真理越辩越明，胜负不言而喻。老师从前面可以看到，大家现在的选择都是正方。其实啊，并没有真正的垃圾，只有放错位置的资源。听了刚刚的辩论，你有什么感受呢？

面对着塑料带来的危害，我们不能置之不理，我们可以怎样做呢？

我们可以通过减少、替代、循环、创新的方式减少塑料带来的危害。

【设计意图】以辩论的方式引导学生感受塑料的“利”与“弊”，一方面在前期查阅资料时能够激发学生参与的热情，另一方面在辩论的过程中能够让学生理解塑料所带来的好处也不少，关键在于如何合理地使用。

（三）环节三：“塑”战“塑”决　有你有我

活动1：绘制标语　行动有我

1. 小组合作共同绘制“减塑”标语。

同学们，荀子说过：“水能载舟，亦能覆舟。”我们要合理利用才能发挥最大用处。为了更好地宣传与践行，我们一起来试着写几句有关“白色污染”的标语，届时张贴在宣传栏中。

【设计意图】设计“减塑”标语的活动引导学生从身边小事做起，从少用一个塑料袋、一个塑料打包盒、一个塑料奶茶杯做起，标语中俏皮的文字也增加了不少趣味性，并且能够深入学生心中。

2. 小组分享，号召学生共同行动。

3. 发布“战塑”打卡活动，学生分享具体行动计划。

4. 号召学生争当“战塑”志愿者。

5. 播放视频“大美中国”，教师总结。

同学们，通过今天的班会，我们一起探讨了塑料的利与弊，知道了我们生活中能做些什么来帮助一起“战塑”，希望你们能带动更多的人参与其中，我们一起“塑”战“塑”决，让我们的大美中国可以一直美下去！

六、后续计划

为了培养学生持续增强环保意识，在班集体中继续开展以下活动：

1. 行动起来，班内进行“战塑”小打卡。

2. 倡导学生在社会、学校、家庭中参与更多的“战塑”志愿活动。

远离雾霾，共创美好环境

北京市昌平第二实验小学　刘春艳

一、教育背景

（一）理论背景

绿水青山就是金山银山，习近平总书记关于生态文明建设一系列经典阐述告诉我们生态文明建设必须树立尊重自然、顺应自然、保护自然的生态文明理念。唤起孩子们爱护地球，保护家园的意识，促进资源开发与环境保护的协调发展，保护环境从现在抓起。

（二）实践背景

雾霾天气出现的越来越频繁，已经影响了人们的学习、生活。进入五年级，学生有了一定的能力，安排学生以小组的形式进行数据统计分析，并通过演小品、讲故事、手抄报等多种方式认识雾霾，使学生明白雾霾的危害，懂得环保的重要性。

二、学情分析

人类只有一个地球，而地球正面临着严峻的环境危机。学生通过一系列活动了解"救救地球"已成为世界各国人民最强烈的呼声。如今"环保行为从我做起"不能仅停留在口号上，因此我班开展了"远离雾霾，共创美好环境"主题班会，增强学生的环保观念。学生通过身边发现雾霾这一环境问题，让学生自主思考，进行分析，明白保护环境从我做起，从现在做起，并落实到行动中。

三、班会目标

1. 通过各种形式的雾霾危害展示，让学生懂得保护环境的重要性，从小树立保护意识。

2. 让学生通过统计图表、表演、唱歌等形式了解雾霾的形成及危害。

3. 知道在以后的生活中如何去保护环境，并落实到行动中。

四、班会准备

分组安排、学唱歌曲、制作 PPT。

五、班会过程

（一）谈论热点话题，引入班会

主持人 1：我们是太阳，每一天都充满热情，我们是雨露，每一天都在茁壮成长。

主持人 2：我们是鲜花，每一天都绽放笑脸，我们是鱼儿，每一天都自由自在。

主持人 1：我们的生命如鲜花般灿烂，但是你发现了吗，越来越多的环境问题危害到我们的健康。

主持人 2：提到环境就想到雾霾，就想到了我们戴着口罩上学的情景。

主持人 1：雾霾来了，我们就不能进行户外活动了，严重的话还会放假，因此今天我就雾霾话题开展一次班会，一起来讨论这个热议的话题。

（二）了解雾霾，认识危害

1. 认识雾霾产生

主持人 1：什么是雾霾呢？请看下面“海阔天空”组带来的情景剧《我是雾霾我怕谁》。

学生表演：学生以雾霾的角度，第一人称向大家介绍自己，什么是雾霾，雾霾是怎么形成的。

主持人 1：看了这个情景剧你们有什么感受呢？

生：我知道了什么是雾霾，以及雾霾是怎么来的。

生：我知道了雾霾是由很多的尾气、废气等形成的。

2. 了解雾霾现象

主持人 2：雾霾和我们的生活是息息相关的，我们看到空气指数时，经常听到大气污染、空气质量这些词语，同学们就生活中的空气指数做了调查，请“安之若素”组为我们介绍一下空气质量情况。

（1）小组汇报

用柱形统计图介绍 2005—2016 年的空气质量。

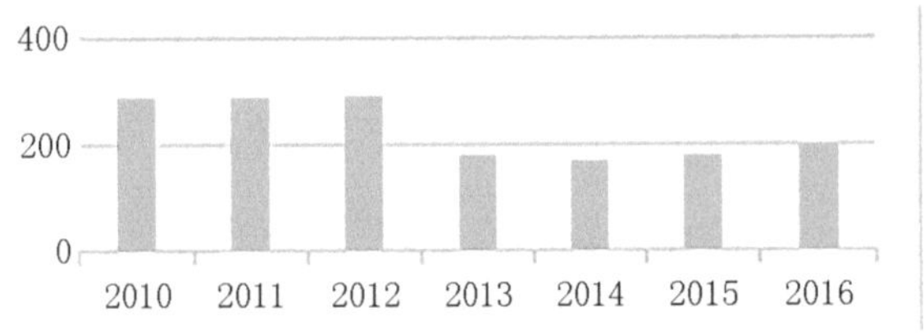

图1　2005—2016年空气质量

用折线统计图介绍2016年10月1—15日空气质量。

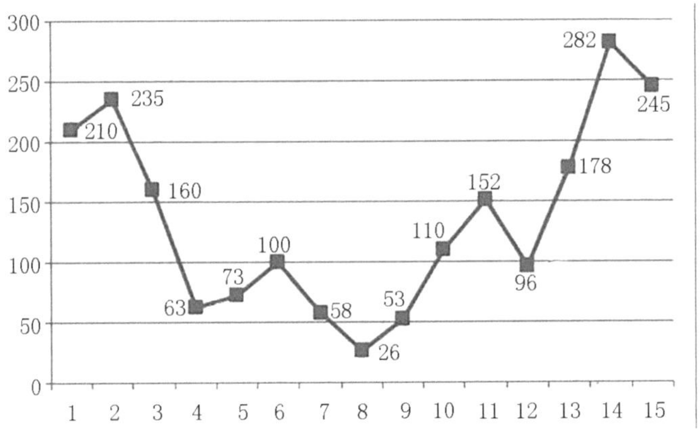

图2　2016年10月1—15日空气质量

主持人2：看了他们组的汇报，你们有什么想法吗？

3. 日常生活话雾霾

主持人1：在如此严重的污染下，人们是怎样生活、怎样出行的呢？让我们跟着“鹤立鸡群”组观看《我们的早晨》，观察生活引发思考。

（1）学生出示PPT：在日常生活中和早晨出行时的空气状况。

（2）生活感受：我们空气质量很差，影响了我们的出行。

4. 世界各地话雾霾

主持人2：哎呀，原来我们身边潜伏着这么可怕的“杀手”——雾霾，据我所知，它可不止在我们中国，世界各地都有它的踪迹，下面让我们观看“同舟共济”组带来的——雾霾带给全世界的危害。

学生汇报并出示 PPT。

1930 年　比利时马斯河谷烟雾事件

1952 年　美国洛杉矶光化学烟雾事件

1948 年　美国多诺拉烟雾事件

1952 年　英国伦敦烟雾事件

1959 年　墨西哥波萨里卡事件

1964 年　日本四日市哮喘事件

5. 歌曲：话雾霾

主持人 2：通过这些事件我们了解了雾霾这一现象是全世界存在的，我们来听听“上善若水”组和“卧薪尝胆”组带来的雾霾版《蓝天去哪?》。

6. 故事：想办法

主持人 2：听了他们的歌曲，我们发现空气的污染程度在一天天地增加，我们真害怕人类面临着灭亡，就像诺亚方舟的故事。

（1）学生讲述《诺亚方舟的故事》。

（2）随机挑选学生参加诺亚方舟的游戏。

讲故事的人当诺亚，领着一种动物在中间，其余 3 个人在外圈，抢椅子的游戏。没抢到的当诺亚，继续带领一只动物做游戏。

主持人 2：通过这个游戏你明白什么道理?

生：只要勇于面对困难，想办法就能解决困难。

设计意图：懂得面对困难去克服。

（三）预防雾霾，保护环境

主持人 1：雾霾如此强大，我们如何预防呢? 指名回答。

主持人 2：我们要如何保护环境呢? 请大家说一说并写在心愿卡上。

主持人 2：保护环境，让我们一起争做环保小达人。

生齐读童谣《争做环保小达人》

做个低碳小达人，保护环境爱家园，

爱护花草不踩踏，爱护动物多关照，

打印东西双面用，电脑操作时间少，

节约用电少开灯，多多种植花和草，

废弃物品重利用，垃圾分类便回收，

多坐公交少坐车，少用购物环保袋，

绿化环境低碳起，携手共创新未来。

主持人1：雾霾不可怕，只要我们想办法治理环境，我们的蓝天就会越来越蓝，家园就会越来越美。

（四）总结

这次活动同学们通过对数据分析，小品表演、讲故事等形式，充分体现了你们是学习的小主人。正如同学们说得那样，希望你们运用自己的智慧和勇气，每个人为低碳生活出一份力，让雾霾远离我们的生活，共创美好环境。希望同学们从身边做起，节约每一滴水、每一度电、每一粒米，让我们从生活做起，从小事做起，保护环境，让我们环境越来越好，天空越来越蓝。

（五）宣布结束

师生一起唱响《装扮蓝色地球》。

非遗传承　探秘扎染——扎染初体验

北京市昌平第二实验小学　沈梦菊

一、年级学科

五年级　劳动

二、背景分析

扎染这一传统工艺在历史的不同时期发挥着不同的作用，有其独特的历史意义和文化价值，而如今面对现代文化的冲击，扎染渐渐淡出了大众的视线。当今中小学生对扎染艺术的关注度和了解程度有所欠缺，导致扎染艺术传承较难。因此，可以借助劳动活动让学生了解扎染艺术，激发学生的学习兴趣和传承意识。

扎染的手工艺操作流程较为简单，五年级学生处于小学高年级阶段，有一定的小组合作基础，能够根据主题进行探究性学习，动手能力和独立思考能力较强，能够通过观察运用空间思维能力将不同花样和折法进行一一对应，并按照一定的操作步骤动手实践。同时五年级学生对生活经验的积累也有所增加，能够在自主实践探究中深入体会和总结反思，并尝试解决实践过程中遇到的问题。

三、教学目标

1. 了解扎染的基本方法和步骤，尝试运用捆扎法制作扎染作品，感受扎染的艺术魅力。

2. 通过实践活动，激发学生的求知欲，使学生初步养成探究精神，培养学生动手实践的能力。

3. 通过实践与交流，培养学生的合作意识，提高学生的审美情趣和对中国民间传统手工艺的认识与热爱。

四、教学重点

1. 小组合作初步体验，探究扎染的具体步骤和制作标准。

2. 能够独立完成扎染作品。

五、教学难点

能够根据扎染图案关联相关折法，并进行折叠捆扎。

六、教学过程

（一）环节一：情境导入，了解扎染作品

秋天到了，天气越来越凉了，于是沈老师尝试用上节课我们了解的扎染手工艺制作了一条围巾，同学们想体验一下吗？今天这堂课我们继续走进扎染的世界，你在生活中看到过或亲手制作过扎染的手工作品吗？

学生结合自己的经验进行交流。

小结：扎染作为一种特殊的纺织技术，融合了人们智慧和劳动的结晶，代表了一定时期的文化和艺术表达。作为华夏儿女，我们每个人都可以传承并推广优秀的文化，通过动手实践保护传统工艺。今天这节课我们就先尝试通过制作方巾学习扎染的基本方法，感受扎染的魅力。

【活动意图说明】创设真实的学习情境，学生结合自己的经验进行交流，充分激发学生的学习兴趣。

（二）环节二：初步学习，明确扎染步骤

1. 要做成一个扎染作品，需要哪些工具

例如：方巾、染料、皮筋、水……

2. 猜一猜怎样制作一个扎染作品

预设：①折方巾、捆扎方巾、浸湿方巾、滴染料

②浸湿方巾、折方巾、捆扎方巾、滴染料

③滴染料、折方巾、捆扎方巾、浸湿方巾

3. 观看视频，验证一下同学们的想法（播放视频）

根据学生汇报进行板书：浸、拧、折、扎、染、拆、晾

【活动意图说明】观察工具猜测扎染基本步骤，引发学生的思考，同时通过观看视频理清操作顺序，明确操作步骤，为接下来的实践环节奠定基础。

环节三：动手实践，制作扎染作品

1. 小组合作，探究方法

任务：以小组为单位，用一块方巾制作同心圆图案。

交流：怎样捆扎可以制作出同心圆图案？（1 分钟）

小组探究结束后进行分享。

根据学生汇报教师示范，同时指导捆皮筋的方法。

实践：以小组为单位，用一块方巾尝试制作出同心圆花样的扎染作品。（4分钟）

探究：制作的成品与预想的一样吗？制作过程中有哪些成功之处或需要改进的地方。（2分钟）

预设出现的问题：方巾未完全浸湿、方巾未拧干、捆扎不紧……

根据学生汇报完善板书，明确要求：浸湿、拧干、折实、扎紧、染匀、拆展、晾干

2. 运用方法，个人创作

在扎染的世界中，一折一叠就是一个新的创意，作品的多样性取决于折法的不同，观察屏幕上不同的扎染花样分别对应哪种折叠方法？

从屏幕上选择其中一种方法进行制作，也可以自己创新折法进行制作。（5分钟）完成后根据评价表组员之间互相评价，小组推选一名同学进行展示。

表1　扎染作品评价表

线迹清晰	染色均匀	图案美观
☆	☆	☆

【活动意图说明】通过小组合作的方式针对操作过程进行体验，在实践中引发思考，总结经验，明确每一步骤具体要求后个人进行实践，大大提高了操作的成功率，让学生更有成就感，在实践探究中呈现真正的学习过程。扎染作品的独特之处在于不同的折法呈现多样花色，小组合作前先以简单的同心圆图案为例让学生猜测折叠和捆扎的方式，明确捆扎位置就是作品中留白的位置，进而在个人操作前尝试通过连线的方式将折叠方法和作品效果一一对应，有利于锻炼学生的空间思维能力，逐步增强学生设计作品的意识，提高审美体验，为第三课时设计扎染作品奠定基础。

（四）环节四：课后实践，应用扎染艺术

总结：本节课同学们通过小组合作初步体验、交流经验，制作出属于自己

的扎染作品，人们通过自己的智慧发现了扎染这一独特的手工艺制作方法，丰富了我们生活中的审美体验。同学们课后可以将自己今天扎染的方巾进行再加工，制作成艺术品，还可以根据自己的喜好和需求自己亲手制作围巾、帽子、手提包等物品，在动手实践中感受传统工艺的智慧，在劳动中传承非遗文化。

我和蝴蝶有个约会

北京市昌平第二实验小学　张艳

一、活动年级

三年级　综合实践

二、背景分析

随着课程改革的逐步深化，综合实践活动课程的优势也随之凸显，它顺应课改要求，以学生为中心，以发展学生核心素养为目标。综合实践活动是从学生的真实生活和发展需要出发，从生活情境中发现问题，转化为活动主题，通过探究、制作、体验等方式，培养学生综合素质的跨学科实践性课程。在综合实践活动的课堂上就是以学生的视角去观察世界、发现问题、解决问题。

三年级的老师在备课和梳理教材时，发现不同学科教材中有很多相关或交叉的内容。语文学科三年级下册第一单元的《昆虫备忘录》，第四单元的《蜜蜂》，科学学科中的《养蚕》，这些都与昆虫有关，而且班内图书角中的《昆虫记》备受孩子们喜欢，争相借阅，孩子们沉浸在书的海洋中，惊叹书中昆虫的超能力，一到课间就展开激烈地讨论。看到大家对昆虫如此感兴趣，决定开展一次跨学科实践活动，但是昆虫太多，不可能一一研究，最后决定以蝴蝶为研究主题，并结合语文、数学、科学、美术等多门课程开展协作研究。

三、活动目标

初步了解自然界昆虫的特点，尤其是蝴蝶的生活习性以及对人类的影响等知识，理解人与自然、社会密不可分的内在联系。通过活动的开展让学生走出教室，走进大自然，寻找身边存在的昆虫，通过对昆虫的了解，学会辨别昆虫的好与坏，从而更好地保护自然。学生通过书籍、访谈等形式收集相关资料，并学会对原始资料进行筛选，分类整理，提升自我收集、处理信息的能力。通过开展本主题的活动，了解蝴蝶的一生，从而形成正确的人生观、价值观。

四、活动过程

课前篇

（一）孩童自主探蝴蝶——寻蝶谜

“杨花扑帐春云热，龟甲屏风醉眼缬。东家蝴蝶西家飞，白骑少年今日归。”蝴蝶是美好事物的化身和代名词，梁祝化蝶、庄周梦蝶的故事几乎家喻户晓，人尽皆知。哪怕平凡如普通人，哪怕伟大如庄周，对蝴蝶都极其崇拜。蝴蝶在我们的生活中是非常常见的小昆虫，由于其外表美丽，孩子们对蝴蝶非常感兴趣。为此，三年级的老师设计了调查问卷，让孩子们在白纸上写出自己的疑问，“从一颗卵，到长成蝴蝶需要多长时间?”“蝴蝶的家在哪里?”“怎样辨别雌雄蝴蝶?”并绘画出一个个可爱的小精灵，这种方式既促进了学生动脑思考的能力，又体现了孩子们的童真、童趣。

（二）留连戏蝶时时舞——诵蝶诗

“欲争蛱蝶轻，未谢柳絮疾。”蝴蝶是美丽的，它们花枝招展、各自缤纷，它们飘然、轻盈、从容，跟少女一样，惹人爱恋，使人羡慕。怎样让孩子们感受生命的美好？我们望之，我们追之，我们诵之，三年级的学生以小组为单位，每个小组收集一首关于描写蝴蝶的古诗，先进行自主学习，充分“备课”，然后利用每周的晨诵时间将收集的古诗讲解给同学们听，并带领同学们有感情地诵读古诗，最终由同学们推选出一个小组到其他班进行诵诗活动。琅琅的读书声道尽了孩子们对蝴蝶的喜爱，也展现了孩子们生命的色彩。

课中篇

（一）花丛乱数蝶，风帘入双燕——观蝴蝶

在实践大课堂那天，我们一起走进了七彩蝶园，孩子们迫不及待地与蝴蝶零距离接触。蝴蝶在春光中翩翩起舞，竞相展示自己迷人的身姿。在春日的阳光下，它挥动着五彩斑斓的翅膀，不仅向我们展示了优美的舞姿，还为我们留下“十八相送切切情，千古传颂生生爱”的《梁山伯与祝英台》故事，以及那让人震撼的，一次又一次破茧成蝶的勇气和力量。孩子们看蝴蝶，但却不忍触摸，因为他们喜欢蝴蝶在林间飞舞，兜兜转转，让人眼花缭乱，目不暇接，在春光中翩翩起舞，竞相展示自己迷人的身姿。

（二）花留蛱蝶粉，竹翳蜻蜓珠——做蝴蝶

欣赏完这五彩斑斓的蝴蝶，孩子们迫不及待地自己动手做蝴蝶，孩子们用蝴蝶的翅膀拼凑成一个个美丽的蝴蝶标本，他们看着自己的作品露出了满意的微笑。孩子们又在小葫芦上印出了一个个五颜六色的蝴蝶，小蝴蝶在葫芦的映衬下显得格外美丽，仿佛活了一般，栩栩如生。

1. 花丛“赏”蝶

认真观察蝴蝶翅膀的大小、形状、排列顺序和规律。让孩子们对蝴蝶有进一步的了解，知道蝴蝶是左右对称的，上面两个翅膀较大，下面两个翅膀相对较小。

2. 掌中“测”蝶

把你看到的蝴蝶放在手掌上，估一估你看到的蝴蝶的面积大约是多少？根据所学面积的知识和自己手掌的大小，知道蝴蝶的大小要用平方厘米这个单位，并且在已有认知的基础上估计蝴蝶的面积。

3. 网中“拼”蝶

在贴蝶翅画时，回忆蝴蝶的结构，在一堆蝴蝶翅膀中找出两对比较合适的翅膀，并按照对称的方式粘贴。

课后篇

（一）穿花蛱蝶深深见——绘蝶画

社会大课堂活动结束后，学生根据自己所了解到的蝴蝶的蜕变过程，以“蝴蝶的一生”为主题绘制一张漂亮的手抄报。这是学生获得知识信息、培养综合能力的有效途径，也是学生最喜爱的学习方式。这不仅培养了学生动手、动脑的习惯，也培养了他们的创新意识和创造能力，提升了自身的综合素养。

（二）蝴蝶寄传千里梦——创蝶诗

诵蝶诗活动结束后，学生试着自己写一首童趣盎然的关于“蝴蝶”的小诗，孩子们写着、画着，那一个个专注的小眼神，那从心里发出的微笑，仿佛觉得自己就是一个小作家，在书写着蝴蝶的故事，也仿佛自己就是那一只只蝴蝶，在书写着自己的人生。最后，孩子们的作品收录在三年级《诗集》《诗歌作品选》中。

（三）木为蝴蝶也寻花——画蝴蝶

蝴蝶在全世界大约有14000多种，学生在欣赏蝴蝶后了解了不同蝴蝶的花纹与分布特点，知道了不同蝴蝶的区别，学习了绘制蝴蝶美丽的花纹。通过不同种类蝴蝶花纹的创作，共同感受美，创造美。

大地的精灵们迫不及待地伸了个懒腰，开始享受这无限的春光；河岸边的柳枝抽出嫩芽，柔柔地在春风中摇曳；金黄的蒲公英，不知名的紫色小花朵零星地点缀在绿毯般的草丛中；蝴蝶在春光中翩翩起舞，竞相展示自己迷人的身姿。三年级的学生们在这美妙的春光中结束了一系列的活动，孩子们那么兴奋、那么快乐，就像那一只只小蝴蝶在尽情地释放着自己的情绪。在综合实践活动课程中充分贯彻实验二小“润泽生命的教育”理念，让实验二小的龙娃娃们活出自我、活出精彩。

五、活动效果

跨学科教学打破了传统教学常规，教学组织形式灵活多样，教师教学方式、学生学习方式也都发生了变化。主题聚焦学生的学习目标，其中包括基于课程标准的学科内容技能，课程通过各学科的知识，指导学生综合运用学科知识，在真实情境中解决问题。

本方案的教学环境并不局限于教室，而是拓展至七彩蝶园这个社会场所。从学生身边挖掘教学资源，把世界变成学习的教材，让学生看到窗外的世界，与外面的世界对话，带领学生走进场馆，激活学生潜在的能力。学生在这样的学习经历中，以解决生活中的问题为日标，完成考察、设计、探究等任务，习得合作能力，判断能力等关键技能，培养终身学习的习惯。

《西游记》中计量单位的探秘

北京市昌平第二实验小学　陈晓晓

一、活动年级

四年级　综合实践

二、背景分析

（一）教学内容分析

《中小学综合实践活动课程指导纲要》指出：综合实践活动就是要从学生的真实生活和发展需要出发，从生活情境中发现问题，转化为活动主题，而本主题活动的确定正是从学生真实的阅读情境中而来，即源于我校的阅读课程。

我校坚定走自己的文化建设之路——以阅读课程为路径，以校园环境为熏陶，以书香墨香为气息，以润泽每一个生命为目的的文化建设。在书香校园建设中，我们开展“生生共读”“教师共读”“师生共读”等多种主题读书活动。2020 年 9 月我们全校师生开启共读四大名著之一《西游记》之路，在阅读《西游记》的过程中，我校不仅开展了系列阅读活动，而且各学科围绕西游主题带领学生开展了一系列实践活动，比如对西游记中的人物、风土、兵器、饮食、取经路线等展开了探究，这些活动激发了学生学习的自主性、探究性和积极性。

基于以上背景，我从数学学科视角切入，带领学生开展了关于西游记中计量单位的探秘活动。而这一活动又恰好落实了《数学义务教育课程标准（2022 年版）》中提出的综合实践活动主题内容，即在中段开展关于“度量衡的故事”主题活动，该主题活动要求指导学生查阅资料，理解度量衡的意义，知道最初的度量方法都是借助日常用品，加深对量和计量单位的理解，丰富并发展量感。这一内容与本主题活动是相呼应的。

（二）学生情况分析

1. 学生年龄特点

参与本次实践活动的是四年级学生，学生个性差异较大，但对事物都有强烈的好奇心，有主动探究的意识，希望在团队中得到大家的认同。这个活动源于学生的学校生活，他们很容易接受并能够积极地投入参与。

2. 已有知识基础

（1）我校学生爱阅读，掌握了一些阅读的方法和策略，有从阅读中发现并提出问题的意识。

（2）学生对各个学科的知识和技能有一定的积累。如大部分学生能够在老师或家长的指导下通过上网或书籍查阅资料；有一定的动手制作能力等。

3. 学生可能存在的学习困难

（1）不熟悉文献法、实验法等研究性学习方法，对于搜集的信息和结果缺乏分析和利用能力。

（2）有的学生缺乏与人沟通的能力，组内合作分工易出问题；有的学生遇到困难容易放弃活动。

三、活动目标

1. 价值体认：通过探究《西游记》中的计量问题，引发学生对于时间概念和统一长度单位的深层次理解，感受传统文化的魅力和古代劳动人民智慧的结晶，并为我国计量工具的伟大发明而自豪。

2. 责任担当：通过小组合作制定计划、共同动手操作完成任务等活动，提升学生与他人沟通、组织领导、协调合作的能力和团队责任感。

3. 问题解决：通过搜集资料、制作计量工具，开展测量实验等活动，培养学生发现、分析以及综合运用所学知识解决实际问题的能力。

4. 创意物化：在主题实践活动过程中通过个人设计制作和小组合作的方式，鼓励学生形成计时工具成品、成果说明书、海报、活动方案等物化成果，使自身的知识与经验更好地服务于学习和生活。

四、活动过程

（一）准备阶段：确定主题，制定方案

环节一：交流讨论　确定主题

课上教师与学生共同交流在阅读《西游记》过程中遇到的问题，引导学生结合阅读《西游记》的收获，让学生从数学的角度提出有哪些想研究的问题。

学生进行分组讨论，提出以下研究问题：如《西游记》中数学的含义；取经之路有多长，用了多长时间；兵器的分类；师徒四人的身高；《西游记》中的时间；金箍棒有多长、多重等。

指导学生确定本次实践活动主题：《西游记》中计量单位的探秘。

指导学生细化主题，分别是《西游记》中的“时间”探秘和“长度”探秘。学生分组讨论选择其中一个主题，其中5个组探秘《西游记》中的时间单位，4个组探秘《西游记》中的长度单位。

环节二：小组讨论　制定方案

1. 教师指导学生确定研究内容，并根据需要帮助学生形成活动方案。

2. 学生开展小组合作，制定活动方案。

3. 全班分享交流，完善方案。

（二）实施阶段：搜集资料，动手实践

环节一：搜集资料　交流分享

教师指导学生如何分工梳理书中的时间单位和长度单位。学生在教师的指导下进行小组合作分工，梳理《西游记》中有关时间单位和长度单位的描写。

教师指导学生查阅信息的方法，以及用思维导图整理信息。学生小组合作利用多种途径搜集资料，了解时间单位和长度单位的含义及古今演变。

小组分享：课上小组成员交流搜集到的资料，如《西游记》中提到的对于“更”“刻”“时辰”“丈”“尺”“寸”“里”的解读，了解其中的古今换算等。

环节二：动手实践　方法指导

【时间组】

1. 拓展资料：学生交流查到的古代计时工具的种类和介绍。

2. 教师在课堂上带领学生了解日晷、沙漏、水钟的计时原理和制作原理，学生小组合作制作古代计时工具——日晷、沙漏、水钟。

3. 教师带领学生在校园内利用日晷进行计时测量，帮助学生发现并解决测量不准的问题，进而提出改进建议。

4. 学生在测试和发现问题后进一步改进自己的作品，并再次进行实验测试。

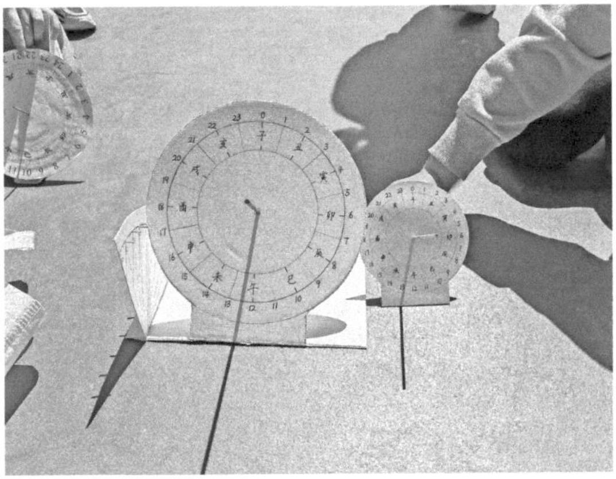

【长度组】

1. 学生用制作海报的形式画出师徒四人的身高，破解师徒四人身高之谜。教师适时指导学生画师徒四人身高时的比例问题，并引导学生针对破解的身高之谜提出自己的问题或疑惑。

2. 教师指导学生利用古代的元素设计古代的尺子并展示作品。

3. 教师带领学生在校园内进行实地测量，及时给予方法指导。

【活动意图】培养学生收集与处理信息和创新能力，充分感受古代劳动人民智慧的结晶。同时充分引导学生主动运用各学科知识分析解决实际问题，使学科知识在综合实践活动中得到充分应用。

（三）总结阶段：汇报分享　评价收获

1. 教师指导学生做好总结汇报准备，学生制作PPT，准备汇报工作等。

2. 学生汇报分享研究成果，互相评价。

3. 教师针对学生的汇报进行小结或点评，总结优点，提出建议，引导学生关注在活动中遇到的问题和解决方法。

4. 引导学生发表自己的感受或是针对某一个过程自己的思考或收获，并点出本次活动的重要意义，指出学生将阅读与实践进行结合的学习价值。

五、活动效果

1. 学科视角切入，跨学科学习真实发生

回顾整个活动过程，它源于学生名著阅读，从数学学科的视角切入确定研究主题，再到学生利用多种方法进行实际探究，在搜集资料、制作日晷、沙漏和水钟、探究师徒四人身高之谜的过程中自然真实地融入了多学科学习，并贯穿于学生的实际生活中，这是一次综合性的跨学科实践活动。

2. 转变学习方式，培育学生核心素养

本次活动是一次以学生为中心，利用多样化学习方式开展的活动，比如探究学习、小组合作学习、动手实验学习等，在实践中不断生成、拓展、发展的过程，从而培育学生乐学善学、勇于探究、责任担当等核心素养。

3. 突出实践育人，让每个孩子闪闪发光

在活动中，教师注重引导学生知行合一，充分挖掘每一位学生的潜力，比如有的学生善于动手制作、有的学生善于绘画、有的学生善于组织交流等，从而鼓励学生在做中学，创中学，让每个孩子都能在活动中闪闪发光。

龙娃导游入明陵　魅力家乡我代言

北京市昌平第二实验小学　李明月

一、年级学科

五年级　综合实践

二、背景分析

小学高年级学生正处在世界观、人生观和价值观形成的起步阶段，而很多学生缺乏对传统文化的认同，缺少对家乡的了解，他们需要在社会实践中进一步了解和认知家乡的历史和文化，初步形成人生的理想目标及人生发展规划。

在《义务教育课程方案和课程标准（2022年版）》中指出：要注重培养学生的爱国情怀、社会责任感。在《中小学综合实践活动课程指导纲要》中也强调了学生开展职业体验活动，在体认职业角色的过程中获取对职业生活的真切理解，形成正确的劳动观点和人生理想。为全面贯彻党的教育方针，落实立德树人根本任务，培养学生民族自豪感，树立文化自信，我校自主研发了以《魅力昌平　龙娃代言》为主题的暑期课程。围绕其中龙娃亲情代言这个主题，将多学科知识和思想方法融入其中，穿插跟岗学习、实地体验等多种实践形式开展了《龙娃导游入明陵　魅力家乡我代言》主题综合实践活动。

三、教学目标

1. 责任担当：学生通过网络、实地考察等多种方式了解明十三陵的历史和文化。引导学生知家乡、爱家乡，树立文化自信心，努力了解中国传统文化，弘扬和传播优秀文化，传承民族精神。

2. 价值体认：通过导游职业体验，了解其职业的特性，体会劳动的快乐，感受职业的艰辛，培养学生热爱生活、关注社会的思想感情，培养学生的多学科素养，增强学生的职业劳动技能，进而使学生初步养成爱岗敬业的态度，形成劳动观念，提高劳动能力。

3. 问题解决：通过撰写导游词、职业体验的真实过程，并运用各学科知识解决探究中遇到的实际问题，培养学生提出问题、解决问题的综合能力。

4. 创意物化：通过公众号、录制视频生成宣传二维码等形式，对此次活动及景点讲解进行宣传和推广，宣传家乡文化。

四、教学重点

学生通过网络、实地考察等多种方式了解明十三陵的历史和文化，在撰写导游词、职业体验的实践过程中，运用多学科知识解决探究中遇到的实际问题，形成职业认同感。

五、教学难点

学生在了解明十三陵的历史文化价值、撰写导游词及职业体验的实践过程中，运用多学科知识解决探究中遇到的实际问题，通过实践活动树立文化自信心，形成职业认同感。

六、教学过程

整个实践活动周期为 3 个月，由课堂融合实地教学和课下学生的实践活动交叉而成，共分为准备阶段、实施阶段、展示总结和拓展延伸四个阶段，具体课时任务分布如下：

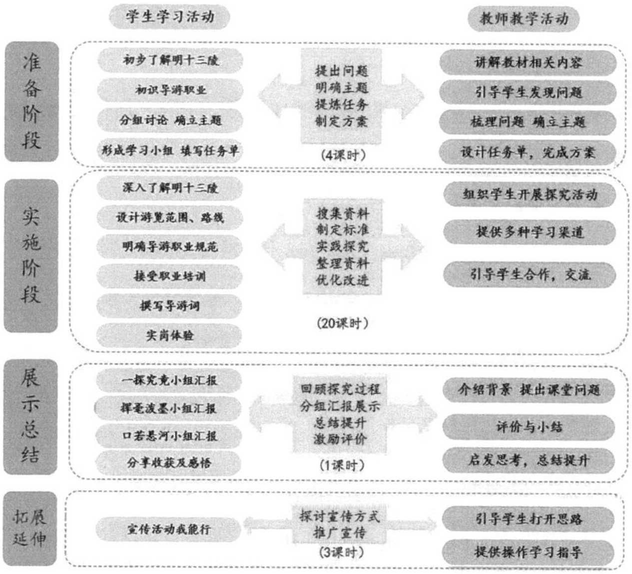

（一）准备阶段

依托暑期实践手册内容，教师和学生共同梳理出有关“十三陵小导游”的两个主线问题：

为什么要去十三陵做导游？

如何做好一名导游？

在如何做好导游这一问题下，又分为写好导游词以及如何成功体验导游职业两个支线问题。针对这三个研究方向，学生自愿结组，形成了“一探究竟”（探寻明陵历史文化）、“挥毫泼墨”（撰写导游词）以及“口若悬河”（体认导游职业）三个研究小组。

【设计意图】确定研究方向，划分研究小组。

（二）实施阶段

1.“一探究竟”小组

该小组首先通过任务单的形式，明确本小组的研究主题、研究意义、预期效果等信息，预设研究过程并根据实际情况进行修正。

学校聘请专家举办讲座，让学生初步了解明十三陵，同时教师引导学生通过查阅书籍、网络搜索、请教他人等形式，深入了解明十三陵的重要历史文化价值。旨在让学生通过多种途径获取信息，了解家乡的历史文化瑰宝，感受明文化的魅力。调查过程中，了解到目前明十三陵景区已开放景点有长陵、定陵、昭陵、康陵以及神道。学生运用调查问卷的形式进行调研，将统计结果进行归纳、梳理，最终根据统计数据，确定老师、同学、家长最感兴趣的长陵、定陵以及神道作为本次讲解活动的景点。

“一探究竟”小组在任务单的引领下，通过多种途径搜集资料、运用调查问卷统计信息，在了解明十三陵历史文化、确定导游景区的同时，形成信息搜集、汇总、筛选的能力。

【设计意图】通过网络查询、专家讲座、实地考察等多种途径，引导学生深入了解明十三陵的历史文化价值，增强学生民族自豪感和文化自信心。

2.“挥毫泼墨”小组

“挥毫泼墨”小组结合语文课习作《介绍中国的世界文化遗产》中学习过的介绍名胜古迹的方法，制定了第一版导游词的评价标准，在评价引领下，撰写导游词。

接着在不断实践过程中，通过教师指导、查阅专业《导游词创作与讲解》、访谈、实地考察等形式，逐步完善评价标准，依照标准完善导游词。最终完成了三个景区 25000 多字的导游词撰写，撰写的导游词也得到了十三陵专业导游的认可。

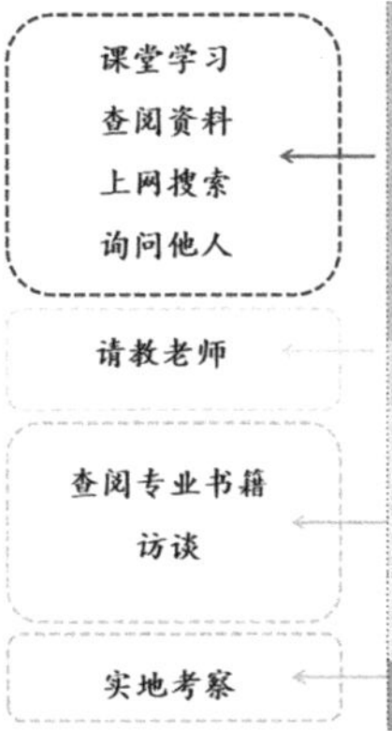

导游词撰写评价标准

项目	分类	评分标准	全部达成	基本达成	未达成
讲解内容	地理位置 历史背景 外观结构 文化价值	景点信息正确、准确，要点明确，无明显错误。	☆☆☆	☆☆	☆
条理结构		条理清晰，详略得当，主题突出。	☆☆☆	☆☆	☆
历史典故		生动形象、准确，内容贴切。	☆☆☆	☆☆	☆
欢迎词	表示欢迎 情况介绍 服务态度 希望与祝福	内容全面、准确，情感真挚。	☆☆☆	☆☆	☆
互动性		语言准确、规范；表达流畅、有条理；具有生动性和趣味性。	☆☆☆	☆☆	☆
实时性		根据实际情况删减导游词。	☆☆☆	☆☆	☆

【设计意图】引导学生通过多种途径搜集资料，在撰写导游词的过程中，提升学生的写作素养，提高学生的思维能力，并为接下来的讲解工作提供导游词。

3. “口若悬河”小组

学生通过语文课上《我是小小讲解员》的学习，查阅资料、观看全国导游大赛进行学习，初步了解导游职业。参照《导游服务质量等级划分与评定》标准中的要求，结合所涉及的语文、艺术、劳动等学科的教材及课标，从语言能力、讲解水平、仪容仪表和服务态度四个方面初步梳理出关于导游的评价标准。

接着为了能让学生更好地进行导游的职业体验，学校聘请了十三陵景区的专业导游进行职业辅导和技能培训，职业培训包括校内培训学习以及景区跟岗学习两部分，学生根据专业指导进行练习。

组织进行实岗体验。学生在体验结束后，运用《实岗体验记录单》，对照《明十三陵小导游评价标准》针对实岗体验过程中出现的优缺点进行梳理和总结，并提出解决方案。

此次活动获得了游客、学校、景区负责人、家长的高度评价，同时学生也对自己的表现进行了自评和互评。

明十三陵小导游评价标准

项目	评分标准及要求	全部达成	基本达成	未达成
语言能力	语气、语速适当；语音清晰，节奏合理。	☆☆☆	☆☆	☆
	条理清晰，表达流畅，语言准确、规范。	☆☆☆	☆☆	☆
讲解水平	讲解准确规范，表达清楚。	☆☆☆	☆☆	☆
	讲解语言生动、形象、灵活，具有艺术性和趣味性。	☆☆☆	☆☆	☆
	讲解内容紧扣浏览主题，具有强烈的感染力。	☆☆☆	☆☆	☆
仪容仪表	衣着服饰整洁、得体。	☆☆☆	☆☆	☆
	言行举止大方得体，讲解时可使用恰当的手势、动作、表情。	☆☆☆	☆☆	☆
服务态度	言行礼貌有度、举止符合礼仪规范。	☆☆☆	☆☆	☆
	待人热情、有亲和力。	☆☆☆	☆☆	☆

【设计意图】学生通过职业体验的真实过程，能够运用各学科知识解决探究中遇到的实际问题，培养学生提出问题、解决问题的综合能力。引导学生初步养成爱岗敬业的态度，形成劳动观念，提高劳动能力。

（三）展示总结

三个小组针对实践过程、实践成果，整理出PPT及发言稿，对本小组情况进行汇报，分享收获及感受。教师根据学生汇报内容进行总结提升。

（四）拓展延伸

为了达到更好的宣传目的，引导学生采用制作公众号、录制讲解视频做成二维码等形式对家乡的历史文化进行推广宣传。

（五）活动效果

整个活动过程以目标为导向，坚持以评促学、以评促教，将评价贯穿始终，利用评价标准不断反思，设计使用了任务单、实践记录表等多样的实践策略工具，并不断分析和解决问题，践行着教学评一体化的育人导向作用，有利于培育学生自主发展、社会参与、责任担当的核心素养。

昌平区历史悠久，有着极其丰厚的历史文化资源，学生生长在这里，要像了解自己一样，了解脚下的土地。通过此次综合实践活动，孩子们认识了中华文化的博大精深，感受了明文化魅力，增强了家乡自豪感和民族自信心。同时孩子们获得了对职业生活的真切理解，初步形成了劳动观念和人生指向，树立了正确的世界观、人生观和价值观。

畅享中国风，一起向未来

北京市昌平第二实验小学　孙冕

一、年级学科

六年级　综合实践

二、背景分析

（一）指导思想与理论依据

习近平总书记在全国教育大会上指出，培养什么人，是教育的首要问题。立德树人是教育的根本任务，也是教育现代化的方向目标。《中小学综合实践活动课程指导纲要》中指出："综合实践活动是从学生的真实生活和发展需要出发，从生活情境中发现问题，转化为活动主题，通过探究、服务、制作、体验等方式，培养学生综合素质的跨学科实践性课程。"

（二）教学背景分析

1. 内容分析

2022 年北京冬奥会作为全球性的盛大赛事，对于展示国家形象和振奋民族精神有着重要意义，同时冬奥会备受世界各国关注，成为让世界了解我国的重要窗口。北京作为奥运史上第一座"双奥"之城，对于生活在北京的孩子来说，冬奥会不仅仅是热点时事，更是一种自豪。所以，选取冬奥会作为本次综合实践活动的主题就应运而生了。通过综合实践活动，让每一名学生都富有教养、拥有志趣、葆有情怀，最终实现我校"三六九"学生成长发展体系。

2. 课时分配

表1　课时分配情况

活动阶段	主要活动内容	课时安排
第一阶段： 活动前期准备	问卷调研、了解冬奥、收看转播、完成手册	课堂教学二课时
		课下实践四学时
第二阶段： 活动主题生成	确立各小组的研究主题和研究的初步方案	课堂教学二课时
第三阶段： 活动实施准备	搜集资料、询问亲友、实地考察、分享交流	课下实践四学时
		课堂教学二课时
第四阶段： 活动实施过程	设计方案、小组探究、动手制作、筹备采访	课堂教学四课时
		课下实践四学时
第五阶段： 展示分享，总结提升	学习冬奥会、冬残奥会总结表彰大会 观看同上一堂“冰雪”思政课 学生交流展示、教师总结提升	课堂教学二课时

（三）学情分析

1. 学生情况分析

（1）学生的思维和认知情况

六（1）班学生思维活跃，动手能力较强，热爱阅读，兴趣爱好广泛。进入四年级，根据学生的成绩、性别、性格和兴趣爱好建立了学习小组。

以“冬奥会”为主题的综合实践活动紧密切合学生的兴趣点和社会热点时事，六（1）班学生又在高年段有过开展综合实践活动的经验，所以学生对开展此次活动的热情十分高涨。

（2）学生的思维障碍点和发展点

北京冬奥会涵盖了科学、信息技术、化学、物理等领域，有些知识以六年级学生的认知水平还不足以达到，所以在整个活动过程中，教师要给予学生针对性的指导，激发学生跨领域、跨学科学习的研究意识。

三、教学目标

1. 价值体认：亲身参与探究北京冬奥会的整个过程，在探究中建立与他人积极交往的关系，获得有积极意义的价值感受；在综合实践活动中感受冬奥会的历史与文化，北京冬奥会的人文、科技和绿色等方面的突出优势，加深对我国综合实力发展的了解和对国家的热爱。

2. 责任担当：学会整理和筛选材料；乐于接受能力范围内的任务，能处理个人负责的探究任务，搜集并记录必要的信息及资料，得出必要的结论，探究和设计过程中遇到困难自觉寻求伙伴及他人的帮助；积极参与探究并为小组探究做出贡献。

3. 问题解决：学会保留过程资料的意识，学会根据研究需要拍摄、保存清晰的图片和影像资料，并尝试运用简单的信息技术手段制作活动任务单、剪影等。

4. 创意物化：根据各小组的研究内容，运用一定的材料、工具和方法，将研究内容转化为有创意的物化成果，呈现小组研究的成果。

四、教学重点

根据小组研究，创意物化为有意义的事物，对小组的创意物化情况进行汇报，介绍条理清晰。

五、教学难点

引导学生发现、总结研究活动中的优点和不足，启发学生思考解决问题的办法。

六、教学过程

（一）展示交流课教学设计

环节一：情境导入

环节二：人文冬奥——“曼联”组汇报

通过奖牌、火种灯、吉祥物、颁奖托盘、冬奥会和冬残奥会会徽、汉字体育图标展开研究。

由汉字体育图标的研究激发灵感，并结合我校的特色活动，“曼联”组设计了具有实验二小特色的汉字图标。

【活动意图】培养学生从实际生活出发，服务于生活的意识。

环节三：人文冬奥——“007”组汇报

对引导员（瑞雪白）、运动员（霞光红）、工作人员（长城灰）、志愿者（天霁蓝）的服饰色彩展开研究。

作为即将告别母校的毕业班，恰逢2024年是我校建校20周年的纪念日，“007”组把他们研究的中国色彩赋予了实验二小新的含义，将小组研究运用到生活中，并结合我校学生核心素养的九个一，设计了实验二小色彩元素的校服。

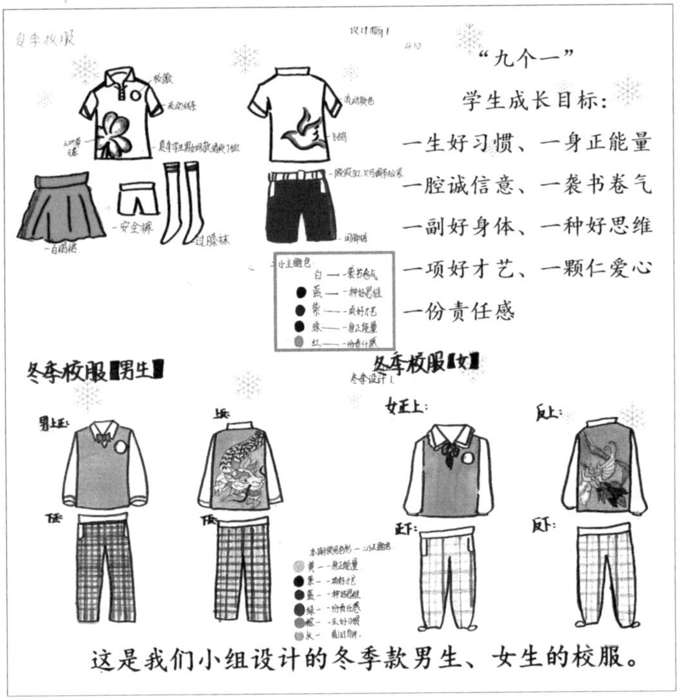

图1　冬奥中的中国色彩创意物化

【活动意图】提高学生的审美意识，为学校设计含有特色元素的校服，创意物化冬奥服饰中的中国色彩。

环节四：科技冬奥——“蛟龙”组汇报

“蛟龙”组研究二氧化碳制冰技术，与科学老师探讨后得知这样的制冰实验以现阶段条件无法完成，所以“蛟龙”组通过模型的形式呈现速滑场馆“冰丝带”二氧化碳制冰技术的奥秘，将最顶尖的制冰技术以最直观的方式进行展现，并以速滑场馆解说员的形式呈现，又增添了一份乐趣。

【活动意图】根据冰雪在冬奥中的使用而引发疑问，将其转化为小组的研究主题。

环节五：科技冬奥——“雪狼”组汇报

“雪狼”组研究永不融化的“实”冰雪——冰凝胶技术。通过查阅资料、请教科学老师，冰凝胶作为申请专利的保护技术无法进行实验制作，“雪狼”组设计并制作了冰凝胶技术的科技原理的展示模型。通过咨询美术老师，“雪狼”组利用毛根儿折出雪花的形状，再模拟展示冰雪如何能在分子的作用下不融化的过程。

永不融化的“虚”冰雪是为冬奥会开幕式提供技术支持的利亚德 LED 屏幕公司设计制作的“冰雪”地屏，给全世界留下深刻印象的“冰雪”地屏，寓意着奥林匹克精神永不“融化”。“雪狼”组荣幸地采访了六（1）班王星宇同学的爸爸，正是其所在公司设计制作了这绚丽的永不融化的“冰雪”地屏。播放采访视频，让大家走进现代科技。

环节六：绿色冬奥——“身先士卒”组汇报

“身先士卒”组对京张铁路进行研究，从新京张铁路“新”在哪作为切入点，制作手抄报，探秘京张铁路的先进技术、外形涂装的特点，以及升级版复兴号动车组模拟鹰隼和旗鱼的流线型车头，并用木头制作了流线型车头的模型。

环节七：绿色冬奥——“马到成功”组汇报

“马到成功”组由灯火辉煌的奥运村和比赛场馆引发思考：如此庞大的用电量，是用什么作为支撑的呢？

小组制作了简易发电装置的模型，用直观、易懂的方式向大家解释此次冬奥会的供电方法——柔性直流输电。在制作沙盘展示整个运电路线的同时，“马到成功”组还编写了朗朗上口又结合研究内容的三句半，突出了风力发电、清洁能源的运用，把绿色冬奥展现得淋漓尽致。

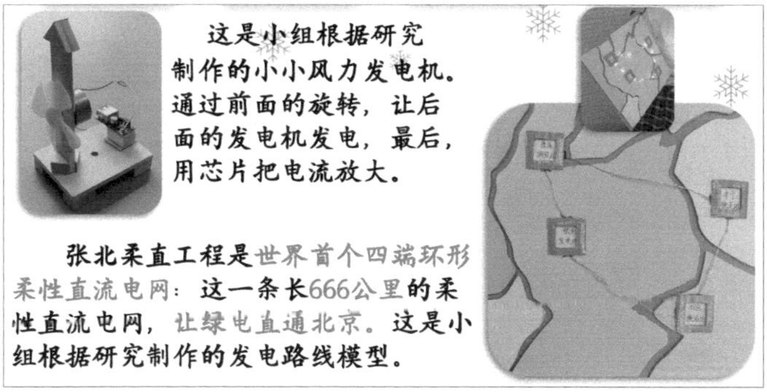

图 2　张北供电冬奥会创意物化

环节八：绿色冬奥——“黑洞”组汇报

“黑洞”组研究的颁奖花束极致展现了中国人的浪漫以及举办绿色奥运的理念。此次冬奥会的颁奖花束没有采用短暂美丽的鲜花，而是用海派绒线编制而成的花束，七种不同的花代表着不同的寓意，更值得一提的是冬残奥会的颁奖花束中还增加了一朵蓝色的波斯菊，象征着坚强、美好，永不凋谢的颁奖花束倾注着编制团队对运动员美好的祝福，以及可以永久保存的环保理念。“黑洞”组还组织全班同学使用不同材质制作出不同样式的“永不凋谢”的花朵。

环节九：交流评价

教师活动：教师对人文、科技和绿色冬奥三大主题的探究进行点评，对研究活动进行总结提升。

学生活动：交流感受。

话　灯　笼

北京市昌平第二实验小学　赵虎

一、活动年级

六年级　综合实践

二、背景分析

2021 年 7 月，中共中央办公厅、国务院办公厅印发了《关于进一步减轻义务教育阶段学生作业负担和校外培训负担的意见》，这是党中央、国务院从为党育人、为国育才的战略高度，坚持以人民为中心的教育理念，解决功利化、短视化教育问题，保证学生的全面发展和共同基础，培育学生的个性发展和综合素养。随着新课程改革的深入推进，综合实践课在学校教育教学中的地位越来越突出。

学校统筹安排原有综合实践活动和学科实践活动，整体建设国家课程、地方课程、校本课程，创新课程结构，在原有自我课程创新体系实践的基础上，进一步加强学科整合、突出主题，将每个学科或领域的 10％的学科实践活动学时与综合实践活动原有内容、学时统筹使用。这种整合是“双赢”的，有利于促进学科教学观念和教学方式的转变，使学生更好、更快地掌握基础知识和基本技能，提高学生分析问题、解决问题的能力，激发学生对学科知识学习的兴趣。老师也可以更大限度地发挥创造性，设计出有趣多样的教学活动，贴近学生在各科所学到的知识及生活经验。借助话灯笼这项综合实践活动让学生了解学习圆柱的相关知识，发展学生的空间观念想象力，并在装饰过程中了解中华传统文化的知识和礼仪，增强学生动手能力，逐步实现全科育人、全程育人和实践育人的目标。

三、活动目标

（一）知识和能力

掌握制作灯笼的方法、步骤和应注意的问题。

通过制作灯笼，培养学生动手实践能力、想象能力、审美能力和综合运用知识的能力。

（二）过程和方法

让学生自主探究制作灯笼的方法步骤，引导学生在实践中动脑、动手，同时让学生学习适材、适形、适色的创造，制作精美的灯笼。

（三）情感、态度和价值观

通过动手实践，培养学生发现美、欣赏美、创造美的意识，培养学生热爱生活的情趣，拥有幸福生活的能力。

四、活动过程

（一）活动“准备篇”

1. 确定活动主题

在漫长悠久的历史岁月中，春节从萌芽到定型，经过不断发展形成了独具中华民族特色、丰富多彩的习俗。结合六年级数学的学科内容，让学生小组合作制作一个里面含有圆柱的灯笼。

2. 制作活动手册

确定实践活动内容，明确小组成员，明确成员职责，制定活动计划，学生必须按照计划活动，并记录实践内容，服从实践负责人领导。指导老师随时关注实践活动的正常开展，确保活动顺利进行，并记录活动过程和活动心得。

3. 小组商讨制作方案

小组确定后，小组成员针对实践活动提出自己的想法和建议。但由于疫情的原因，小组成员不方便进行面对面的讨论，于是各小组纷纷建立微信群，商讨灯笼的制作想法，有的小组还采用腾讯会议的方式进行交流。从孩子们交流方式的多样化中可以看出孩子们对制作灯笼具有很高的热情，任何困难都不能阻止孩子们一起制作灯笼。

【设计意图】借助活动准备提高学生学习的主动性和探究性，能够综合运用知识与技能解决问题，使学生养成会思考、会合作，克服困难，积极进取的良好品质。

（二）活动“制作篇”

1. 设计思路巧妙

灯笼属于传统文化，每个小组制作灯笼前都查阅了相关资料，了解灯笼悠久的历史文化和美好寓意。其中一个小组对传统文化了解后确定自制小组的设计理念。设计理念如下：

灯笼是一种古老的汉族传统工艺品，起源于西汉时期，有两千多年的历史，它综合了绘画、剪纸、刺绣等艺术，经过历代彩灯艺人的继承和发展，形成了丰富多彩的品种，其中宫灯和纱灯最为著名。灯笼象征着阖家团圆、事业兴旺、红红火火，象征着幸福、光明、活力、圆满与富贵，可以营造一种喜庆欢乐的氛围。每逢过年时都要准备一盏红红的灯笼悬挂在门庭或屋中。

而我们制作的灯笼名为春庆福灯，“春”代表着春节和春天，寓意着提着这盏灯笼时九州同春，万象更新；“庆”的意思是庆祝、欢庆，寓意着普天同庆，来年运气通达，烘托出了节日欢乐的气氛；而“福”则概括了灯罩八面的祝福语，平安是福、年年有余、四季平安、吉祥如意等，突出了圆柱形红色灯体上大大的毛笔字“福”。

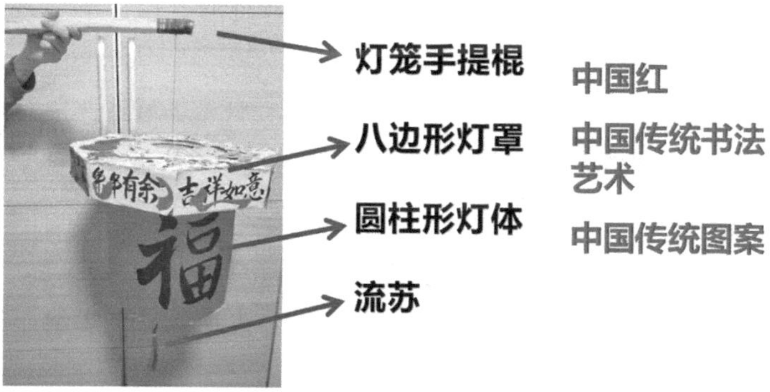

图 1　灯笼设计理念

2. 制作材料多样

多姿多彩的灯笼，其制作材料确普普通通，有的灯笼的外壳是用废旧纸盒制作的，骨架是用一次性筷子搭建的，流苏是包装的装饰品。有的灯笼的外壳是用圆柱形的饼干盒子制作的，并且还用 Led 灯做了装饰，让灯笼有了照明的功能。材料很普通，但是经过各小组的奇思妙想，制作出了多姿多彩的灯笼。

3. 享受灯笼制作

综合实践的初衷是让学生感受圆柱体，提升动手能力，让小组合作意识深入到学生的学习过程中。这次综合实践是成功的，综合实践活动让学生的假期学习生活同样精彩，学生之间相互合作，相互帮助。

【设计意图】借助制作活动实现了知识的扩宽和延伸，让学生综合能力有所提升。

（三）活动“分享篇”

1. 活动交流，小组展示

实践活动过后，利用课上时间进行小组分享，学生积极参与，每组都准备了发言稿和PPT，分享制作灯笼的收获和感想。同学们的创意无限，每个小组的侧重点都有所不同，有的组介绍了灯笼发展的时间轴，让学生对灯笼的发展有了更深入的了解；有的组介绍了灯笼设计制作过程中蕴含的中华传统文化元素；有的组在制作灯笼的过程中，为灯笼增加了亮度控制功能，采用多挡位手电筒，使灯笼在不同场合更加适用。实践活动课程的开展让学生打破了学科界限，走出课堂，了解了更多的知识。

【设计意图】通过分享活动，对学生进行多元评价，让学生在做中学、学中思、思中创，在此过程中，不断成长。

五、活动效果

《话灯笼》主题综合实践活动的开展，发挥了学生的巨大潜能，让他们获益匪浅。实践活动的开展打破了学科界限，使学生走出课堂，了解了更多传统文化知识及礼仪。

综合实践活动既是语文、数学、英语等具有严密知识体系和技能体系的学科界限的一种超越，又是一门以学生经验、社会实际和社会需要的问题为核心的活动。以主题形式对课程资源进行整合的活动类课程，有利于激发学生解决实际问题的能力，有利于培养学生的兴趣、特长。把综合实践活动作为落实“双减”政策、建设特色课程、创新综合实践活动的着力点，积极探索新形势下综合实践活动课程的新策略，对于进一步深化新课程改革，形成润泽生命的特色课程具有重要的实践价值和意义。

我给轮胎安个家　小小甘薯种起来

北京市昌平第二实验小学　吴红颖

一、案例背景

在劳动教育实施过程中，我发现“70后”小时候上的传统劳动课内容又回归了，但不同的是现在孩子们的劳动意识及劳动能力远远不及“70后”：一是动手能力差，干不好；二是拈轻怕重，干不快，即便是扫地、拖地、收拾桌斗等对于学生来说都是一件难事。

随着社会的发展，我国基础研究和原始创新不断加强，一些关键核心技术实现突破，战略性新兴产业发展壮大，载人航天、探月探火、深海深地探测、超级计算机、卫星导航、量子信息、核电技术、大飞机制造、生物医药等取得了重大进展，迈入创新型国家行列。习近平总书记在党的二十大报告中指出：“把科技、人才、创新的战略意义提升到新的高度。”于是我开发了系列农耕课程：带领孩子们种植小麦、种植大蒜、种植丝瓜……这样的活动激发了学生的劳动热情，培养了学生的探究意识及发现问题、解决问题的能力，助力科学素养的培养与形成。

二、教育目标

（一）知识与技能

1. 激发学生的探究兴趣，提高学生发现问题、解决问题的能力。

2. 探索轮胎里种植甘薯的方法、技术要领，培养探究、实操能力。

3. 学习厨余垃圾堆肥的方法及要领，提高用科技改变生活的能力。

（二）过程与方法

1. 初步掌握记录甘薯这一植物生长的方法。

2. 通过前期种植记录后期对照称重，完成种法与产量数据统计。

3. 通过六个阶段的活动，完成种植、收获、课题探究这一过程。

（三）情感、态度、价值观

1. 培养学生的创新意识，激发学生运用科学观念解决问题的兴趣和乐趣。

2. 培养学生的劳动意识，感受持续劳动的艰辛，从而使学生更加惜粮、爱粮。

三、案例分析

（一）专家讲座，了解甘薯发展史

邀请专门研究甘薯的赵教授，从甘薯的用途、品种、栽培技术以及今后的发展方向等方面进行细致、生动地讲解。

（二）建造基地，科学种植有门道

五一放假回到校园，完成轮胎填土工作，为后边的种植做好准备。

（三）探究薯叶，活化数学来探究

甘薯秧栽种到轮胎后，同学们每天早晨都去浇水，并填写记录，看到秧苗慢慢精神起来，喜悦之情溢于言表。经过一个月的精心照顾，薯秧长势喜人，每株的茎长都达到了二十几厘米，轮胎里也长出了杂草，于是孩子们给甘薯秧进行松土、除草。由于天气炎热，孩子们每天都要给甘薯浇水，即便是假期种植基地每天也都会有同学来照顾。

1. 玩薯叶乐无穷

在农村长大的我，对于甘薯叶的记忆是深刻的。别小看这三样小物件，它里面可是充满了数学思维和创造力。于是我让每位同学选一片叶柄长的薯叶进行探究，怎样将它变成“项链”“耳饰”或“手链”？一石激起千层浪，孩子们纷纷开始探索。刚开始他们面面相觑，根本就不知道从何处入手，有系扣的、有缠绕的，慢慢地有人找到了诀窍，但是折得不是十分规整，但也为其他同学打开了一扇门。就这样，一节课下来孩子们终于将薯叶变成了配饰。看似简单的一件事，却给孩子们带来了深入的思考和动手探索的快乐。

2. 探面积方法多

数学课刚讲完求面积的方法，我突发奇想：可不可以让孩子们算一算薯叶面积的大小，将所学知识运用到生活中。张老师对我的提议大表赞同，于是开展了一次薯叶面积大探究活动。这个过程相当有趣，有的孩子用割补法；有的孩子用小米铺满叶片，然后再将小米拼成熟悉的图形计算出面积；还有的孩子借助圆的面积估算薯叶面积，这让我感受到了开展实践活动对发散孩子们思维的重要性。

【设计意图】通过玩薯叶、探薯叶面积的活动，培养学生运用所学知识解决生活问题的能力，激发学生的求知欲。

（四）刨薯称重，薯秧堆肥利用

金秋十月，辛勤培育5个月的甘薯到了收获的季节。为了避免危险，我为孩子们准备了剪刀对茎叶进行裁剪堆放。孩子们干得热火朝天，不一会儿就将场地修剪得干净利落，轮胎和树坑里的大甘薯都急不可耐地探出了头，长势喜人。

收完红薯后，面对一大堆茎叶我们该如何处理呢？有的同学说用来饲养兔子，有的同学提议来堆肥，将其施撒在我们的小菜园里，这样比作兔子的饲料价值要大了。为此我们录制了视频向周老师请教薯叶堆肥的方法，并且得到了技术、工具、堆肥箱等支持，但遗憾的是因为天气寒冷，菌群没得到繁殖，最终堆肥没有成功，但课程的理念已经深深扎入孩子们的内心深处，这是更为可贵的成长。

【设计意图】通过称重、统计，将数据与种植方法进行对比，让学生感知种植方法与产量的关系。

（五）突破瓶颈，科技改变生活

突如其来的新冠疫情，让我们猝不及防，全国按下了暂停键处于静默状态。此时我大胆向孩子们抛出一个想法："甘薯生长对土壤要求低，亩产量较高，如果能让甘薯成为像小麦、玉米、水稻等这样的主粮不就可以很大程度解决粮食问题了吗？"

针对这个想法部分同学纷纷表示赞同，但也有同学表示可能性不大，原因是那么多的农业专家不会想不到这个问题，肯定是有原因的！带着这样的思考，孩子们再次联系了甘薯专家赵教授，在交流过程中孩子们了解到了影响甘薯可粮化的原因，原因之一：甘薯产量高，但薯块大，不能像小麦、水稻小籽粒主粮太阳下迅速晒，运输及加工成本高。原因之二：甘薯产量高，但对水肥要求不高，适合寒凉、干旱、贫瘠的山部地区，适宜种植的土地面积少。原因之三：甘薯产量高，但机械化水平低，人工成本大大增加。

了解到这三个原因之后，孩子再次进行甘薯可粮化的探讨，最后得出改良甘薯的品种，减小薯块是实现可粮化的关键一环这样的结论。

【设计意图】通过对甘薯是否可粮化的深入探究，培养学生的家国情怀，激发学生勤奋学习、科技兴国的报国志向。